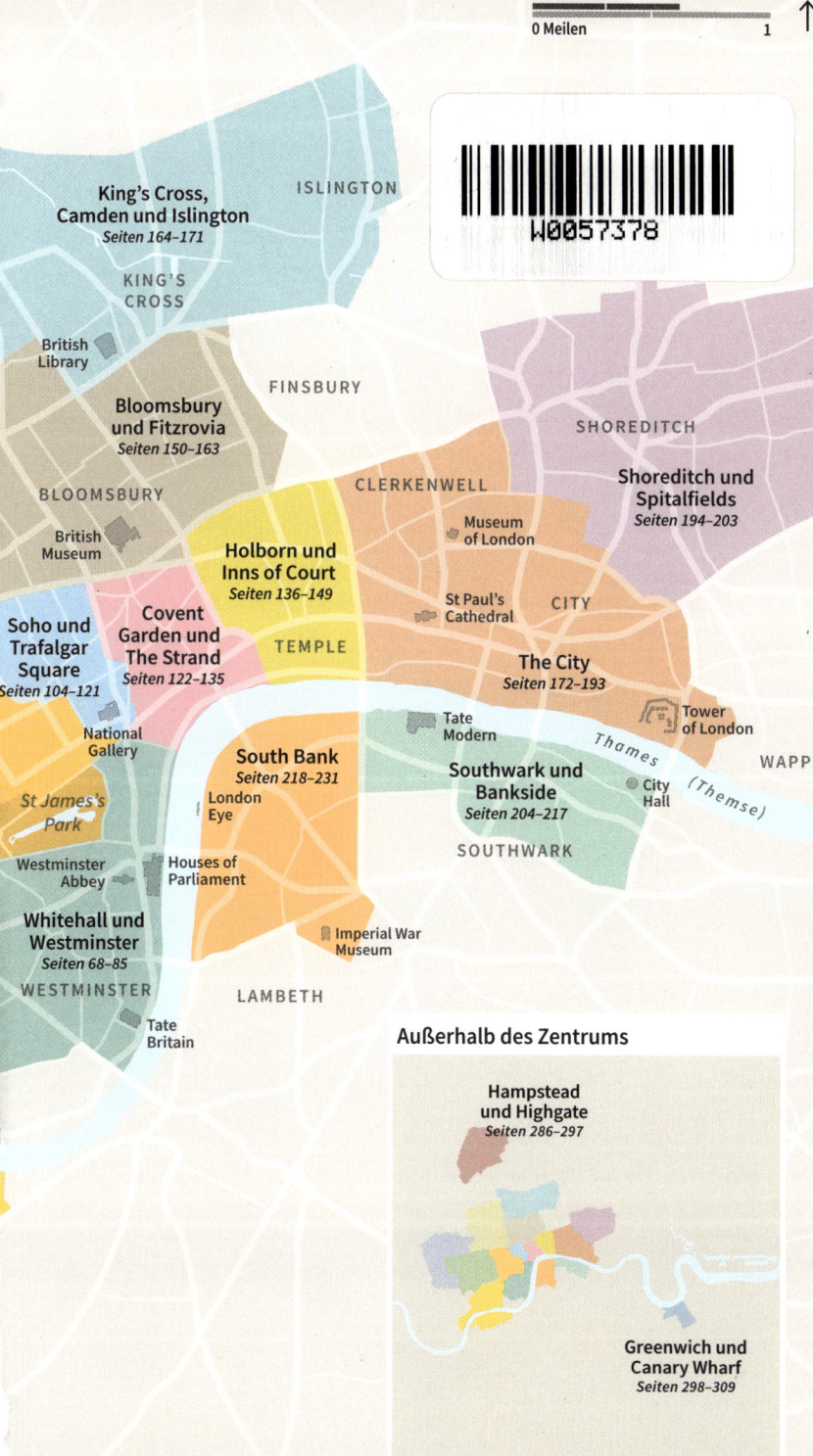

0 Kilometer 1
0 Meilen 1

N

King's Cross,
Camden und Islington
Seiten 164–171

ISLINGTON

KING'S
CROSS

British
Library

FINSBURY

SHOREDITCH

Bloomsbury
und Fitzrovia
Seiten 150–163

BLOOMSBURY

CLERKENWELL

Shoreditch und
Spitalfields
Seiten 194–203

British
Museum

Museum
of London

Holborn und
Inns of Court
Seiten 136–149

St Paul's
Cathedral

CITY

Soho und
Trafalgar
Square
Seiten 104–121

Covent
Garden und
The Strand
Seiten 122–135

TEMPLE

The City
Seiten 172–193

Tower
of London

National
Gallery

WAPPING

St James's
Park

South Bank
Seiten 218–231

London
Eye

Tate
Modern

Thames

City
Hall

Southwark und
Bankside
Seiten 204–217

(Themse)

Westminster
Abbey

Houses of
Parliament

SOUTHWARK

Whitehall und
Westminster
Seiten 68–85

Imperial War
Museum

WESTMINSTER

LAMBETH

Tate
Britain

Außerhalb des Zentrums

Hampstead
und Highgate
Seiten 286–297

Greenwich und
Canary Wharf
Seiten 298–309

INSPIRIEREN / PLANEN / ENTDECKEN / ERLEBEN

LONDON

DK Vis-à-Vis

LONDON

INHALT

LONDON ENTDECKEN 6

LONDON ERLEBEN 66

REISE-INFOS 332

Links: *Der Wolkenkratzer The Shard in Southwark* (siehe S. 214f)
Vorhergehende Seite: *Am Anfang der Regent Street, Piccadilly Circus* (siehe S. 114f)
Umschlag: *Die Tower Bridge über die Themse im Sonnenuntergang* (siehe S. 188)

LONDON
ENTDECKEN

WILLKOMMEN IN
LONDON

Das kosmopolitische London gehört zum erlauchten Kreis der wahren Weltmetropolen und hat einfach alles zu bieten. Hier finden Sie Glanz und Gloria, geniale Kunst und Musik, Königsschlösser und hypermoderne Wolkenkratzer, historische Pubs und malerische Parks. Stellen Sie sich einfach Ihre ganz persönliche Traumreise zusammen!

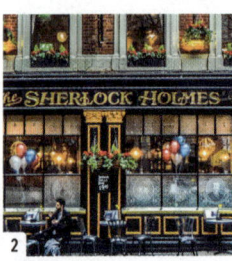

1 *Rast im Grünen in Hampstead Heath*

2 *Typisches Pub*

3 *Kunst und Kunstfreunde in der National Gallery*

4 *Die Royal Festival Hall an der South Bank*

In London erlebt man Weltgeschichte aus erster Hand und eine Kulturszene, die Maßstäbe setzt. Hier wandelt man zwischen dem Tower of London und dem Buckingham Palace auf königlichen Pfaden, bewundert in den Museen von den Renaissance-Meisterwerken der National Gallery bis zu den avantgardistischen Performances in der Tate Modern herausragende Kunst zum Nulltarif, genießt fantastisches Theater im West End und in der ganzen Stadt eine dynamische Musikszene. Feinschmeckern liegt in London die kulinarische Welt zu Füßen, sei es an Imbissständen oder in Sterne-Restaurants. Hinzu kommen acht Royal Parks, zahlreiche kleine grüne Oasen und große ländliche Anlagen wie Hampstead Heath.

Viele reizvolle Facetten und Gesichter der Metropole entdeckt man jenseits des Zentrums in Stadtteilen wie Brixton oder Richmond. Eine Auszeit vom Trubel bietet ein Spaziergang im Grünen vorbei an bunten Blumenbeeten in Kew Gardens oder im Queen Elizabeth Olympic Park.

London ist fantastisch vielfältig und schier überwältigend, deshalb haben unsere Experten detaillierte Routen nach verschiedenen Themen zusammengestellt. Die Stadtteile stellen wir Ihnen in einzelnen Kapiteln samt Expertentipps vor, zur Orientierung dienen Stadtteilkarten. Unser Vis-à-Vis London ist ideal, um eine Reise ganz nach Ihrem Geschmack zu planen, und ein perfekter Begleiter, um die Weltmetropole zu erkunden.

LIEBENSWERTES
LONDON

In der rastlosen Metropole ist die Welt zu Hause, und überall stolpert man über (Welt-)Geschichte. Jeder Londoner liebt seine Stadt aus anderen Gründen – einige unserer Lieblinge stellen wir an dieser Stelle vor.

1 Museen mit einzigartigen Schätzen

Von Kunst aus dem alten Ägypten bis zu brüllenden Dinosauriern – Londons Museen sind fantastisch und kosten zudem keinen Penny.

Thames Path *2*

Von Richmond bis zur Thames Barrier bietet der 45 Kilometer lange Themse-Weg einen einmaligen Blick auf die Sehenswürdigkeiten.

3 Londoner Märkte

Delikatessen auf dem Borough Market *(siehe S. 213)* oder bunte Blumen vom Columbia Road Market *(siehe S. 202)*? Stöbern und handeln Sie auf Londons vielen Märkten.

Pomp, Glanz und Gloria 4

Opening of Parliament, Lord Mayor's Show, Trooping the Colour – London lebt und liebt seine Traditionen. Die (bierernsten) Spektakel sind unbedingt sehenswert!

Bedeutende Architektur 5

London prägen herausragende Bauwerke, von himmelhohen Wolkenkratzern über brutalistische Kunstzentren bis zum Hindu-Tempel.

Bunte Festivals 6

London bietet einen prall gefüllten Kalender mit aufsehenerregenden Festen. Die Krönung ist der ausgelassene Notting Hill Carnival *(siehe S. 268)*.

South Bank 7

Am südlichen Uferabschnitt des Themsebogens drängen sich Theater-, Film-, Kunst- und Musikinstitutionen und dazwischen quirlige Bars – perfekt für einen Sundowner.

Parks und Gärten 8

Trubel, Verkehrslärm – und mittendrin bieten grüne Oasen erholsame Ruhe. Tatsächlich sind es so viele, dass London seit 2019 den Titel National Park City trägt.

9 Vielfältiges Theatreland

Von Shakespeare bis Pinter – Londons grandiose Theatertradition ist ungebrochen. Das Epizentrum der Szene liegt im West End. Auf der anderen Seite der Themse befindet sich das berühmte Old Vic *(siehe S. 231)*.

10 Küchen aus aller Welt

London ist auch kulinarisch eine Weltmetropole. Hier kann man sich den Gaumen mit Aromen aus allen Winkeln der Erde kitzeln lassen.

Houses of Parliament 11

Die »Mutter aller Parlamente« residiert im weltberühmten neogotischen Palace of Westminster *(siehe S. 76f)*. Eine Besichtigung verspricht eine faszinierende Zeitreise durch die Geschichte.

Londons Pubs 12

Pubs sind eine britische Institution und das pulsierende Herz des Londoner Lebens. Und die Auswahl reicht von traditionellen Eckkneipen bis zu hippen Lokalen mit eigener Mikrobrauerei.

LONDON
AUF DER KARTE

London wird in diesem Buch in 17 Stadtteile aufgeteilt, die auf den folgenden Seiten einzeln beschrieben werden. Jeder Stadtteil hat eine eigene Farbe, in der er auf der Karte unten eingefärbt ist. Gebiete außerhalb der Innenstadt *siehe S. 311*.

CAMDEN

London Zoo

Regent's Park

Regent's Park und Marylebone
Seiten 272–285

MARYLEBONE

PADDINGTON

Kensington, Holland Park und Notting Hill
Seiten 260–271

NOTTING HILL

Kensington Gardens

Hyde Park

MAYFAIR

Mayfair und St James's
Seiten 86–103

HOLLAND PARK

Kensington Palace

Holland Park

Green Park

Buckingham Palace

South Kensington und Knightsbridge
Seiten 242–259

KNIGHTSBRIDGE

KENSINGTON

Science Museum

Natural History Museum

Victoria and Albert Museum

SOUTH KENSINGTON

Chelsea und Battersea
Seiten 232–241

Ranelagh Gardens

CHELSEA

Thames (Themse)

Battersea Park

BATTERSEA

Großbritannien

Edinburgh

Nordsee

Belfast

GROSS-BRITANNIEN

IRLAND

• Birmingham

NIEDER-LANDE

Cardiff

LONDON

BELGIEN

Atlantischer Ozean

FRANKREICH

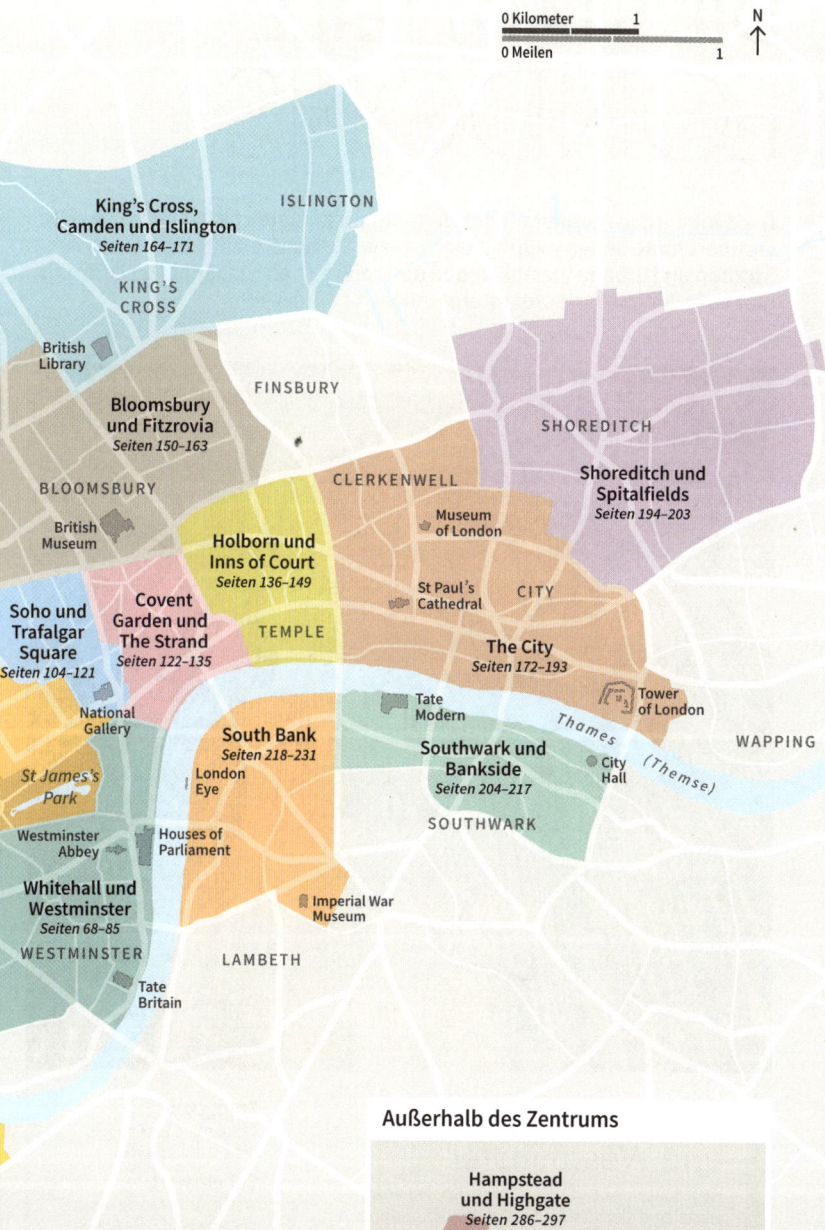

0 Kilometer 1
0 Meilen 1

N

King's Cross, Camden und Islington
Seiten 164–171

ISLINGTON

KING'S CROSS

British Library

FINSBURY

SHOREDITCH

Bloomsbury und Fitzrovia
Seiten 150–163

BLOOMSBURY

Shoreditch und Spitalfields
Seiten 194–203

CLERKENWELL

British Museum

Museum of London

Holborn und Inns of Court
Seiten 136–149

St Paul's Cathedral

CITY

Soho und Trafalgar Square
Seiten 104–121

Covent Garden und The Strand
Seiten 122–135

TEMPLE

The City
Seiten 172–193

National Gallery

Tate Modern

Thames

Tower of London

WAPPING

(Themse)

St James's Park

South Bank
Seiten 218–231

London Eye

Southwark und Bankside
Seiten 204–217

City Hall

Westminster Abbey

Houses of Parliament

SOUTHWARK

Whitehall und Westminster
Seiten 68–85

WESTMINSTER

Imperial War Museum

LAMBETH

Tate Britain

Außerhalb des Zentrums

Hampstead und Highgate
Seiten 286–297

Greenwich und Canary Wharf
Seiten 298–309

DIE STADTTEILE
LONDONS

Die dynamische Hauptstadt des Vereinigten Königreichs hat viel zu bieten: weltberühmte Sehenswürdigkeiten, majestätische Architektur, schicke Straßen und urbane Viertel. Neben den zahlreichen Highlights im Zentrum gibt es in der ganzen Stadt Interessantes zu entdecken.

Whitehall und Westminster

Westminster ist seit 1000 Jahren das Regierungsviertel und gleichbedeutend mit zwei Londoner Wahrzeichen: den Houses of Parliament und der Westminster Abbey. In den Straßen drängt sich eine kuriose Mischung aus Beamten und Touristen, vor allem auf der breiten Whitehall zwischen dem Parliament Square und dem Trafalgar Square. Westminster ist kaum ein Wohnviertel, in den Pubs vergnügen sich vor allem Regierungsangestellte.

Entdecken
Weltberühmte Londoner Sehenswürdigkeiten

Sehenswert
Westminster Abbey, Houses of Parliament, Tate Britain

Genießen
Spannende Geschichte(n) bei einer Führung zu den königlichen Gräbern in der Westminster Abbey

Seiten 86–103

Mayfair und St James's

In diesen Nobelvierteln leben zwar einige der wohlhabendsten Londoner (Mayfair ist ein Synonym für stinkreich), dennoch findet man hier einige gute, erschwingliche Restaurants, gemütliche Pubs und hübsche Parks. Jenseits des lauten, verkehrsreichen Piccadilly sind die Straßen von St James's oft erstaunlich ruhig, obwohl sie mitten im Zentrum liegen. Hier kann man zahlreiche historische Gebäude bewundern, vor allem aber Designermode shoppen und sich unter die gut Betuchten mischen.

Entdecken
Designermode und feinste Herrenschneider

Sehenswert
Buckingham Palace, Royal Academy of Arts

Genießen
Einkaufsbummel in Mayfairs Bond Street

Seiten 104–121

Soho und Trafalgar Square

Der Trafalgar Square ist ein idealer Ausgangspunkt, um einige der bekanntesten und interessantesten Viertel in der Innenstadt zu erkunden. Ganz in der Nähe liegt der geschäftigste Teil des West End mit dem aufdringlich kommerziellen Leicester Square, der Chinatown mit ihren Laternen und dem coolen, unkonventionellen Soho, Londons großem LGBT+ Viertel. Mit seinen vielen exzellenten Restaurants, Bars und Theatern ist Soho perfekt zum Ausgehen.

Entdecken
Die Restaurants, Bars und geschäftige Atmosphäre

Sehenswert
National Gallery, Chinatown

Genießen
Eine Theatervorstellung im West End

Seiten 122 –135

Covent Garden und The Strand

Nach Covent Garden zieht es Einheimische und Besucher gleichermaßen – in dem unverwechselbaren Bezirk herrscht in der Regel eine (familien-)freundliche Stimmung, drängen sich Märkte, Restaurants, Boutiquen und Filialen von Modeketten, sorgen Straßenkünstler für Unterhaltung. An der verkehrsreichen Straße The Strand ist nur das Somerset House einen Besuch wert – das neben exzellenten Kunstausstellungen auch Cafés und Restaurants sowie einen großen eleganten Innenhof und einen schönen Blick auf die Themse bietet.

Entdecken
Den Trubel auf der Covent Garden Piazza

Sehenswert
Covent Garden Piazza und Central Market, Somerset House

Genießen
Die bunt bemalten Lagerhäuser am Neal's Yard

Seiten 136 –149

Holborn und Inns of Court

Dieser ruhige Bezirk in Londons Innenstadt ist traditionell das Viertel der Juristen – und weil es kaum Läden und Restaurants gibt, tummeln sich hier fast genauso viele Anwälte wie Touristen. In den Inns of Court selbst herrscht gedämpfte Stille, das Labyrinth aus Gassen und Gärten wird von den Londonern wenig beachtet, bietet aber exzellente kleine Museen und die hübschen Lincoln's Inn Fields. Damit ist das Viertel perfekt, um sich vom Trubel der Innenstadt zu erholen.

Entdecken
Versteckte ruhige Ecken mitten im Zentrum

Sehenswert
Inns of Court, Sir John Soane's Museum

Genießen
Ein Picknick in einem der kleinen Parks der Inns of Court

Seiten 150–163

Bloomsbury und Fitzrovia

Diese freundlichen Bezirke sind nicht unbedingt Avantgarde-Viertel, aber doch ein wenig lässiger als der Großteil der Innenstadt. Fitzrovia ist ähnlich wie Soho, wenn auch nicht gar so aufgekratzt, und bietet vielerorts eine großartige bunte Restaurantszene. Im Studentenviertel Bloomsbury liegen einige Universitäts-Campus, zahllose Buchhandlungen, riesige Grünanlagen und das British Museum. Jenseits dieser berühmten Institution gibt sich das Viertel jedoch vor allem angenehm entspannt.

Entdecken
Die lässige Studentenatmosphäre und ein berühmtes literarisches Erbe

Sehenswert
British Museum

Genießen
Fantastische, weltberühmte Schätze im British Museum

Seiten 164–171

King's Cross, Camden und Islington

King's Cross hat in den letzten Jahren eine beeindruckende, einfallsreiche Verwandlung von einem heruntergekommenen Industriegebiet zu einem kulinarischen, kommerziellen und künstlerischen Hotspot erfahren. Dadurch hat sich der Ruf von King's Cross sehr verbessert – was noch nicht für das benachbarte Camden gilt, wo die St Pancras Station Tag und Nacht bevölkert ist. Die Mischung bereichert das wohlhabende Islington, ein eher bürgerliches Viertel mit vielen Gastropubs.

Entdecken
Die Gegend am Kanal bei einem Spaziergang sowie eine breite Auswahl an Läden und Restaurants

Sehenswert
Camden Market, St Pancras Station, British Library

Genießen
Ungewöhnliche Mode und das Essen am Camden Market

→

Seiten 172–193

The City

Die Wolkenkratzer der City sind das Wahrzeichen des traditionellen Finanzviertels. An Werktagen wieseln hier vor allem mittags Myriaden von Bankern und Geschäftsleuten herum, am Wochenende ist die City jedoch geradezu unheimlich leer. Hier, im historischen Herzen der Stadt, sieht man noch Spuren aus der Römerzeit. Die vielen Sehenswürdigkeiten liegen zwar relativ weit verstreut, doch findet man nirgendwo in London so viele Kirchen aus dem Mittelalter und der frühen Neuzeit, allen voran die weltberühmte St Paul's Cathedral.

Entdecken
Das historische London – hautnah

Sehenswert
St Paul's Cathedral, Tower of London, Barbican Centre

Genießen
Die dramatische(n) Geschichte(n) des Tower of London

Seiten 194–203

Shoreditch und Spitalfields

In diese Bezirke zog es früher die Bohème, heute sind sie Revier und Wohnviertel der schicken, trendigen Londoner. Doch trotz der intensiven Gentrifizierung strahlen sie noch immer eine faszinierende Energie aus, besonders das quirlige Shoreditch. Und tatsächlich herrscht auch nicht überall Hipster-Alarm. In der Brick Lane lebt eine große Bangladesch-Community, und die Geschichte von Märkten wie Old Spitalfields und Columbia Road reicht weit in die Zeit vor der letzten Umwandlung ihrer Umgebung zurück.

Entdecken
Das vielfältige Essensangebot und die interessante, teils hippe Szene

Sehenswert
Columbia Road Flower Market, Brick Lane

Genießen
Den Trubel auf einem der Londoner Märkte

Southwark und Bankside

Bankside liegt gegenüber der City auf der anderen Seite der Themse im Bezirk Southwark. Hier finden sich einige der berühmtesten Sehenswürdigkeiten an der Themse, sorgen die Tate Modern und Shakespeare's Globe, Restaurants, Pubs und der Borough Market fast jeden Tag für gut gelaunte Staus auf dem Thames Path. In dem erst vor Kurzem sanierten Viertel am Bahnhof London Bridge haben viele neue Restaurants eröffnet, darunter einige in The Shard, dem höchsten Gebäude Westeuropas.

Entdecken
Die Stadtlandschaft und Sehenswürdigkeiten bei einem Spaziergang an der Themse

Sehenswert
Tate Modern, Shakespeare's Globe

Genießen
Eindrucksvolle und ungewöhnliche moderne Kunst in der Tate Modern

South Bank

Abends ist an der Themse wegen des Kulturangebots hier am meisten los. An der South Bank reihen sich die brutalistischen Bauten des Southbank Centre mit seinen Konzertsälen und Galerien, des National Theatre und des BFI Southbank, die Lücken dazwischen füllen vor allem mittelmäßige Restaurantketten. Schlicht und bodenständig geben sich Bücherstände, ein Skaterpark und ein Lebensmittelmarkt. Der auch am Tag immer rührige Uferabschnitt gehört wegen seiner Aussicht von der Promenade – und von oben im London Eye – für Besucher zu den definitiven »Musts«.

Entdecken
Einen Sundowner und das Unterhaltungsangebot am Abend

Sehenswert
Southbank Centre, Imperial War Museum, London Eye

Genießen
Einen Spaziergang auf dem Thames Path

→

Seiten 232 – 241

Chelsea und Battersea

Das reiche Chelsea und das dynamische Battersea liegen sich an der Themse gegenüber. Protzige Luxuskarossen und von den Londonern als »Chelsea-Traktoren« veräppelte SUVs sind typisch für Chelseas Shoppingmeile King's Road, an der sich noble Boutiquen und auch weniger feine Läden aneinanderreihen. Jenseits der King's Road liegen Wohngebiete, aber auch einige gute Pubs, sehenswerte Museen und Gärten. Der traumhafte Park, die schicken Läden und vielfältigen Restaurants von Battersea sind eine gute Alternative zu den touristischen Sehenswürdigkeiten im Zentrum.

Entdecken
Luxusläden und Parks an der Themse

Sehenswert
Saatchi Gallery, Battersea Park

Genießen
Einen Einkaufsbummel auf der King's Road

Seiten 242 – 259

South Kensington und Knightsbridge

Im Museumsviertel South Kensington präsentieren drei der größten und besten Museen Londons herausragende Sammlungen zu Naturgeschichte und Wissenschaft und von angewandter Kunst. Hier herrscht der Geist des Lehrens und Lernens, entsprechend stehen an den breiten Straßen einige bedeutende Royal Colleges und Societies. Im Gegensatz dazu verströmt das angrenzende Knightsbridge demonstrativen Wohlstand. Nicht umsonst liegt hier ein berühmter Konsumtempel, das Kaufhaus Harrods.

Entdecken
Weltberühmte Museen, bei freiem Eintritt

Sehenswert
Victoria and Albert Museum, Natural History Museum, Science Museum

Genießen
Die schaurig-schönen Skelette und Sammlungen im Natural History Museum

Kensington, Holland Park und Notting Hill

Von der gut betuchten High Street Kensington ziehen sich bergauf gen Norden Viertel mit teuren Stadthäusern und einigen originellen Museen sowie der teils baumbestandene, schön gestaltete Holland Park – auch hier entsprechen das teure Restaurant und Café sowie die Freiluft-Opern der exklusiven Lage. Das weiter nördlich gelegene Notting Hill zieht mehr Touristen an als die High Street Kensington, zum einen wegen des gleichnamigen Films, zum anderen wegen des Markts in der Portobello Road.

Entdecken
Märkte, Parks und schöne Viertel

Sehenswert
Design Museum

Genießen
Schnäppchenjagd in der Portobello Road

Regent's Park und Marylebone

Marylebone ist eine der nobelsten Straßen Londons, hat eine blühende Restaurantszene, begrünte Plätze, elegante Backsteinfassaden und ist ein Anziehungspunkt für wohlhabende Menschen. Die Atmosphäre verändert sich ganz deutlich von Marylebone bis zum Regent's Park im Norden, wo der Verkehr unablässig rauscht und riesige Schlangen vor Madame Tussauds auf Einlass warten. In dem reizvoll am Regent's Canal gelegenen Park selbst bekommt man vom lärmenden Trubel wunderbarerweise nichts mit.

Entdecken
Georgianische Architektur, Open-Air-Theater

Sehenswert
London Zoo

Genießen
Die wunderschöne Buchhandlung Daunt Books

→

Seiten 286 – 297

Hampstead und Highgate

Zwischen Hampstead und Highgate liegen die Felder und Wälder von Hampstead Heath und der stimmungsvolle Highgate Cemetery, zwei wahre Besuchermagneten. Trotz der rasanten Ausdehnung des Londoner Stadtgebiets haben sich die beiden »Dörfer« viel von ihrer malerischen Schönheit und Unabhängigkeit bewahrt. Hier bummelt man weitaus langsamer als in der Innenstadt durch kleine Straßen mit Boutiquen und gehobenen Restaurants.

Entdecken
Londons Dörfer und weitläufige Heidegebiete

Sehenswert
Hampstead Heath, Highgate Cemetery

Genießen
Einmal kurz schwimmen in Hampsteads kalten Badeseen

Seiten 298 – 309

Greenwich und Canary Wharf

An einer Themseschleife liegen sich Greenwich und Canary Wharf gegenüber. Die extrem unterschiedlichen Viertel verbindet ein Fußgängertunnel unter dem Fluss. Das in den 1980er Jahren am alten Hafen erbaute Geschäftsviertel Canary Wharf bietet kaum Flair, aber unbekannte Geschichte und Spazierwege an den Kais – einmalig in London. Greenwich atmet dagegen geradezu Geschichte mit seinen viel besuchten königlichen und historischen Gebäuden und Museen, seinem alten Park und dem hübschen Zentrum.

Entdecken
Londons Seefahrtsgeschichte

Sehenswert
National Maritime Museum, *Cutty Sark*, Greenwich Park, Royal Observatory

Genießen
Das Observatorium, Heimat der Greenwich Mean Time, im Greenwich Park

Abstecher

Jenseits des Zentrums und der Themse dehnt sich das Stadtgebiet weit aus. Hier lernt man in den mit Läden, Cafés, Museen und noch viel mehr ausgestatteten Vierteln das Leben der Familien und jungen Berufstätigen im multinationalen, multikulturellen London kennen – die alle mit gutem Grund den eigenen Hinterhof resolut abschirmen. Ein Abstecher vom Zentrum führt zu Königsschlössern, Herrenhäusern, Filmstudios und anderen berühmten Attraktionen und bietet zudem einen spannenden Einblick in den Alltag der facettenreichen Metropole.

Entdecken
Londoner Alltag jenseits der ausgetreten touristischen Pfade

Sehenswert
Hampton Court, Kew Gardens, Warner Bros. Studio Tour: The Making of Harry Potter

Genießen
Die Sehenswürdigkeiten, Musik und Gerüche im energiegeladenen Brixton

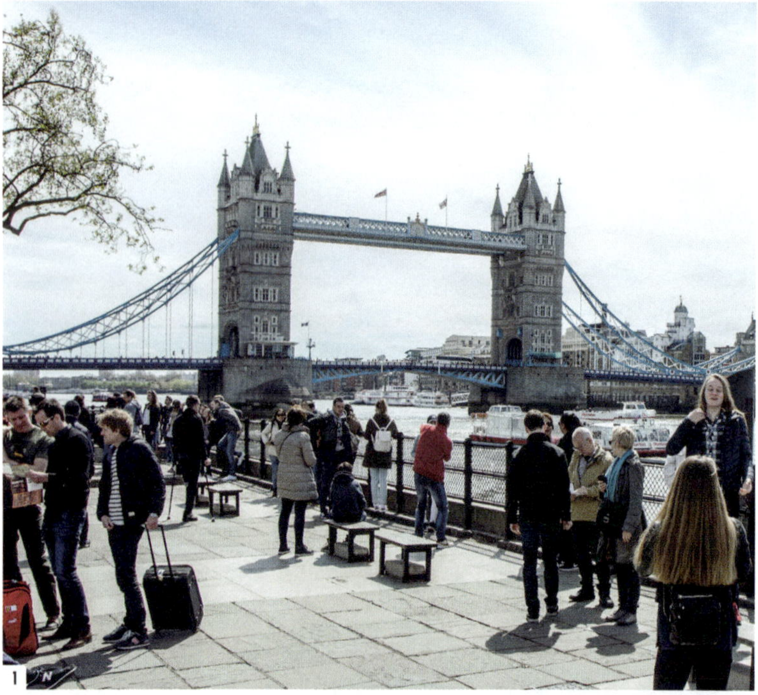

1

2

3

4

←

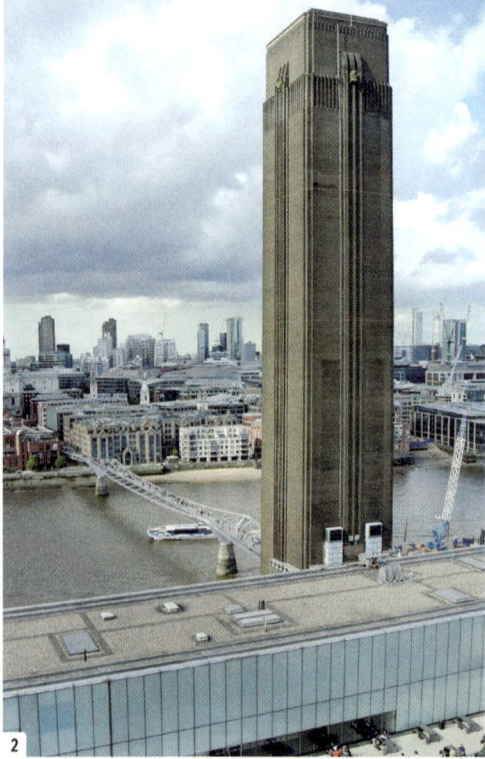

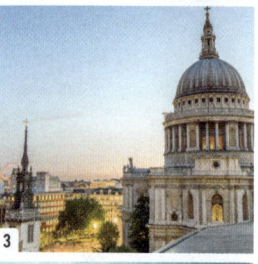

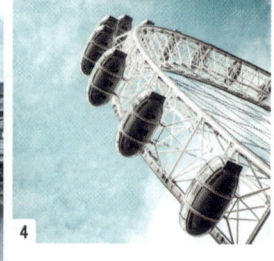

1 *Blick auf die Tower Bridge*

2 *Die Tate Modern in einem ehemaligen Kraftwerk*

3 *St Paul's Cathedral*

4 *London Eye*

London hat so viel zu bieten, dass man kaum weiß, wo man anfangen soll. Wir haben Ihnen Touren zusammengestellt, auf denen Sie die Stadt von ihrer schönsten und spannendsten, liebenswerten und genussvollen Seite kennenlernen.

1 TAG
IN LONDON

Vormittags

Einfach die Themse entlang kann man an einem Tag unglaublich viel sehen, ohne weit fahren oder öffentliche Verkehrsmittel benutzen zu müssen. Nach dem Frühstück in einem der hübschen Lokale mit Flussblick an der Butler's Wharf bei der Tower Bridge *(siehe S. 188)* führt der Weg über die weltberühmte Brücke zum Tower of London *(siehe S. 180–183)*. Dort gibt es 1000 Jahre royale Geschichte und Skandale zu entdecken. Am Fluss entlang geht es dann weiter zur London Bridge und über die Brücke zum Südufer. Dort können Sie sich auf dem Borough Market *(siehe S. 213)* mit Delikatessen für ein Picknick eindecken oder gleich an den Imbissständen mit Köstlichkeiten satt essen.

Nachmittags

Spazieren Sie durch Southwark, vorbei an der *Golden Hinde II* und durch die Clink Street zum Shakespeare's Globe *(siehe S. 210f)*. Gleich daneben blicken Sie auf der Millennium Bridge auf die St Paul's Cathedral *(siehe S. 176–179)*, dann tauchen Sie in den Hallen eines alten Kraftwerks in der Tate Modern *(siehe S. 208f)* in die Welt der modernen Kunst ein – und genießen im obersten Stock des Blavatnik Building sowie im Museumscafé die Aussicht. Gestärkt geht es weiter auf dem Thames Path zur South Bank. Dort kann man Skateboardern zusehen, in antiquarischen Büchern unter der Waterloo Bridge stöbern und zum London Eye *(siehe S. 228f)* spazieren, das fast täglich bis 18 Uhr seine Runden dreht.

Abends

Eine halbe Stunde dauert der Weg am Fluss nach Southwark. Dort laden Restaurants zum Abendessen ein – es gibt ein paar ganz tolle in den Straßen um den Borough Market *(siehe S. 213)*. Danach schmeckt ein Pint in Londons letztem Pub mit Außengalerien, The George *(siehe S. 213)* aus dem 17. Jahrhundert.

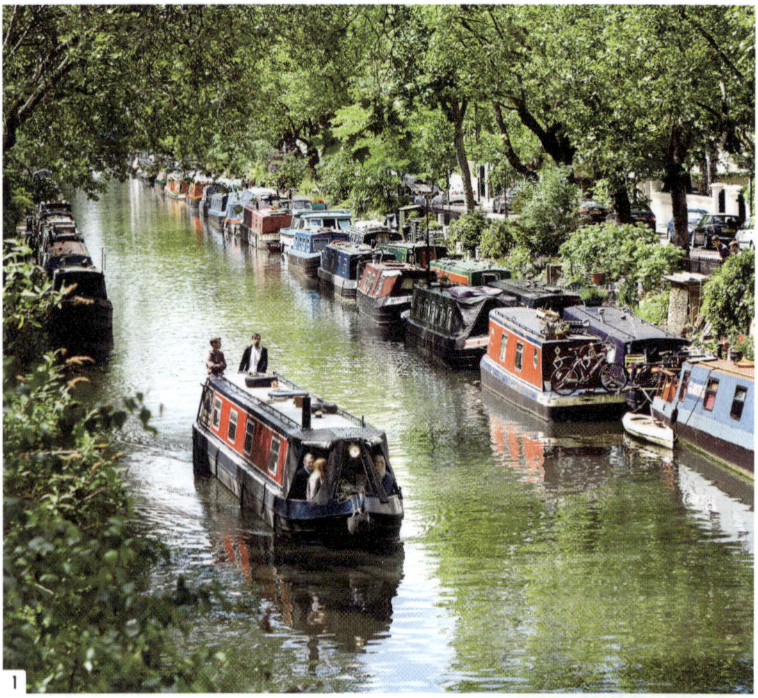

1

2

3

4

←

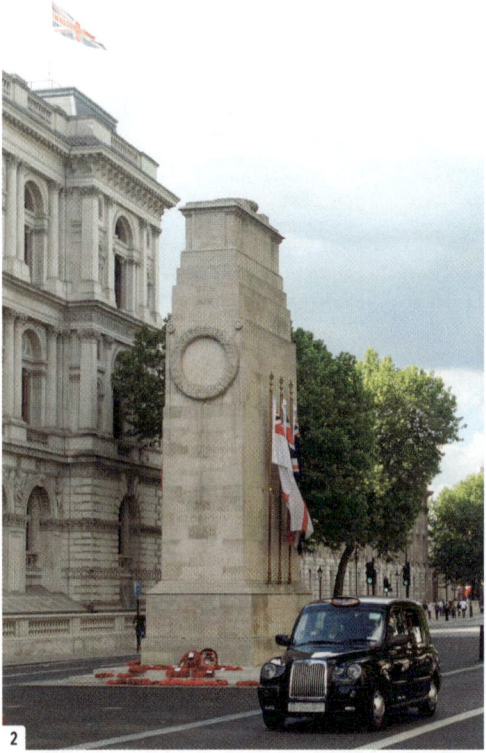

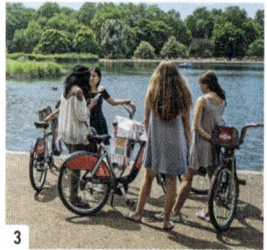

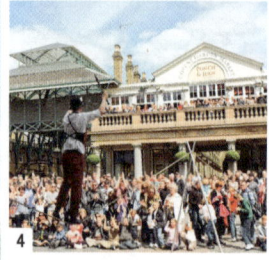

1 Regent's Canal

2 Der Cenotaph

3 Mit Leihrädern durch den Hyde Park

4 Straßenkünstler in Covent Garden

2 TAGE
IN LONDON

Tag 1

Vormittags Frühstück inmitten von Art déco bietet die St Pancras Brasserie im Bahnhof St Pancras. Gleich daneben kann man durch den innovativ sanierten Bahnhof und das Viertel King's Cross *(siehe S. 168f)* spazieren gehen und in einem der Cafés am Granary Square einen Kaffee trinken. Von dort schlängelt sich der Weg am Regent's Canal entlang zum unkonventionellen Camden Market *(siehe S. 170)*, wo man entspannt zu Mittag essen kann.

Nachmittags Vom U-Bahnhof Camden Town fährt die Northern Line zum Embankment. Von dort führt der Weg am Themse-Nordufer zu den nur 600 Meter entfernten Houses of Parliament *(siehe S. 76f)*, einer Hauptsehenswürdigkeit Londons. Die architektonisch beeindruckende Westminster Abbey *(siehe S. 72 – 75)* ist dann nur noch 300 Meter weit entfernt.

Abends Auf dem Plan steht nun Whitehall, dort geht es zur Downing Street 10 *(siehe S. 81)*, zum Cenotaph *(siehe S. 81)* und zum Trafalgar Square *(siehe S. 114)*. Von dem berühmten Platz führt der Weg durch die geschäftige Chinatown *(siehe S. 112f)* bis zum Rand von Soho, dem quirligsten und buntesten Restaurantviertel im West End. Entdecken Sie dort Londons neueste kulinarische Moden, z. B. bei einem Abendessen mit köstlichen peruanischen Tapas im Ceviche Soho *(siehe S. 115)*. Auf der anderen Straßenseite liegt Ronnie Scott's, Londons bekanntester klassischer Jazzclub.

Tag 2

Vormittags Nach einem traditionellen englischen Frühstück im stimmungsvollen Café in the Crypt *(siehe S. 115)* unter der Kirche St Martin-in-the-Fields beim Trafalgar Square bewundern Sie gleich gegenüber weltberühmte Kunst in der National Gallery *(siehe S. 108 –111)*. Mittags kehren Sie in einem der vielen Cafés im nahen Soho ein.

Nachmittag Von hier aus könnten Sie auf der von Bäumen gesäumten Mall direkt zum Buckingham Palace *(siehe S. 90f)* spazieren, schöner ist jedoch die Strecke durch den hübschen St James's Park. Dort schwimmen Pelikane im See, und man hat von der blauen Brücke einen großartigen Blick auf den Palast. Im August können Sie sogar die prächtigen State Rooms im Palast besichtigen, das ganze Jahr über die kostbaren Kunstwerke in der Queen's Gallery und die Prunkkutschen im Marstallmuseum, den Royal Mews. Vom Palast spazieren Sie zum anderen Ende des Constitution Hill. Dort leihen Sie sich ein Fahrrad *(siehe S. 339)* und radeln damit durch den Hyde Park *(siehe S. 257)*.

Abends In Knightsbridge stellen Sie das Rad an der Station ab und fahren mit der Piccadilly Line nach Covent Garden *(siehe S. 126f)*. Dort schauen Sie den Straßenkünstlern auf der Piazza zu und begeben Sie sich anschließend in eines der vielen guten Restaurants im Herzen des Theatreland zum Abendessen. Danach lassen Sie den Tag bei einem Drink mit Themseblick auf der Terrasse des Somerset House *(siehe S. 128f)* ausklingen.

7 TAGE
IN LONDON

Tag 1

Vormittags Start ist am Shard *(siehe S. 214f)*, dem besten Aussichtspunkt der Stadt. Dann bummeln Sie durch Southwark und essen am Borough Market *(siehe S. 213)* zu Mittag.
Nachmittags Auf dem Thames Path gen Westen erreichen Sie die Tate Modern *(siehe S. 208f)*, ein Mekka der modernen Kunst.
Abends Am Southbank Centre drehen Sie eine Runde mit dem London Eye *(siehe S. 228f)*, danach locken Dinner und Drinks.

Tag 2

Vormittags Heute stehen das Natural History *(siehe S. 250f)*, Science *(siehe S. 252f)* und/ oder das Victoria and Albert Museum *(siehe S. 246 – 249)* auf dem Plan. Der Eintritt ist frei.
Nachmittags Nach einem Picknick im nahen Hyde Park *(siehe S. 257)* geht es wieder zurück ins Museum.
Abends Mit Reservierung geht es zur Vorstellung in der Royal Albert Hall *(siehe S. 254f)*.

Tag 3

Vormittags In der City lernen Sie im Museum of London *(siehe S. 185)* die Geschichte der Stadt kennen.
Nachmittags Nach dem Mittagessen am historischen Leadenhall Market *(siehe S. 190)* fahren Sie mit der Docklands Light Railway nach Greenwich und tauchen tief in die englische Seefahrtsgeschichte ein.
Abends Auf dem Hügel im Greenwich Park genießen Sie den Sonnenuntergang.

Tag 4

Vormittags Mit der Tube geht es zum bunten Camden Market *(siehe S. 170)*, wo Sie bis mittags nach Herzenslust stöbern.
Nachmittags Nach dem Mittagessen am Markt fahren Sie in die hübschen Vororte Highgate und Hampstead. Über die Parkanlage Hampstead Heath *(siehe S. 290f)* und den Highgate Cemetery *(siehe S. 292f)* können Sie von einem zum anderen spazieren.

1 *Leadenhall Market* ↑
2 *Ein sonniger Tag im Southbank Centre*
3 *Imbissstände am Camden Market*
4 *Grasende Hirsche im Richmond Park*
5 *Columbia Road Flower Market*

Abends Danach schmeckt ein Abendessen in einem von Hampsteads exzellenten Pubs, z. B. dem Holly Bush *(siehe S. 295)*.

Tag 5

Vormittags Richtung Süden geht es in das noble Dulwich Village zur Dulwich Picture Gallery *(siehe S. 325)* und zum herrlichen Dulwich Park *(siehe S. 325)* gegenüber.

Nachmittags Vom Bahnhof West Dulwich fahren Sie mit dem Zug in das quirlige Brixton. Schauen Sie sich erst das ganze köstliche kulinarische Angebot im Brixton Village und der Market Row *(siehe S. 328)* an, bevor Sie Ihr spätes Mittagessen genießen.

Abends Verbringen Sie den Abend in Brixton, dort locken in vielen Lokalen Livemusik, Kinofilme im Ritzy und im Pop Brixton zahlreiche Bars und Imbissstände in ehemaligen Schiffscontainern.

Tag 6

Vormittags Mit dem Zug fahren Sie von London Waterloo nach Kew Bridge, von dort ist es nur ein Katzensprung zu den wunder-

schönen Kew Gardens *(siehe S. 318f)* – Entspannung pur nach all dem anstrengenden Sightseeing in der Stadt.

Nachmittags Auf dem Uferweg spazieren Sie in das hübsche Städtchen Richmond *(siehe S. 329)*. Unterwegs essen Sie an einem Stand oder picknicken im großen Richmond Park.

Abends Genießen Sie ein stimmungsvolles Abendessen am Ufer der Themse.

Tag 7

Vormittags Der Columbia Road Market *(siehe S. 202)* findet nur am Sonntagvormittag statt und ist mit seinen farbenprächtigen Blumen auf jeden Fall sehenswert, auch wenn man nichts kaufen möchte.

Nachmittags Was steht im Barbican Centre *(siehe S. 184f)* und Rich Mix *(siehe S. 202f)* für Sie auf dem Programm? Beide bieten ständig im bunten Wechsel Filmvorführungen, Ausstellungen und Diskussionen.

Abends Den Abend verbringen Sie in Shoreditch. In diesem supercoolen Viertel finden Sie trendige Restaurants, Lokale und Bars, vor allem in der Brick Lane *(siehe S. 199)*, Londons Curry-Epizentrum.

TOP 5 **Bunte Viertel**

Brick Lane
In »Europas Curry-Hauptstadt« leben viele Bangladescher.

Ealing
In der inoffiziellen polnischen Hauptstadt des UK sprechen über sechs Prozent der Einwohner Polnisch.

Stockwell
In »Little Portugal« leben mehr als 30 000 Portugiesen.

Stamford Hill
Hier wohnt Londons größte ultraorthodoxe jüdische Community.

Southall
Southall ist die Heimat der größten Punjabi-Gemeinde außerhalb Indiens.

Schon gewusst?

Jeder dritte Londoner wurde in einem anderen Teil der Welt geboren.

WELTSTADT
LONDON

Wer in Londons U-Bahn einfach still sitzt, hört die Stimmen der Welt, auf Polnisch, Chinesisch, Yoruba und rund 300 anderen Sprachen. Rund um den Globus kann es kaum eine andere Metropole mit Londons kultureller Vielfalt aufnehmen. Eine Tour durch die Stadt kommt einer Weltreise gleich.

Religiöse Stätten

In ganz London findet man religiöse Stätten der verschiedensten Glaubensrichtungen, darunter Europas größten Hindu-Tempel *(siehe S. 322)* und die riesige Moschee am Regent's Park *(siehe S. 276f)*. Viele sind öffentlich zugänglich, jede bietet einen Crashkurs in den jeweiligen kulturellen Traditionen. Die sakralen Bauwerke bringen Farbe und Vielfalt in Londons Stadtbild.

→

BAPS Shri Swaminarayan Mandir, ein bedeutender Hindu-Tempel in Neasden

Feste

Das chinesische Neujahrsfest und der Notting Hill Carnival sind bekannt, doch in London feiern viele Communitys ihre Feste. Eine Riesenparty ist der St Patrick's Day im März, genauso ausgelassen, wenn auch kleiner, wird der Australia Day im Januar begangen. Zur Plaza Latina im August sind die Lateinamerikaner mit Paraden und viel Spaß auf den Beinen, im Herbst funkelt das Feuerwerk zum Hindu-Lichterfest Diwali. Egal, wann Sie kommen, irgendjemand feiert immer.

←

Tänzerinnen heizen die Partystimmung beim Notting Hill Carnival an

↑ *Chinatown, das ursprüngliche Viertel der chinesischstämmigen Londoner*

Weltreise von Viertel zu Viertel

Von den karibischen Barbershops im Süden bis zu den türkischen Metzgern im Norden entdeckt man Londons Vielfalt an jeder Ecke. Im traditionellen Einwandererviertel East End siedelten sich schon vor Jahrhunderten Immigranten aus vielen Ländern an.

Brixton Market: ein Schnappschuss ↑ *des modernen London*

Zeremonien und Traditionen

Eine Reihe von jahrhundertealten royalen Zeremonien und Traditionen haben die Zeit überdauert, wenngleich Kleidung und Protokolle heute teils verwundern. Der berühmte Wachwechsel Changing the Guard findet täglich am Buckingham Palace und auf Whitehalls Horse Guards Parade statt. Einmal im Jahr wird mit der großen Parade Trooping the Colour der Geburtstag der Queen gefeiert. Tickets gibt es unter www.household division.org.uk.

→

Queen Elizabeth II winkt bei der Militärparade Trooping the Colour der Menge zu

LONDON
ROYAL

London ist seit fast 1000 Jahren die Hauptstadt des Vereinigten Königreichs, hier leben auch die Queen und die meisten anderen Royals. Im Lauf der Jahrhunderte haben viele Monarchen Londons Stadtbild geprägt, indem sie z. B. die Royal Parks anlegen und eindrucksvolle Bauwerke errichten ließen.

Das Erbe von Victoria und Albert

Königin Victoria und ihr Gatte Prinz Albert gründeten die exzellenten Museen in South Kensington und Wohnprojekte für Arme, führten auf der Insel den Weihnachtsbaum und andere Neuerungen ein. Wer den beiden seinen Respekt bezeugen will: Das Queen Victoria Memorial steht vor dem Buckingham Palace, das Albert Memorial im Hyde Park.

←

Das beeindruckende Natural History Museum, ein Erbe Prinz Alberts

Tower of London

Der Tower *(siehe S. 180–183)* war königlicher Palast, Gefängnis und Hinrichtungsstätte für gestürzte Monarchen und in Ungnade gefallene Höflinge. Seine Geschichte erzählt auch die Geschichte der englischen Monarchie. In der Burg, die Wilhelm der Eroberer im 11. Jahrhundert erbauen ließ, wartete die von Henry VIII verstoßene Anne Boleyn auf ihre Enthauptung. Der Tower beherbergte aber auch 600 Jahre lang die königliche Menagerie, zu deren wilden Bewohnern Löwen und ein Elefant gehörten. Heute ist er eine Hauptsehenswürdigkeit.

↑ *Die Militärparade Trooping the Colour am Geburtstag der Queen*

Expertentipp
Heimlich einen Blick riskieren

An Werktagen um 10:28 und an Sonntagen um 9:28 Uhr kann man dabei zusehen, wie die Mitglieder der Household Cavalry ihre Kaserne an der Südseite des Hyde Park zum Changing the Guard auf der Horse Guards Parade verlassen.

↑ *Der trutzig wirkende Tower of London*

Königliche Paläste

Beim Blick hinter die Kulissen erfährt man, wie die innersten Zirkel der royalen Macht im Lauf der Jahrhunderte lebten. Am beeindruckendsten ist Hampton Court *(siehe S. 314–317)* mit seiner langen Geschichte, der von Gärten umgebene Kew Palace *(siehe S. 318f)* ist nach königlichen Maßstäben eher bescheiden. Der berühmte Buckingham Palace *(siehe S. 90)* ist seit dem Jahr 1837 die offizielle Londoner Residenz der Monarchen. Übrigens: Wenn die königliche Standarte flattert, ist die Queen zu Hause.

Besucher im Hampton Court Palace

LONDON ENTDECKEN | **Londons Themen**

Königliche Parks

Wo sich früher Könige und Königinnen verlustierten, kann sich heute demokratisch jeder erholen, etwa bei einer Bootsfahrt auf dem See im riesigen Hyde Park *(siehe S. 257)*, beim Spazierengehen durch die Kensington Gardens *(siehe S. 256)* oder mit Blick auf den Buckingham Palace im St James's Park *(siehe S. 95)*. Etwas außerhalb des Zentrums präsentiert sich der Richmond Park *(siehe S. 329)* als ländliches Idyll. Vom Hügel im Greenwich Park *(siehe S. 303)* reicht der Blick weit über die Themse.

Pause am ruhigen See im riesigen Hyde Park

GRÜNES
LONDON

Acht Millionen Bäume, 3000 Parks – damit ist London eine der grünsten Hauptstädte in Europa und seit 2019 die erste National Park City der Welt. Die Parks und Gärten der Stadt bieten willkommene Erholung vom Trubel und Lärm der Metropole.

Englische Gärten

Engländer und ihre Gärten – eine große, ewige Lovestory. Menschen mit dem berühmten grünen Daumen, aber auch alle anderen, begeistern die malerischen Parks von Herrenhäusern wie Chiswick House *(siehe S. 331)* und Syon House *(siehe S. 329)*. Wer Parks nur zur Erholung sucht, wird in der ganzen Stadt fündig, insbesondere jedoch in Bloomsbury *(siehe S. 158f)*. Die Krone der Gartenkunst gebührt den Kew Gardens *(siehe S. 318f)* – ein »Muss« für alle Gartenfreunde.

Die wunderschönen Kew Gardens, ein Mekka für alle Gartenfreunde

47

Prozent der Fläche von Greater London sind Grünanlagen, und fast alle sind öffentlich zugänglich.

Zurück zur Natur

Zu London gehören mehr als 40 Naturreservate und Wäldchen, einige liegen gar nicht weit vom Zentrum entfernt. Wie wär's mit Vogelbeobachtung in den Walthamstow Wetlands, Krabbeltiersammeln im Camley Street Natural Park *(siehe S. 169)* oder einem Waldspaziergang im alten Highgate Wood?

→

Geht was ins Netz?
Auf Krabbeltierjagd im
Camley Street Natural Park

Walk on the Wild Side

Der Capital Ring, ein 126 Kilometer langer Rundwanderweg, verbindet viele der Grünflächen der Stadt entlang von Flüssen, Kanälen, alten Bahntrassen und Parkwegen. Er ist auf der gesamten Strecke gut ausgeschildert (oder Sie laden sich die Routen mit der Go Jauntly App kostenlos auf Ihr Handy herunter).

→

Spaziergänger auf
dem Capital Ring

Fußball in London

In der Hauptstadt des Landes, in dem der Fußball erfunden wurde, gibt es mehr Profi-Clubs und große Fußballstadien als in jeder anderen Stadt der Erde. Die Spiele der Premier League sind in der Regel weit vorab ausverkauft, die meisten Plätze von Unternehmen und Besitzern von Saisontickets besetzt. Am größten ist die Chance bei Pokalspielen, vor allem bei den Spielen um den League Cup (Ligapokal). Tickets sind dann leichter erhältlich und zudem sogar etwas preiswerter.

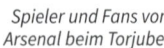

Spieler und Fans von Arsenal beim Torjubel

LONDON FÜR
SPORTFANS

Das Vereinigte Königreich ist auch das Königreich der Sportfans – und die Hauptstadt tanzt hier nicht aus der Reihe. Als weltweit einzige Stadt war London dreimal Gastgeber der Olympischen Spiele. Von Boxen bis Fußball finden hier Sportfeste und Turniere in allen erdenklichen Sportarten statt.

Olympisches Erbe

Der Queen Elizabeth Olympic Park *(siehe S. 312f)* verströmt noch das Flair der Olympischen und Paralympischen Spiele von 2012. Die Anlage wird nach wie vor regelmäßig genutzt, für internationale Bahnradrennen ebenso wie für Allstar-Basketballturniere. Die erstklassigen Anlagen sind perfekt für angehende Olympioniken.

Der Queen Elizabeth Olympic Park mit dem ArcelorMittal Orbit

Sportmuseen und Stadionführungen

In London wurde schon reichlich Sportgeschichte geschrieben. Die Geschichte(n) seiner vielen legendären Sportstätten lassen Sie sich am besten vor Ort erzählen: Schreiten Sie durch den Tunnel im Wembley Stadium, blicken Sie hinter die Rugby-Kulissen in Twickenham, geben Sie dem Rasen in Wimbledon die Ehre oder dem ältesten Sportmuseum der Welt, dem MCC Museum im Lord's Cricket Ground.

←

Englands Nationalstadion,
das Wembley Stadium

Das Sportjahr in London

Der Anstoß erfolgt mit den Six-Nations-Rugby-Matches in Twickenham. Den Frühling läutet das heiß umkämpfte Boat Race ein, danach folgen der London Marathon und als Publikumsrenner das Finale des FA Cup. Nach Erdbeeren und Sonnenbrand in Wimbledon und bei internationalen Cricketspielen im Sommer tobt in der Premier League der Transfer-Wahnsinn, bis Mitte August die Fußballsaison beginnt. Danach bieten die Rugby Union Internationals und etliche Spiele der NFL Sportspannung pur.

→

Teilnehmer am London
Marathon und Zuschauer
in Wimbledon (Detail)

Die schöne Albert
Bridge bei nächtlicher
Beleuchtung ↑

LONDON
AN DER THEMSE

London ist eine Flusssiedlung – den Römern diente die Themse als Verteidigungslinie, im viktorianischen Zeitalter nutzte man sie als größten Hafen der Welt, und heute ist die Themse eine der berühmtesten Wasserstraßen. Erleben Sie auf dem Fluss Londons Wahrzeichen aus einer neuen Perspektive.

Auf dem Thames Path

Der Thames Path schlängelt sich in Serpentinen entlang des Flusses durch London und hinaus in die Landschaft. Der Londoner Abschnitt dieses National Trail beginnt weit westlich der Stadt in den Cotswold Hills und erstreckt sich von den Schwemmebenen Richmonds *(siehe S. 329)* bis zur Thames Barrier *(siehe S. 307)*. Der beste Abschnitt zum Sightseeing liegt zwischen der Westminster Bridge und der Tower Bridge, schön sind auch die Strecken zwischen der Kew Bridge und der Hammersmith Bridge im Westen mit viel Grün und schönen Pubs.

→

Der Thames Path am Abschnitt bei der City Hall

Flussübergänge

Bis 1750 war die London Bridge über Jahrhunderte hinweg Londons einzige Themsebrücke. Heute gibt es mehr als 30 – und zudem Tunnel. Unverwechselbar ist die Tower Bridge *(siehe S. 188)* mit den zwei Türmen und der Zugbrücke. Bei den Londonern besonders beliebt ist die Albert Bridge aus dem 19. Jahrhundert, die schöne Brücke nahe dem Battersea Park *(siehe S. 238f)* setzen nachts Tausende Lichter spektakulär in Szene. Ein ungewöhnlicher und etwas unheimlicher Weg von einem Ufer zum anderen ist der Greenwich Foot Tunnel. Er verbindet die Isle of Dogs mit der Canary Wharf *(siehe S. 307)* und Greenwich. Einen herrlichen Blick auf den Fluss bieten die Golden Jubilee Bridges zu beiden Seiten der Hungerford Bridge *(siehe S. 224).*

← *Ein Londoner Wahrzeichen, die Tower Bridge*

Restaurants

Skylon

Cooles, schickes Restaurant im ersten Stock der Royal Festival Hall mit schönem Blick auf den Fluss.

📍 J6 🚇 Southbank Centre 🌐 skylon-restaurant.co.uk

££££

Sea Containers

Genießen Sie die Seafood-Platte oder einen halben Hummer auf der Uferterrasse.

📍 K5 🚇 20 Upper Ground SE1 🌐 seacontainers london.com

££££

Ein Thames Clipper bei der Überfahrt ↑

Blick vom Wasser

Mit den Thames Clippers kann man die Sehenswürdigkeiten genauso gut vom Wasser aus sehen wie auf den viel teureren Ausflugsbooten. Die vier Hauptrouten bedienen die Flussabschnitte zwischen London Eye und London Bridge, zu Spitzenzeiten fahren die Boote etwa alle 15 Minuten.

41

LONDONER
PUBS & KNEIPEN

Wie die meisten Briten treffen sich auch die Londoner gern in Pubs zum Essen, Trinken und Tanzen, um sich zu unterhalten oder Sport im Fernsehen anzusehen. Egal in welchem Viertel, ob in einem Park, an der Themse oder an einer Hauptverkehrsstraße – das nächste Pub ist immer gleich um die Ecke.

Bier brauen

Auch wenn Londons Brauer immer originelle-re Sorten entwickeln, sollten Sie unbedingt das traditionelle »echte« Bier vom Fass probieren, das von Hand aus Fässern ge-pumpt und bei Kellertemperatur serviert wird. Die Vorliebe der Londoner für hopfige IPAs ist ungebrochen, und in der ganzen Stadt gibt es mehr als 100 Mikrobrauereien und Braupubs. Auf der Bermondsey Beer Mile können Sie an einem Samstag einige der besten probieren.

→

*In London gebraute
Ales in einem Pub*

Ein traditionelles Public House

Den Titel »Londons ältestes Pub« nehmen gleich mehrere Lokale für sich in Anspruch. Seit mehr als 1000 Jahren gibt es in der Stadt Pubs und Inns, doch nur in ein paar Lokalen hat die Einrichtung 200 oder mehr Jahre überstanden. Klassische viktorianische Pubs sind mit viel Holz ausgestattet, die Tische sind durch geschliffene Milchglasscheiben voneinander getrennt.

← *Das viktorianische Churchill Arms in Kensington*

Pubs

Hoop and Grapes
Das Pub aus dem 17. Jahrhundert zählt zu Londons ältesten.

📍 O4 🏠 47 Aldgate High Street 🚇 Aldgate East 🌐 nicholsons pubs.co.uk

Ye Olde Mitre
Schon Elizabeth I tanzte durch die Kirschbäume, die rund um das Pub (16. Jh.) stehen.

📍 K4 🏠 Ely Place 🚇 Farringdon 🌐 yeoldemitreholborn. co.uk

↑ *Ein traditionelles Bier vom Fass, das gut zu einem Kneipenessen passt*

Pub Lunch

In London schießen seit den 1990er Jahren Gastropubs wie Pilze aus dem Boden. Viele servieren traditionelle Pubküche, manche machen durchaus Spitzenrestaurants Konkurrenz. Bekannt für ihre gute Küche sind The Harwood Arms in Fulham, das Anchor & Hope in Waterloo und The Marksman in Hackney.

↑ *Vorfreude auf den Sonntagsbraten in einem Londoner Gastropub*

Unabhängige Kinoszene

In der ganzen Stadt bringen u. a. kleine Programmkinos, große klassische Lichtspielhäuser und schicke trendige Filmtheater samt Bar und Restaurant großes Kino auf die Leinwand. Besonders eindrucksvoll sind das historische Regent Street Cinema, das Electric Cinema mit Lokal und Ledersesseln in der Portobello Road und das Art Deco Phoenix in East Finchley, das 1912 seine Türen öffnete. Exzellente Filme führen auch die Häuser der Kinoketten Picturehouse, Curzon und Everyman vor.

> **Expertentipp**
> **Karten für Sommerkino**
>
> Karten für die Sommerkinos gehen Monate vorab in den Verkauf und sind oft ausverkauft. Die beste Website ist thelunacinema.com. Die Vorführungen fallen selten aus, auch nicht bei Regen, bringen Sie also einen Schirm mit.

Das luxuriöse Electric Cinema in der Portobello Road ↑

LONDON FÜR
FILMFANS

Düstere dreckige Straßen der viktorianischen Ära oder das romantische Heim eines exzentrischen Stümpers aus der modernen Mittelschicht – London diente schon in unzähligen Filmen als Kulisse. Die besten Adressen für Filmfans haben wir hier zusammengestellt.

PLATFORM 9¾

Kinoschauplätze

Filmfans bietet London einige Déjà-vus, spielt die Stadt doch in vielen Film- und Fernsehproduktionen eine Rolle. Hier warb Hugh Grant in *Notting Hill* um Julia Roberts, erlebte Cillian Murphy ein postapokalyptisches Westminster in *28 Days Later*, und auch James-Bond-Fans erkennen viele Ecken wieder, besonders nach Bonds rasanter Verfolgungsjagd auf der Themse. Und an der King's Cross Station stieg ein berühmter Zauberschüler in den Zug nach Hogwarts (am Gleis 9¾, siehe S. 169).

Harry-Potter-Fans auf dem Weg zum Gleis 9¾

British Film Institute

Das British Film Institute (BFI) fördert und bewahrt das britische Filmschaffen. In seiner Zentrale BFI Southbank zieht es Filmfans in ein Kino mit vier Sälen, den Filmladen und das öffentliche Filmarchiv. Das BFI organisiert das knapp zweiwöchige London Film Festival, an dem alljährlich im Oktober Kinos in der ganzen Stadt teilnehmen.

←

Der Laden im
BFI Southbank

Sommerkino

Der Sommer ist die Zeit der Freiluftkinos, besonders beliebt sind u. a. der große Hof von Somerset House und Vorführungen auf Dächern, z. B. auf dem Bussey Building in Peckham und dem Queen of Hoxton Pub in Shoreditch. Luna Cinema bietet im Sommer ein dicht gepacktes Programm in mehr als einem Dutzend Parks und Gärten und sogar den königlichen Palästen.

→

Mit Picknick, dicker Jacke
und Decke beim Freiluftkino
im Somerset House

Klassik, Oper und Ballett

Alljährlicher Höhepunkt der Klassiksaison sind im Sommer The Proms: acht Wochen Konzerte samt krönendem Abschluss in der Royal Albert Hall. Das Angebot ist jedoch das ganze Jahr über herausragend. Konzerte und Opern stehen auf dem Programm des Barbican, der Royal Festival und der Wigmore Hall, im prächtigen London Coliseum und dem Royal Opera House darüber hinaus noch Ballett.

→ *Begeisterte Fans bei der Last Night of the Proms*

 Expertentipp Tickets

Der TKTS-Stand am Leicester Square verkauft Last-Minute-Abendkarten und verbilligte Tickets für West-End-Produktionen.

LONDON
LIVE!

»Wer London müde ist, ist seines Lebens müde«, meinte der Gelehrte Samuel Johnson, und was im 18. Jahrhundert galt, stimmt auch heute noch. Londons überwältigendes Angebot an Liveunterhaltung reicht von Musik aller Genres und Richtungen über Comedy bis zu herausragenden Theaterinszenierungen.

»Take Me to Church«

Von wegen verstaubte Chöre und Orgelbrausen: Londons Kirchen geben häufig Freikonzerte zur Mittagszeit, St Martin-in-the-Fields *(siehe S. 114)* z. B. an Werktagen. Dort swingt zudem regelmäßig Jazz im Café in the Crypt. Gegen Eintritt kann man in St John's am Smith Square in Westminster fast täglich nachmittags oder abends Livemusik lauschen. Die Union Chapel in Islington zählt zu Londons besten Konzertsälen, vor allem für Welt- und zeitgenössische Musik.

→ *Konzert in der stimmungsvollen Union Chapel*

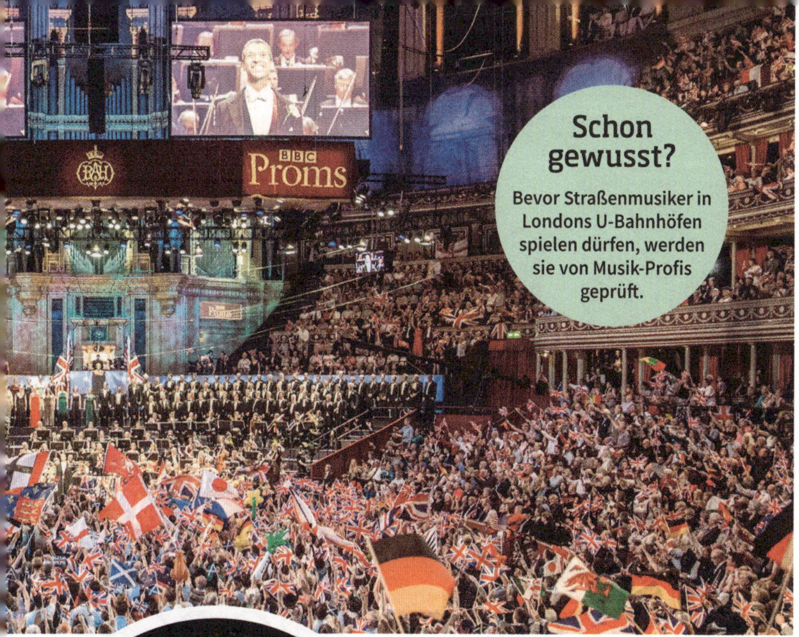

Schon gewusst?

Bevor Straßenmusiker in Londons U-Bahnhöfen spielen dürfen, werden sie von Musik-Profis geprüft.

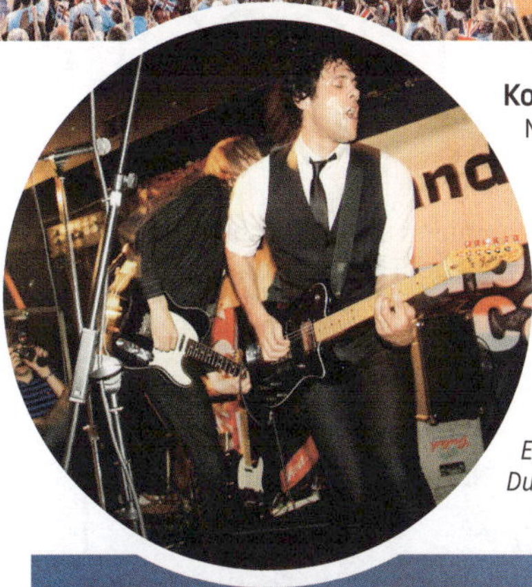

Konzerte und Comedy in Pubs

Nicht wenige Größen der Musikszene starteten ihre Karriere mit Gigs in Londoner Pubs. Livekonzerte finden bis heute in legendären Lokalen wie dem Windmill in Brixton und dem Dublin Castle in Camden statt. Londons Pubs spielen auch eine große Rolle für die Comedy-Szene, etwa Camden Head Pub in Angel und Banana Cabaret im Bedford in Balham.

←

Eine Band beim Auftritt im Dublin Castle in Camden

Theatermetropole

Das West End ist Londons Antwort auf den Broadway – das kommerzielle Theater floriert und noch dazu auf meist allerhöchstem Niveau. Gleiches gilt für die unabhängige Theaterszene. Das National Theatre und das Barbican sorgen als publikumswirksame Bühnen für junge Regisseure und experimentelle Produktionen für eine Extradosis Kreativität in Londons Theaterszene.

→

Der Dauerbrenner Les Misérables *im West End*

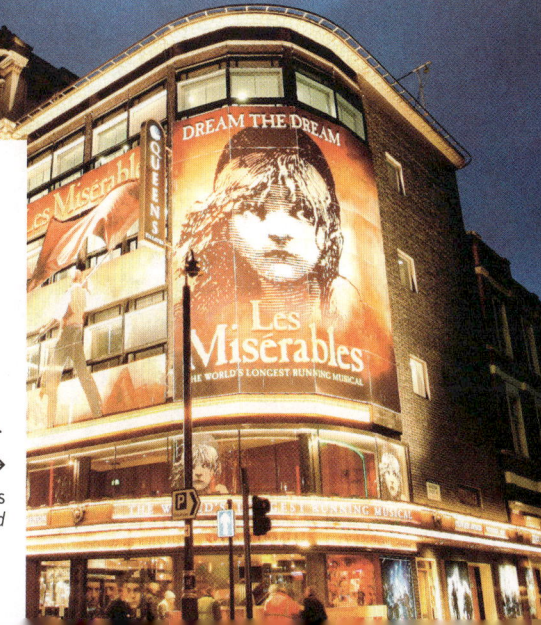

Mode-Mekka

In Sachen Style geht in London alles. Zu den Kultdesignern der Stadt gehören Vivienne Westwood und Alexander McQueen, der an der Central Saint Martins studierte – die Londoner Hochschule für Kunst und Design hat schon einige internationale Superstars hervorgebracht. Avantgarde und Experimentelles zeigt die London Fashion Week alljährlich im Februar und September.

Modenschau mit aufsehenerregender Kollektion von Vivienne Westwood

FASHION-METROPOLE
LONDON

In Sachen Shopping ist London Europas Champion im Superschwergewicht. Hier findet man einfach alles, was das Herz begehrt, und darüber hinaus noch viel mehr, sei es in den feinen Kaufhäusern, für die die Stadt berühmt ist, oder auf ihren bunten Märkten mit hohem Unterhaltungswert. Hier macht allein schon das Bummeln und Schauen großen Spaß.

Auf der Shoppingmeile

An der dicht bevölkerten Oxford Street bilden mehr als 300 Läden eine zwei Kilometer lange Shoppingmeile. Hier geben sich britische Größen wie John Lewis, Marks & Spencer und Topshop mit Flagship-Stores die Ehre, in der angrenzenden Regent Street berühmte britische und internationale Namen wie Hackett, Barbour und Ted Baker.

→

Die beliebte Shoppingmeile Oxford Street

Freestyle

Vintage-Schnäppchen oder exklusiver Edelzwirn – an jeder Ecke kann man hier etwas Besonderes finden. Die besten Anzüge gibt es in den unübertrefflichen Traditionsläden in der Savile Row und Jermyn Street, Boutiquen jeglicher Couleur in Notting Hill und Hampstead, und auf der Suche nach Vintage- und alternativer Mode wird man am besten in der Brick Lane und in Camden fündig.

←

Vintage-Laden im Szeneviertel Notting Hill

↑ *Hochwertige Schneiderkunst in einer Londoner Boutique*

↑ *Breite exklusive Auswahl im Luxuskaufhaus Liberty*

Kaufhäuser der Spitzenklasse

In Londons großen Kaufhäusern kann man Shoppen bis zum Umfallen – und auch angesichts der Preise kurz die Besinnung verlieren. Bei Harrods lohnt allein schon der Anblick des ganzen Luxus, dass man sich durch die Menge kämpft. Gleiches gilt für das historische Liberty in einem Tudor-Revival-Haus. Selfridges, nach Harrods Londons größtes Kaufhaus, ist berühmt für sein vielfältiges, hochwertiges Angebot und für seine fantasievolle aufwendige Schaufenstergestaltung.

LONDONS
ROOFTOPS

In London boomen Wolkenkratzer, und je mehr Türme in die Höhe schießen, desto mehr werden auch ihre Dächer in luftiger Höhe genutzt, sei es für Open-Air-Kinos, Abenteuerspielplätze für Erwachsene oder gut besuchte Bars – den fantastischen Blick auf die Stadt gibt es gratis dazu.

Himmlische Unterhaltung

Ab aufs Dach! Zumindest im Sommer. Auf dem Roof East in Stratford kann man sich beim Minigolf, Rasen-Bowling und im Baseball-Cage austoben und selbstverständlich an Imbissständen stärken. Der Rooftop Film Club zeigt Filmklassiker auf buchstäblich höchstem Niveau, das Publikum genießt den Kult in Liegestühlen mit kabellosen Kopfhörern. Eintrittskarten für die drei verschiedenen Dachkinos können online reserviert werden.

→

Ein Klassiker: Saturday Night Fever *im Peckhams Rooftop Film Club*

Dachgärten

Besonders schön sind Dächer mit Gärten, einige sind auch öffentlich zugänglich. Reservieren Sie (kostenlos) Karten für den bepflanzten Sky Garden *(siehe S. 189)*, oder spazieren Sie zwischen Blumenbeeten im Crossrail Place Roof Garden in Canary Wharf.

Der Queen Elizabeth Hall Roof Garden mag dagegen bescheiden wirken, punktet aber mit seiner Lage am Fluss.

←

Der Sky Garden mit Panoramablick und der Crossrail Place Roof Garden (Detail)

Restaurants

Sushisamba London
Kreative Küche im 38. Stock.

📍 N4 🏠 110 Bishops-gate EC2
🌐 sushisamba.com
£££

OXO Tower Restaurant
Hier wird moderne internationale Küche serviert.

📍 K5 🏠 Barge House St SE1
🌐 harveynichols.com
££££

Madison
Edle Speisen mit Blick auf St Paul's.

📍 L5 🏠 One New Change EC4
🌐 madisonlondon.net
£££

Schöne Aussichten

The Shard *(siehe S. 214f)* ist das höchste Gebäude Westeuropas. Auf der Aussichtsplattform im 72. Stock gehen einem schier die Augen über, beim Eintrittspreis allerdings auch. In den nur wenige Etagen tieferen Bars kostet der Blick nur einen Cocktail. Bodenständiger im doppelten Sinn sind die klassischen Aussichtsplattformen in der St Paul's und der Westminster Cathedral. Der fantastische Blick hat hier quasi historische Dimension.

↑ *Blick von The Shard auf Londons Lichter und Wahrzeichen*

Cafés

Jungle Cave
Die Dschungeldekoration gefällt Kindern.

📍 H5 🏠 20–24 Shaftesbury Ave 🅆 junglecave.uk

ⓔⓔⓔ

Giraffe
Lebhaft und für jeden Geschmack.

📍 T4 🏠 Southbank Centre 🅆 giraffe.net

ⓔⓔⓔ

Der Diana Memorial Playground in den Kensington Gardens ↑

LONDON FÜR
FAMILIEN

Mit seinen innovativen Museen, großen Parks und familienfreundlichen Restaurants ist man in London auch mit Kindern gut unterwegs. Manche Attraktionen sind zwar ein wenig teuer, doch in der ganzen Stadt findet man auch eine Vielzahl von günstigen oder gar kostenlosen Angeboten.

An Regentagen

Das englische Wetter spielt nach eigenen Regeln – gut, dass viele für Kinder unterhaltsame Attraktionen nicht im Freien liegen. Echte Hits sind die Wunderwelt des Science Museum *(siehe S. 252f)* und das Natural History Museum *(siehe S. 250f)*. Im London Dungeon *(siehe S. 230)* gruselt man sich über die blutigen Episoden der englischen Geschichte, und das makabre Clink Prison Museum *(siehe S. 214)* macht selbst schlecht gelaunten Teenagern Spaß.

←

Auge in Auge mit den Exponaten im Natural History Museum

Toben

London besitzt Hunderte Parks in allen Größen, und in jedem gibt es zumindest einen Platz zum Toben. Im Zentrum findet man im St James's Park *(siehe S. 95)*, Holland Park *(siehe S. 266)*, Regent's Park *(siehe S. 276f)* und in den Kensington Gardens *(siehe S. 256)* Spielplätze. Der Hyde Park *(siehe S. 257)* trumpft mit Klettergerüsten, Schaukeln, Rutschbahn sowie einem See zum Schwimmen und Rudern auf, der Kinderpark Coram's Fields in Bloomsbury mit Abenteuerspielplätzen, Tiergehege und Planschbecken.

 Expertentipp
Für Kinder kostenlos

Kinder unter elf Jahren fahren in Begleitung Erwachsener kostenlos mit öffentlichen Verkehrsmitteln. Der Eintritt zu den meisten Attraktionen und Sehenswürdigkeiten ist für sie reduziert bzw. für Kinder unter fünf Jahren frei.

Stadtsafari

Londons City Farms sind ein großer Spaß für Kinder und kosten keinen oder nur wenig Eintritt. Eine der größten ist Mudchute Park and Farm nahe Canary Wharf (www.mudchute.org), hier leben über 100 Tiere. Exotischere Bewohner hat der Kinderzoo im Battersea Park *(siehe S. 238f)*, darunter Affen, Schlangen und Emus. Die ganz großen Tiere kann man im London Zoo *(siehe S. 277)* bestaunen.

$\longrightarrow$

Esel füttern im Mudchute Park and Farm

Theater

Das Repertoire der Londoner Kinderbühnen reicht vom traditionellen Puppentheater bis zu topmodernen Stücken. Einmalig ist die schwimmende Marionettenbühne des Puppet Theatre Barge in Little Venice *(siehe S. 268)* und Richmond, das Unicorn Theatre zeigt jährlich einige Inszenierungen (www.unicorntheatre.com).

$\longleftarrow$

Vorstellung im Marionettentheater Puppet Theatre Barge

Dickens' London

Charles Dickens ist mit London eng verbunden. *Die Pickwickier* und *Oliver Twist* versetzen Sie in Stimmung für eine Führung mit Charles Dickens Walks and Tours (www.dickenslondontours. co.uk) durch jene Straßen, die er berühmt machte. Mehr über Dickens selbst erfahren Sie in seinem Haus, heute das Charles Dickens Museum *(siehe S. 159).*

← *(siehe S. 159).*

Viktorianisches Interieur im Charles Dickens Museum

LONDON FÜR
BÜCHERWÜRMER

Wer Bücher liebt, der liebt auch London. Für Schriftsteller und Leser gleichermaßen gibt es in der Stadt viel zu entdecken: die größte Bibliothek der Welt, Europas größte Buchhandlung, eine bunte Szene unabhängiger Buchläden und nicht zuletzt ein literarisches Erbe, das Jahrhunderte zurückreicht.

Leseempfehlungen

Neben den Klassikern von Dickens spielen noch viele andere Romane in London, etwa Patrick Hamiltons *Hangover Square* in der Gegend von Earl's Court im Jahr 1939. Zadie Smith in *Zähne zeigen* und Sam Selvon in *The Lonely Londoners* erzählen von Erfahrungen der Einwanderer. John Lanchester erforscht in *Kapital* die Entwicklungen in einer Londoner Straße während der Finanzkrise im Jahr 2008.

→

Die große Buchhandlung Foyles in der Charing Cross Road

Auf Literaturtour

Für Bibliophile ist eine Tour auf den Spuren der Bloomsbury Group *(siehe S. 158)* rund um den Russell Square und den Gordon Square ein »Muss«. Das Senate House *(siehe S. 162)* war das Vorbild für George Orwells Ministerium für Wahrheit in *1984*. Danach führt der Weg in die British Library *(siehe S. 168)*, die die Welt der Literatur wie einen Schatz hütet.

→

Beim Studium in der British Library und das Senate House (Detail)

Schon gewusst?

Wenn man fünf Bücher am Tag liest, bräuchte man für die British Library 80 000 Jahre.

Buchladen

Foyles

Die Geschichte von Londons größter Buchhandlung beginnt im Jahr 1903 – damals verkauften die Brüder William und Gilbert erstmals Lehrbücher, die sie selbst nicht mehr brauchten. Der fünfstöckige Flagship-Store an der Charing Cross Road umfasst eine Jazz- und eine exzellente fremdsprachige Abteilung sowie insgesamt über sechs Regalkilometer.

📍 R1 🏠 107 Charing Cross Rd
🌐 foyles.co.uk

LONDON FÜR
FOODIES

In London kann man in jeglicher Umgebung und mit jedem Budget die Küchen Hunderter Länder entdecken. Hier strahlen Restaurants im Licht ihrer Sterne und blitzen Straßenstände wie die Funken einer kulinarischen Explosion auf. Ein paar der besten Kostproben haben wir zusammengestellt.

Feine Food-Feste

Unmöglich, alles zu probieren – auf Londons kulinarischen Festen ist die Auswahl gigantisch. Sichern Sie sich im Juni ein Ticket für Taste of London, ein kulinarisches Spektakel im Regent's Park (london.tastefestivals.com), im Juli feiert die Feria de Londres im Southbank Centre die spanische Küche und Kultur. Lockerer und beschwingter sind die vielen StrEATlife-Feste von Mai bis August im Alexandra Palace *(siehe S. 322f)*. Dort sorgen DJs und Bands für den Soundtrack und Festival-Atmosphäre, während man mit Blick auf London die Stände abgrast.

$\longrightarrow$

Probieren geht über studieren beim Taste of London

Streetfood

Mittlerweile springen zwar auch viele Lokale auf den Streetfood-Wagen auf, echtes Streetfood bekommt man jedoch z. B. an Marktständen, in umgebauten Containern oder Lastwagen, die überall dort auftauchen, wo Menschen zusammenkommen. Am bekanntesten ist der – teure – Borough Market *(siehe S. 213)*. An der touristischen Hauptstrecke liegt auch der Southbank Centre Food Market *(siehe S. 224)*. Hier bekommt man Brot, Käse sowie britische und internationale Gerichte. Authentischer schmeckt das Angebot am Leather Lane Market *(siehe S. 147)*, Berwick Street Market *(siehe S. 118f)*, Camden Market *(siehe S. 170)* oder Maltby Street Market (www.maltby.st).

Stand mit frischem Brot am Borough Market

TOP 5 | Londoner Kostproben

Brixton Village und Market Row
Alte Markthalle mit Lokalen *(siehe S. 328)*.

Flat Iron Square
Imbissstände in Eisenbahngewölben *(siehe S. 214)*.

The Prince
Schickes Gartenlokal mit verschiedenen Ständen (theprince london.com).

W12 Studios
Streetfood im alten BBC TV Centre (w12studios london.com).

Bang Bang Oriental
Asiatischer Food-Court (bangbangoriental.com).

↑ *Le Gavroche und ein Gericht im Connaught Restaurant* (Detail)

Fein essen gehen

Londons boomende Restaurantszene zählt mehr als 60 Sternelokale, die vor allem im West End, in der City, in Kensington und Knightsbridge residieren. Meist speist man dort sehr förmlich, legere Ausnahmen sind z. B. die im Industrial Chic gehaltene Tapas-Bar Barrafina *(siehe S. 115)* oder das kantonesische Hakkasan (hakkasan.com). Das Renommee dieser Restaurants ist oft untrennbar mit ihren Chefköchen verbunden, wie Michel Roux mit Le Gavroche (www.le-gavroche. co.uk) oder Gordon Ramsay mit dem gleichnamigen Drei-Sterne-Restaurant (www.gordonramsayrestaurants.com).

DAS JAHR IN
LONDON

Zu jeder Jahreszeit und bei jedem Wetter finden in Großbritanniens Hauptstadt zahlreiche Feste statt: Blumenausstellungen im Frühling, Musikveranstaltungen im Sommer, gemütliche Kinotage im Herbst und Weihnachtsfeiern im Winter.

Frühling

London beginnt den Frühling mit Sportveranstaltungen, darunter das historische Bootsrennen zwischen den Universitäten Oxford und Cambridge und der London Marathon. Im Frühling erblühen die Parks, ebenso wie die anspruchsvolle Gartenbauausstellung der RHS Flower Show, die im Mai stattfindet.

1 *Menschen verfolgen von der Hammersmith Bridge das Bootsrennen*

Sommer

Die Londoner genießen die Sonne auf den Dachterrassen der Bars, faulenzen das ganze Wochenende in den Parks und kühlen sich in den Strandbädern der Stadt ab. Festivals ziehen durch die Straßen: Pride feiert die LGBT+ Gemeinschaft im Juli, und der Notting Hill Carnival schwelgt im August in den Rhyth-

Religiöse Feste

In London werden viele religiöser Feste gefeiert. Jüdische Gemeinden begehen im November und Dezember Chanukka, dann wird auf dem Trafalgar Square eine riesige Menora beleuchtet. Im Oktober/November wird Diwali mit Straßenfesten und Lichtshows gefeiert.

men afrokaribischer Musik. Auch die Lebensmittelmärkte ziehen viele Menschen an, die einheimische und internationale Köstlichkeiten suchen.

2 *Extravagant gekleideter Teilnehmer an der Pride-Parade*

Herbst

Im September finden noch einige Veranstaltungen im Freien statt, aber wenn das Wetter abkühlt, verbringen die Londoner ihre freie Zeit in Galerien und Pubs oder bei Spaziergängen. Das BFI-Filmfestival erobert die Leinwände, und am Wochenende der offenen Tür kann man kostenlos Gebäude besichtigen. Am Remembrance Sunday im November wird der Kriegsveteranen gedacht.

3 *Ein Besuch des Victoria and Albert Museum ist ideal an einem kalten Herbsttag*

Winter

Im Dezember erstrahlen Lichterketten und Weihnachtsbäume auf den zentralen Plätzen Londons. Familien strömen in den Hyde Park zum magischen Winter Wonderland und machen es sich drinnen bei den traditionellen Pantomimen gemütlich. Zu Beginn des neuen Jahres wird die Stadt von einem spektakulären Feuerwerk erhellt, gefolgt von Laternen und Paraden in Chinatown zum chinesischen Neujahr.

4 *Schlittschuhläufer auf der Eisbahn des Natural History Museum*

Royale Events

Queen's Birthday Salute
Salutschüsse im Hyde Park und im Tower of London kündigen den Geburtstag der Königin im April an.

Trooping the Colour
Mitte Juni wird der Geburtstag der Königin mit einer Militärparade gefeiert.

Buckingham Palace State Rooms Open
Von Juli bis September sind die Prunkräume des Buckingham Palace zugänglich.

State Opening of Parliament
Nach den Parlamentswahlen spricht die Königin vor dem neuen Parlament.

3

4

KURZE
GESCHICHTE

London begann als römische Stadt, unterstand im 1. Jahrtausend n. Chr. verschiedenen Herrschern und überlebte im 2. Jahrtausend Feuer, Pest und Kriege. Immer wieder neu aufgebaut, entwickelte sich die Stadt zu einem Zentrum des Welthandels und zur größten Metropole der Erde.

Römisches London

Die erste ständige Siedlung im heutigen Londoner Stadtgebiet entstand nach der ersten römischen Invasion 55 v. Chr. Bedeutung erlangte der Ort jedoch erst rund ein Jahrhundert später nach der zweiten, größeren römischen Invasion im Jahr 43 n. Chr. Die Römer bauten eine Brücke über die Themse und errichteten am Nordufer – dort, wo heute die City liegt – ihr Verwaltungszentrum Londinium. Als das Römische Reich im frühen 5. Jahrhundert an Stärke verlor, zogen die Römer aus Britannien ab. Londinium wurde in den folgenden Jahren mehr oder minder verlassen und verfiel.

1 *Karte von London, 1570* ↑

2 *Baubeginn an der Westminster Abbey*

3 *Schlacht von Hastings, 1066*

4 *Tausende Tote während der Pestepidemie 1348*

Chronik

43 n. Chr.
Londinium gegründet

55 v. Chr.
Caesars erster Feldzug nach Britannien

61 n. Chr.
Die von ihrer Königin Boudicca angeführten keltischen Icener zerstören Londinium

410
Römer ziehen aus Britannien ab

200
Römer bauen Stadtmauer

Sachsen und Wikinger

In den folgenden Jahrhunderten kämpften die in England eingedrungenen Sachsen und Wikinger um London, das gegenüber Städten wie Winchester und Canterbury an Bedeutung verlor. Erst 1016 stieg es unter König Canute wieder zur Hauptstadt auf. Edward I der Bekenner, einer der letzten angelsächsischen Könige Englands, verlegte sein Machtzentrum in die City of Westminster, die bis heute Sitz der Regierung ist. In der von ihm gegründeten Westminster Abbey wurde nach der normannischen Invasion William I der Eroberer 1066 gekrönt.

Normannisches und mittelalterliches London

William gewährte London eine gewisse Unabhängigkeit, denn wie auch seine Nachfolger brauchte er die Stadt und ihren Reichtum, um seine Macht zu erhalten. Londons Kaufleute gründeten eigene Institutionen und Gilden, 1189 wurde der erste Bürgermeister ernannt. Ab dem frühen 14. Jahrhundert genoss die Stadt eine Ära relativen Wohlstands, wobei jedoch die meisten ihrer damals rund 80 000 Einwohner in Armut lebten. Im Jahr 1348 starb die Hälfte der Bevölkerung am Schwarzen Tod – der Beulenpest.

Mittelalterliches London

Der White Tower im Tower of London ist der vollständigste Palast aus dem 11. Jahrhundert in Europa. Das Museum of London *(siehe S. 185)* zeigt Artefakte. Die British Library *(siehe S. 168)* hütet Handschriften wie das *Domesday Book*. Vom Winchester Palace nahe dem Clink *(siehe S. 214)* ist nur eine Fensterrosette aus dem 14. Jahrhundert erhalten.

872
Die Dänen besetzen London

1066
Edward I wird bestattet, William I an Weihnachten gekrönt

1348
Die Hälfte der Bevölkerung stirbt an der Beulenpest

1209
Die alte London Bridge wird fertiggestellt

1381
Die Peasants' Revolt (Bauernaufstand) wird niedergeschlagen

London unter den Tudors

Die Herrschaft der Tudors begann 1485 mit Henry VII. In der Tudor-Zeit wurde England befriedet, es erblühte die Kunst, der Handel begann zu florieren. Unter Elizabeth I öffneten Entdecker den Weg in die Neue Welt, stieg London zum weltweit führenden Handelszentrum auf und wurde Englands Theater- und Literaturtradition begründet. Im 1576 erbauten Globe Theatre feierten viele von Shakespeares Stücken Premiere.

Religionskonflikte und Englischer Bürgerkrieg

Zwei Jahre nach dem Tod von Elizabeth I planten von Guy Fawkes angeführte katholische Verschwörer König James I zu töten, indem sie versuchten, die Houses of Parliament in die Luft zu sprengen. Dies löste eine antikatholische Reaktion und religiöse Konflikte aus, die zusammen mit dem Machtkampf zwischen Parlament und König 1642 zum Englischen Bürgerkrieg führten. London war als Parlamentarier-Hochburg ein Hauptschauplatz des Kriegs. Nach dem Sieg der Parlamentarier 1649 entstand das Commonwealth of England, das von den Puritanern unter Oliver Cromwell beherrscht wurde. 1660 wurde unter Charles II erneut die Monarchie eingeführt.

↑ *Die Enthauptung von Charles I durch die von Oliver Cromwell angeführten Parlamentarier*

Chronik

1585

Shakespeare kommt nach London

1642

Beginn des Englischen Bürgerkriegs, Charles I verlässt London

1649

Enthauptung von Charles I in Whitehall, Gründung des Commonwealth

1660

Wiedereinführung der Monarchie unter Charles II

1665

Die Große Pest tötet 100 000 Menschen

3

Zerstörung und Wiederaufbau

Am 2. September 1666 brach in einer Bäckerei in der Pudding Lane nahe der London Bridge ein Feuer aus, das fünf Tage lang wütete und einen Großteil Londons zerstörte. Der Wiederaufbau nach dem Großen Brand war maßgeblich für die Anlage der heutigen City. Jenseits der Stadtmauer breiteten sich zunehmend Siedlungen aus, und schon bald erstreckte sich London bis zur City of Westminster.

Ausdehnung

Die Gründung der Bank of England 1694 verwandelte die Stadt in ein rasant wachsendes globales Finanzzentrum. Ab Mitte des 18. Jahrhunderts war London die größte Stadt Europas, 100 Jahre später die größte und reichste Metropole der Welt. Die Aussicht auf Arbeit und Geld lockte Millionen verarmte Menschen vom Land und aus dem Ausland nach London, wo sie in beengten, unhygienischen Verhältnissen lebten, häufig gleich östlich der City, wo die Docks Arbeit boten. Ab etwa 1820 schossen im ganzen Umland, auf Feldern und in den Dörfern, in Gebieten wie Brompton, Islington und Battersea für immer mehr Menschen Reihenhäuser wie Pilze aus dem Boden.

1 *Queen Elizabeth I, die den großen Wandel der Stadt einleitete* ↑

2 *Guy Fawkes bei der Vorbereitung des Attentats auf König James I*

3 *Der Große Brand 1666*

Schon gewusst?

Nach dem Großen Brand entwarf Christopher Wren die St Paul's Cathedral und 51 weitere Kirchen.

1710
Christopher Wrens St Paul's Cathedral wird vollendet

1666
Der Große Brand von London zerstört die City

1801
Der erste Zensus ergibt für London mehr als eine Million Einwohner

1836
Londons erster Bahnhof an der London Bridge

1802
Der Bau des West India Dock läutet die Vergrößerung des Hafens ein

Viktorianisches London

London prägt ein großes viktorianisches Erbe, in diesem Goldenen Zeitalter britischer Ingenieurskunst entstanden viele seiner weltberühmten Bauwerke: die Houses of Parliament, die Tower Bridge, der Bahnhof St Pancras, die Royal Albert Hall, die U-Bahn … 1855 gab es mit dem Metropolitan Board of Works eine erste Kommunalverwaltung. Dessen Chefingenieur, Joseph Bazalgette, schuf eine bahnbrechende unterirdische Kanalisation, die den Schmutz und Gestank in den Straßen und der Themse verringerte sowie den Ausbruch von Cholera-Epidemien in der wachsenden Stadt verhinderte. Ende des 19. Jahrhunderts lebten 4,5 Millionen Menschen in London und rund vier Millionen in der unmittelbaren Umgebung.

Weltkriege und Aufbau in der Nachkriegszeit

Im Ersten Weltkrieg wurde London von Zeppelinen aus bombardiert. Die Schäden und die Zahl der Toten waren minimal im Vergleich zum Zweiten Weltkrieg. Große Flächen, vor allem im Zentrum, wurden dem Erdboden gleichgemacht, erst durch die Bombenangriffe 1940/41 (The Blitz) und gegen Kriegsende durch V1- und V2-Raketen, ersten Marschflugkörpern.

↑ *Winston Churchill, Premierminister während des Zweiten Weltkriegs*

Chronik

1837

Königin Victoria wählt Buckingham Palace als ihre Londoner Residenz

1858

Der »Große Gestank« der Themse zwingt das Parlament, die Arbeit zu unterbrechen

1851

Great Exhibition im Hyde Park

1863

Die erste U-Bahn der Welt fährt zwischen Paddington und Farringdon

1908

London trägt die Olympischen Spiele aus

3

4

Der große Wiederaufbau fiel mit dem Niedergang der Docks und anderer viktorianischer Industriebranchen zusammen. In der ganzen Stadt wuchsen Wohnsiedlungen, die teils noch heute stehen. Die Zeit überdauert hat auch die Royal Festival Hall, die für das Festival of Britain 1951, eine Leistungsschau der britischen Technik und Kultur, entstand. Sie ist heute mit einigen Gebäuden im brutalistischen Stil Teil des Southbank Centre. Londons multikulturellen Charakter verstärkten Einwandererströme aus den einstigen Kolonien des sich auflösenden Weltreichs, vor allem aus der Karibik und Indien.

London heute

Den Beginn des neuen Jahrtausends begleiteten große Bauprojekte wie London Eye, Tate Modern und der fehlgeschlagene Millennium Dome – und auch heute dominieren Kräne die Skyline dieser wohl nie vollendeten Stadt, die mit neuen Projekten die Wohnungskrise und Umweltprobleme lösen muss. Trotz einer Flut von Messerattacken und der Beunruhigung dieser kosmopolitischen Stadt über die Entscheidung Großbritanniens, die EU zu verlassen, überwiegen der unermüdliche Geist der Stadtbewohner und der Sinn für die Gemeinschaft.

1 *Great Exhibition von 1851* ↑

2 *U-Bahnhof als Luftschutzbunker im Zweiten Weltkrieg*

3 *Festival of Britain*

4 *Eröffnungsfeier der Olympischen Spiele 2012*

Schon gewusst?

Der Bau des Millennium Dome kostete mehr als 700 Millionen britische Pfund.

1951
Festival of Britain an der South Bank

2000
Ken Livingstone Londons erster direkt gewählter Bürgermeister

2005
Schwere Terroranschläge in Londons öffentlichen Verkehrsmitteln

2012
London zum dritten Mal Gastgeber der Olympischen Spiele

2019
Eine Million Menschen marschieren durch London, um gegen den Brexit zu protestieren

LONDON
ERLEBEN

Blick auf St Paul's Cathedral

Whitehall und Westminster

Bereits seit mehr als einem Jahrtausend sind Whitehall und Westminster überragendes Zentrum der geistlichen und weltlichen Macht Englands. Der erste Herrscher, der in dem damaligen Sumpfgebiet an der Themse einen Palast errichten ließ, war König Canute, der Anfang des 11. Jahrhunderts regierte. Sein Palast entstand in der Nähe jener Kirche, die Edward the Confessor ungefähr 50 Jahre später zu Englands größter Abtei erweitern ließ und der die Gegend am westlichen Ufer der Themse ihren noch heute bestehenden Namen verdankt (*minster* = Münster, Abteikirche).

Im Lauf der folgenden Jahrhunderte siedelten sich immer mehr Ministerien und Behörden in der Umgebung an, viele davon in Whitehall. Diese Straße hat ihren Namen vom Palace of Whitehall, den Henry VIII Anfang des 16. Jahrhunderts erbauen ließ. Der Palast brannte zwar 1698 ab, aber Whitehall blieb weiter im Zentrum der Regierung.

Heute sind in den Gebäuden das Verteidigungs- und das Außenministerium, das Cabinet Office und etliche andere namhafte Ministerien.

Whitehall und Westminster

Highlights
❶ Westminster Abbey
❷ Houses of Parliament
❸ Tate Britain

Sehenswürdigkeiten
❹ Big Ben
❺ Jewel Tower
❻ St Margaret's Church
❼ Parliament Square
❽ Downing Street
❾ Churchill War Rooms
❿ Banqueting House
⓫ Horse Guards Parade
⓬ Household Cavalry Museum
⓭ Guards Museum
⓮ Westminster Cathedral
⓯ St John's Smith Square

Hotel
① Artist Residence

PICCADILLY
ST JAMES'S
JERMYN STREET
ST JAMES'S STREET
BERKELEY STREET
DOVER STREET
BOLTON ST
PICCADILLY
Green Park
Spencer House
St James's Palace
Lancaster House
QUEEN'S WALK

Green Park

THE

CONSTITUTION HILL
QUEEN'S GARDENS
Buckingham Palace Gardens
Buckingham Palace
BIRDCAGE

Royal Mews

BUCKINGHAM GATE
BUCKINGHAM GATE
PALACE STREET
WILFRED ST

BELGRAVIA
UPPER BELGRAVE ST
CHESHAM PL
BELGRAVE PLACE
LYALL STREET
CADOGAN LANE
EATON SQUARE
ELIZABETH STREET
SOUTH EATON PL
EATON TERRACE
EBURY STREET
ECCLESTON STREET

LOWER GROSVENOR PL
GROSVENOR GDNS
BEESTON PLACE
SIR SIMON MILTON SQ
BRESSENDEN PL
CARDINAL PLACE

VICTORIA
HOWICK PLAC
Westminster Cathedral ⓮
THIRLEBY RD
FRANCIS
CARLISLE PLACE
GREENCOAT
ROCHESTER

Chelsea und Battersea
Seiten 232–241

Victoria

Victoria

Sloane Square

Eccleston Bridge
BUCKINGHAM PALACE ROAD
WILTON RD
BRIDGE PLACE
BELGRAVE ROAD
GILLINGHAM ST
GUILDHOUSE ST
WILTON ROAD
WAY
VAUXHALL BRIDGE ROAD
WILLOW PL
BELGRAVE ROAD

Victoria Coach Station
HUGH ST
ECCLESTON SQUARE
WARWICK
GEORGE'S DRIVE
WARWICK SQUARE
GLOUCESTER ST
DENBIGH
CHURTON STREET
CHARLWOOD
① CAMBRIDGE STREET
STREET
LUPUS

Whitehall und Westminster

0 Meter 300
0 Yards 300
N

PIMLICO

7

8

9

G H
F G

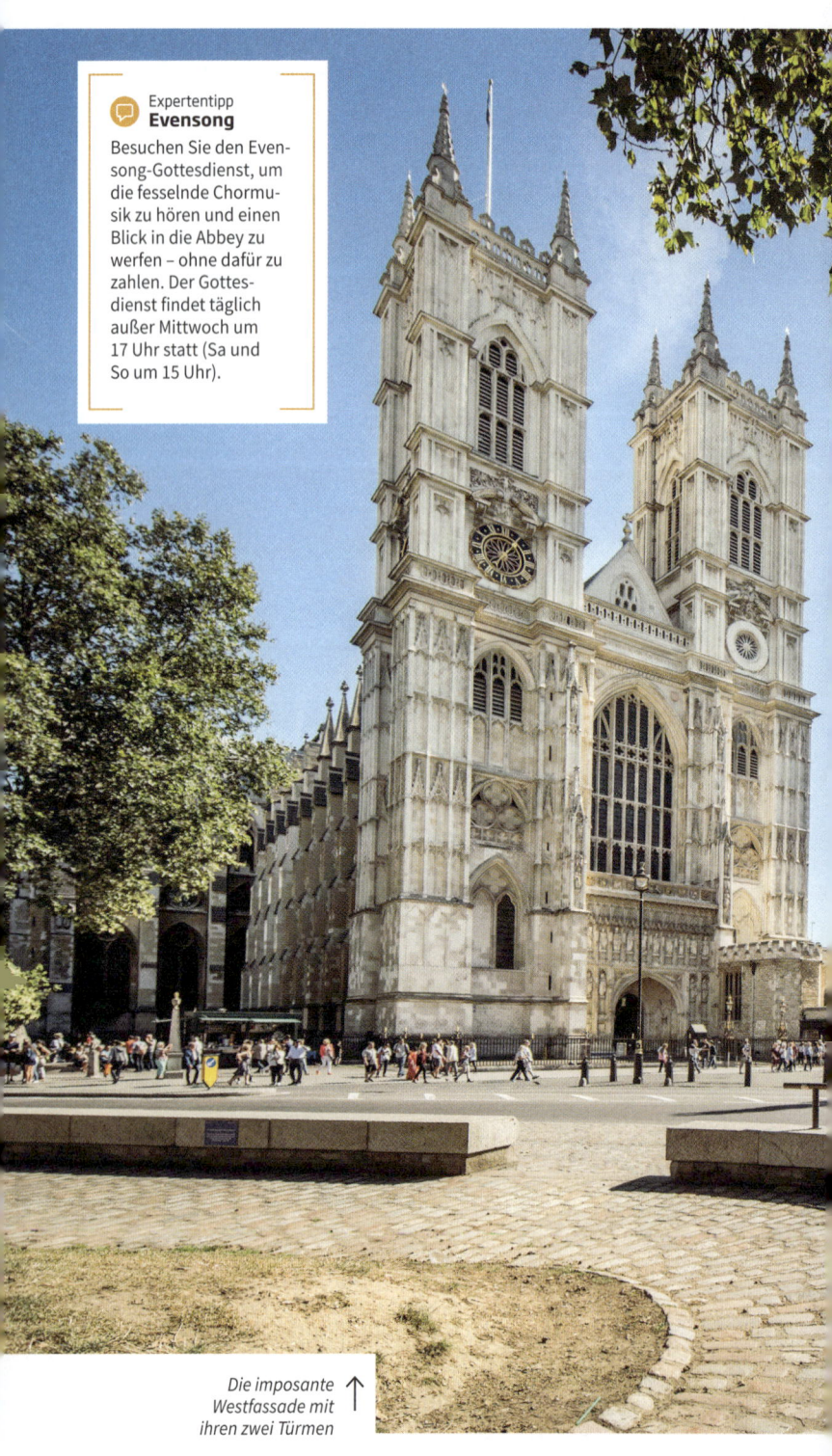

Expertentipp
Evensong

Besuchen Sie den Evensong-Gottesdienst, um die fesselnde Chormusik zu hören und einen Blick in die Abbey zu werfen – ohne dafür zu zahlen. Der Gottesdienst findet täglich außer Mittwoch um 17 Uhr statt (Sa und So um 15 Uhr).

Die imposante Westfassade mit ihren zwei Türmen ↑

❶ ⊘ Ⓜ ▭ 🛍

Westminster Abbey

📍 I7 🏠 Broad Sanctuary SW1 📞 +44 20 7222 5152
🚇 St James's Park, Westminster 🚆 Victoria, Waterloo
🕐 siehe Website 🌐 westminster-abbey.org

Die prächtige gotische Westminster Abbey ist eines der besten Beispiele für mittelalterliche Architektur in London und eine der beeindruckendsten Sammlungen von Gräbern und Denkmälern der Welt.

Die Abtei, halb Nationalkirche, halb Nationalmuseum, ist Teil des britischen Nationalbewusstseins. Sie ist der beeindruckende Schauplatz von Krönungen, königlichen Hochzeiten und Gottesdiensten und die letzte Ruhestätte von 17 britischen Monarchen. Auch viele führende Persönlichkeiten der britischen Geschichte sind hier begraben oder haben hier ein Denkmal erhalten, darunter Dichter und Politiker, Schriftsteller und Wissenschaftler.

Geschichte der Abtei

Die erste Abteikirche entstand bereits im 10. Jahrhundert, als der hl. Dunstan mit Benediktinern in die Gegend kam. Die heutige Bausubstanz datiert überwiegend aus dem 13. Jahrhundert. Ab 1245 ließ Henry III das Bauwerk im Stil der französischen Gotik erweitern. Ihrer Funktion als Krönungskirche verdankt es die Westminster Abbey, dass sie die Angriffe von Henry VIII gegen sämtliche britische Klosterbauten unbeschadet überstand.

←

Reiterstandbild von Richard I, auch bekannt als Richard Löwenherz, von Carlo Marochetti

Krönung

Seit 1066 ist Westminster Abbey der luxuriöse Schauplatz aller königlichen Krönungszeremonien. Zuletzt nahm die aktuelle Königin Elizabeth II auf dem prächtigen Coronation Chair Platz. Sie wurde 1953 gekrönt, und viele verfolgten das Ereignis – als erste Krönung, die im Fernsehen übertragen wurde.

In der Abtei

Das Innere der Abtei präsentiert einen außergewöhnlichen Reichtum an unterschiedlichen Stilrichtungen, sowohl was Architektur als auch was Plastik angeht. Das Spektrum reicht von französischer Gotik (Mittelschiff) bis zur Komplexität des Tudor-Stils (Henry VII Chapel) und dem Erfindungsreichtum des 18. Jahrhunderts. Jüngster Anbau ist der Weston Tower von 2018, der Zugang zum Triforium und zu den Queen's Diamond Jubilee Galleries erlaubt.

Die **Westtürme** wurden von Nicholas Hawksmoor entworfen.

1 *Denkmal für William Shakespeare in Poets' Corner*

2 *James I ließ den Leichnam seiner Mutter Mary von Schottland 1612 in die von Henry VII erbaute Lady Chapel bringen.*

3 *Der Chor der Westminster Abbey singt aus seinem Gestühl im Chorraum jeden Tag. Das originale Chorgestühl stammte aus dem Mittelalter. Das heutige wurde im Jahr 1848 eingerichtet.*

Chronik

1050
△ Baubeginn der Benediktinerabtei unter Edward the Confessor

1245
Beginn der Arbeiten an der neuen Kirche

1269
△ Verlegung der Überreste von Edward the Confessor in die Abtei

1540
△ Auflösung des Klosters auf Befehl von Henry VIII

Das **Mauer-werk** ist viktorianisch.

Die drei **Kapellen** im nördlichen Quer-schiff enthalten einige der schöns-ten Denkmäler.

In der **St Edward's Chapel** ist der Schrein von Edward the Confessor.

Die **Queen's Diamond Jubilee Galleries** liegen 16 Meter über dem Boden der Abbey.

Die **Lady Chapel** hat ein prachtvolles Gewölbe.

Der **Weston Tower** fügt sich perfekt in das ursprüngliche Gebäude ein.

Im acht-eckigen **Kapitelsaal** sind Fliesen aus dem 13. Jahr-hundert.

Im südlichen **Querschiff** ist Poets' Corner mit Denkmälern vieler berühmter Literaten.

Die **Kreuzgänge** stammen aus dem 13. und 14. Jahrhundert.

↑ *Querschnitt von Westminster Abbey*

Massive Bogen helfen, das gigantische Gewicht des **Hauptschiffs** zu verteilen.

Das 31 Meter hohe **Mittelschiff** ist das höchste in England.

1745
△ Fertigstellung der Westtürme

1838
△ Krönung von Queen Victoria

1953
Die Krönung von Elizabeth II wird im Fernsehen übertragen

2011
△ Hochzeit von Prince William und Catherine Middleton

2 ✍️ 🎧 🖥️ 🛍️ ♿

Houses of Parliament

📍 I7 🏠 London SW1 🚇 Westminster 🚆 Victoria ⛴️ Westminster Pier
🕐 siehe Website 🔒 Mitte Feb, Ostern, Pfingsten, Ende Juli – Anfang Sep,
Mitte Sep – Mitte Okt, Mitte Nov, Weihnachten 🌐 parliament.uk/visit

**Der Palace of Westminster ist das Herz der politischen Macht in England. Der
neogotische Bau liegt nahe der Westminster Bridge an der Themse und gibt ein
beeindruckendes Bild ab, vor allem mit dem unverkennbaren Elizabeth Tower.**

Seit über 500 Jahren ist der Palace of Westminster Sitz des britischen Ober- und Unterhauses. Im Unterhaus (House of Commons)
sitzen die gewählten Parlamentsmitglieder
(Members of Parliament = MPs). Die Partei
bzw. Koalition mit den meisten MPs bildet
die Regierung und stellt den Premierminister.
Die MPs der zweitgrößten Partei bilden die
Opposition. Häufig kommt es im Unterhaus
zu hitzigen Debatten, dann muss der unparteiische Vorsitzende (Speaker) wieder für
Ruhe sorgen. Die Regierung entwirft Gesetze,
die vor Inkrafttreten beide Häuser passieren
müssen.

↑ *Die Houses of Parliament wurden
von Sir Charles Barry entworfen*

→ *Der neogotische
Palace of Westminster*

Regierung und
Opposition sitzen
sich in der **Common
Chamber** gegenüber.

Die riesige
Glocke **Big
Ben** läutet
zur vollen
Stunde.

Eingang zur
Westminster Hall

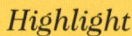

Chronik

1605
▽ Attentats-
versuch auf König
und Parlament
durch Guy Fawkes

1941
▽ Zerstörung
des Unterhauses
bei einem
Bombenangriff

1042
△ Baubeginn am
ersten Palast
für Edward the
Confessor

1834
△ Ein Brand zer-
stört den Palast,
nur Westminster
Hall und der Jewel
Tower bleiben
erhalten

Wer in der **Central Lobby** einen Abgeordneten trifft, steht unter einer herrlichen Mosaikdecke.

Die **Lords Chamber** ist in Rot gehalten.

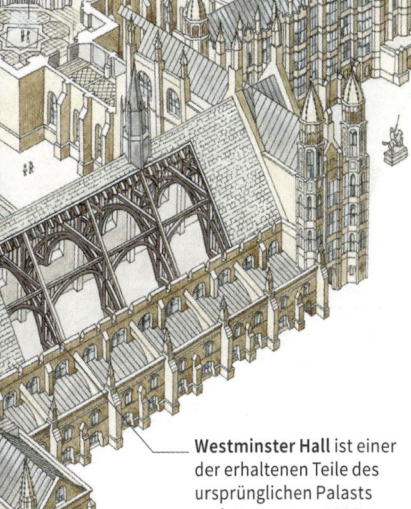

Eingang
Sovereign's

Westminster Hall ist einer der erhaltenen Teile des ursprünglichen Palasts und stammt von 1097.

↑ *Auf den grün gepolsterten
Bänken der Common Chamber
sitzen Regierung und Opposition*

*Die imposante
Fassade der Tate Britain* ↑

Tate Britain

📍 I9 🏠 Millbank SW1 📞 +44 20 7887 8888 🚇 Pimlico 🚆 Victoria, Vauxhall 🚢 Millbank Pier, alle 40 Min. 🕙 tägl. 10–18 (jeden ersten Fr im Monat außer Jan bis 21:30) 🚫 24.–26. Dez 🌐 tate.org.uk

Die weltweit größte Sammlung britischer Kunst vom 16. bis 21. Jahrhundert wird in einem fantastischen neoklassizistischen Gebäude am Flussufer gezeigt. Zu den Werken gehören auch Skulpturen und moderne Installationen. Ein eigener Flügel ist den Gemälden von J. M. W. Turner gewidmet.

Das Museum zeigt eine große Bandbreite britischer Kunst von Porträts aus der Tudor-Zeit und Landschaftsbildern aus dem 18. Jahrhundert bis zu riesigen Skulpturen und moderner Kunst. Die Ausstellungen wechseln oft, die Definition von britischer Kunst ist weit gefasst und erstreckt sich auch auf Künstler, die viel Zeit in Großbritannien verbracht haben, wie Canaletto und James Whistler. Das Museum wurde 1897 eröffnet, Grundstock der Ausstellung waren die Privatsammlung des Zuckerhändlers Henry Tate und Werke aus der älteren National Gallery. In sieben Räumen werden Gemälde von J. M. W. Turner gezeigt, die der britische Künstler dem Land 1851 vermachte. Seine in der Clore Gallery gezeigten Werke umfassen 300 Ölgemälde, 300 Skizzenbücher sowie etwa 20 000 Aquarelle und Zeichnungen. Große Wechselausstellungen sind immer sehr gut besucht.

↑ Peace – Burial at Sea *(1842) malte Turner zum Andenken an David Wilkie*

↑ *Im Museum trifft man überall auf Kunst*

Turner Prize

Alle zwei Jahre stellt die Tate Britain die Werke aus, die in die engere Wahl für den renommierten und oft umstrittenen Turner Prize kommen, der 1984 eingeführt wurde. Stellvertretend für alle bildenden Künste kommen jährlich vier zeitgenössische Künstler auf der Grundlage ihrer Arbeiten des Vorjahrs in die engere Wahl, bevor eine Jury den Gewinner auswählt. Zu den aufsehenerregendsten Gewinnern gehören Damien Hirsts *Mother and Child, Divided* (1995) und die Keramiken von Grayson Perry *(rechts)* aus dem Jahr 2003.

❹ Big Ben

📍 I7 🏠 Bridge St SW1
🚇 Westminster
🌐 parliament.uk

Genau genommen ist Big Ben nicht der Name des weltberühmten Glockenturms, der mit seinen 96 Meter Höhe die Houses of Parliament überragt, sondern derjenige der 13,7 Tonnen schweren Glocke, die zur vollen Stunde schlägt. Sie ist nach Sir Benjamin Hall benannt, der die Arbeiten daran beaufsichtigte. Die Glocke wurde 1858 in Whitechapel gegossen und ist die zweite ihrer Art. Die Uhr ist die größte Großbritanniens, ihre vier Zifferblätter haben einen Durchmesser von sieben Metern, die Minutenzeiger sind stolze 4,2 Meter lang.

Anlässlich des 60-jährigen Thronjubiläums der Königin wurde der Turm im Jahr 2012 in Elizabeth Tower umbenannt.

Als ein weltweites Symbol geht die Uhr seit Inbetriebnahme im Mai 1859 auf die Sekunde genau. 2022 wurde die vierjährige Renovierung abgeschlossen, und der Turm und die Uhr erstrahlen in neuem Glanz.

❺   Jewel Tower

📍 I7 🏠 Abingdon St SW1
📞 +44 20 7222 2219
🚇 Westminster 🕐 Apr – Sep: tägl. 10 –18; Okt: tägl. 10 –17; Nov– März: Sa, So 10 –16
🚫 1. Jan, 24.– 26., 31. Dez
🌐 english-heritage.org.uk

Zusammen mit Westminster Hall *(siehe S. 77)* bildet der Turm den einzigen erhaltenen Teil des ursprünglichen Palace of Westminster. Er wurde 1365 als Aufbewahrungsort für den Schatz von Edward III errichtet.

Zwischen 1896 und 1938 war im Turm das Eichamt untergebracht. Heute beherbergt er die Ausstellung *Parliament Past and Present* zur Geschichte des britischen Parlaments. Im oberen Stockwerk werden Exponate zur Historie des Turms gezeigt. In der Nähe des Jewel Tower liegen die Reste des Burggrabens und ein Landungsplatz aus dem Mittelalter.

Hotel

Artist Residence

Jedes der zehn Zimmer in dem Boutique-Hotel ist individuell eingerichtet. Bar und Restaurant sind exzellent.

📍 G9
🏠 52 Cambridge St SW1 🌐 artist residence.co.uk
£££

❻ ♿ St Margaret's Church

📍 I7 🏠 Broad Sanctuary SW1 🚇 Westminster
🕐 Mo – Fr 9:30 –15:30, Sa 9:30 –13:30 🌐 westminster-abbey.org/st-margarets-church

Die Kirche (Anfang 16. Jh.) ist bekannt für Hochzeiten von Politikern und Angehörigen der High Society. Winston und Clementine Churchill gaben sich hier das Jawort. Trotz vieler Renovierungen

Telefone im Karten-
zimmer der Churchill
War Rooms →

hat St Margaret's noch immer typische Merkmale aus
der Tudor-Zeit. Sehenswert
ist ein Buntglasfenster, das
die Heirat von Henry VIII und
Katharina von Aragón zeigt.

7
Parliament Square
📍 I7 🏠 SW1
🚇 Westminster

Der Platz wurde 1868 angelegt, um die Houses of Parliament repräsentativer zu machen. 1926 entstand hier der
erste Kreisverkehr Großbritanniens. Heute erstickt der
Platz am Verkehrsaufkom-
men. Das Standbild Chur-
chills blickt finster zum
House of Commons. Auf der
Westseite stehen bekannte
Persönlichkeiten wie Ma-
hatma Gandhi und Nelson
Mandela. Die Frauenrechtle-
rin Millicent Fawcett ist die
einzige Frau auf dem Platz.

8
Downing Street
📍 I6 🏠 SW1 🚇 West-
minster 🚫 für Besucher

Das Wohnhaus und Büro des
Premierministers ist eines
von vier erhaltenen Häusern,
die in den 1680er Jahren für
Sir George Downing (1623 –

1684) gebaut wurden. Er ging
als Junge nach Amerika und
kehrte zurück, um im Bürgerkrieg für die Parlamentarier
zu kämpfen. Im Gebäude
sind ein staatlicher Speisesaal und der Kabinettssaal,
in dem regelmäßig Minister
zusammenkommen. Seit
1989 ist die Downing Street
aus Sicherheitsgründen für
Besucher geschlossen.

9
Churchill War Rooms
📍 I7 🏠 Clive Steps, King
Charles St SW1 🚇 West-
minster, St James's Park
🕐 tägl. 9:30 – 18 (letzter
Einlass: 17) 🚫 1. Jan,
24. – 26. Dez 🌐 iwm.org.uk

Ein faszinierendes Stück
Zeitgeschichte ist in den

labyrinthartigen Kellerräu-
men des Finanzministeriums
zu besichtigen. Während des
Zweiten Weltkriegs befand
sich in dem Luftschutzbunker das britische Hauptquartier. Zu den Cabinet Rooms
gehören auch Quartiere für
die wichtigsten Minister und
hohen Militärs sowie ein
Kabinettraum, in dem viele
strategische Entscheidungen
fielen. Die Räume sind im
Originalzustand belassen.
   Im Churchill Museum ist
eine Multimedia-Ausstellung
über Churchills Leben und
Karriere zu sehen sowie die
Dauerschau *Undercover:
Life in Churchill's Bunker* mit
persönlichen Anekdoten,
Exponaten und Interviews
von Menschen, die hier ar-
beiteten. Vorab zu buchen ist
empfehlenswert.

Cenotaph
Am Remembrance Sun-
day (nächster So zum
11. Nov) wird all derer
gedacht, die seit dem
Ersten Weltkrieg in Aus-
übung ihres Diensts am
Vaterland ihr Leben ver-
loren haben. Der Ceno-
taph, den Sir Edwin Lut-
yens 1920 schuf, steht im
Mittelpunkt der Gedenk-
feierlichkeiten in London,
bei denen Mitglieder der
königlichen Familie und
andere Würdenträger
Kränze aus rotem Mohn
an seinem Sockel nie-
derlegen.

←

*Blick auf den Elizabeth
Tower mit Big Ben vom
Albert Embankment*

Der Turnierplatz von Henry VIII ist heute die Horse Guards Parade ↑

🔟 Banqueting House

📍 I6 🏠 Whitehall SW1
🚇 Embankment, Charing Cross, Westminster
🕐 tägl. 10 –17 (letzter Einlass: 16:30) 🚫 1. Jan, 24. – 26. Jan 🌐 hrp.org.uk

Dieses Haus war das erste in Central London, das der Architekt Inigo Jones im Anschluss an seine Italienreisen im palladianischen Stil errichtete. Die 1622 fertiggestellte strenge Fassade bildete einen krassen Gegensatz zu den verspielten Türmchen und Verzierungen elisabethanischer Bauten. Als einziger Teil des ursprünglichen Whitehall Palace überstand das Bankettshaus den Brand von 1698 unbeschadet.

Die Deckengemälde von Rubens, die Charles I 1630 in Auftrag gegeben hatte, lobpreisen die Herrschaft von James I. 1649 ließen Oliver Cromwell und die Parlamentarier, die Charles' Herrschaftsgebaren nicht länger dulden mochten, den König auf einem Schafott vor dem Banqueting House hinrichten. Ironischerweise feierte König Charles II hier elf Jahre später die Restauration der Monarchie. Heute wird das Gebäude gelegentlich zu offiziellen Anlässen genutzt.

⓫ Horse Guards Parade

📍 I6 🏠 Whitehall SW1
🚇 Westminster, Charing Cross, Embankment

Auf dem einstigen Turnierplatz von Henry VIII findet heute das Changing the Guard (Wachablösung, tägl. 11, So 10) statt. William Kent entwarf die Gebäude (1755). Links vom Paradeplatz sieht man die Old Treasury und die Rückseite von Dover House (1758), in dem heute das Scotland Office ist. In der Nähe liegt jener »real tennis court«, auf dem Henry VIII einen Vorgängersport des heutigen Tennis gespielt haben soll. Die gegenüberliegende Seite wird von der Citadel dominiert, einem Bunker, der 1940 neben der Admiralty, dem alten Admiralitätsgebäude, entstand. Im Zweiten Weltkrieg diente er als Nachrichtenstützpunkt.

Queen Anne's Gate

Die gut erhaltenen Häuser am westlichen Ende dieser Enklave stammen von 1704. Die am anderen Ende sind etwa 70 Jahre jünger. Hier lebte u. a. der viktorianische Premierminister Lord Palmerston. Angeblich residierte der Geheimdienst ebenfalls an diesem Ort. Vor der Trennwand zwischen den Hausnummern 13 und 15 steht eine kleine Statue von Queen Anne. Weiter westlich, Ecke Petty France, ist das Sir Basil Spence' Home Office Building (1976) zu sehen, über dessen Architektur gestritten wird.

können Uniformen anprobieren.

13 🔨 💀 🏛 ♿

Guards Museum

📍 H7 🏠 Birdcage Walk SW1
📞 +44 20 7414 3428
Ⓢ St James's Park 🕐 tägl.
10–16 (letzter Einlass: 15:30)
🚫 Mitte Dez – Ende Jan;
bei Veranstaltungen
🌐 theguardsmuseum.com

Das Museum, das man über den Birdcage Walk betritt, liegt am Paradeplatz der Wellington Barracks, dem Hauptquartier der fünf Garderegimenter. Zu sehen sind u. a. Dioramen mit Nachstellungen vieler Schlachten, an denen die Regimenter beteiligt waren – vom Englischen Bürgerkrieg (1642–48) bis heute –, sowie Waffen und farbenprächtige Uniformen.

14 🏛 ♿

Westminster Cathedral

📍 H8 🏠 Victoria Street SW1
Ⓢ Victoria 🕐 Kathedrale:
Mo – Fr 7 –19, Sa, So 7:30 –19;
Turm, Ausstellung: tägl. 9:30 –
17 (Sa, So bis 18) 🌐 westminstercathedral.org.uk

Die Kathedrale ist einer der wenigen neobyzantinischen Bauten Londons. Sie wurde für die katholische Diözese errichtet. Vom 87 Meter hohen roten Ziegelturm mit seinen weißen Steinbändern hat man einen fantastischen Blick, die Ausstellung »Treasures of the Cathedral« zeigt seltene kirchliche Objekte. Angesichts des prächtigen Innenraums mit Marmor und Mosaiken wirken die Kuppeln über dem Hauptschiff unpassend kahl. Sie blieben ungeschmückt, weil das Geld ausging. Eric Gills 14 imposante Kreuzwegreliefs an den Hauptpfeilern entstanden während des Ersten Weltkriegs. Die Orgel ist erstklassig. Sonntags um 16:45 Uhr finden hier häufig kostenlose Konzerte statt.

15 🍴 ♿

St John's Smith Square

📍 I8 🏠 Smith Sq SW1
Ⓢ Westminster 🕐 nur bei
Konzerten 🌐 sjss.org.uk

Die von Thomas Archer errichtete Kirche, ein Meisterwerk des englischen Barock, prägen auffällige Ecktürme. Die Häuser (18. Jh.) an der Nordseite wirken dagegen unscheinbar. Heute wird die Kirche in erster Linie als Konzertsaal genutzt. St John's blickt auf eine Reihe von Rückschlägen: Die 1728 geweihte Kirche brannte 1742 ab. 1773 wurde sie von einem Blitz getroffen, 1941 von Bomben fast ganz zerstört.

12 🔨 🏛 ♿

Household Cavalry Museum

📍 I6 🏠 Horse Guards,
Whitehall SW1 Ⓢ Charing
Cross, Westminster,
Embankment 🕐 Apr – Okt:
tägl. 10 –18; Nov – März:
tägl. 10 –17 🚫 Karfreitag,
24.-26. Dez; gelegentlich für
Veranstaltungen 🌐 household
cavalry.co.uk/museum

Die Sammlung des Militärmuseums zur Geschichte der Horse-Guards-Regimente umfasst Objekte und interaktive Stationen. Der thematische Bogen spannt sich von der Schlacht bei Waterloo bis zum Einsatz britischer Truppen in Afghanistan Anfang des 21. Jahrhunderts. Kinder

Die Life Guards gehören zur königlichen Household Cavalry ↑

Spaziergang in Whitehall und Westminster

Länge 1,5 km **Dauer** 30 Min.
U-Bahn St James's Park

London hat im Vergleich mit anderen europäischen Großstädten nur wenige monumentale Bauten. Hier, wo das Parlament und die Kirche von England ihren historischen Sitz haben, kommt die Stadt den breiten Avenuen von Paris, Rom und Madrid am nächsten. Unter der Woche sieht man auf den Straßen des Stadtviertels vor allem Verwaltungsbeamte, an Wochenenden Besucher, die hier einige der berühmtesten Attraktionen Londons besichtigen.

In den original erhaltenen **War Rooms** *(siehe S. 81)* befand sich Winston Churchills Hauptquartier im Zweiten Weltkrieg.

The **Treasury** beherbergt die britischen Finanzbehörden.

Am **Parliament Square** *(siehe S. 81)* stehen Statuen berühmter Staatsmänner wie Nelson Mandela.

Central Hall, ein wunderbares Beispiel der Jugendstil-Architektur, entstand 1911 als Versammlungsort der Methodisten. 1946 fand hier die erste UN-Generalversammlung statt.

Westminster Abbey ist Londons wichtigste Kirche.

Reiche und Adlige heiraten häufig in der **St Margaret's Church** *(siehe S. 80f)*.

Westminster School wurde 1540 im Dean's Yard gegründet.

Das **Standbild Richards I** (1860 von Carlo Marochetti) zeigt Richard Löwenherz in Siegerpose.

Im **Jewel Tower** *(siehe S. 80)* lagerten die wertvollsten königlichen Besitztümer.

Die Bürger von Calais ist ein Abguss von **Rodins** Originalplastik in Calais.

KING CHARLES S

STOREY'S GATE

GREAT GEORGE STREET

BROAD SANCTUARY

ST MARGARET STREET

GREAT COLLEGE ST

ABINGDON ST

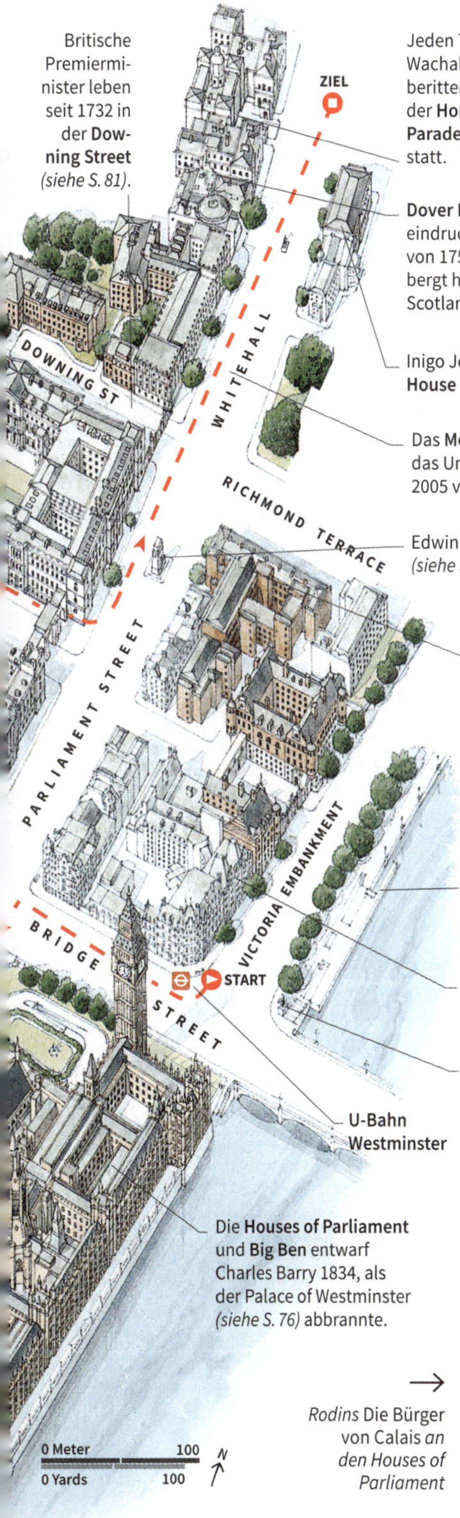

Britische Premierminister leben seit 1732 in der **Downing Street** *(siehe S. 81)*.

Jeden Tag findet die Wachablösung der berittenen Garde an der **Horse Guards Parade** *(siehe S. 82)* statt.

ZIEL

Whitehall und Westminster

Zur Orientierung
Siehe Stadtteilkarte S. 70f

Dover House, der eindrucksvolle Bau von 1758, beherbergt heute das Scotland Office.

DOWNING ST

WHITEHALL

Inigo Jones entwarf das elegante **Banqueting House** *(siehe S. 82)* mit der Rubens-Decke 1622.

Das **Monument to the Women of World War II**, das Uniformen aus der Kriegszeit zeigt, wurde 2005 von der Königin eingeweiht.

RICHMOND TERRACE

Edwin Lutyens' **Cenotaph** *(siehe S. 81)* stammt von 1920.

Das Unterhaus wird Mitte der 2020er Jahre in ein neu gestaltetes **Richmond House** umziehen, während der Palace of Westminster renoviert wird.

PARLIAMENT STREET

VICTORIA EMBANKMENT

Westminster Pier ist ein Ausgangspunkt für Bootsfahrten.

Portcullis House beherbergt Büros der Members of Parliament.

BRIDGE STREET

START

Boudicca, die Königin, die den Römern Widerstand leistete, wurde um 1850 von Thomas Thornycroft porträtiert.

U-Bahn Westminster

Die **Houses of Parliament** und **Big Ben** entwarf Charles Barry 1834, als der Palace of Westminster *(siehe S. 76)* abbrannte.

→

Rodins Die Bürger von Calais *an den Houses of Parliament*

0 Meter 100
0 Yards 100
N ↑

Mayfair und St James's

Dieser Teil Londons zeigt viele Bezüge zum britischen Königshaus, seine Geschichte reicht Jahrhunderte zurück. St James's Palace war die erste königliche Residenz, die Henry VIII in den 1530er Jahren errichten ließ, ebenso wie die Jagdgründe, aus denen später der St James's Park wurde.

Im 17. Jahrhundert bauten hier Aristokraten mehrere große Herrenhäuser. Mayfair entwickelte sich erst Ende des 17. Jahrhunderts zu einem eigenen Stadtteil, als die jährlich abgehaltene May Fair hierher umzog. Der Jahrmarkt wurde 1764 abgeschafft, als sein lärmendes Flair nicht mehr zu den reichen Bewohnern passte, die mit der Stadterweiterung gen Westen gezogen waren.

Drei große Plätze wurden angelegt, und Mayfair ging in den Besitz von einigen wenigen Familien über. Wichtigster Grundbesitz ist Grosvenor Estate, der auch heute noch in der Hand der Familie Grosvenor liegt.

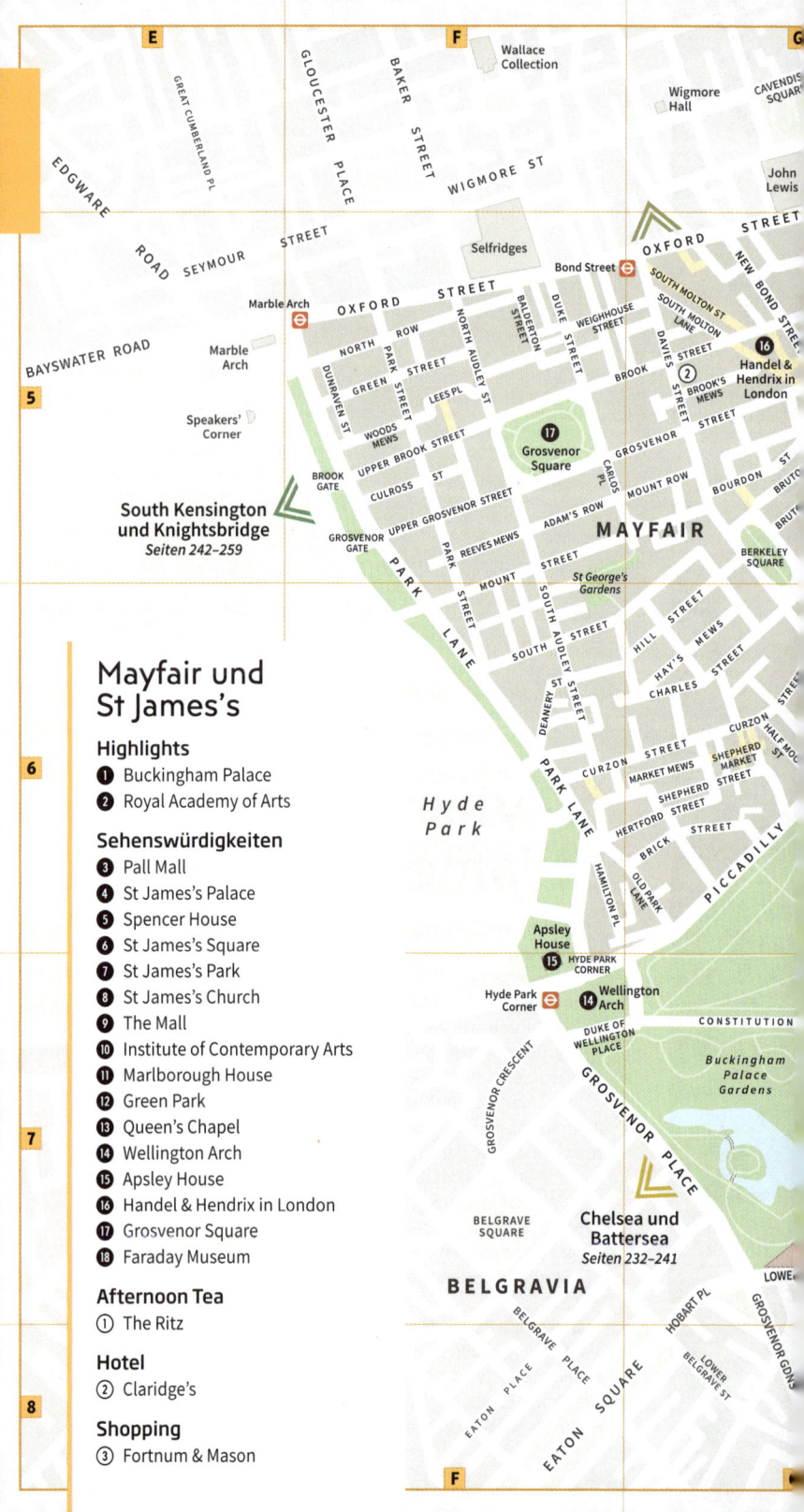

Mayfair und St James's

Highlights
① Buckingham Palace
② Royal Academy of Arts

Sehenswürdigkeiten
❸ Pall Mall
❹ St James's Palace
❺ Spencer House
❻ St James's Square
❼ St James's Park
❽ St James's Church
❾ The Mall
❿ Institute of Contemporary Arts
⓫ Marlborough House
⓬ Green Park
⓭ Queen's Chapel
⓮ Wellington Arch
⓯ Apsley House
⓰ Handel & Hendrix in London
⓱ Grosvenor Square
⓲ Faraday Museum

Afternoon Tea
① The Ritz

Hotel
② Claridge's

Shopping
③ Fortnum & Mason

Wallace Collection

Wigmore Hall

CAVENDISH SQUARE

John Lewis

GLOUCESTER PLACE

BAKER STREET

WIGMORE ST

STREET

NEW BOND STREET

EDGWARE ROAD

SEYMOUR STREET

Selfridges

OXFORD

SOUTH MOLTON ST

SOUTH MOLTON LANE

Bond Street

BAYSWATER ROAD

Marble Arch

OXFORD STREET

BALDERTON STREET

DUKE STREET

WEIGHHOUSE STREET

DAVIES STREET

BROOK'S MEWS

⓰ Handel & Hendrix in London

Marble Arch

NORTH ROW

NORTH AUDLEY ST

BROOK STREET

②

GROSVENOR

STREET

Speakers' Corner

DUNRAVEN ST

GREEN STREET

PARK STREET

LEES PL

⓱ Grosvenor Square

CARLOS PL

MOUNT ROW

BOURDON ST

BRUTON

WOODS MEWS

UPPER BROOK STREET

ST

BROOK GATE

CULROSS

UPPER GROSVENOR STREET

ADAM'S ROW

MAYFAIR

BERKELEY SQUARE

South Kensington und Knightsbridge
Seiten 242–259

GROSVENOR GATE

REEVES MEWS

St George's Gardens

PARK LANE

PARK STREET

MOUNT STREET

SOUTH AUDLEY STREET

HILL STREET

HAY'S MEWS

CHARLES STREET

STREET

DEANERY ST

SOUTH ST

CURZON HALF MOON

SHEPHERD MARKET

CURZON STREET

MARKET MEWS

SHEPHERD STREET

Hyde Park

HERTFORD STREET

BRICK STREET

PICCADILLY

HAMILTON PL

OLD PARK LANE

Apsley House

⓯ HYDE PARK CORNER

Hyde Park Corner

⓮ Wellington Arch

CONSTITUTION

DUKE OF WELLINGTON PLACE

Buckingham Palace Gardens

GROSVENOR CRESCENT

GROSVENOR PLACE

Chelsea und Battersea
Seiten 232–241

LOWE

BELGRAVE SQUARE

BELGRAVIA

HOBART PL

GROSVENOR GDNS

BELGRAVE PLACE

LOWER BELGRAVE ST

EATON PLACE

EATON SQUARE

Der **Victorian Ballroom** wird bei Staatsbanketten und feierlichen Anlässen genutzt.

In der **Picture Gallery** sind europäische Meister zu sehen.

② 160 m

①

→

Buckingham Palace, offizielle Wohnstatt britischer Monarchen

❶ 🗺 Ⓜ ♿

Buckingham Palace

📍 G7 🏠 SW1 Ⓔ St James's Park, Victoria 🚉 Victoria 🕐 State Rooms und Garten: Juli – Okt: tägl. 9:30 –18:30 (letzter Einlass: 16:15); sonstige Zeiten siehe Website 🌐 rct.uk

Die offizielle Residenz der Queen in London ist eine der bekanntesten Sehenswürdigkeiten der britischen Hauptstadt. Bei einem Besuch kann man hinter die Kulissen blicken und erfährt, wie die königliche Familie lebt.

Buckingham Palace dient als Amts- und zugleich als Wohnsitz der Königsfamilie. Er wird darüber hinaus zu offiziellen Anlässen, etwa bei Staatsbanketten, und bei den wöchentlichen Treffen von der Queen und dem Premierminister genutzt. John Nash gestaltete Buckingham House für George IV (reg. 1820 – 30) in einen Palast um. Doch der König wie auch sein Bruder William IV (reg. 1830 – 37) starben, bevor die Arbeiten abgeschlossen waren. Folglich war Queen Victoria die erste Monarchin, die hier lebte. Sie fügte einen vierten Flügel für mehr Schlaf- und Gästezimmer hinzu.

↑ *Zu den Exponaten der Queen's Gallery gehören auch Porzellan und Gemälde*

Im **Throne Room** stehen die Krönungsthrone der Queen und des Duke of Edinburgh.

Traditionell winkt die **königliche Familie** von hier aus der Menge zu.

→ Soldaten bei der Zeremonie Trooping the Colour

↑ Die Ostfassade, die 1913 hinzugefügt wurde, in der Dämmerung

Highlight

 ①

The Queen's Gallery

📍 G7 🚇 St James's Park, Victoria 🕐 tägl. 10 –17:30 (Mitte Juli – Sep: 9:30 –17:30; letzter Einlass: 16:15) 🔄 zwischen Ausstellungen; siehe Website

Die königliche Familie ist im Besitz einer der wertvollsten Gemäldesammlungen der Welt – mit zahlreichen Werken alter Meister wie Vermeer und Leonardo da Vinci. Die Queen's Gallery präsentiert in wechselnden Ausstellungen ausgewählte Meisterwerke aus verschiedenen Genres aus Kunst und Kunstgewerbe, darunter Schmuck, Porzellan, Möbel, Bücher und Manuskripte.

 ②

Royal Mews

📍 G7 🚇 St James's Park, Victoria 🕐 tägl. 10 –16 (Apr – Okt: bis 17; Nov: Mo – Sa) 🔄 kurzfristig Änderungen möglich; siehe Website; Jan, Dez

Jeder, der Pferde liebt oder etwas für königliche Pracht übrig hat, sollte das Marstallmuseum besuchen. In den von Nash 1825 errichteten Gebäuden sind die Pferde und Kutschen untergebracht, die die königliche Familie bei feierlichen Zeremonien benutzt. Zur umfangreichen Sammlung gehört auch die Irish State Coach, die Queen Victoria aus Anlass des State Opening of Parliament kaufte. Der offene Landauer von 1902 und die Glaskutsche erlaubten der Menge den besten Blick auf jungvermählte königliche Paare. Auch die Kutsche, die im Jahr 2012 beim 60-jährigen Thronjubiläum der Queen im Einsatz war, ist zu sehen. Prunkstück ist die goldene Staatskarosse (mit Malereien von Giovanni Cipriani), die 1762 für George III angefertigt wurde.

2 〄 ⌨ 👜 ♿

Royal Academy of Arts

📍 H6 🏛 Burlington House, Piccadilly W1 📞 +44 20 7300 8000 🅔 Piccadilly Circus, Green Park 🕐 tägl. 10–18 (Fr bis 22) 🚫 24.–26. Dez 🆆 royalacademy.org.uk

Obwohl die Royal Academy of Arts eine der landesweit größten Kunstsammlungen besitzt, ist sie in erster Linie bekannt für ihre Ausstellungen zeitgenössischer Kunst und die populäre, jährlich stattfindende Sommerausstellung.

Die Royal Academy of Arts, die 2018 ihren 250. Geburtstag feierte, ist eine der ältesten britischen Kunstinstitutionen und verfügt über eine der prestigeträchtigsten Sammlungen britischer Kunst. Sie wurde schon immer von Royal Academicians geführt, Künstlern, deren Werke einen Großteil der permanenten Ausstellung ausmachen. Die Sammlung wird in zwei Gebäuden im italienischen Stil gezeigt, dem prunkvollen Burlington House und Burlington Gardens. Die beiden Bauten sind über eine Brücke miteinander verbunden. Zum Jubiläum wurden auch etliche neue Galerien, darunter The Vaults und die Collection Gallery, eröffnet.

↑ *Fassade der beeindruckenden Royal Academy of Arts*

→ *Die jährliche Sommerausstellung zieht viele Besucher an*

1 *Sir Joshua Reynolds wetteiferte mit seinem Selbstporträt (um 1780) mit dem niederländischen Meister Rembrandt.*

2 *Michelangelos einzige Marmorskulptur in Großbritannien ist* Taddei Tondo *(1504/5), die Jungfrau und Kind mit dem hl. Johannes als Säugling zeigt.*

3 *Giampetrinos Kopie (16. Jh.) von Leonardo da Vincis* Letztes Abendmahl

Sommerausstellung

Highlight im Veranstaltungskalender der Royal Academy of Arts und eines der meistdiskutierten Events in der britischen Kunstwelt ist die jährliche Sommerausstellung, die das erste Mal im Jahr 1769 stattfand. Jeder Künstler kann Werke einreichen, die dann begutachtet werden. Für die Ausstellung werden dann über 1500 Werke ausgewählt – von Gemälden über drucktechnische Werke und Skulpturen bis hin zu Fotografien, Filmen und Architektur. Die Ausstellung findet immer zwischen Juni und August in den Ausstellungsräumen und auf dem Campus statt. Viele der ausgestellten Kunstwerke stehen auch zum Verkauf.

Schon gewusst?

Zu den Teilnehmern der Sommerausstellung gehörte Sir Winston Churchill – unter Pseudonym.

❸ Pall Mall

📍 H6 🏠 SW1 🚇 Charing Cross, Piccadilly Circus, Green Park

Die würdevolle Straße leitet ihren Namen vom Spiel *Palle-Maille* (Mischung aus Cricket und Golf) ab, das im 17. Jahrhundert sehr beliebt war. Seit über 200 Jahren liegt die Pall Mall im Herzen des Londoner Clubland: Hier entstanden exklusive Gentlemen's Clubs, in die sich die Herren zurückzogen.

Die Namen der Baumeister dieser Clubhäuser lesen sich wie ein Who's who der damaligen Architekten. Vom östlichen Ende aus gesehen, liegt links der kolonnadenverzierte Eingang (Nr. 116) zu Nashs United Services Club (1827), Lieblingsclub des Duke of Wellington und Sitz des Institute of Directors. Gegenüber am Waterloo Place liegt das Athenaeum (Nr. 107), ein Entwurf von Decimus Burton und lange Treffpunkt der gesellschaftlichen Elite. Gleich daneben beeindrucken zwei Clubhäuser von Sir Charles Barry: der Travellers' Club (Nr. 106) und der Reform Club (Nr. 104) mit wunderbar erhaltenen Räumlichkeiten, deren Besuch Mitgliedern und Gästen vorbehalten ist.

❹ St James's Palace

📍 H6 🏠 Pall Mall SW1 🚇 Green Park 📵 für Besucher 🌐 royal.uk

Um 1535 wurde der Palast auf dem Areal eines früheren Leprahospitals für Henry VIII erbaut, doch nur zur Regierungszeit von Elizabeth I sowie im späten 17. und frühen 18. Jahrhundert diente er als königlicher Hauptwohnsitz.

1952 hielt Elizabeth II hier ihre erste Rede als Queen, auch heute noch werden Botschafter am Court of St James's akkreditiert.

Das nördliche Gatehouse, von der St James's Street aus zu sehen, zählt zu den schönsten Tudor-Bauten Londons. Der Palast ist nach wie vor eine royale Wohnstätte. Die State Apartments werden für offizielle Staatsbesuche genutzt.

❺ 🚫 Ⓜ ♿ Spencer House

📍 H6 🏠 27 St James's Pl SW1 🚇 Green Park 🕐 Sep –Juli: So 10 –17:30 (letzter Einlass: 16:30) 🌐 spencerhouse.co.uk

Das eindrucksvolle palladianische Anwesen ließ sich der erste Earl Spencer, ein Vorfahr von Lady Diana, 1766 errichten. Das Haus wurde umfassend restauriert. Es können acht Räume in ihrer vollen Pracht mit Gemälden und Mobiliar jener Zeit besichtigt werden. Das Highlight bildet der prachtvoll gestaltete Painted Room mit vergoldeten Möbeln von James »Athenian« Stuart.

---

❻ St James's Square

📍 H6 🏠 SW1 🚇 Green Park, Piccadilly Circus 🕐 Mo – Fr 10 –16:30

Einige Plätze der britischen Metropole werden von eleganten Anwesen mit schön gestalteten Landschaftsgärten umrahmt. Dieser Platz wurde als einer der ersten Londoner Squares um 1670 angelegt. Die exklusiven Häuser waren für Leute gedacht, die aus beruflichen Gründen in unmittelbarer Nähe zum St James's Palace wohnen mussten. Die heutigen Bauten stammen aus dem 18. und 19. Jahrhundert. Im Zweiten Weltkrieg hatten die Generäle Eisenhower und de Gaulle hier ihre Hauptquartiere eingerichtet. Nummer 10, das Chatman House (1736), beherbergt das Royal Institute for International Affairs. An

 ←

Das elegante Spencer House grenzt an den Green Park

 Der St James's Park ist berühmt für seine schöne Bepflanzung

der Nordostecke des Platzes liegt die **London Library** (1896), eine Leihbücherei, die der Historiker Thomas Carlyle *(siehe S. 237)* 1841 gründete. Man kann sie auf Touren besichtigen. In den schönen Grünanlagen steht seit 1808 ein Standbild von William III.

London Library
🕐 Führungen siehe Website
🌐 londonlibrary.co.uk

7 💻 ♿
St James's Park
📍 H6 🏠 SW1 🚇 St James's Park 🕐 tägl. 5–24
🌐 royalparks.org.uk

Zwischen den zahlreichen gepflegten, bunten Blumenbeeten aalen sich im Som-

mer mittags Büroangestellte in der Sonne, im Winter hingegen erörtern Verwaltungsbeamte bei Spaziergängen um den See Staatsgeschäfte. Henry VIII ließ das ursprüngliche Sumpfland trockenlegen und in ein ausgedehntes Jagdrevier umwandeln. Später machte Charles II nach seiner Rückkehr aus dem französischen Exil den Park der Öffentlichkeit zugänglich und richtete an seinem Südende eine Voliere ein. Birdcage Walk, die Straße, die entlang des Parks verläuft, erinnert an den früheren Standort der Voliere.

Nach wie vor ist St James's Park mit einem täglich geöffneten Café und einem See ein ausgesprochen beliebter Treffpunkt. Man genießt von hier einen schönen Blick über die Dächer von Whitehall.

8 💻 ♿
St James's Church
📍 H6 🏠 197 Piccadilly W1
🚇 Piccadilly Circus
🕐 tägl. 8–19 🌐 sjp.org.uk

Von den vielen Kirchen, die Christopher Wren in London erbaute, soll er diese besonders geschätzt haben. Obwohl sich St James's Church im Lauf der Jahrhunderte stark veränderte und 1940 im Zweiten Weltkrieg

 Farbiges Glasfenster in der St James's Church von Christopher Wren

---

Shopping

Fortnum & Mason
Feinste Lebensmittel und üppig dekorierte Verkaufsflächen sind die Kennzeichen von Fortnum & Mason. Das 1707 eröffnete Kaufhaus gehört zu den bekanntesten und elegantesten der Stadt.

📍 H6 🏠 181 Piccadilly W1 🌐 fortnumand mason.com

---

schwer beschädigt wurde, sind die wichtigsten Charakteristika der im Jahr 1684 vollendeten Kirche noch zu bewundern: die hohen Fenster, der schlanke Turm (ein Nachbau von 1966) und der großzügige Innenraum. Die Altarornamente zählen zu den besten Arbeiten des Bildhauers Grinling Gibbons, der auch das exquisite Marmorbecken schmückte. Der Dichter und Maler William Blake sowie der Premierminister William Pitt wurden hier getauft.

In der Kirche finden Konzerte, Gesprächsrunden und andere Events statt. Im Innenhof finden diverse Märkte statt.

Besucher drängen sich auf der Mall zum Buckingham Palace →

❾ The Mall

📍 H6 🏠 SW1 🚇 Charing Cross, Piccadilly Circus, Green Park

Die Auffahrt zum Buckingham Palace legte Sir Aston Webb um 1910 an, als er die Palastfassade und das Victoria Memorial neu gestaltete. The Mall verläuft wie der zur Regierungszeit von Charles II geplante Weg am St James's Park entlang und wurde bald zu Londons elegantester Promenade. An den die Mall flankierenden Fahnenstangen werden bei Staatsbesuchen die entsprechenden

Flaggen gehisst. Der jährlich veranstaltete London Marathon endet in The Mall unter dem frenetischen Jubel der Zuschauer.

❿ Institute of Contemporary Arts

📍 I6 🏠 The Mall SW1 🚇 Charing Cross, Piccadilly Circus 🕐 Di – So 12 – 23; Ausstellungsbereich: Di – So 12 – 21 🎫 Feiertage 🌐 ica.art

Das Institute of Contemporary Arts (ICA) wurde 1946 ins Leben gerufen, um ein Forum für zeitgenössische britische Künstler zu schaffen, ähnlich dem Angebot des Museum of Modern Art in New York. Seit 1968 residiert es in John Nashs neoklassizistischem Carlton House Terrace (1833). In den riesigen Räumlichkeiten, die man von der Mall aus betritt, sind Ausstellungsbereiche, ein Kino, ein Auditorium, eine Buchhandlung sowie eine Bar und ein Restaurant. Das Institute of Contemporary Arts veranstaltet Konzerte, Theater- und Tanzaufführungen sowie Lesungen. Nichtmitglieder zahlen eine geringe Gebühr, um sich die Ausstellungen und Events anzusehen, dienstags ist der Zugang zu den Ausstellungen kostenlos.

⓫ Marlborough House

📍 H6 🏠 Pall Mall SW1 🚇 St James's Park, Green Park 🕐 nur für Gruppen nach Anmeldung 🌐 thecommonwealth.org/about-us/marlborough-house

Christopher Wren entwarf das 1711 vollendete Marlborough House im Auftrag der Duchess of Marlborough.

Afternoon Tea

The Ritz

Den feinsten Afternoon Tea in der Stadt nimmt man im The Ritz ein: mit Harfenbegleitung, Sandwiches, Scones, Kuchen und Tee. Männer müssen Jackett und Krawatte tragen.

📍 G6 🏠 150 Piccadilly W1 🌐 theritzlondon.com

£ £ £

Im 19. Jahrhundert wurde der Bau erweitert und wird seither von Mitgliedern der königlichen Familie genutzt. Von 1863 bis zu seiner Krönung als Edward III 1901 war er Wohnsitz des Prince und der Princess of Wales. Ein Jugendstil-Denkmal (in der Wand zur Marlborough Road) erinnert an Edwards Gemahlin, Queen Alexandra.

⑫ Green Park
📍 G6 🏠 SW1 🚇 Green Park, Hyde Park Corner
🌐 royalparks.org.uk

Ursprünglich war der Green Park Teil der Jagdgründe von Henry VIII. Nach 1660 wurde er wie auch der St James's Park für die Öffentlichkeit zugänglich gemacht. Im Frühling blühen zahllose Osterglocken. Im 18. Jahrhundert war der Green Park Austragungsort für Duelle. 1771 wurde der Dichter Alfieri hier verwundet. Er eilte aber dennoch zum Haymarket Theatre zurück, wo er auch zum letzten Akt eines Theaterstücks eintraf.

⑬ Queen's Chapel
📍 H6 🏠 Marlborough Rd SW1 🚇 Green Park
🌐 royal.uk

Die Kapelle schuf Inigo Jones im Jahr 1627 für Henrietta Maria, Gemahlin Charles' I. Sie war der erste klassizisti-

sche Sakralbau Englands und enthält Beiträge von Grinling Gibbons und Christopher Wren. Georg III heiratete hier 1761 Charlotte von Mecklenburg-Strelitz.

Die Queen's Chapel ist von Ostern bis Ende Juli nur für Sonntagsgottesdienste um 8:30 und 11:15 Uhr geöffnet.

Shoppingarkaden
Rund um Piccadilly gibt es vier bogenförmig angelegte Shoppingarkaden, die im 19. und im frühen 20. Jahrhundert entstanden. Diese eleganten Gänge waren die Luxus-Shoppingmalls ihrer Zeit, und auch heute noch findet man hier erstklassige Läden und Marken. Die erste Arkade, Burlington Arcade, öffnete im Jahr 1819 und war die Vorlage für die drei weiteren: Royal Arcade, Princes Arcade und Piccadilly Arcade.

← *Entspannen unter Bäumen im malerischen Green Park*

14 ⟨⟩ 🏛 ♿ (EH)

Wellington Arch

📍 F7 🚇 Hyde Park Corner
SW1 🚉 Hyde Park Corner
🕐 Apr – Sep: tägl. 10 –18;
Okt: tägl. 10 –17; Nov – März:
tägl. 10 –16 🔒 1. Jan, 24.–
26., 31. Dez
🌐 english-heritage.org.uk

Nach einer langen Debatte,
was mit dem Areal vor Apsley
House geschehen sollte, die
fast ein Jahrhundert währte,
wurde der Wellington Arch
gebaut. Er wurde von Decimus Burton entworfen, 1828
errichtet und kam in den
1880er Jahren an seinen
heutigen Platz. Die Skulptur
von Adrian Jones wurde
1912 hinzugefügt. Die Pferde
sind so groß, dass Jones in
einem davon sogar ein Dinner für drei Personen geben
konnte. Im Inneren des Bo-
gens sind Ausstellungen zu
sehen. Die Plattform bietet
einen wunderschönen Blick
auf die Parks und Gärten von
Buckingham Palace.

Auktionshäuser

Sotheby's, Bonhams und Christie's führen die Liste der
altehrwürdigen Auktionshäuser an, die sich in Mayfair
und St James's befinden. Alle drei wurden im 18. Jahrhundert gegründet und haben den Verkauf von vielen
begehrten und kostbaren Antiquitäten sowie Kunstwerken bewerkstelligt. 1836 verkaufte Bonhams eine Auswahl von Einrichtungsgegenständen aus dem Buckingham Palace. Die Versteigerung von Vincent van Goghs
Sonnenblumen 1987 bei Christie's brachte 24,75 Millionen Pfund. 2016 verkaufte Sotheby's David Bowies
Kunstsammlung für fast 33 Millionen Pfund.

---

15 ⟨⟩ 🏛 (EH)

Apsley House

📍 F7 🚇 Hyde Park Corner
W1 🚉 Hyde Park Corner
🕐 Jan – März: Sa, So 10 –16;
Apr – Okt: Mi – So 11–17;
Nov, Dez: Mi – So 11–16
🔒 Weihnachtswoche
🌐 english-heritage.org.uk

Apsley House (auch als Num-
ber One London bekannt) an
der südöstlichen Ecke des
Hyde Park wurde von 1771
bis 1778 von Robert Adam
für Baron Apsley errichtet.

Etwa ein halbes Jahrhundert
später nahm der Architekt
Benjamin Dean Wyatt um-
fangreiche An- und Umbau-
ten vor, um dem Duke of
Wellington, dem Helden der
Schlacht von Waterloo (1815)
und späteren Premiermnis-
ter (1828 – 30 und 1834), ein
elegantes Zuhause zu schaffen. Die Kunstsammlung des
Herzogs hängt in Räumen
mit Seidentapeten und Gold-
verzierungen. Sie umfasst
Meisterwerke von Künstlern
wie Goya, Velázquez, Tizian
und Rubens sowie Porzel-

lan-, Silber- und Möbelausstellungen. Zu den ebenfalls ausgestellten Memorabilien gehören Schwerter und Medaillen sowie – ironischerweise – eine von Canova gefertigte Statue von Napoléon, Wellingtons Erzfeind.

16 Handel & Hendrix in London

📍 G5 🏠 25 Brook St W1
🚇 Bond Street 🕐 Mo – Sa 11–18 🌐 handelhendrix.org

Einige georgianische Häuser an der Brook Street stehen in sehr unterschiedlichen Verbindungen zur Musik. Der Komponist Georg Friedrich Händel lebte von 1723 bis zu seinem Tod 1759 in Nr. 25. Die Zimmer wurden originalgetreu im frühen georgianischen Stil renoviert. Zu sehen sind u. a. Instrumente und Porträts Händels. Das Museum veranstaltet regelmäßig Ausstellungen und Vorträge.

↑ *Büste von Händel im Museum Handel & Hendrix in London*

Blues-Legende Jimi Hendrix bezog 1968 nebenan die Dachwohnung. Diese Räumlichkeiten wurden liebevoll restauriert und in den Zustand der 1960er Jahre zurückgeführt, als Hendrix hier wohnte.

17 Grosvenor Square

📍 F5 🏠 W1 🚇 Bond Street

Mayfair zählt schon lange Zeit zu den gefragtesten Adressen in London. Begehrt sind vor allem die georgianischen Gebäude, die Anfang des 18. Jahrhunderts an prestigeträchtigen Plätzen errichtet wurden. Grosvenor Square ist der längste dieser

Hotel

Claridge's

Das historische und glamouröse Hotel in einem Art-déco-Gebäude ist ein Londoner Klassiker, der seit 1812 in Betrieb ist. Schließen Sie sich den Prominenten und Königen an und wohnen Sie in einem der über 200 luxuriösen Zimmer.

📍 G5 🏠 49 Brook St W1 🌐 claridges.co.uk
💷💷💷

Plätze. Die Verbindungen zu den USA sind hier offenkundig: John Adams, einer der Gründerväter der USA, lebte von 1785 bis 1789 in Nr. 9. Die Westseite wird von dem im Brutalismus-Stil gestalteten Gebäude des US-Architekten Eero Saarinen dominiert, in dem sich bis 2017 die US-Botschaft befand. Das Gebäude wird bis 2023 in ein Luxushotel umgewandelt. Im Zentrum des Platzes steht eine Statue von Franklin D. Roosevelt, dem 32. US-Präsidenten.

18 Faraday Museum

📍 G5 🏠 The Royal Institution, 21 Albemarle St W1
📞 +44 20 7409 2992
🚇 Green Park 🕐 Mo – Fr 9 –17 🚫 Feiertage; Weihnachtswoche 🌐 rigb.org

Michael Faraday (1791–1867) zählte zu den Pionieren auf dem Gebiet der Elektrizität. Das Museum präsentiert einen Nachbau seines Labors, einige seiner bemerkenswerten Apparaturen und persönliche Gegenstände sowie Arbeiten anderer berühmter Naturwissenschaftler.

← *Londoner genießen die Sonne am Grosvenor Square; ein Portikus (Detail) bietet Schatten*

Spaziergang um St James's

Länge 2,5 km **Dauer** 35 Min.
U-Bahn Green Park

Schon kurze Zeit nach der Fertigstellung des St James's Palace in den 1530er Jahren unter Henry VIII entwickelte sich die Gegend zum gesellschaftlichen Zentrum Londons. In den historischen Straßen, Plätzen und Arkaden genießt man internationales und wohlhabendes Flair. Neben alteingesessenen britischen Bekleidungsfirmen, die früher den Adel ausstatteten, findet man hier auch Flagship-Stores weltweit renommierter Marken. Zudem gibt es in dem Viertel viele Kunstgalerien.

Seit seiner Eröffnung 1803 zählt das **Albany** zu den vornehmsten Adressen in London.

Sir Joshua Reynolds gründete die **Kunstakademie** *(siehe S. 92f)* 1768. Heute finden hier bedeutende Ausstellungen statt.

In der Einkaufspassage **Burlington Arcade** *(siehe S. 97)* aus dem 19. Jahrhundert achten Uniformierte auf gutes Benehmen.

Fortnum & Mason *(siehe S. 95)* wurde 1707 von einem Lakaien Queen Annes gegründet.

Das nach César Ritz benannte, 1906 eröffnete **Ritz Hotel** macht seinem Namen alle Ehre.

Die **Ryder Street** ist gesäumt von Kunstgalerien.

Ein Vorfahr von Prinzessin Diana ließ 1766 **Spencer House** *(siehe S. 94)* erbauen.

Clarence House von John Nash ist heute die Londoner Residenz von Prince Charles.

Schon gewusst?

Hatchards in der Piccadilly ist Londons ältester Buchladen. Er öffnete 1797.

0 Meter 100
0 Yards 100

N ↑

START

REG

SACKVILLE STREET

OLD BOND STREET

PICCADIL

ST JAMES'S STREET

RYDER ST

ST JAMES'S PLACE

LITTLE ST JAMES'S STREET

STABLE YARD

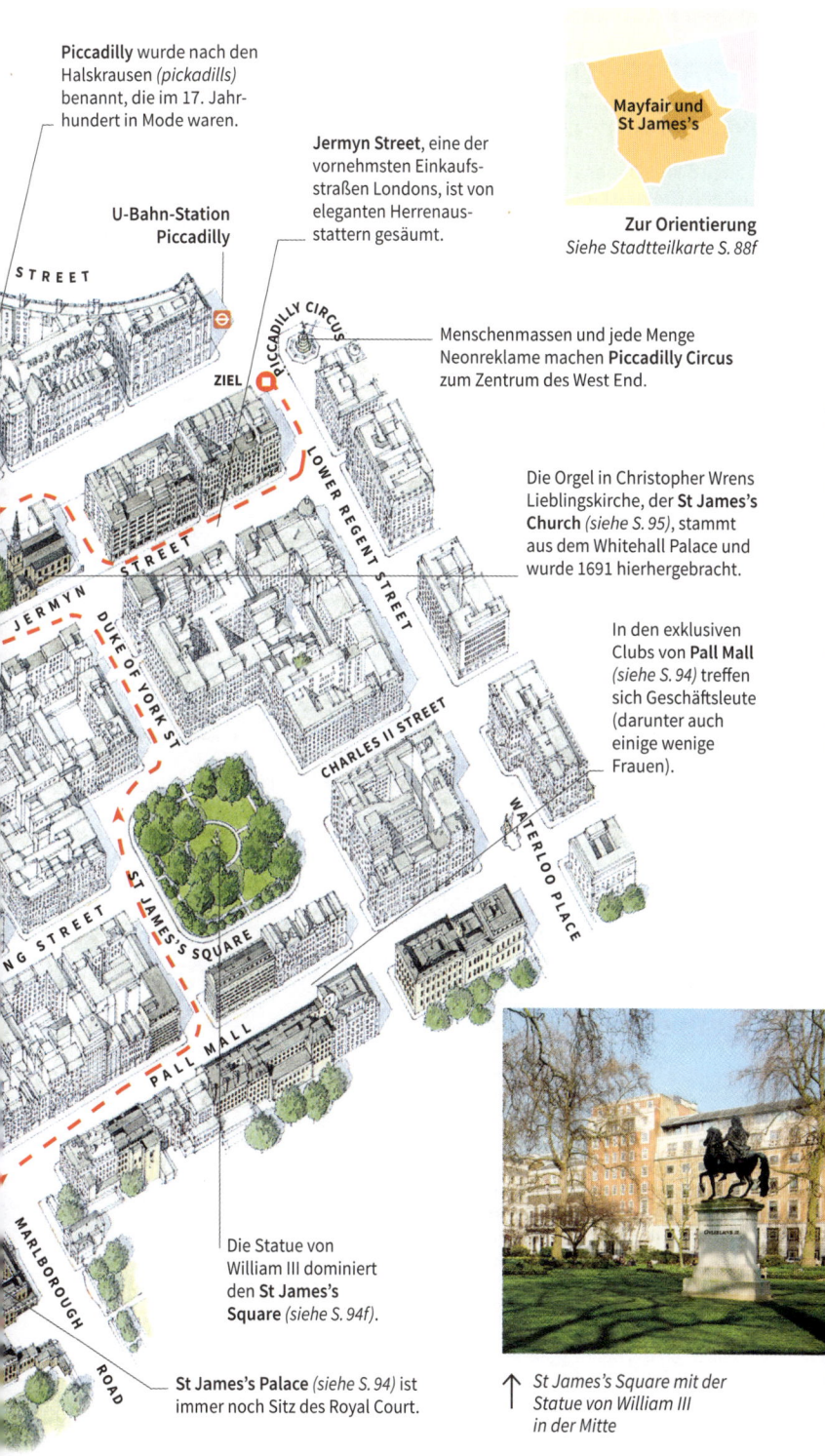

Piccadilly wurde nach den Halskrausen *(pickadills)* benannt, die im 17. Jahrhundert in Mode waren.

Jermyn Street, eine der vornehmsten Einkaufsstraßen Londons, ist von eleganten Herrenausstattern gesäumt.

U-Bahn-Station Piccadilly

Mayfair und St James's

Zur Orientierung
Siehe Stadtteilkarte S. 88f

STREET

PICCADILLY CIRCUS

ZIEL

Menschenmassen und jede Menge Neonreklame machen **Piccadilly Circus** zum Zentrum des West End.

LOWER REGENT STREET

Die Orgel in Christopher Wrens Lieblingskirche, der **St James's Church** *(siehe S. 95)*, stammt aus dem Whitehall Palace und wurde 1691 hierhergebracht.

STREET

JERMYN

DUKE OF YORK ST

CHARLES II STREET

In den exklusiven Clubs von **Pall Mall** *(siehe S. 94)* treffen sich Geschäftsleute (darunter auch einige wenige Frauen).

WATERLOO PLACE

ST JAMES'S SQUARE

NG STREET

PALL MALL

MARLBOROUGH ROAD

Die Statue von William III dominiert den **St James's Square** *(siehe S. 94f)*.

St James's Palace *(siehe S. 94)* ist immer noch Sitz des Royal Court.

↑ *St James's Square mit der Statue von William III in der Mitte*

Spaziergang von Mayfair nach Belgravia

Länge 5 km **Dauer** 70 Min.
U-Bahn Green Park

Dieser malerische Spaziergang führt Sie vom Green Park zum Hyde Park, durch die Herzen von Mayfair und Belgravia, zwei der elegantesten georgianischen Wohnviertel Londons. Er beinhaltet einen erfrischenden Besuch des Hyde Park, und wenn Sie sich sportlich betätigen möchten, können Sie ein Ruderboot auf dem Serpentine mieten. Unterwegs gibt es eine Reihe von gemütlichen Pubs und hübschen Cafés, in denen Sie eine Pause einlegen können.

Halten Sie im Hyde Park Ausschau nach der **Speakers' Corner** (siehe S. 257), wo sonntags jeder eine Rede zu einem beliebigen Thema halten kann.

Durchqueren Sie den Park zum **Boat House**, wo Sie von April bis Oktober ein Ruderboot mieten können.

Biegen Sie links ab und folgen Sie dem Weg am See entlang bis zur **Serpentine Bar and Kitchen**, wo Sie Erfrischungen erhalten.

Das **Pantechnicon**, ein exzentrisches Bauwerk von 1830 mit einer Fassade aus dorischen Säulen, ist ein Zentrum für Mode und Gastronomie.

Durchqueren Sie Knightsbridge und schlendern Sie hinüber zu einem der berühmtesten Kaufhäuser der Stadt, **Harrods** (siehe S. 254). Alternativ befindet sich Harvey Nichols direkt am U-Bahnhof Knightsbridge.

Die **Park Lane**, einst die begehrteste Wohnstraße der Stadt, beherbergt einige der teuersten Hotels in London.

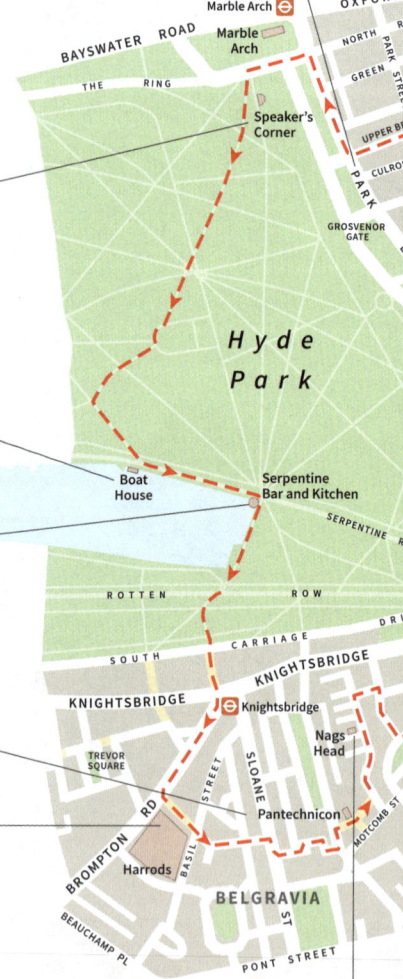

Wenn Sie nach Belgravia gehen, sollten Sie im **Nags Head**, einem der kleinsten Pubs Londons, vorbeischauen.

Mayfair und St James's

Zur Orientierung
Siehe Stadtteilkarten S. 88f und S. 244f

Büroangestellte genießen den Sonnenschein am Berkeley Square

Gehen Sie Richtung Norden zu der friedlichen Oase **Mount Street Gardens**, die sich direkt an die Jesuit Church of the Immaculate Conception anschließt.

Der begrünte **Berkeley Square** beherbergt einige prächtige Häuser aus dem 18. Jahrhundert.

Halten Sie sich südlich des Platzes und achten Sie in der **Charles Street** auf die eindrucksvollen Lampenfassungen der Nummern 40 und 41.

Steigen Sie an der Station Green Park aus und besuchen Sie das schöne Hotel **The Ritz** *(siehe S. 96)*, dann biegen Sie links in die Berkeley Street ein.

Essen Sie einen Happen auf dem **Shepherd Market**, angelegt von Edward Shepherd, der 1730 auch Crewe House erbaute.

Von der U-Bahn-Station **Hyde Park Corner** können Sie auch die nahen Royal Parks erkunden.

Map labels: BALDERTON STREET · DUKE STREET · GROSVENOR SQUARE · GROSVENOR STREET · MOUNT ROW · BOURDON ST · BRUTON ST · OLD BOND STREET · MAYFAIR · Mount Street Gardens · BERKELEY SQUARE · DOVER ST · BERKELEY STREET · MOUNT ST · SOUTH STREET · SOUTH AUDLEY ST · HILL STREET · BERKELEY STREET · CHARLES STREET · CURZON ST · START · The Ritz · PARK ST · PARK LANE · CURZON STREET · MARKET MEWS · SHEPHERD MARKET · HALF MOON STREET · HERTFORD STREET · BRICK ST · OLD PARK LANE · PICCADILLY · Green Park · Green Park · QUEEN'S WALK · ST JAMES'S STREET · Apsley House · Hyde Park Corner · ZIEL · Wellington Arch · GROSVENOR CRESCENT · GROSVENOR PLACE · CHAPEL ST · BELGRAVE SQUARE · CHAPEL ST

0 Meter 400 · 0 Yards 400 · N

Essen unter freiem Himmel in den stilvollen Cafés am Shepherd Market

Soho und Trafalgar Square

Bevor Soho entstand, lagen hier königliche Jagdgründe. Ende des 17. Jahrhunderts wurden dann Residenzen für reiche Landbesitzer gabaut. Doch die aristokratischen Bewohner zogen bald weiter – ganz im Gegensatz zu denen in Mayfair – und mit ihnen auch der entsprechende Einfluss. Soho entwickelte sich stattdessen zu einem Wohnviertel für Bohemiens und Immigranten. Französische Hugenotten, Juden, Griechen, Italiener, Malteser und Chinesen – alle siedelten sich vom Ende des 17. Jahrhunderts bis zur Mitte des 20. Jahrhunderts hier an. Künstler, Schriftsteller und Musiker fühlten sich ebenso wohl wie Gangster und Prostituierte, und so erhielt sich Soho bis in die späten 1980er Jahre ein trendiges und alternatives Flair.

Im krassen Gegensatz dazu hatte der Trafalgar Square mit seinen grandiosen Gebäuden und der Nähe zu Whitehall schon immer enge Bande zum Establishment. Viele Jahrhunderte lang lagen hier die königlichen Stallungen, der Platz an sich entstand erst im 19. Jahrhundert, seinen Namen erhielt er im Jahr 1830.

Bloomsbury
und Fitzrovia
Seiten 150–163

Regent's Park
und Marylebone
Seiten 272–285

PORTLAND PLACE

GREAT PORTLAND STREET

CAVENDISH
SQUARE

John
Lewis

HOLLES ST

MORTIMER STREET

WELLS STREET

RATHBONE PLACE

SOHO STREET

OXFORD STREET

STREET

GREAT CHAPEL ST

DEAN STREET

Oxford Circus

The
Photographers'
Gallery

11

POLAND STREET

BERWICK STREET

NOEL STREET

WARDOUR STREET

S O H O

PRINCES ST

REGENT STREET

ARGYLL STREET

GREAT MARLBOROUGH ST

D'ARBLAY STREET

HANOVER
SQUARE

KINGLY STREET

FOUBERT'S PLACE

CARNABY STREET

NEWBURGH STREET

GANTON STREET

MARSHALL ST

BROADWICK STREET

LEXINGTON STREET

INGESTRE PL

HOPKINS ST

BERWICK ST

PETER ST

10 Berwick
Street
Market

Handel &
Hendrix in London

6

5

STREET

BEAK STREET

GREAT PULTENEY ST

GREAT WINDMILL STREET

RUPERT ST

ARCHER ST

SHAFTESBURY

NEW BOND STREET

CONDUIT STREET

GOLDEN
SQUARE

BREWER STREET

SHERWOOD ST

7

4 DENMAN ST

Mayfair und
St James's
Seiten 86–103

WARWICK STREET

REGENT STREET

GLASSHOUSE ST

AIR ST

Piccadilly
Circus

5

Piccadilly
Circus

BRUTON STREET

BERKELEY
SQUARE

NEW BOND STREET

DOVER STREET

OLD BOND ST

Faraday
Museum

BURLINGTON GARDENS

Royal
Academy of
Arts

STREET

St James's
Church

JERMYN STREET

JERMYN STREET

ST ALBAN'S ST

REGENT STREET

M A Y F A I R

P I C C A D I L L Y

ST JAMES'S STREET

DUKE STREET

ST JAMES'S

S T   J A M E S ' S

SQUARE

PALL MALL

Soho und
Trafalgar
Square

0 Meter   200

0 Yards   200

N
↑

Soho und Trafalgar Square

Highlights
1. National Gallery
2. Chinatown

Sehenswürdigkeiten
3. Trafalgar Square
4. St Martin-in-the-Fields
5. Piccadilly Circus
6. Leicester Square
7. National Portrait Gallery
8. Charing Cross Road
9. Shaftesbury Avenue
10. Berwick Street Market
11. The Photographers' Gallery

Restaurants
1. Café in the Crypt
2. Barrafina
3. Ceviche Soho
4. Kricket
5. Pastaio

Bars
6. Ain't Nothin' But
7. The Lyric

Covent Garden und The Strand
Seiten 122–135

Whitehall und Westminster
Seiten 68–85

National Gallery

S3 ⌂ Trafalgar Square WC2 ☎ +44 20 7747 2885 ⊖ Charing Cross, Leicester Sq, Piccadilly Circus ⇌ Charing Cross ⏰ tägl. 10–18 (Fr bis 21) 🗓 1. Jan, 24.–26. Dez ⓦ nationalgallery.org.uk

Die National Gallery im Herzen des West End zeigt einige der berühmtesten Gemälde der Welt, darunter Meisterwerke von Rubens, Velázquez, Monet und van Gogh.

Seit ihrer Gründung im frühen 19. Jahrhundert wächst die National Gallery. Den Grundstock der Sammlung bildeten 38 Gemälde – darunter Werke von Raffael und Rubens –, die das House of Commons im Jahr 1824 kaufte. Heute umfasst die Nationalsammlung mehr als 2300 Gemälde westeuropäischer Künstler. Das Hauptgebäude im Greek-Revival-Stil, das zwischen 1833 und 1838 gebaut wurde, entwarf William Wilkins. Es wurde in der Folgezeit immer wieder erweitert, im Jahr 1876 wurde die Kuppel hinzugefügt. Zur Linken liegt der Sainsbury Wing, der von der gleichnamigen Kaufmannsfamilie finanziert und 1991 fertiggestellt wurde.

Sammlung

Die meisten Gemälde der National Gallery sind permanent zu sehen. Die Sammlung umfasst Werke in der westeuropäischen Tradition vom Spätmittelalter bis zum Anfang des 20. Jahrhunderts von Künstlern wie Botticelli, Leonardo, Tizian, Rembrandt, Velázquez, Monet und van Gogh. Zu den Highlights gehören Jan van Eycks *Arnolfini-Hochzeit*, Diego Velázquez' *Venus vor dem Spiegel*, Raffaels *Madonna mit den Nelken* und Vincent van Goghs *Sonnenblumen*.

→ *Die National Gallery thront über dem Trafalgar Square*

← *Besuchergruppen bewundern die Meisterwerke in den Ausstellungssälen*

Kurzführer

Das Hauptgeschoss des Museums ist in vier Flügel unterteilt. Die Gemälde sind chronologisch angeordnet, die ältesten Werke (1200–1500) befinden sich im Sainsbury Wing. Die drei anderen Flügel decken die Epochen zwischen 1500 und 1930 ab. Weniger bedeutende Gemälde aller Epochen sind im Untergeschoss zu sehen.

Schon gewusst?

Auf der 20-Pfund-Note sind Turners *The Fighting Temeraire* und ein Selbstporträt abgebildet.

↑ *Dank Sitzgelegenheiten kann man einzelne Gemälde auch intensiver studieren*

↑ Piero della Francescas Taufe Christi *von 1437*

Sainsbury Wing: 1200–1500

Drei prachtvolle Tafelbilder von Duccios *Maestà*-Altar aus dem Dom von Siena und seine *Madonna mit Kind und den Heiligen Dominik und Aurea* zählen zu den frühesten Werken. Das Wilton-Diptychon, das Richard II von England zeigt, stammt wohl von einem französischen Meister. Es ist ein wunderbares Beispiel für die Malerei der Gotik. Italienische Vertreter dieses Stils sind Pisanello und Gentile da Fabriano,

TOP 5 Nicht versäumen

Arnolfini-Hochzeit
Jan van Eyck, Raum 63.

Venus vor dem Spiegel
Diego Velázquez, Raum 30.

The Hay Wain
John Constable, Raum 34.

The Fighting Temeraire
J. M. W. Turner, Raum 34.

Sonnenblumen
Vincent van Gogh, Raum 43.

---

dessen *Madonna* neben einer Muttergottes von Masaccio hängt, beide um 1425. Gezeigt werden auch Arbeiten von Masaccios Schüler Fra Filippo Lippi sowie von Botticelli und Uccello. Raffaels berühmte *Madonna mit den Nelken* hängt in der Nähe von Piero della Francescas *Geburt Christi* und *Taufe Christi*. Darüber hinaus werden Gemälde von Mantegna, Bellini und andere Werke der paduanischen und ferraresischen Schule präsentiert. Antonello da Messinas *Hl. Hieronymus im Gehäuse* hielt man früher für einen van Eyck. Vergleichen Sie das Bild mit van Eycks *Arnolfini-Hochzeit*, dann wissen Sie, warum. Weitere niederländische Meister sind u. a. Rogier van der Weyden und seine Schüler. Von Hieronymus Bosch ist *Dornenkrönung* zu sehen. Raum 66 ist großteils Leonardo da Vincis zweiter *Felsgrottenmadonna* vorbehalten.

West Wing: 1500–1600

Sebastiano del Piombos *Erweckung des Lazarus* entstand mit Unterstützung Michelangelos. Dieser und andere bekannte Künstler der Hochrenaissance sind mit vielen Werken vertreten. Zu weiteren Werken bekannter Maler der Hochrenaissance gehören Agnolo Bron-

---

Expertentipp
Führung

Wenn Sie wenig Zeit haben, können Sie täglich um 14 Uhr an einer Führung teilnehmen, bei der die berühmtesten Werke der Galerie vorgestellt werden.

zinos erotisches *Allegorie der Liebe*, Raffaels Originalporträt von Papst Julius II. und einige Tizians, darunter *Bacchus und Ariadne*, das nach einer Reinigung durch die Nationalgalerie (1840) als zu grell beurteilt wurde.

Zu den Werken niederländischer und deutscher Meister gehören *Die Gesandten* von Holbein d. J. und Altdorfers *Christi Abschied von seiner Mutter*. Es gibt auch einige Werke Pieter Bruegels, darunter *Die Anbetung der Könige*.

North Wing: 1600–1700

Zur hervorragenden niederländischen Sammlung gehören die meisten Werke Rembrandts außerhalb von Amsterdam, darunter sein *Selbstporträt* im Alter von 63 Jahren. Van Dyck und Rubens sind ebenso gut repräsentiert, auch Werke von Vermeer und Franz Hals werden ausgestellt. Bei den französischen Werken fällt

↑ Die leuchtende, klassische Landschaft von Turners *Dido erbaut Karthago* ist eines seiner wichtigsten Kunstwerke

ein Porträt des Kardinal Richelieu von Philippe de Champaigne auf. Lorrains Seelandschaft *Einschiffung der Königin von Saba* hängt neben Turners *Dido erbaut Karthago*.

Aus Spanien kommen u. a. Arbeiten von Murillo, Velázquez und Zurbarán. Die Italiener Caravaggio und Carracci sind ebenfalls gut repräsentiert, geraten im Vergleich zu Guido Renis riesiger *Die Anbetung der Schäfer* etwas ins Hintertreffen.

East Wing: 1700-1930

Eines der berühmtesten Gemälde ist Canalettos *Hof der Steinmetzwerkstatt*. Andere hier vertretene Venezianer sind Longhi und Tiepolo. Die Sammlung der französischen Rokoko-Maler umfasst Werke von Chardin, Watteau und Boucher.

Gainsboroughs Frühwerk *Mr und Mrs Andrews* und sein *Morning Walk* sind sehr beliebt. Auch sein Konkurrent Sir Joshua Reynolds ist mit

einigen Werken vertreten. Ein weiteres Highlight ist Hogarths Serie *Marriage A-la-Mode*.

Die Landschaftsmalerei des 19. Jahrhunderts ist in der Nationalgalerie ausgezeichnet repräsentiert. Es gibt Landschaften und Seestücke von Constable und Turner, darunter *The Hay Wain* (Constable) und Turners Spätwerk *The Fighting Temeraire*. Zu sehen sind auch Gemälde der Franzosen Corot und Daubigny.

Vertreter der französischen Romantik ist Théodore Géricault mit *Ein Pferd wird von einem Blitz erschreckt* und *Szene eines Schiffbruchs*. Im Gegensatz dazu ist Jean-Auguste-Dominique Ingres' *Porträt der Madame Moitessier* streng klassizistisch.

Zu den Highlights der umfassenden Sammlung

↑ Hof der Steinmetzwerkstatt *von Canaletto*

impressionistischer und avantgardistischer Werke zählen Monets *Seerosen*, Renoirs *Balkon im Theater*, van Goghs *Sonnenblumen* sowie Rousseaus *Surprised*. In *Badende in Asnières* verwendete Georges Seurat noch nicht seine pointillistische Technik, sondern arbeitete bestimmte Bildbereiche erst später mit Farbtupfern nach.

→

Vincent van Goghs
Sonnenblumen

② 🍴 🖥 🛍

Chinatown

📍 R2 🏠 Gerrard St und rund um W1 🚇 Leicester Sq, Piccadilly Circus 🌐 chinatown.co.uk

Obwohl die Chinatown in London um einiges kleiner ist als die in New York City oder San Francisco, hat sie es doch in sich. Hier gibt es viele Restaurants, und es ist immer etwas los, was viele Einheimische und Besucher anzieht.

Chinatown erstreckt sich über mehrere Fußgängerstraßen nördlich des Leicester Square und rund um das Zentrum des Viertels, die Gerrard Street. Die meisten frühen Einwanderer, von denen heute mehr als 120 000 in London leben, kamen aus Hongkong und lebten anfangs in Limehouse im East End. Die heutige Chinatown in Soho entstand in den 1960er Jahren, obwohl sich die chinesische Bevölkerung eigentlich über die ganze Stadt zieht. Chinatown ist ein kleiner Bezirk mit ornamentierten Torbogen und vielen roten Papierlaternen. Es gibt eine große Zahl authentischer Restaurants, chinesische Supermärkte mit Bäckereien und Teeläden, Shops für traditionelle chinesische Medizin, Kräuter und Akupunktur sowie Massageläden.

Chinesisches Neujahr

Das chinesische Neujahr richtet sich nach dem Mondkalender und fällt zwischen den 21. Januar und den 20. Februar. In Chinatown wird es mit dem Knallen von Feuerwerkskörpern und dem Duft von chinesischem Streetfood begangen. Das Hauptevent mit einer bunten Parade findet normalerweise an einem Sonntag statt. Dann ist die Shaftesbury Avenue für den Verkehr gesperrt, und am Trafalgar Square werden Bühnen für Tanz- und Musikshows errichtet.

Die Gerrard Street im Herzen von Chinatown während der Feiern zum chinesischen Neujahr ↑

1 *Bunte, ornamentierte Torbogen bestimmen das Bild in Chinatown.*

2 *In Chinatown gibt es viele authentische Restaurants mit allen Küchen Chinas.*

3 *Traditionelle chinesische Waren gibt es in Chinatown überall zu kaufen.*

Schon gewusst?

In Chinatown gibt es fast 80 Restaurants.

Asiatisch

Shu Xiangge
Spezialität sind hier die Sichuan-Hot-Pots, mit 80 unterschiedlichen Zutaten. Zur authentischen Einrichtung gehört ein handgemaltes Wandgemälde.

🏠 10 Gerrard St W1
£ £ £

XU
Stimmungsvolles taiwanesisches Restaurant, das mit seiner Holzvertäfelung, den Wandgemälden und dem Teeraum im Erdgeschoss wie ein Club im Taipeh der 1930er Jahre eingerichtet ist. Die Gerichte sind eine moderne Interpretation der taiwanesischen und kantonesischen Küche.

🏠 30 Rupert St W1
Ⓦ xulondon.com
£ £ £

SEHENSWÜRDIGKEITEN

❸

Trafalgar Square

📍 S3   🏠 WC2
🚇 Charing Cross

Londons Hauptschauplatz für Kundgebungen u. Ä. basiert auf Plänen von John Nash und entstand großteils in den 1830er Jahren. Die 52 Meter hohe Säule (1842) erinnert an Admiral Lord Nelson, der in der Schlacht von Trafalgar 1805 starb. Bevor die Statue aufgestellt wurde, veranstalteten 14 Steinmetze auf der oberen Säulenplattform ein Dinner. Vier Bronzelöwen von Edwin Landseer bewachen den Sockel. Auf dem Platz stehen weitere Statuen, auf einem anderen Sockel (»the fourth plinth«) werden Werke zeitgenössischer Künstler im Wechsel gezeigt. Die Nordseite des Trafalgar Square nimmt die National Gallery *(siehe S. 108 – 111)* ein, Canada House befindet sich auf der Westseite, South Africa House steht auf der Ostseite.

❹

St Martin-in-the-Fields

📍 S3   🏠 Trafalgar Sq WC2
🚇 Charing Cross
🕐 Mo – Fr 8:30, Sa, So 9 – 18
🌐 stmartin-in-the-fields.org

Schon im 13. Jahrhundert stand an diesem Platz eine Kirche. Viele berühmte Leute sind hier begraben, u. a. Nell Gwynne, die Geliebte von Charles II, sowie die Maler William Hogarth und Joshua Reynolds. Die Pläne zu dem Bau von 1726 stammen von James Gibbs. Architekturgeschichtlich gehört St Martin-in-the-Fields zu den wichtigsten Sakralbauten überhaupt: In den USA wurde die Kirche häufig kopiert und prägte den Colonial Style. Ungewöhnlich ist die Königsloge links vom Altar.

Von 1914 bis 1927 diente die Krypta als Obdach für heimatlose Soldaten und Vagabunden, im Zweiten Weltkrieg wurde sie als Luftschutzbunker genutzt, heute ist hier eine Armenküche untergebracht. Zudem gibt es ein Café in der Krypta, eine Buchhandlung und das London Brass Rubbing Centre, in dem Sie Pauszeichnungen von Grabtafeln anfertigen können. In der Kirche finden mittags und abends Konzerte statt, im Café abends Jazzkonzerte. Zu den Messen sind alle willkommen.

❺

Piccadilly Circus

📍 Q3   🏠 W1
🚇 Piccadilly Circus

Schon seit vielen Jahren trifft man sich zu Füßen der Figur, die ursprünglich nicht Eros, sondern die christliche Tugend der Nächstenliebe darstellen sollte. Inzwischen ist diese Darstellung des griechischen Liebesgottes für viele Londoner schon fast zu einem Wahrzeichen der Stadt geworden. Die Statue wurde 1893 als Denkmal für den Philanthropen Earl of Shaftesbury errichtet. Picca-

Blick über den Trafalgar Square zur Kirche St Martin-in-the-Fields ↓

Am Piccadilly Circus mit der Eros-Statue ist immer viel los

dilly Circus war zunächst Teil von Nashs neuer Planung der Regent Street, erfuhr aber viele Veränderungen und wird heute von Souvenirläden und bekannten Ketten beherrscht. Die grelle Leuchtreklame markiert unübersehbar den Anfang des lebendigsten Unterhaltungsviertels der Stadt mit seinen Kinos, Theatern, Nachtclubs, Restaurants und Pubs.

6 Leicester Square
📍 R2 🏠 WC2 🚇 Leicester Sq, Piccadilly Circus

Man kann es sich kaum vorstellen, aber das pulsierende Zentrum des Vergnügungsviertels West End war tatsächlich einmal eine erstklassige Wohngegend. Der 1670 südlich von Leicester House, einem längst abgerissenen Herrschaftssitz, angelegte Platz zog so wichtige Persönlichkeiten wie Isaac Newton, Joshua Reynolds und William Hogarth an. (Hogarths Haus in der Südostecke wurde 1801 zum Hôtel de la Sablionère.)

In der viktorianischen Zeit entstanden hier Londons beliebteste Music Halls. Besonders bekannt waren das Empire, dessen Name in einem Kino fortlebt, und das Alhambra, das 1937 dem Artdéco-Palast des Odeon weichen musste. Auf dem Leicester Square befinden sich auch eine Vorverkaufsstelle für verbilligte Theaterkarten (TKTS) und eine Statue von Charlie Chaplin, die 1981 enthüllt wurde. Die Statue von William Shakespeare stammt aus dem Jahr 1874.

Der Bereich rund um die U-Bahn-Station ist oft mit Besuchern überfüllt, hat man Hunger oder Durst, sind die Straßen von Soho und Chinatown *(siehe S. 112f)* im Norden die bessere Wahl.

7 National Portrait Gallery
📍 S3 🏠 2 St Martin's Place WC2 🚇 Leicester Square, Charing Cross 🔒 wegen Renovierung bis 2023 🌐 npg.org.uk

Die National Portrait Gallery, die etwas zu Unrecht im Schatten der National Gallery *(siehe S. 108–111)* steht, beherbergt mit über 215 000 Werken aus sechs Jahrhunderten eine der größten Porträtsammlungen der Welt. 2020 schloss die Galerie ihre Türen für eine umfassende Renovierung;

die Wiedereröffnung ist für 2023 geplant. Während der Schließung werden Kunstwerke aus der Sammlung in der National Gallery sowie an verschiedenen Orten im ganzen Land gezeigt.

Restaurants

Café in the Crypt
Populäres, günstiges Café mit einfachen Gerichten unter den Bogen der Kirchenkrypta.

📍 S3 🏠 St Martin-in-the-Fields, Trafalgar Sq WC2 🌐 stmartin-in-the-fields.org

££££

Barrafina
Ultracooles spanisches Restaurant in modernem Industriedesign.

📍 R2 🏠 26 Dean St W1 🌐 barrafina.co.uk

££££

Ceviche Soho
Stilvolles peruanisches Restaurant. Probieren Sie die Seebarsch-Ceviche und den Pisco Sour.

📍 R2 🏠 17 Frith St W1 🌐 cevichefamily.com

££££

Kricket
Hier gibt es indische Gourmetküche in Tapas-Größe.

📍 Q2 🏠 12 Denman St W1 🌐 kricket.co.uk

££££

Pastaio
Bei dem trendigen Italiener sitzt man an langen Tischen.

📍 Q2 🏠 19 Ganton St W1 🌐 pastaio.co.uk

££££

Trafalgar Square (siehe S. 114), überragt von Nelson's Column und umgeben von großartigen Gebäud

Die Shaftesbury Avenue ist das Zentrum von Londons Theaterszene ↑

8 🍴 💻 🛍
Charing Cross Road
📍 S2 🏠 WC2
🚇 Leicester Sq

Die Straße war einst ein Paradies für Leseratten. In den Buchhandlungen fand man so gut wie jeden Titel. Wegen der im Lauf der Jahre stark gestiegenen Mieten mussten allerdings viele schließen. Überlebt hat jedoch das Flaggschiff, die altehrwürdige Buchhandlung Foyles, die 1903 gegründet wurde und die größte im Vereinigten Königreich ist.

An der Kreuzung mit der New Oxford Street erhebt sich der Centre-Point-Turm. Die Kreuzung ist eine der wichtigsten Baustellen für das riesige U-Bahn-Projekt Crossrail, sodass mit Behinderungen zu rechnen ist.

9 🍴 💻 🛍
Shaftesbury Avenue
📍 R2 🏠 W1 🚇 Piccadilly Circus, Leicester Sq

An der Nordseite der Hauptschlagader des Londoner »Theatreland« befinden sich sechs Theater und drei Kinos. Außerdem gibt es hier zahlreiche Restaurants, Bars und Clubs. Die Straße, die zwischen 1877 und 1886 durch ein Elendsviertel führte, ist nach dem Earl of Shaftesbury (1801–1885) benannt, der sich um die Verbesserung der Lebensbedingungen bemühte.

10 🍴 💻 🛍
Berwick Street Market
📍 R2 🏠 W1 🚇 Piccadilly Circus 🕐 Mo – Sa 8 –18
🌐 thisissoho.co.uk/the-market

Schon Ende des 18. Jahrhunderts wurde hier Markt abgehalten. Der Berwick-Street-Kaufmann Jack Smith brach-

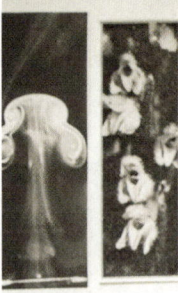

→

Bilder des Deutsche Börse Photography Foundation Prize 2018, Photographers' Gallery

Bars

Ain't Nothin' But
Die einfach als Blues Bar bezeichnete Kneipe hat immer ein enthusiastisches Publikum, das es nur selten versäumt, die Stimmung anzuheizen.

📍 Q2
🏠 20 Kingly St W1
🌐 aintnothinbut.co.uk

The Lyric
Die gemütliche viktorianische Kneipe lockt Hopfenliebhaber mit der größten Auswahl an Bieren in Soho, darunter auch einige ungewöhnliche Biere.

📍 Q2 🏠 37 Great Windmill St W1
🌐 lyricsoho.co.uk

te 1890 die ersten Grapefruits nach London. Heute ist Berwick der beste Straßenmarkt im West End, auch wenn sich die traditionellen Händler vor der Erschließung der westlichen Seite der Berwick Street fürchten.

Zwischen den Markt- und Blumenständen wird viel Streetfood angeboten. Es gibt auch interessante Läden, etliche Cafés und Lokale.

An ihrem südlichen Ende verengt sich die Straße zu einer Gasse. Hier präsentierte der berühmte Stripclub Raymond Revuebar (für Soho-Verhältnisse ein respektables Lokal) von 1958 bis 2004 sein Festival of Erotica.

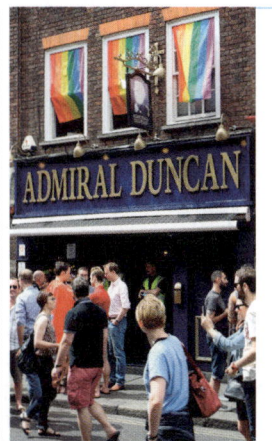

Das Herz von Soho

Die Old Compton Street ist die Hauptstraße von Soho. Ihre Läden, Restaurants, Cafés, Bars und Clubs spiegeln die kulturelle Vielfalt der Menschen wider, die im Lauf der Jahrhunderte hier lebten, darunter zahlreiche Künstler. Heute ist sie ein Zentrum der LGBT+ Szene mit vielen populären Bars und Clubs, darunter das Pub Admiral Duncan. In der Frith Street sind der berühmte Jazzclub Ronnie Scott's und das Café Bar Italia.

Schon gewusst?

In den 1960ern wurden die meisten Stripclubs in Soho von einer maltesischen Bande kontrolliert.

11 The Photographers' Gallery

Q1 · 16–18 Ramillies St W1 · +44 20 7087 9300 · Oxford Circus · Mo–Sa 10–18, So 11–18 · thephotographersgallery.org.uk

Die Fotogalerie präsentiert Werke von unbekannten und renommierten Fotografen und bietet regelmäßig Gesprächsrunden, Workshops (vor allem für junge Fotografen) und Filmvorführungen. Der Eintritt ist nach 17 Uhr frei, bei Ausstellungen ist die Galerie donnerstags bis 20 Uhr geöffnet. Es gibt ein Café, im Buchladen kann man neben Büchern auch Kameras und Drucke kaufen.

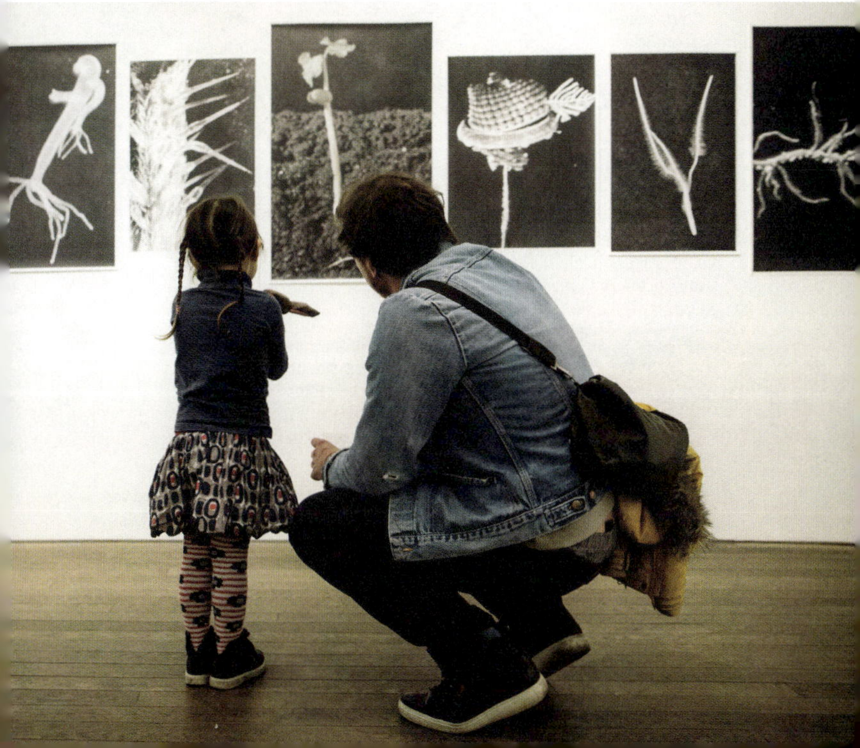

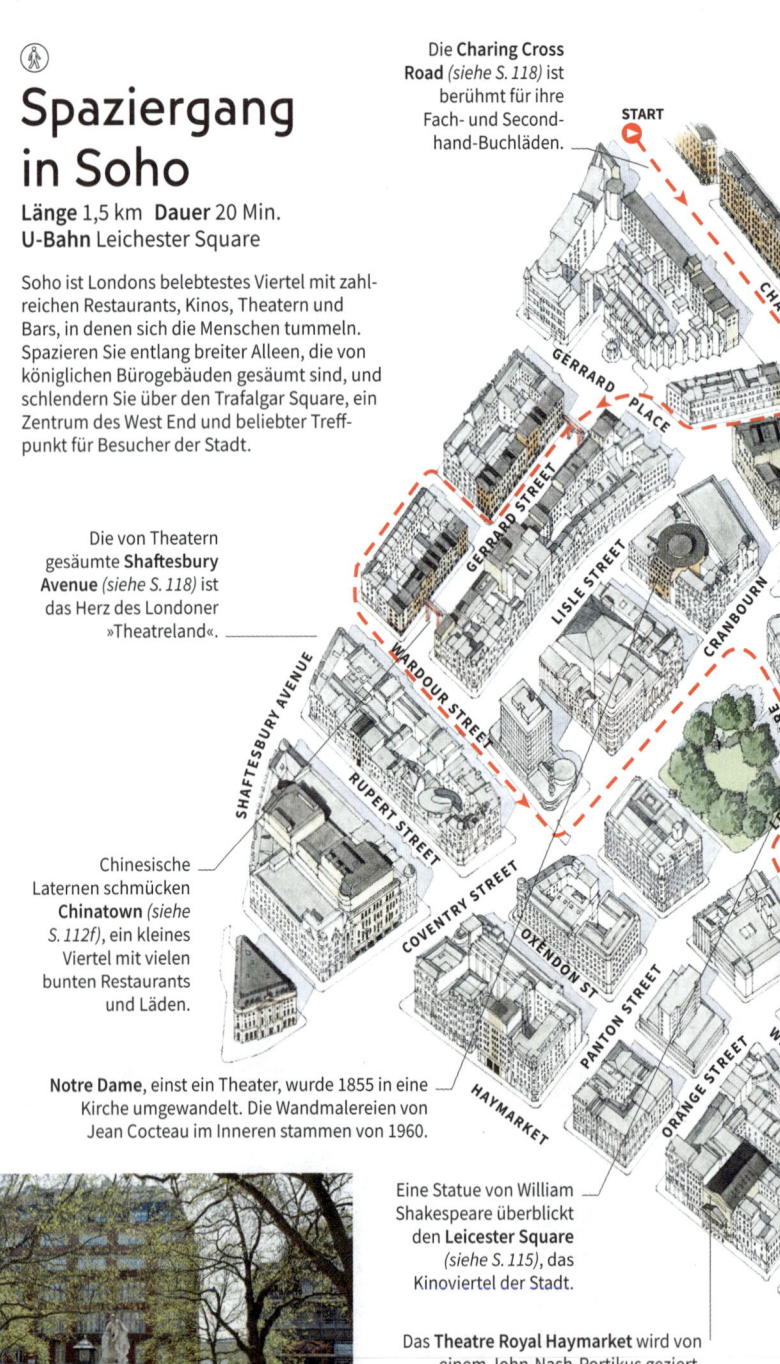

Spaziergang in Soho

Länge 1,5 km **Dauer** 20 Min.
U-Bahn Leichester Square

Soho ist Londons belebtestes Viertel mit zahlreichen Restaurants, Kinos, Theatern und Bars, in denen sich die Menschen tummeln. Spazieren Sie entlang breiter Alleen, die von königlichen Bürogebäuden gesäumt sind, und schlendern Sie über den Trafalgar Square, ein Zentrum des West End und beliebter Treffpunkt für Besucher der Stadt.

Die **Charing Cross Road** *(siehe S. 118)* ist berühmt für ihre Fach- und Secondhand-Buchläden.

START

Die von Theatern gesäumte **Shaftesbury Avenue** *(siehe S. 118)* ist das Herz des Londoner »Theatreland«.

Chinesische Laternen schmücken **Chinatown** *(siehe S. 112f)*, ein kleines Viertel mit vielen bunten Restaurants und Läden.

Notre Dame, einst ein Theater, wurde 1855 in eine Kirche umgewandelt. Die Wandmalereien von Jean Cocteau im Inneren stammen von 1960.

Eine Statue von William Shakespeare überblickt den **Leicester Square** *(siehe S. 115)*, das Kinoviertel der Stadt.

Das **Theatre Royal Haymarket** wird von einem John-Nash-Portikus geziert.

← *Menschen versammeln sich in der Nähe des zentralen Brunnens am Leicester Square*

Der Trafalgar Square und seine Springbrunnen werden von Nelson's Column überragt

Soho und Trafalgar Square

Zur Orientierung
Siehe Stadtteilkarte S. 106f

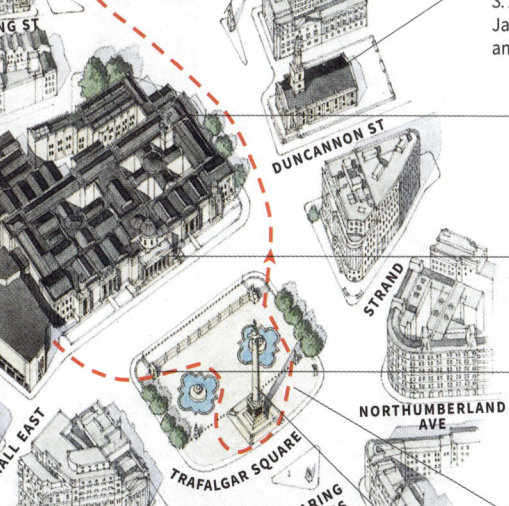

Leicester Square

Das **Hippodrome**, ein ehemaliger Nachtclub, war früher ein Varieté-theater und ist heute ein Casino.

Der **Cecil Court** ist gesäumt von Läden, die Bücher und Drucke verkaufen.

Die Gedenkstätte erinnert an **Edith Cavell**, eine Krankenschwester im Ersten Weltkrieg.

St Martin-in-the-Fields *(siehe S. 114)*, das Meisterwerk von James Gibbs, inspirierte den amerikanischen »Kolonialstil«.

National Portrait Gallery *(siehe S. 115)*

Über 2300 Gemälde sind in der **National Gallery** *(siehe S. 108–111)* untergebracht.

Fourth Plinth an der Ecke des Trafalgar Square zeigt Werke von führenden zeit-genössischen Künstlern.

Der **Trafalgar Square** *(siehe S. 114)* zieht jedes Jahr Millionen von Touristen an.

Nelson's Column

Admiralty Arch, der Eingang zur Mall, wurde 1911 entworfen.

Schon gewusst?

2006 wurde festge-stellt, dass Nelson's Column fünf Meter kürzer ist als bisher angenommen.

0 Meter 100
0 Yards 100
N

Covent Garden und The Strand

Im Mittelalter befand sich hier der Garten eines Klosters. In den 1630er Jahren gestaltete Inigo Jones die Piazza nach italienischem Vorbild. An ihrer Westseite ragt die ebenfalls nach seinen Plänen erbaute St Paul's Church auf.

Zunächst galt Covent Garden als eine der feinsten Adressen der Stadt, doch nachdem sich immer mehr Kaffeehäuser und dann auch Bordelle sowie Marktbuden angesiedelt hatten, zogen die reicheren Anwohner fort. Um dem ausufernden Marktgeschehen ein festes Gebäude zu geben, wurde in den 1830er Jahren die elegante, neoklassizistische Halle gebaut, die auch heute noch die Piazza dominiert.

Bis 1974 fand in ihr der Großmarkt statt, dann zog er auf ein größeres Gelände in Nine Elms zwischen Vauxhall und Battersea um. In den Gebäuden von Covent Garden sind aber immer noch Händler, heute in erster Linie für touristische Bedürfnisse, mit Läden, Shops für Kunsthandwerk und Restaurants.

Bloomsbury und Fitzrovia
Seiten 150–163

Holborn

NEW OXFORD STREET

TOTTENHAM COURT ROAD

BLOOMSBURY STREET

BLOOMSBURY WAY

BEDFORD AVE

GREAT RUSSELL ST

NEW OXFORD STREET

HIGH HOLBORN

NEWTON STREET

1

Tottenham Court Road

CHARING CROSS ROAD

DYOTT ST

GRAPE STREET

MUSEUM ST

DRURY LANE

MACKLIN STREET

PARKER ST

GREAT QUEEN STREE

ST GILES HIGH ST

ENDELL STREET

GARDENS

SHORTS GARDENS

ACRE

DRURY

8 Museum of Freemasonry

WIL STRE

SOHO SQUARE

DENMARK STREET

FLITCROFT ST

NEW COMPTON ST

SHAFTESBURY AVENUE

MONMOUTH STREET

NEAL STREET

SHELTON STREET

LONG STREET

5 Neal's Yard

RUSSELL

COVENT GARDEN

DEAN STREET

SOHO

COMPTON STREET

OLD COMPTON

CAMBRIDGE CIRCUS

2 EARLHAM

SEVEN DIALS

STREET

MERCER STREET

LANGLEY STREET

JAMES ST

3 Royal Opera House

BOW ST

WELLINGTON

CATHE

1

WEST ST

TOWER ST

2

London Film Museum **13**

Soho und Trafalgar Square
Seiten 104–121

Leicester Square

GREAT NEWPORT ST

UPPER ST MARTIN'S ST

LONG ACRE

ROSE ST

FLORAL STREET

3 Covent Garden

Covent Garden Piazza

Central Market

1

4

7 London Transport Museum

4

GARRICK ST

KING STREET

St Paul's Church

TAVISTOCK STREET

EXETER STREET

STRAND

LEICESTER SQUARE

ST MARTIN'S LANE

NEW ROW

BEDFORDBURY

BEDFORD

HENRIETTA STREET

MAIDEN LANE

SOUTHAMPTON ST

Adelphi Theatre

SAV

6 Savoy Hotel

HAYMARKET

National Portrait Gallery

12 London Coliseum

CHANDOS PLACE

STREET

ADAM STREET

ORANGE STREET

National Gallery

St Martin-in-the-Fields

WILLIAM IV ST

SAVOY PLACE

Theatre Royal Haymarket

STRAND

JOHN ADAM STREET

11 Victoria Embankment Gardens

Cleopatra's Needle

10

PALL MALL EAST

TRAFALGAR SQUARE

Charing Cross

BUCKINGHAM ST

VILLIERS ST

Embankment

Embankment Pier

Admiralty Arch

CRAVEN STREET

NORTHUMBERLAND AVENUE

Jubilee Footbridges

Institute of Contemporary Arts

THE MALL

WHITEHALL

Whitehall und Westminster
Seiten 68–85

4

The Admiralty

THE

R

S

Covent Garden und The Strand

Highlights

1. Covent Garden Piazza und Central Market
2. Somerset House

Sehenswürdigkeiten

3. Royal Opera House
4. St Paul's Church
5. Neal Street und Neal's Yard
6. Savoy Hotel
7. London Transport Museum
8. Museum of Freemasonry
9. St Mary-le-Strand
10. Cleopatra's Needle
11. Victoria Embankment Gardens
12. London Coliseum
13. London Film Museum

Restaurants

1. Opera Tavern
2. Chick 'n' Sours
3. Dishoom

Pub

4. The Lamb & Flag

HOLBORN

EAGLE ST

HIGH HOLBORN

WHETSTONE PARK

Lincoln's Inn

Holborn und Inns of Court
Seiten 136–149

KINGSWAY

LINCOLN'S INN FIELDS

SERLE ST

STREET

CAREY STREET

KEMBLE STREET

PORTUGAL

KEAN ST

LANE

heatre yal

ALDWYCH

St Clement Danes

Australia House

Bush House

St Mary-le-Strand

ARUNDEL STREET

Courtauld Gallery

SURREY STREET

STRAND LANE

TEMPLE PLACE

Temple

Somerset House

VICTORIA EMBANKMENT

Savoy Chapel

EMBANKMENT

SAVOY STREET

VICTORIA

Waterloo Bridge

(Themse)

Thames

South Bank
Seiten 218–231

THE QUEEN'S WALK

BFI Southbank

National Theatre

Festival Pier

WATERLOO ROAD

Hungerford Rail Bridge

SOUTH BANK

Covent Garden und The Strand

0 Meter 200
0 Yards 200

N

Shoppen und essen unter dem Stahl-Glas-Dach von Apple Market ↑

❶ 🍴 🖥 🛍 ♿

Covent Garden Piazza und Central Market

📍 S2 🏠 Covent Garden WC2 🚇 Covent Garden, Leicester Sq
🚆 Charing Cross 🌐 coventgarden.london

Covent Garden ist einer von Londons belebtesten Plätzen und umfasst eine fast immer volle Piazza mit Straßenkünstlern sowie einen Markt mit Läden, Cafés und hin und wieder einem Sänger, der Opernarien schmettert. Hier muss man unbedingt vorbeischauen, was auch die vielen Menschen erklärt.

Im zentralen, überdachten Apple Market, der im Jahr 1833 für Früchte- und Gemüsehändler gebaut worden war, finden sich heute viele Stände und kleine Läden, die Designermode, Bücher, Kunst und Kunsthandwerk sowie Antiquitäten verkaufen. Der Architekt Inigo Jones plante diesen Bereich im 17. Jahrhundert zwar als elegantes Wohnviertel rund um einen Platz nach dem Vorbild der Piazza von Livorno in Italien, heute werden die meisten viktorianischen Gebäude an und um die Piazza, darunter auch das Royal Opera House, kommerziell genutzt. Die Marktstände ziehen sich südlich bis zur benachbarten Jubilee Hall aus dem Jahr 1903. Die mit Säulen bestandenen Bedford Chambers an der Nordseite der Piazza geben einen Eindruck davon, was Inigo Jones ursprünglich im Sinn hatte, obwohl auch diese Gebäude nicht original erhalten sind, sie wurden 1879 teilweise wiederaufgebaut, teilweise umgebaut. Was sich trotz der ganzen Renovierungen an Covent Garden nicht geändert hat: Die Piazza dient auch heute immer noch vielen Straßenkünstlern als Bühne für ihre Vorstellungen – wie bereits im 17. Jahrhundert.

Highlight

Restaurants

The Ivy Market Grill
Eines der ältesten der
einst exklusiven Restau-
rants. Schönes Jugend-
stil-Interieur. Zu essen
gibt es vor allem Seafood
und Steaks.

🏠 1a Henrietta St WC2
🅦 theivymarket
grill.com
£ £ £

Tuttons
In dem Klassiker von
Covent Garden sitzt man
schön an der Piazza.
Serviert werden traditio-
nelle englische Gerichte.

🏠 11/12 Russell St WC2
🅦 tuttons.com
£ £ £

1 *Das Punch & Judy ist ein populäres
Pub mit Tischen innerhalb des Apple
Market und draußen auf der Terrasse
mit Blick über die Piazza.*

2 *Straßenkünstler gehören traditionell zum Bild der Piazza. Heute werden
Musiker, Künstler und Zauberer »geprüft«, bevor sie hier auftreten dürfen.*

3 *Im Jubilee Market bekommt man
hauptsächlich Souvenirs, Schmuck
und günstige Artikel. An Montagen
werden hier und im Apple Market
Antiquitäten und Vintage-Sammler-
stücke angeboten.*

Der Hof von Somerset House mit Springbrunnen und Cafétischen ↑

2 🎨 🍴 🖥 🛍 ♿

Somerset House

📍 T2 🏠 Strand WC2 Ⓔ Temple, Charing Cross
🚆 Charing Cross 🚢 Embankment Pier 🕐 tägl. 8–23
🕐 Courtauld Gallery: tägl. 10–18 W Somerset House:
somersethouse.org.uk; Courtauld Gallery: courtauld.ac.uk

In dem großartigen georgianischen Bauwerk mit vier neoklassizistischen Flügeln rund um einen riesigen Hof liegt ein innovatives Kunst- und Kulturzentrum, das interessante Ausstellungen bietet.

Somerset House ist am besten bekannt als Standort der Courtauld Gallery mit seiner erstklassigen Sammlung impressionistischer Gemälde. Im Sommer ist es auch ein einmalig schöner und beliebter Ort für Filmvorführungen, unterschiedlichste Festivals, Kunstmessen und Installationen.

In dem in den 1770er Jahren erbauten Gebäude residierte anfangs die Royal Academy of Arts. Zu den späteren »Mietern« gehörte Ende der 1780er Jahre das Navy Board. Somerset House weist auch heute noch bemerkenswerte architektonische Besonderheiten auf wie die prachtvolle Seamen's Waiting Hall und die spektakuläre, über fünf Geschosse führende Rundtreppe Nelson's Stair, beide im Südflügel. Von dort kommt man auch auf die Flussterrasse mit einem Restaurant und einer Bar. Darunter liegen die Embankment Galleries.

Restaurants

Bryn Williams at Somerset House
Erstklassige, moderne britische Küche mit einem Schwerpunkt bei Salaten und gegrilltem Gemüse.

🏠 South Wing
W bryn-somerset house.co.uk
£ £ £

Watch House
In der Brauerei-Bar wird neben süßen Leckereien, kleinen Gerichten und köstlichem Brunch auch hervorragender Kaffee serviert.

🏠 East Wing
W watchhouse.com
£ £ £

Highlight

❸ 🏃 🍴 ☕ 🛍 ♿
Royal Opera House
📍 T2 🏠 Bow St WC2
Ⓔ Covent Garden Ⓢ siehe
Website 🅦 roh.org.uk

Das 1732 erbaute erste Theater an diesem Ort diente eher als Schauspielhaus, obwohl hier viele Opern und Oratorien von Händel uraufgeführt wurden. Wie sein Nachbar, das Theatre Royal Drury Lane, brannte das Gebäude mehrmals – 1808 und erneut 1856 – bis auf die Grundmauern nieder. Das heutige Opernhaus wurde 1858 von E. M. Barry entworfen. Vom Vorgängerbau (1809) blieb der Fries des Portikus von John Flaxman – Tragödie und Komödie – erhalten.

Heute beherbergt es die Royal Opera und das Royal Ballet – die besten Karten können über 200 Pfund kosten. Das Opernhaus ist nicht mehr so exklusiv und öffnet seine Räume auch für Tagesbesucher. Die Café-Bar im Foyer ist eine Zuflucht vor dem geschäftigen Treiben in Covent Garden, während die Terrasse im fünften Stock einen Blick auf die Piazza bietet. Führungen hinter die Kulissen sind möglich.

❹ ♿
St Paul's Church
📍 S2 🏠 Bedford St WC2
Ⓔ Covent Garden
🕐 Mo – Fr 8:30 – 17, So 9 – 13
🅦 actorschurch.org

St Paul's ist die »Kirche der Schauspieler«, viele Plaketten erinnern an berühmte Theaterleute. Nach den Plänen von Inigo Jones, dem Architekten der 1633 fertiggestellten Kirche, sollte deren Altar im Westen stehen, sodass der Portikus nach Osten auf die neue Piazza blickte. Der Klerus verweigerte sich jedoch dieser unorthodoxen Regelung – der Altar wurde deshalb an die (übliche) Ostseite verlegt. Dennoch blieb Jones seinem Außenentwurf der Kirche treu, der Eingang liegt aber an der Westseite, das Portal der Ostfassade ist reine Zierde. Hier kann man gut eine Pause einlegen. Es ist viel ruhiger als im benachbarten Covent Garden.

Schon gewusst?
Im Winter verwandelt sich der Hof von Somerset House in eine Eislaufbahn.

Courtauld Gallery
Die Courtauld Gallery beherbergt eine der größten Kunstsammlungen der Welt und umfasst impressionistische wie postimpressionistische Gemälde, aber auch Werke aus dem Mittelalter sowie von Botticelli, Bruegel, Bellini und Rubens. Zu sehen sind weltberühmte Werke von Monet, Gauguin, Pissarro, Renoir und Modigliani, auch Manets *Eine Bar in den Folies-Bergère*, van Goghs *Selbstbildnis mit verbundenem Ohr*, Cézannes *Kartenspieler* und *Zwei Tänzerinnen* von Degas. Das Courtauld Institute veranstaltet darüber hinaus das ganze Jahr über Wechselausstellungen.

↑ Die Floral Hall – nun die Paul Hamlyn Hall – im Royal Opera House

↑ *Die bunt angestrichenen früheren Lagerhäuser im Neal's Yard mit der originalen Filiale von Neal's Yard Remedies*

 Fotomotiv
Neal's Yard

Neal's Yard – der versteckt in dem Dreieck zwischen Monmouth Street, Neal Street und Shorts Gardens liegt – ist mit seinen bunt angestrichenen Häusern, Fensterläden und Blumenkörben das perfekte Fotomotiv.

5
Neal Street und Neal's Yard
S1 WC2
Covent Garden

Die ehemaligen Lagerhäuser aus dem 19. Jahrhundert in der hübschen Straße erkennt man an den Lastenaufzügen an den Fassaden. Heute sind in den meisten alten Gebäuden Läden und Restaurants.

Neal's Yard ist ein hübsch gestalteter Hof mit Restaurants und Läden, von denen die meisten in Häusern mit bunten Fassaden untergebracht sind. Besuchen Sie Homeslice, wenn Sie eine riesige Pizza verspeisen wollen, oder das Wild Food Café für vegetarische Spezialitäten. In beiden können Sie genügend Kraft tanken für einen Shopping-Nachmittag. Neal's Yard Dairy ist einer der besten Käseläden Londons.

6
Savoy Hotel
T2 Strand WC2
Charing Cross, Embankment thesavoylondon.com

Das 1889 errichtete, einst als bestes Hotel Londons geltende Savoy wurde dort erbaut, wo im Mittelalter Savoy Palace lag, und war das erste Hotel der Stadt, das seinen Gästen Zimmer mit Bad und elektrischem Licht bot. Der Vorplatz, der zur Art-déco-Fassade führt, ist die einzige Straße in Großbritannien mit Rechtsverkehr. Die American Bar, eine der ersten, die Cocktails in Europa einführten, wurde 2017 zur besten Bar der Welt gewählt.

Angeschlossen an das Hotel sind das für seine Opernaufführungen berühmte Savoy Theatre und das traditionelle Restaurant Simpson's in the Strand mit seinen Silberwagen.

Seven Dials

Die Säule an dieser Kreuzung, an der sieben Straßen aufeinandertreffen, hat sechs Sonnenuhren (ihre Spitze fungiert als siebte). Das Original wurde im 19. Jahrhundert entfernt, zu sehen ist eine Nachbildung von 1989. Grund für die Entfernung der Säule war ihre Bedeutung als Tummelplatz für zwielichtige Gestalten, die die Gegend unsicher machten. Heute ist Seven Dials eine Shopping Area mit guten Restaurants. Das Angebot reicht von trendigen Boutiquen bis zu Kosmetik-Shops.

⑦ 🛹 Ⓜ 🖥 🛍 ♿

London Transport Museum

📍 T2 🏠 The Piazza WC2
📞 +44 20 7379 6344
🚇 Covent Garden 🕐 tägl.
10–18 (letzter Einlass: 17:15)
🌐 ltmuseum.co.uk

Nicht nur Eisenbahnfreaks und Sammler von Busschildern werden in diesem Museum Spaß haben. Die faszinierende Sammlung, die unterhaltsam über Geschichte und Gegenwart der Londoner Verkehrsmittel informiert, befindet sich seit 1980 im malerischen viktorianischen Flower Market aus dem Jahr 1872.

Die Geschichte der Londoner Verkehrsmittel ist auch eine Sozialgeschichte der Stadt. Die Bus-, Tram- und U-Bahn-Strecken spiegeln die Expansion wider und förderten sie gleichzeitig: Die nördlichen und westlichen Vorstädte florierten erst, als sie an das U-Bahn-Netz angeschlossen waren.

Die Londoner Zug- und Busgesellschaften fördern zeitgenössische Künstler, weshalb das Museum auch eine schöne Sammlung an Werbegrafiken besitzt. Sie umfasst Arbeiten des Art-déco-Künstlers E. McKnight Kauffer wie auch Werke bekannter Künstler der 1930er Jahre, z. B. Graham Sutherland und Paul Nash. Das Museum ist ideal für Kinder, viele Objekte sind zum Anfassen, man darf auch auf dem Fahrersitz eines Busses oder einer U-Bahn Platz nehmen.

⑧ Ⓜ 🛍

Museum of Freemasonry

📍 T1 🏠 Freemasons' Hall, 60 Great Queen St WC2
📞 +44 20 7395 9257
🚇 Covent Garden 🕐 Mo–Sa 10–17 🌐 museum freemasonry.org.uk

An einer Ecke der Great Queen Street wurde 1933 im Jugendstil die Freemasons' Hall gebaut als Denkmal für die 3000 Freimaurer, die während des Ersten Weltkriegs starben.

Im Museum des Hauptquartiers der englischen Freimaurer erfährt man mehr über den Kult der Geheimorganisation, unter den Exponaten ist der riesige Thron des Großmeisters, der im Jahr 1791 für George I gefertigt wurde und bis heute in Gebrauch ist. Man kann auch in einen der Logenräume spähen, in dem sich die Freimaurer treffen. Er erinnert an einen Gerichtssaal mit Porträts früherer Großmeister.

Restaurants

Opera Tavern
Zu den schmackhaften Tapas gehört langsam gekochter Oktopus.

📍 T2 🏠 23 Catherine St WC2 🌐 saltyard group.co.uk
💷💷💷

Chick 'n' Sours
Frittiertes Hühnchen, Cocktails und ein wummernder Soundtrack machen hier die Besonderheiten aus.

📍 S2 🏠 1a Earlham St WC2 🌐 chickn sours.co.uk
💷💷💷

Dishoom
Bombay-Brasserie, in der iranische Spezialitäten serviert werden.

📍 S2 🏠 12 Upper St Martin's Lane WC2 🌐 dishoom.com
💷💷💷

←
Ein früher Autobus im London Transport Museum

❾ St Mary-le-Strand

📍 T2 🏠 Strand WC2
🚇 Temple
🕐 Di – Do 10 –16, So 11–16
🌐 stmarylestrand.org

Die 1724 geweihte Kirche steht heute mitten auf einer Verkehrsinsel. Ihr Bau war der erste öffentliche Auftrag für James Gibbs, der auch die Kirche St Martin-in-the-Fields am Trafalgar Square *(siehe S. 114)* entwarf.

Gibbs war stark von Christopher Wren beeinflusst, doch sind die barocken Verzierungen an der Fassade der Kirche auf Gibbs' Studienaufenthalt in Rom zurückzuführen. Der von einer Kuppel gekrönte Turm sieht aus wie eine Hochzeitstorte. Der Innenraum ist reich in Weiß und Gold verziert.

Es gibt Bebauungspläne, die die Kirche bedrohen könnten, aber es ist unwahrscheinlich, dass sie in absehbarer Zeit umgesetzt werden.

❿ Cleopatra's Needle

📍 T3 🏠 Embankment WC2
🚇 Embankment, Charing Cross

Der um 1500 v. Chr. in Heliopolis geschaffene Obelisk aus rosa Granit ist um Jahrhunderte älter als London. Der ägyptische Vizekönig Muhammad Ali schenkte das Monument 1819 Großbritannien, aufgestellt wurde es aber erst 1878. Seine Inschriften preisen die Taten altägyptischer Pharaonen.

⓫ Victoria Embankment Gardens

📍 T3 🏠 WC2 🚇 Embankment, Charing Cross 🕐 tägl. 7:30 – Sonnenuntergang

Der schmale öffentliche Park entstand beim Bau des Embankment. Farbenprächtige Blumenbeete, eine Reihe von Statuen britischer Berühmtheiten und – im Sommer – Open-Air-Konzerte laden zu einem Spaziergang ein.

Wichtigstes historisches Denkmal ist das Watergate in der nordwestlichen Ecke, das 1626 als Zugang zum heute abgerissenen York House errichtet wurde.

Pub

The Lamb & Flag

Das populäre Pub liegt in einer Gasse, die Garrick und Floral Street verbindet. Oft stehen die Gäste bis auf die Straße. The Lamb & Flag wetteifert um den Titel als ältestes Pub Londons – hier stand schon im 16. Jahrhundert ein Gasthaus.

📍 S2 🏠 33 Rose St WC2
🌐 lambandflag coventgarden.co.uk

← Von Tulpen umgebene Statue von Robert Burns in den Victoria Embankment Gardens

← Der Aston Martin V12 aus *Stirb an einem anderen Tag*, London Film Museum

12 🏃 🎭 🏛️ ♿

London Coliseum

📍 S3 🏠 St Martin's Lane WC2 🚇 Leicester Sq, Charing Cross 🕐 Führungen siehe Website 🌐 eno.org

Londons größtes Theater wird von einer riesigen Weltkugel gekrönt. Der 1904 von Frank Matcham errichtete Bau war das erste Theater Londons mit einer Drehbühne. Darüber hinaus verfügte das Coliseum als erstes Theater Europas über Aufzüge.

Das einstige Varietétheater beherbergt heute die English National Opera und inszeniert innovative, auf Englisch gesungene Produktionen. Das edwardianische Interieur mit den vergoldeten Putten und schweren Samtvorhängen ist einen Besuch wert. Das Glasdach bietet einen spektakulären Blick über den Trafalgar Square.

13 🏃 🖥️ 🏛️

London Film Museum

📍 T2 🏠 45 Wellington St WC2 📞 +44 20 7836 0111 🚇 Covent Garden 🕐 tägl. 10–18 (letzter Einlass: 17) 🌐 londonfilmmuseum.com

Früher tatsächlich ein Museum für Film, ist das London Film Museum mittlerweile in erster Linie ein reines James-

Bond-Museum, seitdem die Ausstellung »Bond in Motion« die einzige Dauerausstellung ist.

Zu den ausgestellten Bond-Erinnerungsstücken gehören Kostüme und Plakate, aber das Herzstück der Ausstellung ist eine beeindruckende Sammlung von Originalfahrzeugen aus den Filmen. Es gibt Flugzeuge, Boote, Schlitten und Motor-

räder, aber es sind die Autos, von denen viele vor einer bewegten Kulisse aus dem jeweiligen Film stehen, die in der Regel die meiste Aufmerksamkeit erregen. Zu den Highlights gehören der weiße Lotus Esprit S1 aus *Der Spion, der mich liebte* sowie der berühmte Aston Martin DB5, der das erste Mal in *Goldfinger* aus dem Jahr 1964 zu sehen war.

»Theatreland«

Das West End hat sich aufgrund der vielen Theater, die sich hier befinden, zu Recht den Spitznamen Theatreland verdient, den man auch auf Schildern vor allem rund um Soho und Covent Garden findet. Die ersten Theater gab es in London bereits Ende des 16. Jahrhunderts, 1663 wurde im West End das erste Schauspielhaus eröffnet, das Theatre Royal, Vorläufer des Theaters, das in der Drury Lane, Covent Garden, steht. Der heutige Bau wurde 1812 abgeschlossen, als Theatreland zu boomen begann. Das Adelphi wurde 1806 gebaut, und nach dem Theatres Act von 1843 folgten viele weitere, die in der viktorianischen Zeit den Durst nach Music Halls stillten. Heute gibt es im West End etwa 50 Theater.

Spaziergang in Covent Garden

Länge 1,5 km **Dauer** 25 Min.
U-Bahn Leicester Square

Als Covent Garden noch aus verfallenen Häuserzeilen und Markthallen bestand, waren die Straßen nur frühmorgens von Obst- und Gemüsehändlern bevölkert. Heute herrscht an der in den 1970er Jahren umgestalteten Piazza fast immer reges Treiben. Besucher, Anwohner und Straßenkünstler bieten ein Bild, wie es vor Jahrhunderten auch ausgesehen haben mag.

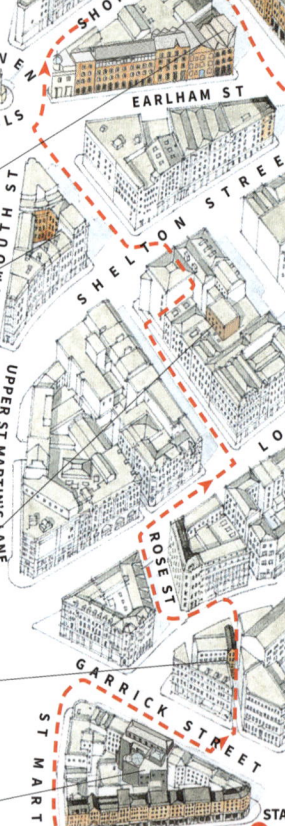

In **Neal Street** und **Neal's Yard** *(siehe S. 130)* liegen viele Läden und Cafés.

Auf der Kreuzung **Seven Dials** steht eine Kopie des Denkmals aus dem 17. Jahrhundert.

Der luftige Komplex **Thomas Neal's** bietet Designer-Shops und das Donmar-Warehouse-Theater.

Ching Court ist ein postmoderner Entwurf des Architekten Terry Farrell.

Im **St Martin's Theatre** läuft *Die Mausefalle*, das weltweit am längsten gespielte Theaterstück.

Stanfords wurde 1853 gegründet und ist der weltgrößte Laden für Landkarten und Reiseführer.

Teile des Pubs **Lamb & Flag** *(siehe S. 132)*, eines der ältesten Londons, stammen von 1623.

Der **Garrick Club** ist Londons Literatenclub.

Entlang der **New Row** liegen kleine Läden und Cafés.

Goodwin's Court wird von georgianischen Häusern gesäumt.

Schon gewusst?

Eliza Doolittle war in George Bernard Shaws *Pygmalion* (1913) ein Blumenmädchen in Covent Garden.

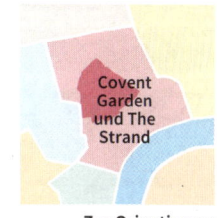

Covent
Garden
und The
Strand

Zur Orientierung
Siehe Stadtteilkarte S. 124f

↑ *Cafés säumen die Kopfsteinpflasterstraßen
von Covent Garden*

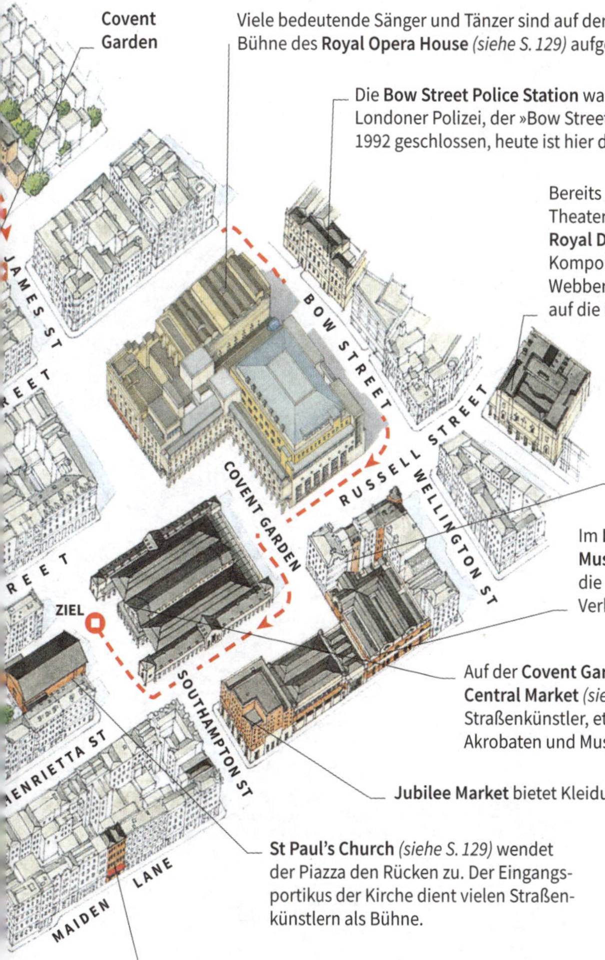

Covent Garden

Viele bedeutende Sänger und Tänzer sind auf der Bühne des **Royal Opera House** *(siehe S. 129)* aufgetreten.

Die **Bow Street Police Station** war Sitz der ersten Londoner Polizei, der »Bow Street Runners«. Sie wurde 1992 geschlossen, heute ist hier das Hotel NoMad.

Bereits 1663 stand hier ein Theater. Das heutige **Theatre Royal Drury Lane** gehört dem Komponisten Andrew Lloyd Webber, der populäre Musicals auf die Bühne bringt.

In **8 Russell Street** lernte Dr. Johnson seinen Biografen James Boswell kennen.

Im **London Transport Museum** *(siehe S. 131)* wird die Historie der Londoner Verkehrsmittel lebendig.

Auf der **Covent Garden Piazza** und im **Central Market** *(siehe S. 126f)* unterhalten Straßenkünstler, etwa Jongleure, Clowns, Akrobaten und Musiker, das Publikum.

Jubilee Market bietet Kleidung und Krimskrams.

St Paul's Church *(siehe S. 129)* wendet der Piazza den Rücken zu. Der Eingangsportikus der Kirche dient vielen Straßenkünstlern als Bühne.

Im Restaurant **Rules** versorgt sich Londons Schickeria mit typisch englischem Essen.

JAMES ST
BOW STREET
RUSSELL STREET
WELLINGTON ST
COVENT GARDEN
SOUTHAMPTON ST
HENRIETTA ST
MAIDEN LANE
ZIEL

0 Meter 100
0 Yards 100
N ↑

INITIUM EVANGELII

...RCUS

CHRISTUS REX

Holborn und Inns of Court

Holborn ist seit dem 13. Jahrhundert das bevorzugte Revier von Juristen. Kein Wunder, schließlich ist hier, wo The Strand auf die Fleet Street trifft, die Justiz mit den Royal Courts of Justice, die zwischen 1873 und 1882 gebaut wurden, zu Hause.

Die Inns of Court – die vier englischen Anwaltskammern für die Rechtsanwälte (Barrister) – sind wesentlich älter. Sie stammen aus dem Mittelalter. Obwohl es keine genauen Daten für die Gründung der Inns of Court gibt, geht man davon aus, dass der Grund für ihren Standort auf ein Dekret von Henry III aus dem Jahr 1234 zurückgeht. Dort steht, dass es innerhalb der City of London keine juristischen Ausbildungsstätten geben darf – also mussten sie jenseits der Grenzen der City nach Holborn ziehen.

Und obwohl man heute Jura auch anderswo studieren kann, muss man, um das Examen ablegen zu können, einem der Inns of Court angehören.

Holborn und Inns of Court

Highlights
1. Inns of Court (Lincoln's Inn, Inner Temple, Middle Temple, Gray's Inn)
2. Sir John Soane's Museum

Sehenswürdigkeiten
3. Lincoln's Inn Fields
4. The Old Curiosity Shop
5. Hunterian Museum
6. Fleet Street
7. St Clement Danes
8. Temple Bar Memorial
9. Royal Courts of Justice
10. St Bride's
11. Dr Johnson's House
12. Ye Olde Cheshire Cheese
13. St Etheldreda's Church
14. The London Silver Vaults
15. St Andrew, Holborn
16. Leather Lane Market

Weinbar
① El Vino

Teeladen
② Twinings

Bloomsbury
und Fitzrovia
Seiten 150–163

Covent Garden
und The Strand
Seiten 122–135

Holborn und
Inns of Court

Charles
Dickens
Museum

Gray's Inn
Fields

British
Museum

HOLBORN

Holborn

Sir John
Soane's
Museum

Lincoln's Inn
Garden

Lincoln's
Inn

Great
Hall

Lincoln's
Inn Fields

The Old
Curiosity
Shop

Hunterian
Museum

London
School of
Economics

COVENT
GARDEN

ALDWYCH

St Clement
Danes

Theatre
Royal

Bush
House

STRAND

Courtauld Gallery

Somerset
House

VICTORIA EMBANKMENT

Victoria
Embankment
Gardens

Waterloo
Bridge

Cleopatra's
Needle

WARNER ST

RAY ST

GREAT SUTTON ST

CLERKENWELL
GREEN

EYRE ST HILL

ROSEBERY AVENUE

CLERKENWELL ROAD

CLERKENWELL

THEOBALD'S ROAD

HATTON WALL

TURNMILL ST

BRITTON STREET

ST JOHN'S LANE

BENJAMIN STREET

CHARTERHOUSE
SQUARE

PORTPOOL LANE

GRAY'S INN ROAD

SAFFRON HILL

FARRINGDON HILL

COWCROSS ST

VERULAM ST

HATTON

ST CROSS
STREET

KIRBY STREET

GARDEN

BALDWINS GARDENS

16 Leather Lane
Market

♿ ♿
Farringdon

CHARTERHOUSE STREET

Smithfield
Market

LONG LANE

CLOTH FAIR

Gray's
Inn Chapel

DORRINGTON
STREET

GREVILLE ST

BROOKE ST

LEATHER LANE

1
Gray's
Inn

13 St Etheldreda's
Church

FURNIVAL ST

♿ Chancery
Lane

GILTSPUR STREET

NEWGATE ST

The City
Seiten 172–193

HOLBORN

Staple Inn

HOLBORN
CIRCUS

HOLBORN VIADUCT

St Andrew,
Holborn **15**

SHOE LANE

PLUMTREE
CT

14 The London
Silver Vaults

TOOK'S ST

ST ANDREW STREET

FARRINGDON STREET

Central
Criminal
Court

4

Lincoln's
Inn Chapel

CURSITOR STREET

BARTLETT CT

NEW ST
SQUARE

LITTLE NEW
STREET

STONECUTTER
STREET

OLD BAILEY

CHANCERY LANE

BREAM'S BUILDINGS

FETTER LANE

City
Thameslink

STAR YARD

NEW FETTER LANE

GOUGH
SQUARE

SHOE LANE

ST BRIDE STREET

LUDGATE HILL

St Paul's
Cathedral

CAREY ST

BELL YARD

Dr Johnson's
House **11**

12 Ye Olde
Cheshire Cheese

LUDGATE
CIRCUS

oyal Courts
of Justice **9**

FLEET STREET

10
St Bride's

NEW BRIDGE STREET

Apothecaries'
Hall

8 Temple Bar
Memorial

6
1 Fleet
Street

WHITEFRIARS STREET

SALISBURY COURT

STRAND

2

Temple
Church

BOUVERIE ST

QUEEN VICTORIA STREET

1 Middle
Temple

MIDDLE TEMPLE LANE

CHURCH
COURT

Inner
Temple Hall

TUDOR STREET

CARMELITE STREET

JOHN CARPENTER ST

BLACKFRIARS LA

ESSEX STREET

FOUNTAIN
COURT

KING'S BENCH WALK

Middle
Temple
Hall

1 Inner
Temple

TEMPLE AVENUE

Blackfriars
♿ ♿

MILFORD LN

TEMPLE PLACE

Middle
Temple
Garden

*Inner Temple
Garden*

Blackfriars
Pier

♿ Temple

VICTORIA EMBANKMENT

Blackfriars
Bridge

5

T h a m e s   (T h e m s e)

THE QUEEN'S WALK

South Bank
Seiten 218–231

GABRIEL'S
WHARF

UPPER GROUND

Bankside
Gallery

0 Meter   250

N

0 Yards   250

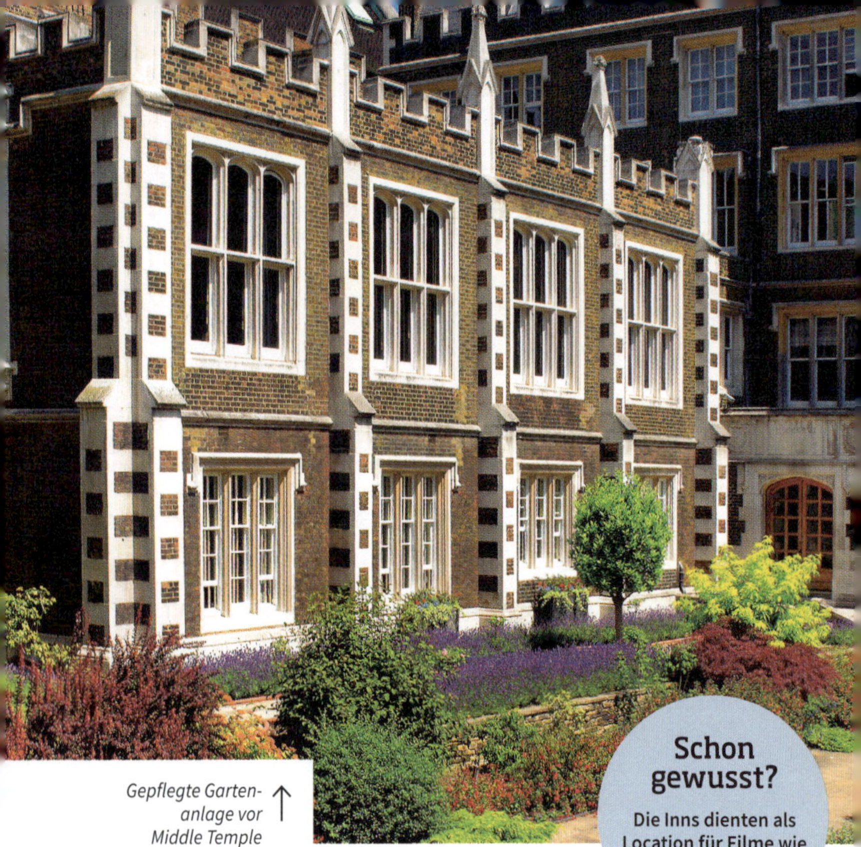

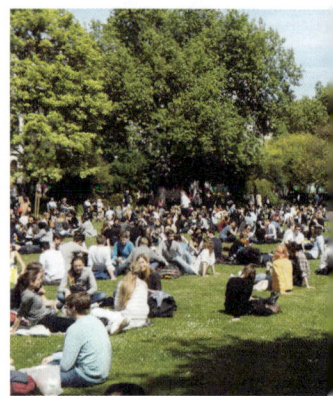

Gepflegte Gartenanlage vor Middle Temple ↑

Schon gewusst?

Die Inns dienten als Location für Filme wie *The Da Vinci Code* und *Fluch der Karibik*.

❶

Inns of Court

Die vier Inns of Court – Lincoln's Inn, Gray's Inn, Inner Temple und Middle Temple – ähneln den Campus der Universitäten von Oxford oder Cambridge, sind Oasen der Ruhe inmitten Londons und der perfekte Ort für eine faszinierende Wanderung durch die Geschichte.

Die Inns of Court sind seit Jahrhunderten die Rechtsanwaltskammern von England und Wales, jeder Rechtsanwalt muss einem der vier Inns angehören. Rechtsanwälte nutzten die Ende des Mittelalters gegründeten Inns lange Zeit als Studierplatz und Unterkunft. Jeder der begrünten Bezirke hat eine eigene Kapelle, eine historische Halle und einen Garten – ideal für ein Picknick im Grünen und einen interessanten Spaziergang durch die engen Verbindungswege mit versteckten Ecken und Höfen. Temple, der gemeinsame Campus von Inner und Middle Temple, war zuerst Heimat der Knights Templar, die hier im 13. Jahrhundert lebten. Eine umgebaute Version der Ordenskirche zählt zu den Highlights der Inns. Sie ist eine der vier Rundkirchen Londons.

→ *Perfekter Ort zum Relaxen: die Grünflächen von Lincoln's Inn Fields*

Highlight

Lincoln's Inn

📍 J4 🏠 Lincoln's Inn Fields WC2 🚇 Holborn, Chancery Lane 🕐 Mo – Fr 7 –19 🌐 lincolnsinn.org.uk

Einige der Gebäude von Lincoln's Inn – der besterhaltene der Inns of Court – gehen auf das späte 15. Jahrhundert zurück. Das Wappen über dem Bogen des Chancery Lane Gatehouse ist das von Henry VIII, ebenso alt ist auch die schwere Eichentür. Ben Jonson soll während der Regierungszeit von Königin Elizabeth I beim Bau der Inns of Court mitgewirkt haben. Die gotische Kapelle stammt aus dem frühen 17. Jahrhundert. Lincoln's Inn kann auf eine stattliche Zahl berühmter Alumni verweisen: Oliver Cromwell, John Donne, einen Dichter aus dem 17. Jahrhundert, und William Penn, den Gründer des US-Staats Pennsylvania.

Inner Temple und Middle Temple

📍 K5 🏠 Temple EC4 🚇 Temple 🌐 innertemple. org.uk; middletemple.org.uk

Der Temple umfasst zwei der vier Inns of Court: Middle und Inner Temple. Der Name leitet sich von den Tempelrittern ab, einem ritterlichen Orden, der im Mittelalter hier ansässig war und dessen Initiationen wohl in der Krypta der **Temple Church** stattfanden. Die kreisförmige Kirche (12. Jh.) wird seit 1608 von den Inns unterhalten. In ihrem Kirchenschiff befinden sich eine beeindruckende elisabethanische Orgel und Bildnisse der Tempelritter (13. Jh.).

Zu den weiteren historischen Gebäuden gehört die elisabethanische Middle Temple Hall, die während der Schulzeit auch für Nichtmitglieder zum Mittagessen geöffnet ist. Hinter dem Temple erstrecken sich Rasenflächen zum Embankment hinunter.

Expertentipp
💬 **Picknickplatz**

Die beste Zeit, die Inns of Court zu besuchen, ist, wenn im Sommer die Gärten werktags zur Mittagszeit geöffnet sind (unterschiedlich von Garten zu Garten).

Temple Church

◎ 🌐 siehe Website 🌐 templechurch.com

Gray's Inn

📍 K4 🏠 High Holborn WC1 🚇 Holborn, Chancery Lane 🕐 Mo – Fr 6 – 20 nach voreriger Absprache 🌐 graysinn.org.uk

Die altehrwürdige Anwaltskammer gab es bereits im 14. Jahrhundert. Im Zweiten Weltkrieg erlitt das Gebäude schwere Schäden, wurde jedoch restauriert. Mindestens ein Stück von Shakespeare (*Komödie der Irrungen*, 1594) wurde in der Gray's Inn Hall uraufgeführt, die Innenwand der Halle aus dem 16. Jahrhundert ist noch erhalten. Charles Dickens war hier 1827/28 angestellt.

Heute ist der Park – früher ein beliebter Duellierplatz – unter der Woche zur Mittagszeit für Spaziergänge geöffnet.

Knights Templar

Die Knights Templar waren ein religiöser Orden, der im 12. Jahrhundert gegründet wurde, um die Pilger auf ihrem Weg nach Jerusalem und zurück zu beschützen. Jerusalem war zwar Ende des 11. Jahrhunderts von christlichen Kreuzfahrern eingenommen worden, der Weg war trotzdem gefährlich. Der Orden der Knights Templar wurde 1312 aufgelöst.

2 M3 🛍 ♿

Sir John Soane's Museum

📍 J4 🏠 13 Lincoln's Inn Fields WC2 📞 +44 20 7405 2107 🚇 Holborn
🕐 Mi – So 10 –17; vorab online buchen 🚫 1 Woche im Jan, 25., 26. Dez 🌐 soane.org

Eines der reizvollsten und ungewöhnlichsten Museen Londons wartet mit einer bunten Sammlung von schönen und eigenartigen Objekten auf. Der Architekt Sir John Soane hinterließ das Haus 1837 dem Staat.

Trotz vieler klassischer Statuen und anderer auffallender und ungewöhnlicher Artefakten ist es doch die Raumgestaltung an sich, die dieses Museum von anderen abhebt. Das Haus strotzt nur so von architektonischen Überraschungen und Illusionen. Im Erdgeschoss sorgen geschickt platzierte Spiegel für illusionistische Verwirrung. Im Untergeschoss überrascht ein Atrium, das auf Dachhöhe in einer Glaskuppel endet. Diese bringt Licht auch in andere Galerien. In der Gemäldegalerie im Erdgeschoss vergrößern aufklappbare Faltwände die Ausstellungsfläche. Dahinter verbergen sich weitere Gemälde und eine Erweiterung des Raums ohne Boden.

↑ Das Museum besteht aus drei Häusern, die Soane nacheinander kaufte

↑ Die Räume sind teils mit einer überbordenden Anzahl antiker Statuen gefüllt

Highlight

Wer war Sir John Soane?

Der als Sohn eines Maurers geborene John Soane (1753–1837) war im 19. Jahrhundert einer der führenden britischen Architekten. Die meisten seiner Gebäude waren neoklassizistisch. Er entwarf unter anderem die Dulwich Picture Gallery *(siehe S. 325)*, Pitzhanger Manor *(siehe S. 330)* und die Bank of England *(siehe S. 186)*.

SEHENSWÜRDIGKEITEN

3 🖥️

Lincoln's Inn Fields

📍 J4 🏠 WC2 🚇 Holborn
🕐 tägl. 7:30 – Sonnenuntergang

Unter den Tudors und Stuarts starben hier viele Menschen, die den falschen Glauben hatten oder in Verdacht standen, die Krone verraten zu haben. Als der Makler William Newton um 1640 hier bauen wollte, musste er den Studenten von Lincoln's Inn und den Anwohnern versprechen, dass dies ein öffentlicher Platz bleibt. Dieser »Bürgerinitiative« ist es zu verdanken, dass heute Juristen hier Tennis spielen oder auf einer Parkbank ihre Akten studieren können.

4

The Old Curiosity Shop

📍 J4 🏠 13–14 Portsmouth St WC2 🚇 Holborn 🌐 the-old-curiosity-shop.com

Ob dieser »Raritätenladen« wirklich das Original ist, das Dickens in seinem gleichnamigen Roman beschrieb,

oder nicht, sei dahingestellt. Das Haus stammt zumindest aus dem 16. Jahrhundert. Der Laden vermittelt nicht nur wegen seiner Holzbalken einen Eindruck davon, wie viele Häuser vor dem Großen Brand (1666) aussahen. Heute ist hier ein Schuhladen.

5 ♿

Hunterian Museum

📍 J4 🏠 35–43 Lincoln's Inn Fields WC2 🚇 Holborn, Chancery Lane 🕐 wegen Renovierung bis 2023 🌐 rcseng.ac.uk

Das im Royal College of Surgeons untergebrachte Hunterian Museum ging aus der Privatsammlung von John Hunter (1728–1793), einem der führenden Chirurgen seiner Zeit, hervor. Innerhalb von Jahrzehnten hatte er eine Vielzahl anatomischer Objekte zusammengetragen, von denen er einige bei seinen Vorlesungen präsentierte. Zu den eindrucksvollsten Exponaten gehören das Skelett von Charles Byrne, der wegen seiner Körpergröße (2,31 m) als »irischer Riese« bezeichnet wurde.

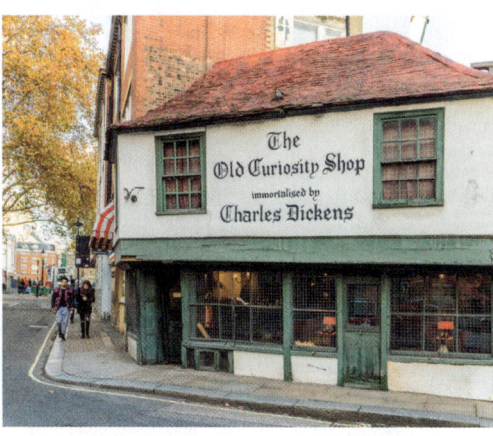

↑ *Im Old Curiosity Shop erhascht man einen Blick darauf, wie London vor 1666 ausgesehen hat*

143

↑ *In der Fleet Street, einer der ältesten Straßen der Stadt, waren früher viele Zeitungen mit ihren Druckereien vertreten*

6 🍴 🍷 💻 🛍️

Fleet Street

📍 K5 🏠 EC4 🚇 Temple, Blackfriars, St Paul's

William Caxton nahm hier im späten 15. Jahrhundert die erste Druckpresse Englands in Betrieb. Seit sein ehemaliger Gehilfe die Geschäfte übernahm, gilt die Fleet Street als Zentrum des Londoner Presse- und Verlagswesens.

Berühmtheiten wie William Shakespeare und Ben Jonson waren Stammgäste der Mitre Tavern, heute Fleet Street Nr. 37.

1702 erschien *The Daily Courant*, die erste Zeitung. Die Straße, in der sich (der zentralen Lage zwischen der City und Westminster wegen) Neuigkeiten schnell herumsprachen, entwickelte sich bald zum Synonym für die Presse. Das mit ägyptischen Details verzierte Jugend-

Schon gewusst?

Sweeney Todd, der teuflische Barbier aus der Fleet Street, soll seinen Laden in Nr. 152 gehabt haben.

stil-Gebäude Nr. 135 war früher Hauptsitz des *Daily Telegraph*. Das Gebäude neben der vor allem in den 1830er Jahren errichteten Kirche St Dunstan-in-the-West ist mit den Namen früherer Zeitungen verziert.

1987 wurden die Druckereien unterhalb der Redaktionsräume geschlossen, als neue Technologien die Druckmaschinen in der Fleet Street überflüssig machten und die Produktion nach Wapping und in die Docklands verlegt wurde. Inzwischen haben auch die Redaktionen die Fleet Street verlassen. Zurück blieben einige der traditionellen Journalistenkneipen wie das Ye Olde Cheshire Cheese *(siehe S. 146f)* und die Weinbar El Vino *(siehe rechts)* am westlichen Ende.

7 ♿

St Clement Danes

📍 J5 🏠 Strand WC2
🚇 Temple ⏰ Mo – Fr 9–16, Sa 10–15, So 9:30–15
🔒 Feiertage, 26. Dez – 3. Jan
🌐 stclementdanesraf.org

Christopher Wren entwarf die wunderschöne Kirche 1680. Ihren Namen hat sie von einem Sakralbau, den Nachkommen jener dänischen Invasoren errichteten,

denen Alfred der Große im 9. Jahrhundert erlaubt hatte, in London zu bleiben. Vom 17. bis 19. Jahrhundert wurden hier viele Londoner bestattet, wie die Grabplatten in der Krypta bezeugen.

St Clement Danes steht heute mitten auf einer Verkehrsinsel und ist die Kirche der Royal Air Force. Innen sieht man Symbole und Denkmäler der Luftwaffe. In Glaskästen die Wände entlang erinnern Gedenkbücher an die 150 000 Frauen und Männer, die im Dienst der RAF gestorben sind.

Die Glocken von St Clement Danes läuten unterschiedliche Melodien, darunter die des alten Wiegenlieds *Oranges and Lemons*, in dem die Kirche vorkommt.

8

Temple Bar Memorial

📍 K5 🏠 Fleet St EC4
🚇 Temple, Chancery Lane

Das Denkmal in der Mitte der Fleet Street sieht ein bisschen aus wie ein riesiges Wachhäuschen mit Queen Victoria und ihrem Sohn, dem Prince of Wales, als Wachen auf beiden Seiten. Das Monument aus dem Jahr 1880 markiert die Stelle, an der einst ein von Sir Christopher Wren entworfener Tor-

Weinbar

El Vino

Die holzgetäfelte Weinbar El Vino wurde als Pomeroy's in John Mortimers TV-Serie *Rumpole von Old Bailey* verewigt und ist berühmt für die ausgedehnten Mittagspausen, die Rechtsanwälte und früher auch Journalisten hier verbrachten.

📍 K5 🏠 47 Fleet St EC
🌐 elvino.co.uk

bogen (Temple Bar) stand und den Eingang zur City of London bildete. Bei Staatsfeierlichkeiten musste der Monarch hier traditionell anhalten und den Lord Mayor bitten, ihm Zutritt zur City zu gestatten.

Als der Verkehr immer weiter zunahm, wurde der Torbogen entfernt und über ein Jahrhundert lang auf einem Landgut in Hertfordshire eingelagert. Im Jahr 2004 wurde er am Eingang zum Paternoster Square im Norden der St Paul's Cathedral *(siehe S. 176–179)* wieder aufgestellt.

9 🚇 🖥 ♿
Royal Courts of Justice (Law Courts)

📍 K5 🏠 Strand WC2
🚇 Holborn, Temple, Chancery Lane 🕐 Mo – Fr 9:30 – 16:30 📅 Feiertage 🌐 the royalcourtsofjustice.com

Vor dem viktorianisch-gotischen Gebäude drängen sich häufig die Journalisten und Schaulustigen, die mit Spannung den Ausgang eines Prozesses erwarten. Hier werden Zivilangelegenheiten verhandelt – Scheidungs- und Verleumdungsklagen, Schadenersatzansprüche und Revisionsverfahren. Strafrechtliche Angelegenheiten werden im Old Bailey *(siehe S. 189)* geregelt, der zehn Gehminuten weiter östlich liegt.

Sämtliche Räume der Law Courts sind der Öffentlichkeit zugänglich, Listen informieren darüber, welche Verhandlung in welchem Raum stattfindet.

Der riesige Bau wurde 1882 fertiggestellt. Er soll ungefähr 1000 Räume und über 5,6 Kilometer Flure umfassen.

10 🚇 🛍 ♿
St Bride's

📍 K5 🏠 Fleet St EC4
🚇 Blackfriars 🕐 Mo – Fr 8 –18, Sa 10 –15:30, So 10 – 18:30 📅 Feiertage 🌐 stbrides.com

St Bride's ist eine der bekanntesten Kirchen von Christopher Wren. Ihre Nähe zur Fleet Street führte dazu, dass hier die Gedenkgottesdienste für verstorbene Journalisten abgehalten werden. Tafeln erinnern an sie.

Der wunderbare Turm aus dem Jahr 1703 soll als Vorbild für die gestuften Hochzeitstorten gedient haben. Die Kirche wurde zwar im Zweiten Weltkrieg bombardiert, 1957 wurde sie aber wieder originalgetreu aufgebaut. Die Krypta birgt Überreste früherer Kirchen, darunter ein Stück Fußboden aus der Römerzeit. Dienstags gibt es um 14:15 Uhr Führungen.

↑ *Die Royal Courts of Justice gehören zu den wichtigsten Gerichtshöfen Englands*

Ye Olde Cheshire Cheese
ist eines der berühmtesten
Pubs Londons ↑

11 🎨 🛍
Dr Johnson's House
📍 K4 🏠 17 Gough Sq EC4
📞 +44 20 7353 3745
🚇 Blackfriars, Chancery
Lane, Temple 🕐 Mai – Sep:
Mo – Sa 11–17:30; Okt – Apr:
Mo – Sa 11–17 🔒 Feiertage
🌐 drjohnsonshouse.org

Der oft zitierte Samuel Johnson (1709–1784) war ein berühmter Gelehrter, dessen
geistreiche und oft auch pro-
vozierende Bemerkungen
sein Biograf James Boswell
aufgezeichnet hat. Johnson
lebte von 1748 bis 1759 in

17 Gough Square und ver-
fasste dort das erste englische Wörterbuch (1755 ver-
öffentlicht). Er arbeitete im
Dachgeschoss und beschäf-
tigte dazu sechs Schreiber
und Gehilfen.

Das Haus (17. Jh.) ist im
Stil des 18. Jahrhunderts
möbliert und enthält sehenswerte Exponate, dazu gehören auch einige Bilder von
Johnson und seinen Zeitgenossen, Teegeschirr sowie
ein paar (nachgemachte)
georgianische Kleidungsstücke, die von Kindern anpro-
biert werden dürfen. Außen
am Haus steht eine Statue
von Johnsons Lieblingskatze
Hodge.

12 🍴
Ye Olde Cheshire
Cheese
📍 K4 🏠 145 Fleet St EC4
🚇 Blackfriars
🕐 Mo – Sa 12–23

Teile dieses Gebäudes, in
dem sich seit Jahrhunderten
ein Gasthaus befindet, stammen aus dem Jahr 1667, als
das Cheshire Cheese nach
dem Großen Brand wieder-

aufgebaut wurde. Der Tage-
buchschreiber Samuel Pepys
war im 17. Jahrhundert hier
Stammgast, doch es war
Dr. Samuel Johnson, der das
Haus zu einem Wallfahrtsort
für Literaten machte. Mark
Twain und Charles Dickens
kamen häufig hierher.

In den vergangenen Jah-
ren kamen zwar Zweifel
daran auf, ob Dr. Johnson
hier auch wirklich zu Gast
war, nichtsdestotrotz gehört
das Cheshire Cheese zu den

↑ Hodge steht vor Dr Johnson's House und schaut
die Straße hinunter

Teeladen

Twinings
Erfahren Sie in Londons
ältestem Teeladen
mehr über die Ge-
schichte des beliebten
britischen Getränks und
probieren (und kaufen)
Sie eine Auswahl an Tee
der weltberühmten
Marke.

📍 K5 🏠 216 Strand
WC2 🌐 twinings.co.uk

↑ *Buntglasfenster in der St Etheldreda's Church*

wenigen Pubs, die die im 18. Jahrhundert übliche Aufteilung in kleine Räume mit offenem Kamin beibehielten.

13 🏛

St Etheldreda's Church

📍 K4 🏠 14 Ely Place EC1 🚇 Farringdon 🕐 Mo–Sa 8–17, So 8–12:30 🚫 Feiertage 🌐 stetheldreda.com

Die 1290 erbaute Kirche ist das älteste noch erhaltene katholische Gotteshaus in England und eines der wenigen Bauwerke Londons aus jener Zeit. Zuerst war sie Sitz der Bischöfe von Ely, im Lauf der Jahrhunderte diente sie verschiedenen Zwecken. So ließ sich hier Sir Christopher Hatton, ein Günstling von Elizabeth I, nieder und nützte die Krypta als Taverne. In der mehrfach restaurierten Kirche beeindrucken vor allem die Buntglasfenster.

14

The London Silver Vaults

📍 K4 🏠 53–64 Chancery Lane WC2 🚇 Chancery Lane 🕐 Mo–Fr 9–17:30, Sa 9–13 🚫 Feiertage 🌐 silvervaultslondon.com

Der »Silberkeller«, ein Paradies für Liebhaber des Edelmetalls, hat sich aus der Chancery Lane Safe Deposit

Company entwickelt, einem 1885 gegründeten »öffentlichen Tresor«. Wenn Sie die Treppen hinabsteigen, empfängt Sie hinter Stahltüren der Glanz von Silber.

15 ♿

St Andrew, Holborn

📍 K4 🏠 5 St Andrew St EC4 🚇 Chancery Lane, Farringdon 🕐 Mo–Fr 9–17 🌐 standrewholborn.org.uk

Die mittelalterliche Kirche überstand zwar den Großen Brand fast unbeschadet, dennoch wurde sie 1686 von Christopher Wren umgestaltet. Der untere Teil des Turms ist noch original erhalten. Im Zweiten Weltkrieg brannte das Gotteshaus vollkommen aus, wurde als Kirche der Londoner Kaufmannszunft jedoch wieder

originalgetreu restauriert. Der spätere Premierminister Benjamin Disraeli wurde hier 1817 als Zwölfjähriger getauft. Im 19. Jahrhundert wurde St Andrew einer Schule angegliedert.

16 🍴 🍽 🛍

Leather Lane Market

📍 K4 🏠 Leather Lane 🚇 Farringdon, Barbican, Chancery Lane 🕐 Mo–Fr 10–14

Auf der Straße, die einst Leveroun Lane hieß und parallel zu Hatton Garden verläuft, finden schon seit über 300 Jahren Märkte statt. Allerdings rührt der Name der Straße nicht vom Lederhandel her. Hier gibt es edle Kleidung, Schuhe, Handtaschen, Schmuck und Accessoires. Ideal zum Stöbern.

↑ *Eindrucksvolle Silberwaren und Antiquitäten in den London Silver Vaults*

Spaziergang in Lincoln's Inn

Länge 2 km   **U-Bahn** Holborn
Dauer 30 Min.

Das ruhige Areal ist ausgesprochen geschichtsträchtig. Ein Teil der Gebäude von Lincoln's Inn stammt aus dem späten 15. Jahrhundert. Anwälte eilen mit dicken Aktenbündeln unter dem Arm zwischen ihren Kanzleien und den Law Courts hin und her. Nicht weit entfernt liegt Temple, eine Ansammlung weiterer Gerichtsgebäude, mit der berühmten Rundkirche aus dem 13. Jahrhundert.

Sir John Soane's Museum war das Heim des georgianischen Architekten. Er hinterließ sein Haus inklusive seiner Sammlung dem Staat *(siehe S. 142f).*

LINCOLN'S INN FIELDS

LINCOLN'S INN FIELDS

LINCOLN'S INN FIELDS

Lincoln's Inn *(siehe S. 141)*

Der Torbogen im Pseudo-Tudor-Stil (1845) führt zum Lincoln's Inn und überblickt **Lincoln's Inn Fields** *(siehe S. 143).*

START

Der **Old Curiosity Shop** *(siehe S. 143)* liegt in einem Gebäude aus dem 16. Jahrhundert, das den Großen Brand überstand.

PORTSMOUTH ST

PORTUGAL STREET

C A

| 0 Meter | 100 | N |
| 0 Yards | 100 | |

↑ *Runde Pagode in Lincoln's Inn Fields, einer ruhigen, grünen Oase*

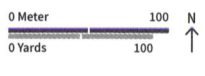

ZIEL

Die **Gladstone-Statue** wurde 1905 zum Gedenken an William Gladstone errichtet, den viktorianischen Staatsmann und viermaligen Premierminister.

↑ *Die imposante Fassade der Royal Courts of Justice*

Holborn und Inns of Court

Zur Orientierung
Siehe Stadtteilkarte S. 138f

Schon gewusst?

Lincoln's Inn Fields ist der größte öffentliche Platz in London.

Die Eröffnungsszene von Charles Dickens' *Bleak House* spielt in der **Lincoln's Inn Old Hall** aus dem Jahr 1490.

Achten Sie auf die goldenen Löwen vor dem prächtigen Gebäude der **Law Society**.

200 Jahre lang war die **Fleet Street** *(siehe S. 144)* die Heimat des britischen Journalismus. Mittlerweile sind fast alle Redaktionen weggezogen.

Die Weinbar **El Vino** *(siehe S. 145)* ist ein beliebter Treffpunkt.

Nr. 17 Fleet Street hat eine schöne Fachwerkfassade (1610). Prince Henry, ältester Sohn von James I, bewohnte im ersten Stock der früheren Taverne ein Zimmer.

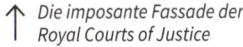

Temple war im 13. Jahrhundert Heimstatt der Tempelritter.

Am **Temple Bar Memorial** *(siehe S. 144f)* markiert ein Greif die Grenze zwischen der City und Westminster.

St Clement Danes *(siehe S. 144)* von Wren (1679) ist die Kirche der Air Force.

Die **Royal Courts of Justice** *(siehe S. 145)*, wo alle wichtigen Zivilprozesse stattfinden, wurde 1882 mit 35 Millionen Ziegelsteinen erbaut und mit Portland-Stein verkleidet.

Bloomsbury und Fitzrovia

Die schönen Gartenplätze von Fitzrovia und Bloomsbury entstanden großteils zwischen Ende des 18. Jahrhunderts und Anfang des 19. Jahrhunderts. Seit Anfang des 20. Jahrhunderts gelten Fitzrovia und Bloomsbury als Synonyme für Literatur und Kunst. Zu dieser Zeit war Bloomsbury schon bekannt für seine Bildungseinrichtungen mit dem 1753 gegründeten British Museum und der University of London (1826).

Bloomsbury und Fitzrovia waren deshalb auch beliebte Wohnviertel für die Schriftsteller und Künstler der Bloomsbury Group. Seit der Glanzzeit der Bloomsbury Group hat sich die Universität stark vergrößert. Heute befinden sich hier auch die School of Oriental and African Studies sowie die Zentralbibliothek im monolithischen Senate House.

Bloomsbury und Fitzrovia

Regent's Park

Regent's Park

ALBANY STREET

CHESTER TERRACE OUTER CIRCLE

REDHILL STREET

NASH STREET

ALBANY STREET

ROBERT STREET

STANHOPE STREET

CLARENCE GARDENS

WILLIAM ROAD

DRUMMOND STREET

LONGFORD ST

OSNABURGH STREET

TRITON SQUARE

HARRINGTON ST

HAMPSTEAD ROAD

NORTH GOWER STREET

STARCROSS STREET

CARDINGTON STREET

EVERSHOLT STREET

LIDLINGTON PLACE

POLYGON RD

OSSULSTON STREET

British Library

King's Cross, Camden und Islington
Seiten 164–171

Euston

EUSTON SQUARE

UPPER WOBURN PL.

ENDSLEIGH GDNS

ENDSLEIGH STREET

TAVITON STREET

TAVISTOCK SQUARE

GORDON SQUARE

EUSTON STREET

STEPHENSON WAY

Wellcome Collection 6

Euston Square

GOWER PLACE

GORDON ST

WOBURN SQUARE

University College London

Park Square Gardens

Regent's Park

PARK CRESCENT

PORTLAND PLACE

Great Portland Street

GREAT PORTLAND STREET

CLEVELAND STREET

EUSTON ROAD

WARREN STREET

Warren Street

GRAFTON WAY

Grant Museum of Zoology 11

GOWER STREET

TORRINGTON SQUARE

MALET STREET

WARREN STREET

WHITFIELD STREET

FITZROY STREET

Fitzroy Square 8

MAPLE STREET

BT Tower

HOWLAND STREET

CHARLOTTE STREET

TOTTENHAM COURT

CHENIES MEWS

HUNTLEY ST

TORRINGTON PLACE

RIDGMOUNT STREET

RIDGMOUNT GDNS

CHENIES ST

ALFRED PLACE

STORE STREET

BEDFORD SQUARE

Pollock's Toy Museum 7

SCALA ST

Goodge Street

GOODGE ST

3

WEYMOUTH STREET

Regent's Park und Marylebone
Seiten 272–285

NEW CAVENDISH STREET

HARLEY STREET

RIDING HOUSE ST

HANSON STREET

MORTIMER STREET

GREAT TITCHFIELD STREET

WELLS STREET

BERNERS STREET

TOTTENHAM STREET

GOODGE ST

NEWMAN STREET

RATHBONE ST

RATHBONE PL

PERCY ST

STEPHEN ST

MORWELL ST

BEDFORD AVE

GREAT RUSSE

BLOOMSBL

1

2

4

CAVENDISH PLACE

EAST CASTLE STREET

Tottenham Court Road

NE

4

OXFORD STREET

Oxford Circus

Soho und Trafalgar Square
Seiten 104–121

SOHO

CHARING CROSS ROAD

BROADWICK STREET

WARDOUR ST

OLD COMPTON ST

BEAK STREET

LEXINGTON ST

GERRARD STREET

Leicester Square

5

| 0 Meter | | 300 |
| 0 Yards | | 300 |

N

G   H

Bloomsbury und Fitzrovia

Highlight
1 British Museum

Sehenswürdigkeiten
2 Bloomsbury Square
3 Russell Square
4 St George's, Bloomsbury
5 Charles Dickens Museum
6 Wellcome Collection
7 Pollock's Toy Museum
8 Fitzroy Square
9 The Postal Museum
10 Foundling Museum
11 Grant Museum of Zoology

Restaurants
① Salt Yard
② ROKA
③ Cosmoba

Bars
④ Fitzroy Tavern
⑤ The Queen's Larder

Buchladen
⑥ London Review Bookshop

Holborn und
Inns of Court
Seiten 136–149

Covent Garden
und The Strand
Seiten 122–135

British Museum

📍 I4 🏠 Great Russell St WC1 🚇 Tottenham Court Road, Holborn, Russell Square
🚆 Euston 🕐 tägl. 10–17 (Fr bis 20:30) 🚫 1. Jan, 24.–26. Dez 🌐 britishmuseum.org

Das British Museum verfügt über eine der größten Sammlungen an historischen und kulturhistorischen Artefakten. Der immense Schatz besteht aus über acht Millionen Objekten aus prähistorischen Zeiten bis heute.

Expertentipp
»Eye Openers«

Das Museum bietet täglich exzellente kostenlose Führungen an. Es gibt über ein Dutzend sogenannte »Eye-Opener Tours« durch einzelne Säle. Die »Spotlight Tours« am Freitag widmet sich speziellen Objekten, etwa dem Stein von Rosetta. Auf der Website steht, wann und wo die Führungen beginnen.

Das British Museum wurde 1753 gegründet und ist somit das älteste Museum der Welt. Den Grundstock für die riesigen Sammlungen legte der Arzt Sir Hans Sloane (1660–1753) mit seinen Büchern, Antiquitäten, Pflanzen- und Tierexemplaren. Die Sammlung wuchs schnell, und im 19. Jahrhundert kaufte das Museum viele antike Objekte aus dem klassischen Griechenland und dem Mittleren Osten, darunter so wertvolle Gegenstände wie den Stein von Rosetta und die Parthenon-Skulpturen, die immer noch zu den Highlights des Museums gehören. Heute kann man Objekte aus allen möglichen Kulturen und Zivilisationen bestaunen – von der europäischen Steinzeit und dem alten Ägypten bis zum modernen Japan und dem zeitgenössischen Nordamerika. Zu sehen sind Skulpturen und Statuen, Mumien und Wandgemälde, Münzen und Medaillen, Keramikwaren, Gold und Silber, Drucke, Zeichnungen und viele weitere von Menschen geschaffene Objekte aus jeder Ecke der Welt und aus jeder Zeitperiode der Geschichte.

1 Mit dem Stein von Rosetta wurden die ägyptischen Hieroglyphen entziffert.

2 Das Museum hat die größte Sammlung von ägyptischen Mumien außerhalb Ägyptens.

3 Wunderschöne Statuen vom Parthenon im alten Griechenland

Der Haupteingang des British Museum im Greek-Revival-Stil in der Russell Street ↓

Eine Welt der Schätze

Der Rundgang durch alle 94 Sammlungen auf drei Stockwerken und acht Ebenen des Museums ist vier Kilometer lang. Alte ägyptische Artefakte sind in den Sälen 61 bis 66 und in Raum 4 neben dem Great Court ausgestellt. Die Sammlungen aus Griechenland, Rom und dem Mittleren Osten erstrecken sich auf den zwei Hauptstockwerken. Größere Objekte wie die Parthenon-Skulpturen sind in den großen Sälen westlich des Great Court zu finden. Die afrikanische Sammlung ist im Untergeschoss, die asiatische im Erdgeschoss und den höheren Stockwerken auf der Nordseite, die amerikanische in der nordöstlichen Ecke des Erdgeschosses. In der Sainsbury Gallery finden große Wechselausstellungen statt.

Der weltberühmte Reading Room von Sir Norman Foster im Zentrum des Great Court

Schon gewusst?

Das Dach des Reading Room besteht aus 3312 Glasscheiben.

Die Enlightenment Gallery war früher die Bibliothek von König George III ↑

Great Court und Reading Room

Das architektonische Highlight des Gebäudes ist der Great Court, die atemberaubende Umwandlung des inneren Hofs aus dem 19. Jahrhundert. Der im Jahr 2000 eröffnete Hof ist nun von einem mosaikartigen Glasdach bedeckt und damit Europas größter überdachter öffentlicher Platz. Im Zentrum des Great Court steht der Reading Room der früheren British Library, in der Berühmtheiten wie Mahatma Gandhi und Marx Bücher studierten.

Prähistorisches und römisches Britannien

▷ Zu den schönsten Funden aus dieser Zeit gehören ein bronzezeitlicher Umhang (»Mold Cape«), eine 9000 Jahre alte, mit Geweihen bestückte Kopfbedeckung sowie der im 1. Jahrhundert n. Chr. getötete »Lindow Man«.

Europa

Der Sutton-Hoo-Schatz, die Grabbeigabe eines angelsächsischen Königs (7. Jh.), ist in Raum 41 ausgestellt. Die Uhrensammlung umfasst u. a. eine 400 Jahre alte Uhr aus Deutschland in Form einer Galeone, die Musik spielte und Kanonenschüsse abfeuerte. Nebenan befinden sich die Lewis-Schachfiguren (12. Jh.). Die Sammlung von Baron Ferdinand Rothschild ist in Raum 2a zu sehen.

Mittlerer Osten

Die Exponate umspannen über 7000 Jahre. Zu den Prunkstücken zählen die Reliefs von König Assurbanipals Palast bei Ninive (7. Jh. v. Chr.), zwei Stiere mit Menschenköpfen (7. Jh. v. Chr.) und ein Obelisk des Königs Salmanassar III. Im Obergeschoss sind sumerische Stücke, u. a. Teile des Oxus-Schatzes und Tontafeln.

Ägypten

Zu den ägyptischen Skulpturen in Raum 4 gehören der Königskopf aus rotem Granit sowie die Statue von Ramses II. Der Stein von Rosetta, mit dessen Hilfe die Hieroglyphen entziffert werden konnten, ist ebenfalls hier. Ein Stockwerk höher sind Mumien, Schmuck und koptische Kunst.

Antike

◁ Unter den griechischen und römischen Exponaten findet man die Parthenon-Skulpturen (5. Jh. v. Chr.), Teil eines Frieses am Tempel der Athene. Ein großer Teil wurde zerstört, die Fragmente brachte Lord Elgin nach London. Sehenswert sind auch das Nereiden-Denkmal und der Fries des Mausoleums in Halikarnassos.

Asien

Chinesische Keramiken und Bronzen aus der Shang-Dynastie (um 1500–1050 v. Chr.) sind die Highlights. Das chinesische Porzellan der Sir Percival David Collection datiert aus dem 3. bis ins frühe 20. Jahrhundert. Nebenan ist die Sammlung indischer Skulpturen, ein traditionelles japanisches Teehaus in Raum 92.

Afrika

Afrikanische Skulpturen, Stoffe und Grafiken sind in Raum 25 ausgestellt. Berühmte Bronzen aus dem Königreich Benin, die abwechselnd an Nigeria ausgeliehen werden, stehen neben modernen afrikanischen Drucken, Gemälden, Zeichnungen und bunten Stoffen.

SEHENSWÜRDIGKEITEN

Die Bloomsbury Group

Die Bloomsbury Group war eine Gruppe von Schriftstellern, Künstlern und Intellektuellen, die Anfang des 20. Jahrhunderts in und um Bloomsbury lebte. Die Gruppe, die an »ästhetische Erfahrung und die Suche nach Wissen« glaubte und eine moderne Sicht auf Feminismus, Sexualität und Politik propagierte, traf sich erstmals am Gordon Square Nr. 46, dem Heim der Stephen-Schwestern Virginia (später Woolf) und Vanessa (später Bell). Weitere wichtige Mitglieder waren der Autor E. M. Forster, der Ökonom John Maynard Keynes, der Biograf Lytton Strachey sowie die Künstler Duncan Grant und Dora Carrington.

② Bloomsbury Square
📍 I4 🏠 WC1 🚇 Holborn

Der Platz ist der älteste aller Squares in Bloomsbury. Er wurde 1661 vom 4. Earl of Southampton angelegt, dem das Land gehörte. Leider ist kein einziges der ursprünglichen Gebäude erhalten. Der schattige Park leidet unter starkem Verkehrsaufkommen (in der darunter befindlichen Tiefgarage bekommt man – eine Seltenheit in London – fast immer einen Parkplatz).

Von diesem Platz aus wurde ganz Bloomsbury erschlossen. Rund um den Platz erinnern Tafeln an die Mitglieder der avantgardistischen Bloomsbury Group, die sich zu Beginn des 20. Jahrhunderts hier trafen und in der Gegend wohnten.

→

Das strenge, aber lichte Kirchenschiff von St George's, Bloomsbury

③ 🖼 Russell Square
📍 I3 🏠 WC1 🚇 Russell Sq

Der Platz mit Springbrunnen, einem Café und viel Verkehr ist einer der größten in London. An seiner Ostseite steht das vielleicht schönste aller erhaltenen Londoner Grandhotels aus viktorianischer Zeit. Charles Dolls 1898 eröffnetes Hotel Russell – heute das Kimpton Fitzroy – ist ein beeindruckendes Terrakotta-Bauwerk mit kolonnadenver-

Russell Square ist eine Oase inmitten des rauschenden Verkehrs

zierten Balkons und unzähligen Putten unter den Hauptsäulen. In der Lobby trägt vielfarbiger Marmor zum Pomp bei.

In der westlichen Ecke befanden sich einst die Büros des Verlags Faber and Faber, in dem der Dichter T. S. Eliot von 1929 bis 1965 tätig war.

④ (Ｍ) (Ｅ)

St George's, Bloomsbury

📍 I4 🏠 Bloomsbury Way WC1 🚇 Holborn, Tottenham Court Rd, Russell Sq 🕐 siehe Website 🌐 stgeorges bloomsbury.org.uk

Wrens Schüler Nicholas Hawksmoor entwarf die etwas exzentrisch wirkende Kirche, die 1730 fertiggestellt wurde. St George's war als Gotteshaus für die wohlhabenden Bewohner des vornehmen Bezirks Bloomsbury gedacht. Im Jahr 1913 fand hier die Bestattung der Suffragette Emily Davison statt, die beim Epsom Derby von einem Rennpferd, das König George V gehörte, getötet wurde.

In der Krypta ist das **Museum of Comedy**, das erste seiner Art in Großbritannien. Am Abend findet hier auch Stand-up-Comedy statt.

Museum of Comedy
🚇 📅 siehe Website
🌐 museumofcomedy.com

⑤ (🔨)(Ｍ)(🖥)(🛍)(♿)

Charles Dickens Museum

📍 J3 🏠 48 Doughty St WC1 📞 +44 20 7405 2127 🚇 Chancery Lane, Russell Sq 🕐 Di – So 10 – 17 (letzter Einlass: 16; Dez: auch Mo) 🚫 bei Veranstaltungen; 1. Jan, 25., 26. Dez 🌐 dickensmuseum.com

Drei seiner produktivsten Jahre (1837 – 39) verbrachte der Schriftsteller Charles Dickens in diesem *Terrace*-Haus aus dem frühen 19. Jahrhundert. Hier entstanden *Oliver Twist* und *Nicholas Nickleby*, die *Pickwick Papers* wurden hier vollendet. Dickens bewohnte im Lauf seines Lebens verschiedene Londoner Häuser, doch dieses ist das einzig noch erhaltene.

Im Jahr 1923 kaufte es die Dickens Fellowship, heute beherbergt es ein sehenswertes Museum. Einige Räume wurden so rekonstruiert, wie sie zu Dickens' Zeit ausgesehen haben. Gezeigt werden mehr als 100 000 Exponate, darunter Manuskripte, Bildnisse, Möbel aus anderen Wohnungen des Schriftstellers sowie Erstausgaben von einigen seiner bekanntesten Werke.

Neben der Dauerausstellung gibt es Wechselschauen und monatlich die »Housemaid's Tour«. Das Gartencafé

→

Eine Büste des großen Chronisten Londons im Charles Dickens Museum

---

Buchladen

London Review Bookshop

Ein Buchladen für Leute, in deren Leben Bücher eine wichtige Rolle spielen. Der mit Bedacht ausgewählte Bestand ist Zeichen der hoch geschätzten literarischen Qualifikation der Besitzer, der Zeitschrift *London Review of Books*. Gut informiertes Personal hilft gern weiter, und ein kleines Café gibt es auch noch.

📍 I4 🏠 14 – 16 Bury Pl WC1A 2JL 🌐 londonreview bookshop.co.uk

bietet eine willkommene Abwechslung zum geschäftigen Treiben im Stadtzentrum und verfügt über eine gute Auswahl an Getränken und Leckereien.

Das fröhliche Heim
des Pollock's
Toy Museum ↑

te Shaw den Künstler Roger Fry finanziell bei der Einrichtung seines »Omega Workshop« im Haus Nr. 33. Hier fertigen und verkaufen junge Künstler Möbel und Teppiche sowie Gemälde im Stil des Postimpressionismus.

❾ The Postal Museum

📍 J3 🏠 15–20 Phoenix Pl WC1 📞 +44 300 0300 700 🚇 Farringdon 🕐 tägl. 10–17 🚫 24.–26. Dez 🌐 postalmuseum.org

Gegenüber dem Mount Pleasant Royal Mail Sorting Office, einst das größte Sortierzentrum der Welt, zeichnet das Postal Museum anhand von interessanten und interaktiven Exponaten die 500-jährige Geschichte des britischen Postwesens nach. Hauptattraktion ist Mail Rail, eine 15-minütige Fahrt mit einem Miniaturzug durch Tunnel, die einst zur Untergrundbahn des Postdienstes gehörten. Während der Fahrt durch teilweise vollkommen dunkle und enge Tunnel gibt es audiovisuelle Displays auf dem Weg zum ehemaligen Depot. Die Exponate des Museums decken die ganze Geschichte des ältesten Postdienstes der Welt ab.

❻ Wellcome Collection

📍 H3 🏠 183 Euston Rd NW1 🚇 Euston, King's Cross, Warren St 🕐 Di – Sa 10 –18 (Do bis 21), So 10 –18 🚫 1. Jan, 24.–26. Dez 🌐 wellcomecollection.org

Der Apotheker, Unternehmer und Sammler Sir Henry Wellcome (1853 –1936) interessierte sich leidenschaftlich für Medizin und Medizingeschichte, Völkerkunde und Archäologie. Zu diesen Themen trug er über eine Million Objekte aus allen Teilen der Welt zusammen.

Neben Wechselausstellungen gibt es auch zwei Dauerausstellungen: »Medicine Man« zeigt Objekte aus der Wellcome-Sammlung, darunter Napoléons Zahnbürste und Florence Nightingales Mokassins, während »Being Human« die Kunst nutzt, um die menschliche Gesundheit und Identität im 21. Jahrhundert zu erfassen.

Besuchen Sie auch den neuen Reading Room, eine Kombination aus Bibliothek, Ausstellungs- und Eventbereich, entspannen Sie im Café oder nehmen Sie im Restaurant einen Afternoon Tea ein.

Die Wellcome Library im Obergeschoss umfasst die weltgrößte Büchersammlung zur Geschichte der Medizin.

❼ Pollock's Toy Museum

📍 H4 🏠 1 Scala St W1 (Eingang Whitfield St) 📞 +44 20 7636 3452 🚇 Goodge St, Warren St, Tottenham Court Rd 🕐 Mo – Sa 10 –17 🌐 pollockstoys.com

Benjamin Pollock war um 1900 ein bekannter Puppentheater-Hersteller. Das Museum ist in zwei fast originalgetreu erhaltenen Häusern (18. und 19. Jh.) untergebracht. Die winzigen Zimmer sind voll mit historischem Spielzeug aus aller Welt: Puppen, Eisenbahnen, Autos, Baukästen, Puppenhäuser etc. Eltern sollten vorsichtig sein: Der Weg zum Ausgang führt durch einen verführerischen Spielwarenladen.

❽ Fitzroy Square

📍 H3 🏠 W1 🚇 Warren St, Great Portland St

Robert Adam entwarf 1794 diesen Platz, dessen Süd- und Ostseite im Originalzustand erhalten sind. Die blauen Schilder an den Häusern verweisen auf ehemalige berühmte Bewohner: Die Schriftsteller George Bernard Shaw und Virginia Woolf lebten beide in Nr. 29 (nicht zur selben Zeit). 1913 unterstütz-

❿ Foundling Museum

📍 I3 🏠 40 Brunswick Sq WC1 📞 +44 20 7841 3600 🚇 Russell Sq 🕐 Di – Sa 10 – 17, So 11–17 🚫 1. Jan, 24.– 26., 31. Dez 🌐 foundling museum.org.uk

Nach seiner Rückkehr aus Amerika 1722 beschloss Kapitän Thomas Coram, ein alter Seemann und Schiffsbauer, an dieser Stelle ein Heim für Waisenkinder zu bauen. Der Anblick des Elends auf Londons Straßen bewog ihn, armen Kindern Unterkunft und Erziehung zu vermitteln. Mithilfe seiner Freunde, des

Künstlers William Hogarth und des Komponisten Georg Friedrich Händel, versuchte Coram unermüdlich, die notwendigen Gelder dafür zu beschaffen. William Hogarth und andere Künstler stifteten zahlreiche Gemälde für das Waisenhaus. Die Reichen sollten die Kunstwerke betrachten, dabei die Kinder im Waisenhaus sehen und schließlich für das Heim Geld spenden.

Im Erdgeschoss wird die Geschichte Tausender Kinder erzählt, denen das Foundling Hospital geholfen hat. Eine Sammlung von Gemälden, Skulpturen und Möbeln aus dem 18. Jahrhundert ist im ersten Stock ausgestellt, ein Raum ist Händel gewidmet.

Die angrenzenden Coram's Fields (Zugang über Guilford St) sind ein Park für Kinder und Jugendliche unter 16 Jahren, zu dem Erwachsene nur in Begleitung von Kindern Zutritt haben.

⑪ Ⓜ Grant Museum of Zoology

📍 H3 🏛 21 University St WC1 ☎ +44 20 3108 2052 🚇 Warren St, Euston Square, Russell Square 🕐 Mo – Sa 13 – 17 🅦 ucl.ac.uk/culture/grant-museum-zoology

Das Zentrum von Bloomsburys Universitätsviertel liegt an der Gower Street. An einer Seite befindet sich das nach Plänen von William Wilkins 1826 vollendete University College London (UCL), im Terrakotta-Gebäude gegenüber ist das University College Hospital untergebracht. Das Hospital betreibt in London mehrere Sammlungen, u. a. das 1827 gegründete Grant Museum of Zoology.

Dieses Museum zur Naturgeschichte präsentiert knapp 70 000 Exponate, darunter Tierskelette, ausgestopfte Tiere, Insekten und Säugetiere in kleinen und großen Glasbehältern. Die Atmosphäre verströmt den Wissenschafts- und Sammlergeist des 19. Jahrhunderts.

Ungewöhnliche Exponate im Grant Museum of Zoology

Restaurants

Salt Yard
Exzellente Tapas der spanischen und italienischen Küche.

📍 H4 🏛 54 Goodge St W1 🅦 saltyard group.co.uk
💷💷💷

ROKA
Spezialisiert auf japanisches *robatayaki* (Barbecue) mit vielen Zutaten wie Garnelen und Kabeljau.

📍 H4 🏛 37 Charlotte St W1 🅦 roka restaurant.com
💷💷💷

Cosmoba
Familiengeführtes italienisches Restaurant mit einer umfangreichen Speisekarte, die Antipasti, Pasta, Salate, frischen Fisch und mehr bietet.

📍 I3 🏛 9 Cosmo Pl WC1 🅦 cosmoba.co.uk
💷💷💷

Pubs

Fitzroy Tavern
Preisgekröntes, wunderbar restauriertes viktorianisches Pub.

📍 H4 🏛 16 Charlotte St W1 ☎ +44 20 7580 3714

The Queen's Larder
Auf alt getrimmtes Pub in Bloomsbury mit guten Ales.

📍 I3 🏛 1 Queen Sq WC1 🅦 queenslarder.co.uk

Spaziergang in Bloomsbury

Länge 2 km **Dauer** 25 Min.
U-Bahn Holborn

Bloomsbury steht für Bildung und Kultur. Das British Museum ist einer der herausragenden Kulturtempel des Landes, im Norden liegt die London University. Viele georgianische Bauten tragen zum Charme des Viertels bei, in einigen wohnten Schriftsteller und Künstler. Auch hübsche Plätze und einige Buchläden prägen das Flair Bloomsburys.

Das **Senate House** (1932) ist Verwaltungssitz der Londoner Universität. Es birgt eine unschätzbar wertvolle Bibliothek.

↑ Bedford Square ist einer der besterhaltenen georgianischen Plätze in London

RUSSELL SQUARE

MALET STREET

GOWER ST

MONTAGUE PLACE

BLOOMSBURY STREET

GREA

COPTIC ST

Bedford Square

| 0 Meter | 100 | N |
| 0 Yards | 100 | ↑ |

Das beliebte **British Museum** (siehe S. 154–157) entstand Mitte des 19. Jahrhunderts und verzeichnet jedes Jahr fast sechs Millionen Besucher.

Schon gewusst?

Bloomsbury ist älter, als man denkt – es wird bereits im *Domesday Book* von 1086 erwähnt.

In der **Museum Street** liegen viele kleine Cafés und Antiquariate. Hier lohnt sich ein Bummel.

Pizza Express finden Sie in einem nur wenig veränderten viktorianischen Milchladen.

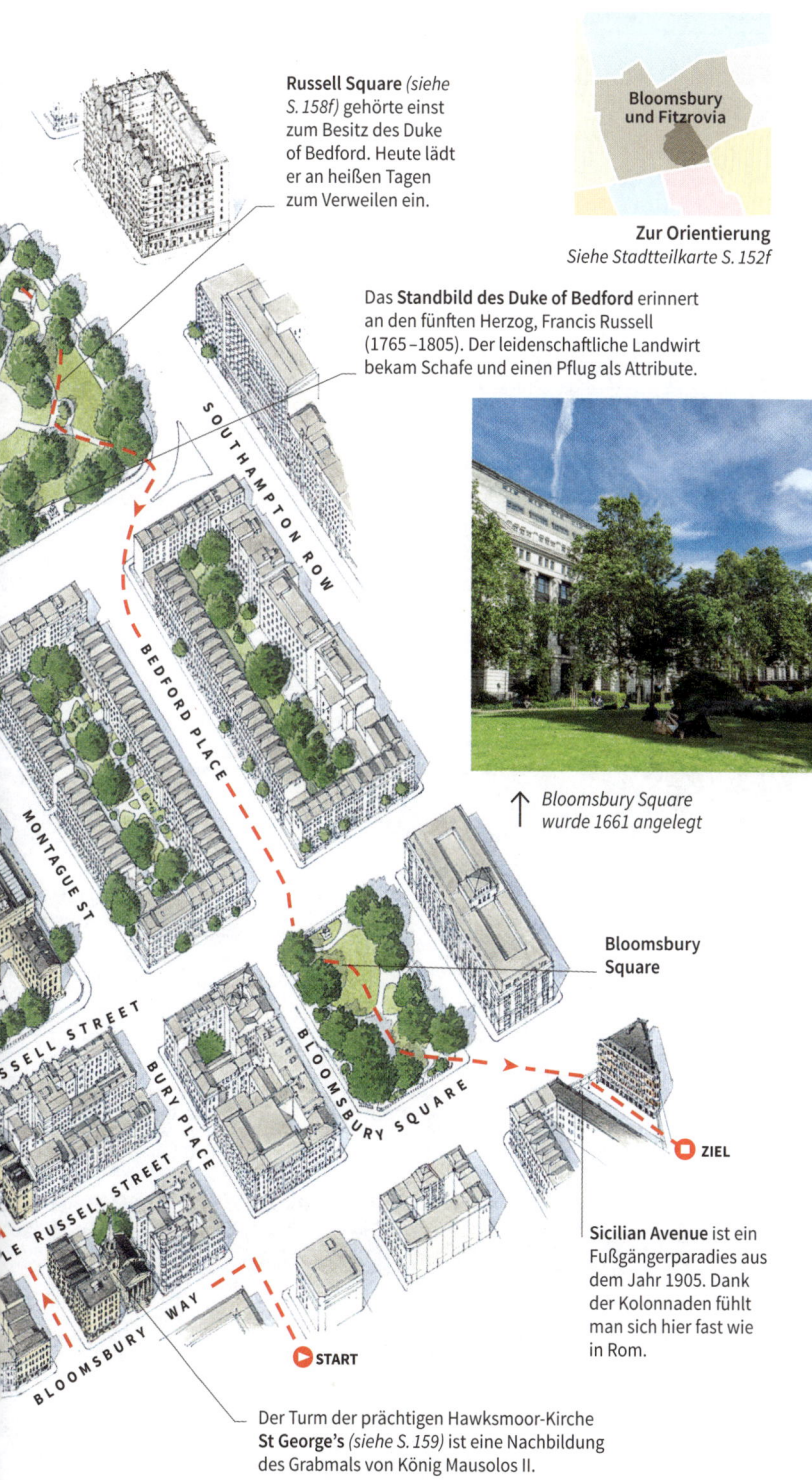

Russell Square *(siehe S. 158f)* gehörte einst zum Besitz des Duke of Bedford. Heute lädt er an heißen Tagen zum Verweilen ein.

Bloomsbury und Fitzrovia

Zur Orientierung
Siehe Stadtteilkarte S. 152f

Das **Standbild des Duke of Bedford** erinnert an den fünften Herzog, Francis Russell (1765–1805). Der leidenschaftliche Landwirt bekam Schafe und einen Pflug als Attribute.

↑ *Bloomsbury Square wurde 1661 angelegt*

Bloomsbury Square

○ **ZIEL**

Sicilian Avenue ist ein Fußgängerparadies aus dem Jahr 1905. Dank der Kolonnaden fühlt man sich hier fast wie in Rom.

▶ **START**

Der Turm der prächtigen Hawksmoor-Kirche **St George's** *(siehe S. 159)* ist eine Nachbildung des Grabmals von König Mausolos II.

SOUTHAMPTON ROW

BEDFORD PLACE

MONTAGUE ST

SSELL STREET

BURY PLACE

LE RUSSELL STREET

BLOOMSBURY SQUARE

BLOOMSBURY WAY

King's Cross, Camden und Islington

King's Cross war bis zum Ende des 18. Jahrhunderts noch eine ländliche Gegend. Gemeinhin wurde sie als Battle Bridge bezeichnet nach einer mythischen Schlacht zwischen Boudicca und den Römern. Nach der Errichtung eines Denkmals für George IV im Jahr 1830 an einer Kreuzung setzte sich dann der Name King's Cross durch.

In den folgenden Jahren hielt auch hier die Industrialisierung Einzug, befördert durch die Fertigstellung des Regent's Canal 1820, der King's Cross mit den Städten im Norden Englands verband, und den Bau von Bahndepots, Güter- und Passagierbahnsteigen. Nach dem Ende des Zweiten Weltkriegs ging es mit der Gegend bergab, doch als der Bahnhof St Pancras Anfang dieses Jahrhunderts die Endstation für den internationalen Zugverkehr wurde, wurden hohe Investitionen getätigt, um die Gegend aufzuwerten.

Die Urbanisierung der benachbarten Viertel Camden und Islington, die mit King's Cross durch den Kanal verbunden sind, begann erst im 19. Jahrhundert. Mit der Industrialisierung ging ein sozialer Niedergang einher, der einen Großteil des letzten Jahrhunderts andauerte, aber seit den 1980er Jahren haben beide Gebiete eine bemerkenswerte Erneuerung erlebt.

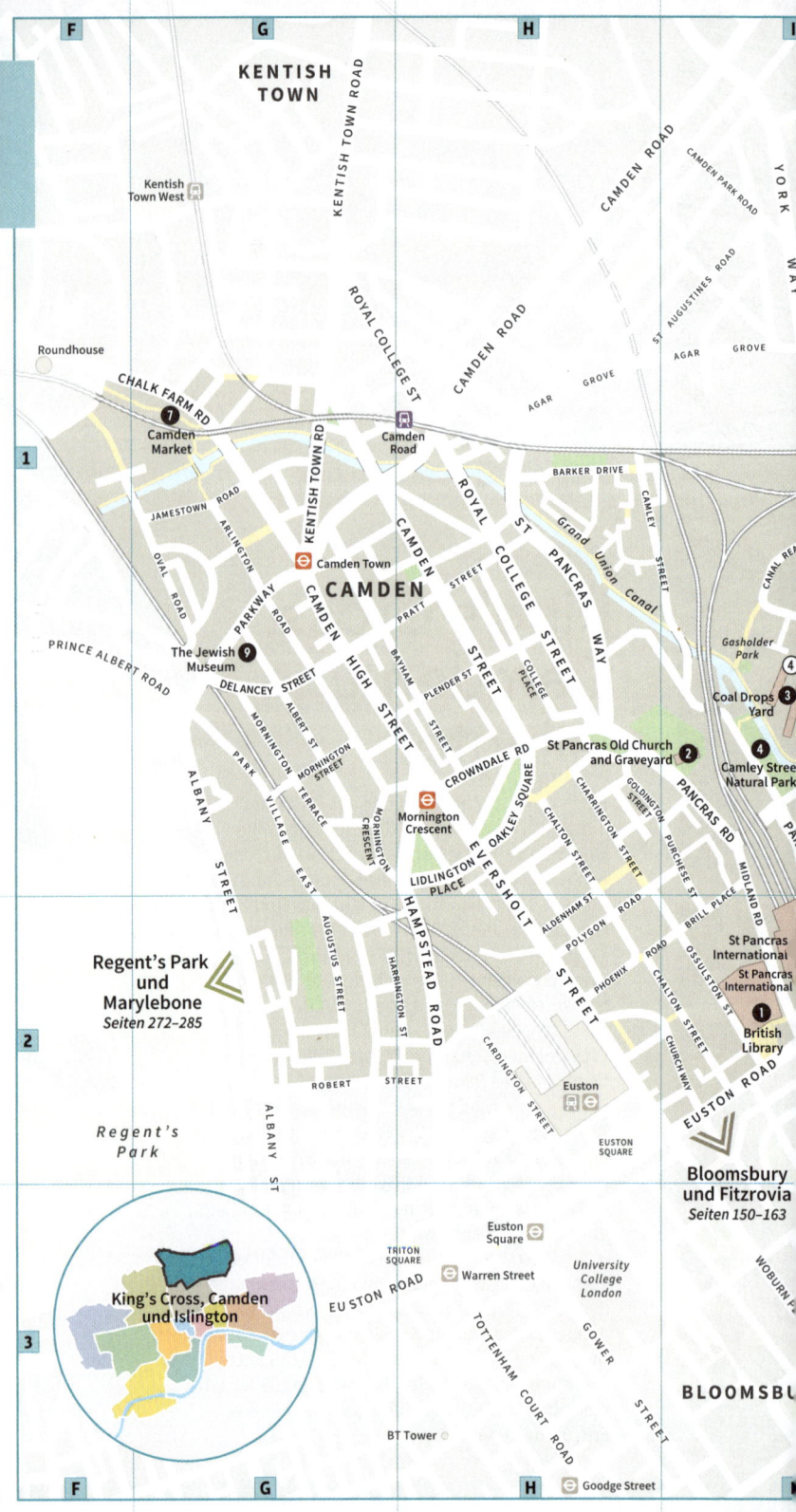

KENTISH TOWN

Kentish Town West

Roundhouse

CHALK FARM RD

Camden Market **7**

Camden Road

CAMDEN ROAD

KENTISH TOWN ROAD

ROYAL COLLEGE ST

YORK WAY

CAMDEN PARK ROAD

ST AUGUSTINES ROAD

AGAR GROVE

AGAR GROVE

CANAL REA

BARKER DRIVE

Camden Town

CAMDEN

The Jewish Museum **9**

PRINCE ALBERT ROAD

JAMESTOWN ROAD

ARLINGTON ROAD

OVAL ROAD

PARKWAY

CAMDEN ROAD

KENTISH TOWN RD

CAMDEN STREET

PRATT STREET

CAMDEN HIGH STREET

BAYHAM STREET

DELANCEY STREET

MORNINGTON STREET

ALBERT ST

PARK VILLAGE EAST

MORNINGTON TERRACE

MORNINGTON CRESCENT

PLENDER STREET

COLLEGE PLACE

CROWNDALE RD

OAKLEY SQUARE

EVERSHOLT STREET

LIDLINGTON PLACE

Mornington Crescent

ROYAL COLLEGE STREET

ST PANCRAS WAY

Grand Union Canal

CAMLEY STREET

Gasholder Park

Coal Drops Yard **3**

Camley Street Natural Park **4**

St Pancras Old Church and Graveyard **2**

CHARRINGTON STREET

GOLDINGTON STREET

PURCHESE ST

PANCRAS RD

PA

4

CHALTON STREET

ALDENHAM ST

POLYGON ROAD

PHOENIX ROAD

BRILL PLACE

OSSULSTON ST

MIDLAND RD

St Pancras International

St Pancras International

British Library **1**

Regent's Park und Marylebone
Seiten 272–285

ALBANY STREET

PARK VILLAGE EAST

AUGUSTUS STREET

HARRINGTON ST

HAMPSTEAD ROAD

ROBERT STREET

CARDINGTON STREET

Euston

EUSTON SQUARE

CHALTON STREET

CHURCH WAY

EUSTON ROAD

Bloomsbury und Fitzrovia
Seiten 150–163

Regent's Park

ALBANY ST

King's Cross, Camden und Islington

TRITON SQUARE

Euston Square

Warren Street

EUSTON ROAD

University College London

WOBURN PL

TOTTENHAM COURT ROAD

GOWER STREET

BLOOMSBU

BT Tower

Goodge Street

F   G   H   I

J **K** **L**

Caledonian Road

0 Meter 400
0 Yards 400

N

NORTH ROAD

CALEDONIAN ROAD

MARKET ROAD

BREWERY ROAD

WESTBOURNE ROAD

ROMAN WAY

LIVERPOOL ROAD

HIGHBURY

ST PAUL'S ROAD

Highbury & Islington

OFFORD ROAD

Caledonian Road & Barnsbury

THORNHILL ROAD

BARNSBURY PARK

BEWDLEY STREET

HUNTINGDON STREET

BARNSBURY SQUARE

LOFTING ROAD

LIVERPOOL ROAD

ISLINGTON PARK STREET

Estorick Collection of Modern Italian Art **8**

CANONBURY SQUARE

HALTON ROAD

Islington Town Hall

BARNSBURY STREET

MILNER SQUARE

CROSS ST

1

YORK WAY

Bingfield Park

BINGFIELD STREET

CALEDONIAN ROAD

BEMERTON STREET

RICHMOND AVENUE

HEMINGFORD ROAD

LONSDALE SQUARE

RICHMOND AVENUE

UPPER STREET

ISLINGTON

King's Head Theatre

St Mary's Church

ewis ubitt Park

YSIDE ST

COPENHAGEN STREET

TREATY ST

Barnard Park

COPENHAGEN

BARNSBURY ROAD

CLOUDESLEY SQUARE

THEBERTON STREET

ESSEX ROAD

House of Illustration

CARNEGIE ST

HALFMOON CRESCENT

CLOUDESLEY ROAD

BARFORD ST

CAMDEN PASSAGE

ranary Square

6 Kings Place

2

ALL SAINTS ST

WYNFORD RD

RODNEY STREET

CALSHOT STREET

TOLPUDDLE STREET

Upper Street

UPPER STREET

CHARLTON PLACE

DUNCAN STREET

NCRAS UARE

WHARFDALE RD

CALEDONIAN ROAD

KILLICK STREET

COLLIER STREET

DONEGAL ST

PENTON ST

CHAPEL MARKET

BARON ST

WHITE LION STREET

10

DUNCAN TERRACE

NOEL RD

King's Cross

RAILWAY ST

BALFE ST

NORTHDOWN STREET

Angel **10**

ISLINGTON HIGH ST

Angel

ELIA STREET

King's Cross St Pancras

PENTONVILLE ROAD

KING'S CROSS RD

AMWELL STREET

ST JOHN STREET

GOSWELL ROAD

CITY ROAD

D STREET

FINSBURY

2

HUNTER STREET

King's Cross, Camden und Islington

Sehenswürdigkeiten

1 British Library
2 St Pancras Old Church and Graveyard
3 Granary Square und Coal Drops Yard
4 Camley Street Natural Park
5 St Pancras International
6 Kings Place
7 Camden Market
8 Estorick Collection of Modern Italian Art
9 The Jewish Museum
10 Angel, Islington und Upper Street

Restaurants

1 The Lighterman
2 Rotunda
3 German Gymnasium
4 Vermuteria

Russell Square

GUILFORD STREET

3

SEHENSWÜRDIGKEITEN

1

British Library

📍 I2 🚇 96 Euston Rd NW1
🚇 King's Cross St Pancras
🕐 Mo – Do 9:30 – 20, Fr 9:30 –
18, Sa 9:30 –17, So 11–17
🚫 1. Jan, 24. – 26. Dez
🌐 bl.uk

Das von Sir Colin St John
Wilson entworfene und 1997
nach fast 20 Jahren Bauzeit
eröffnete Gebäude aus rotem
Backstein, das unter Denkmalschutz steht, beherbergt
die nationale Sammlung von
Büchern, Manuskripten und
Karten. Insgesamt gibt es
170 Millionen Objekte, darunter ein Exemplar von fast
jedem gedruckten Buch im
Vereinigten Königreich.

Das eigentliche Highlight
ist jedoch die Schatzkam-
mer, in der einige außerge-
wöhnliche Exponate aufbe-
wahrt werden, darunter die
Magna Carta, eine Guten-
berg-Bibel, Shakespeares
First Folio und Liedtexte der
Beatles. Es gibt weitere kostenlose Ausstellungen, die
regelmäßig wechseln, sowie
Vorträge, Diskussionen und
Workshops. Die großartigen
Sonderausstellungen, die
das ganze Jahr über stattfinden, sind in der Regel kos-
tenpflichtig. Führungen sind
sehr empfehlenswert und

←
*Cafétische unter riesigen
Bücherregalen in der
British Library*

Schon gewusst?

Das Soane-Mausoleum
auf dem Old Church
Graveyard ist einer
roten Telefonzelle
nachempfunden.

schließen einen Besuch der
Viewing Gallery ein; man
sollte sie mindestens zwei
Wochen im Voraus buchen.

2 ♿

St Pancras Old Church and Graveyard

📍 I1 🏠 Pancras Rd NW1
🚇 King's Cross St Pancras
🕐 tägl. 9 – Sonnenuntergang
(Kirche schließt um 16)
🌐 posp.co.uk

Man nimmt an, dass diese
Stätte seit dem 4. Jahrhundert ein Ort christlicher Ver-
ehrung war – es gibt Fragmente römischer Fliesen in
einer der Mauern und einige
normannische Mauerreste –,
obwohl ein Großteil des Gebäudes von 1847 stammt.
Der Friedhof war bis in die
1850er Jahre eine der größten Begräbnisstätten Lon-
dons. Mit dem Einzug der Eisenbahn wurde die Hälfte
des Geländes überbaut, die
Grabsteine wurden verlegt –
daher der bemerkenswerte
Anblick der dicht gedrängten
Grabsteine, die in den Fuß eines Baums eingelassen sind.
Das ist der Hardy Tree, benannt nach dem Schriftsteller Thomas Hardy, der für die
Ausgrabung dieses Teils der
Stätte verantwortlich war.

3 🍴 🖥 🛍

Granary Square und Coal Drops Yard

📍 I1 🚇 King's Cross St Pancras 🌐 kingscross.co.uk

Die früher etwas eintönige,
fast schon düstere Gegend
nördlich von King's Cross

Restaurants

The Lighterman

In dem Speisesaal im
ersten Stock mit großer
Terrasse gibt es moder-
nes Pub-Essen.

📍 I1 🏠 3 Granary Sq
N1 🌐 thelighter
man.co.uk

£ £ £

Rotunda

Genießen Sie die Terras-
se am Kanal – perfekt an
einem sonnigen Tag.

📍 J1 🏠 Kings Pl,
90 York Way N1
🌐 rotundabar
andrestaurant.co.uk

£ £ £

German Gymnasium

Herzhaftes deutsches
Essen in einem moder-
nen Café.

📍 I1 🏠 1 King's Blvd
N1 🌐 german
gymnasium.com

£ £ £

Vermuteria

Wermutgetränke und
schmackhafte *ciccheti* in
einem Café mit Radsport-
Erinnerungsstücken.

📍 I1 🏠 38/39 Coal
Drops Yard N1
🌐 vermuteria.cc

£ £ £

Besucher bewundern die glitzernden Fontänen am Granary Square bei Nacht

5

St Pancras International

📍 I2 🏠 Euston Rd NW1
⊖ King's Cross St Pancras
Ⓦ stpancras.com

St Pancras, Londons Endstation für die Eurostar-Verbindungen nach Kontinentaleuropa, ist dank der extravaganten Fassade des ehemaligen Midland Grand Hotel aus rotem Backstein im Stil der Neogotik kaum zu übersehen. Es wurde 1874 eröffnet und war eines der prächtigsten Hotels seiner Zeit. Obwohl es in den 1960er Jahren vom Abriss bedroht war, konnte es dank einer Kampagne des Dichters John Betjeman gerettet werden (eine Statue von ihm befindet sich auf der oberen Ebene der Bahnhofshalle). Das Hotel wurde inzwischen prächtig restauriert und verfügt über eine schicke Cocktailbar.

Station ist nach kompletter Umgestaltung ein attraktives Viertel und verändert sich ständig weiter. Mittelpunkt ist der Granary Square, der zum Regent's Canal hinunterführt. Er wird von Springbrunnen beherrscht, die zu einem wechselnden Lichterspiel tanzen. Der Granary Square geht in den Coal Drops Yard über, ein schickes Einkaufszentrum, das aus zwei viktorianischen Kohlenschuppen entstanden ist, die durch das »küssende« Dach von Thomas Heatherwick verbunden sind. Überall gibt es gute Restaurants und Bars. An einem sonnigen Tag sollten Sie sich etwas zu essen holen und in eine der Grünanlagen rund um Coal Drops Yard gehen.

4

Camley Street Natural Park

📍 I1 🏠 12 Camley St N1
⊖ King's Cross St Pancras
🕐 tägl. (Zeiten siehe Website) Ⓦ wildlondon.org.uk

Das kleine Naturschutzgebiet, das über eine Fußgängerbrücke mit Coal Drops Yard verbunden ist, bietet auf kleinem Raum Grasland, Wälder und Feuchtgebiete für Vögel, Schmetterlinge, Fledermäuse und Frösche. Die beste Zeit, um Tiere zu beobachten, ist zwischen April und August. Pfade schlängeln sich durch das Reservat, und es gibt einige schöne Plätze zum Sitzen und Picknicken.

6

Kings Place

📍 J1 🏠 90 York Way N1
⊖ King's Cross St Pancras
🕐 Galerien: Mo – Sa 10 – 18
Ⓦ kingsplace.co.uk

Dieses Konzert- und Kunstzentrum liegt am Rand des Battlebridge Basin und des Regent's Canal, einer kleinen Anlegestelle, deren Liegeplätze in der Regel mit attraktiven Kanalbooten gefüllt sind. Regelmäßig finden hier Aufführungen von Klassik, Jazz, Folk oder Weltmusik statt, und es gibt zwei kommerzielle Kunstgalerien, von denen eine, die Pangolin Gallery, der modernen und zeitgenössischen Bildhauerei gewidmet ist. Die Freiflächen sind mit Skulpturen und Kunstwerken übersät.

Platform 9¾

Viele Möchtegernhexen und -zauberer besuchen den Bahnhof King's Cross auf der Suche nach dem Bahnsteig 9¾, von dem Harry Potter und seine Schulkameraden mit dem Hogwarts Express zu ihrer Schule fuhren. Auch wenn es zwischen den Bahnsteigen 9 und 10 nur wenig zu sehen gibt, ist dort doch ein Gepäckwagen, der halb in der Wand verschwindet – ein perfektes Fotomotiv für die, die auf ihre Eule aus Hogwarts warten.

7 🍴 🍵 🛍️

Camden Market

📍 G1 🏠 NW1 🚇 Camden Town, Chalk Farm 🕐 tägl. 10–18; Cafés und Bars länger 🌐 camdenmarket.com

Der riesige Camden Market besteht eigentlich aus sechs miteinander verbundenen Märkten an der Chalk Farm Road und der Camden High Street. An den Wochenenden ist es hier sehr voll, doch die meisten Stände und Läden sind auch wochentags geöffnet. Viele von ihnen sind in schön restaurierten und umgebauten viktorianischen Gebäuden entlang der Camden Lock und dem Kanal untergebracht. Der erste Markt – für Handwerk – wurde hier 1975 entlang der Camden Lock eröffnet.

Seit den frühen Tagen des Punk galt der Markt als Vorreiter für alternative Mode. Heute bieten die Märkte, die zu den originellsten Shoppingplätzen der Stadt gehören, eine große Bandbreite – von selbst geschneiderten und Vintage-Klamotten über Schmuck, Kunst und Kunsthandwerk bis zu Musikmemorabilien und allen möglichen New-Age-Mittelchen und Heilmitteln.

Für eine Stärkung zwischendurch gibt es viele Imbissstände, Cafés und sympathische Restaurants, die authentische Gerichte aus aller Welt auftischen. Vor allem auf dem Stables Market ist die Auswahl groß.

Am Ende der Chalk Farm Road steht eine Statue der 2011 verstorbenen Sängerin Amy Winehouse.

8 🎨 🛍️

Estorick Collection of Modern Italian Art

📍 L1 🏠 39a Canonbury Sq N1 🚇 Highbury & Islington 🕐 Mi – Sa 11–18 (1. Do im Monat bis 21) 🌐 estorickcollection.com

Die Sammlung moderner italienischer Kunst des amerikanisch/anglodeutschen Ehepaars Eric und Salome Estorick stellt den Grundstock des Museums. Es liegt in einem unprätentiösen georgianischen Gebäude mit schönem Garten und einladendem Café. Da Herzstück der Sammlung stellen wichtige Werke der italienischen Futurismus-Bewegung dar: Gemälde und Zeichnungen etwa von Umberto Boccioni, Carlo Carrà, Luigi Russolo und Giuditta Scalini. In den sechs Räumen gibt es darüber hinaus auch andere Spielarten moderner italienischer Kunst wie Skulpturen zu finden.

←

Bronzestatue der Sängerin Amy Winehouse

← *Viktorianische Industrie-
bauten in Camden Lock*

 9

The Jewish Museum

📍 G1 🏠 129–131 Albert
St NW1 📞 +44 20 7284 7384
Ⓔ Camden Town ⏰ Sa – Do
10 –17, Fr 10 –14 🚫 jüdische
Feiertage, 25., 26. Dez
🌐 jewishmuseum.org.uk

Als Londons jüdisches Museum 1932 in Bloomsbury ge-
gründet wurde, waren die
Sammlungen auf zwei Orte
verteilt – eine befand sich in
Finchley, eine in Camden.
2010 wurden die beiden
Sammlungen in einem Ge-
bäude zusammengeführt.

Heute verfügt das Museum
über vier ständige Galerien,
die das jüdische Leben in
Großbritannien seit dem Mittelalter zeigen. Zu den vielen
Highlights gehören eine
Mikwe – ein mittelalterliches
Ritualbad – und die Nachbildung einer jüdischen Straße
im East End. Außerdem gibt
es eine bedeutende Samm-
lung jüdischer Zeremonial-

gegenstände, die in der
Judaism Gallery ausgestellt
sind. In der Holocaust Gallery ist eine bewegende Ausstellung dem Auschwitz-
Überlebenden Leon Green-
man gewidmet.

 10

Angel, Islington
und Upper Street

📍 K1 🏠 Islington N1
Ⓔ Angel, Highbury &
Islington

Die Upper Street ist eine der
wichtigsten Hauptstraßen im
Norden Londons und ver-
läuft 1,5 Kilometer lang zwischen den U-Bahn-Stationen
Angel und Highbury & Islington. An der zu jeder Tageszeit
belebten Straße reihen sich
Restaurants, Cafés, Pubs,
Modeboutiquen und ein in-
teressanter Mix aus öffentlichen Gebäuden, Kirchen und
Clubs aneinander.

Parallel dazu verläuft die
Camden Passage, eine Gas-
se, in der noch mehr Läden,
Cafés und überdachte Märkte liegen. Hier finden oft Anti-
quitätenliebhaber wahre
Schnäppchen.

🔺 Schöne Aussicht
Primrose Hill

Einen 15-minütigen
Fußweg von Camden
Market entfernt liegt
der entzückende Prim-
rose Hill. Besteigt man
die grasbewachsene
Landzunge, hat man
einen fantastischen
Blick auf die Skyline
der Stadt.

Das Gebiet südlich der
Hauptstraße, das als Angel
bekannt ist, hat seinen Namen von einer Posthalterei
aus dem 17. Jahrhundert an
der Ecke zur Pentonville
Road, die inzwischen durch
das heutige sandfarbene
Gebäude ersetzt wurde, das
von einer eleganten Kuppel
gekrönt wird. Der 1903 als
Angel Hotel errichtete Bau
beherbergt heute eine Bank
und Büros.

*Läden und Restaurants
(Detail) säumen die
beliebte Upper Street* ↓

The City

Das Finanzzentrum der britischen Hauptstadt – die »City of London« – steht an der Stelle der einstigen römischen Siedlung und war über viele Jahrhunderte hinweg auch die Stadt an sich.

Als die royale Regierung von Edward the Confessor im 11. Jahrhundert von der City of London in die City of Westminster verlegt wurde, verlor die City zwar ihre Stellung als Regierungsbezirk, aber ihre Bedeutung als Handelszentrum wuchs dadurch sogar noch. Im 12. Jahrhundert erhielt sie das Privileg der Selbstverwaltung, das sie auch noch heute besitzt, und ein Dutzend Händlergilden konstituierten sich hier.

Der Große Brand von 1666 zerstörte weite Teile der alten Stadt, doch das labyrinthartige Gassengewirr aus dem Mittelalter blieb erhalten. Beim Wiederaufbau der Innenstadt durch Christopher Wren wurden auch viele Kirchen errichtet, Glanzstück unter ihnen ist St Paul's Cathedral, deren prachtvolle Kuppel ein markantes Element von Londons Skyline ist.

Architektonisch eindrucksvolle Dokumente des modernen London sind die glänzenden Bürohochhäuser und Bankgebäude. Zu den spektakulärsten gehören der Sitz von Lloyd's of London und The Gherkin.

K   L   M

NORTHAMPTON SQUARE

GOSWELL

LEVER STREET

CENTRAL STREET

BATH STREET

CITY ROAD

Old Street

JOHN STREET

PERCIVAL STREET

COMPTON STREET

ROAD

OLD STREET

FEATHERSTONE STREET

CLERKENWELL CLOSE

ST JOHN'S SQUARE

GREAT SUTTON ST

BALTIC STREET

GARRETT ST

BANNER STREET

WHITE CROSS STREET

GOLDEN LANE

BUNHILL ROW

Bunhill Fields

3

FARRINGDON ROAD

CLERKENWELL ROAD

C L E R K E N W E L L

22 Museum of the Order of St John

FANN STREET

CHISWELL STREET

FINSBURY STREET

DUFFERIN ST

ERROL ST

LAMB'S PASSAGE

SAFFRON HILL

TURNMILL ST

BRITTON ST

BENJAMIN ST

ST JOHN'S LANE

EAGLE COURT

Charterhouse **21**

CHARTERHOUSE SQUARE

Barbican

ALDERSGATE STREET

BEECH STREET

2

SILK STREET

MOOR LANE

ROPEMAKER STREET

GREVILLE ST

COWCROSS ST

CHARTERHOUSE STREET

LONG LANE

Farringdon

13 Smithfield Market

CLOTH FAIR

14 St Bartholomew-the-Great

Barbican Centre

3 St Giles, Cripplegate

Museum of London **4**

FORE STREET

Moorgate

HOSIER LANE

4

HOLBORN VIADUCT

SNOW HILL

GILTSPUR STREET

NEWGATE STREET

LITTLE BRITAIN

St Botolph

ANGEL STREET

ST MARTIN'S LE GRAND

NOBLE ST

FOSTER LANE

GUTTER LANE

WOOD ST

LOVE LANE

L O N D O N   W A L L

ALDERMANBURY SQUARE

BASINGHALL AVE

ALDERMANBURY

BASINGHALL STREET

COLEMAN STREET

MOORGATE

FARRINGDON ST

Old Bailey **16**

Central Criminal Court

City Thameslink

GRESHAM ST

WOOD STREET

MILK ST

18 Guildhall

KING STREET

IRONMONGER LANE

OLD JEWRY

TELEGRAPH STREET

LOTHBURY

Bank of England Museum **7**

FLEET STREET

LUDGATE CIRCUS

LUDGATE HILL

PILGRIM ST

NEW BRIDGE ST

OLD BAILEY

WARWICK LA

PATERNOSTER SQUARE

Temple Bar

ST PAUL'S CHURCHYARD

St Paul's Cathedral **1**

ST PAUL'S CHURCHYARD

NEW CHANGE

C H E A P S I D E

St Mary-le-Bow

8

BOW LANE

3

WATLING ST

P O U L T R Y

Mansion House **6**

Bank

Holborn und Inns of Court
Seiten 136–149

CARTER LANE

BLACKFRIARS LA

Apothecaries' Hall

KNIGHTRIDER ST

QUEEN   VICTORIA   STREET

Mansion House

CANNON   STREET

QUEEN STREET

St Stephen Walbrook **9**

ST SWITHIN'S LA

5

Blackfriars

Blackfriars Bridge

Blackfriars Pier

Millennium Bridge

Bankside Pier

HIGH TIMBER ST

QUEENHITHE

UPPER   THAMES   STREET

QUEEN ST PLACE

BELL WHARF LA

COUSIN LA

COLLEGE STREET

Cannon Street

ALLHALLOWS LANE

SUFFOLK LANE

ANGEL LANE

Southwark Bridge

Cannon St Rail Bridge

Shakespeare's Globe

The City

Tate Modern

PARK STREET

Southwark und Bankside
Seiten 204–217

6

0 Meter   300
0 Yards   300

N

K   L   M

The City

Highlights

1. St Paul's Cathedral
2. Tower of London
3. Barbican Centre

Sehenswürdigkeiten

4. Museum of London
5. The Royal Exchange
6. Mansion House
7. Bank of England Museum
8. St Mary-le-Bow
9. St Stephen Walbrook
10. Monument
11. All Hallows by the Tower
12. Tower Bridge
13. Smithfield Market
14. St Bartholomew-the-Great
15. The Sky Garden
16. Old Bailey
17. Leadenhall Market
18. Guildhall
19. St Katharine Docks
20. St Katharine Cree
21. Charterhouse
22. Museum of the Order of St John

Restaurants

1. José Pizarro
2. The Jugged Hare

Bar

3. Merchant House

St Paul's Cathedral

L5 Ludgate Hill EC4 St Paul's, Mansion House
City Thameslink, Blackfriars Kathedrale: Mo – Sa 8:30 – 16 (Mi ab 10);
Galerien: Mo – Sa 9:30 – 16:15 stpauls.co.uk

Die Kuppel von St Paul's Cathedral kann es locker mit den Wolkenkratzern der City aufnehmen und ragt gegenüber den anderen Kirchen der Gegend heraus. Das 1711 fertiggestellte barocke Meisterstück von Sir Christopher Wren war Englands erste speziell für Protestanten gebaute Kathedrale und hat viele Gemeinsamkeiten mit dem Petersdom in Rom – vor allem die Kuppel.

Nach dem Großen Brand von London im Jahr 1666 waren von der mittelalterlichen Kathedrale nur noch Ruinen übrig. Deshalb wandten sich die Stadträte an Christopher Wren, um die Kathedrale wieder aufzubauen, aber seine Ideen stießen auf erheblichen Widerstand seitens des konservativen Dekans und des Kapitels. Wrens Entwurf aus dem Jahr 1672 fand nur wenig Zustimmung. 1675 einigte man sich schließlich auf eine etwas günstigere Alternative, die gleichwohl Wrens Handschrift trug. Das grandiose Erscheinungsbild der Kathedrale – die als das Meisterwerk Wrens gilt – zeugt von dessen Durchsetzungskraft. Die Kuppel ist mit einer Höhe von 111 Metern und einem Gewicht von 65 000 Tonnen eine der größten der Welt.

Die Kathedrale ist darüber hinaus bekannt für ihre Musik. Es finden regelmäßig Konzerte und Orgelkonzerte statt.

→

*Die imposante Westfassade
wird von zwei riesigen
Türmen dominiert*

Christopher Wren

Sir Christopher Wren (1632 – 1723) war der bedeutendste jener Architekten, die London nach dem Großen Brand 1666 wiederaufbauten. Er entwarf einen neuen Stadtplan: Breite, von runden Plätzen ausgehende Straßen ersetzten die engen Gassen. Sein Plan wurde zwar abgelehnt, doch erhielt er den Auftrag zum Bau von 52 neuen Kirchen. Davon existieren heute noch 31, sechs sind allerdings profaniert. Wrens Meisterwerk ist die imposante St Paul's. Nicht weit von ihr steht die prächtige kuppelüberwölbte Kirche St Stephen Walbrook (1672 – 77). Sehenswert sind außerdem St Bride's, die angeblich die traditionelle Form von Hochzeitstorten prägte, und St Mary-le-Bow in Cheapside.

Schöne Aussicht
Blick auf St Paul's
Überqueren Sie die Millennium Bridge Richtung Bankside und blicken Sie zurück auf die fantastische Kathedrale.

↑ *Blick von der Millennium Bridge auf die elegante Kuppel von St Paul's*

Majestätisches Kirchenschiff

Die meisten Besucher von St Paul's sind von dem kühlen, harmonischen und weitläufigen Innenraum überwältigt. Hauptschiff, Querschiffe und Chor sind wie eine mittelalterliche Kathedrale in Form eines lateinischen Kreuzes angeordnet, doch durchdringen Wrens Visionen diesen konservativen Grundriss, der ihm von den Bauherren aufgezwungen wurde. Mithilfe der besten Künstler seiner Zeit schuf er einen majestätischen Kirchenraum, der den richtigen Rahmen für jene prächtigen Zeremonien bildet, die in der Kathedrale stattfinden.

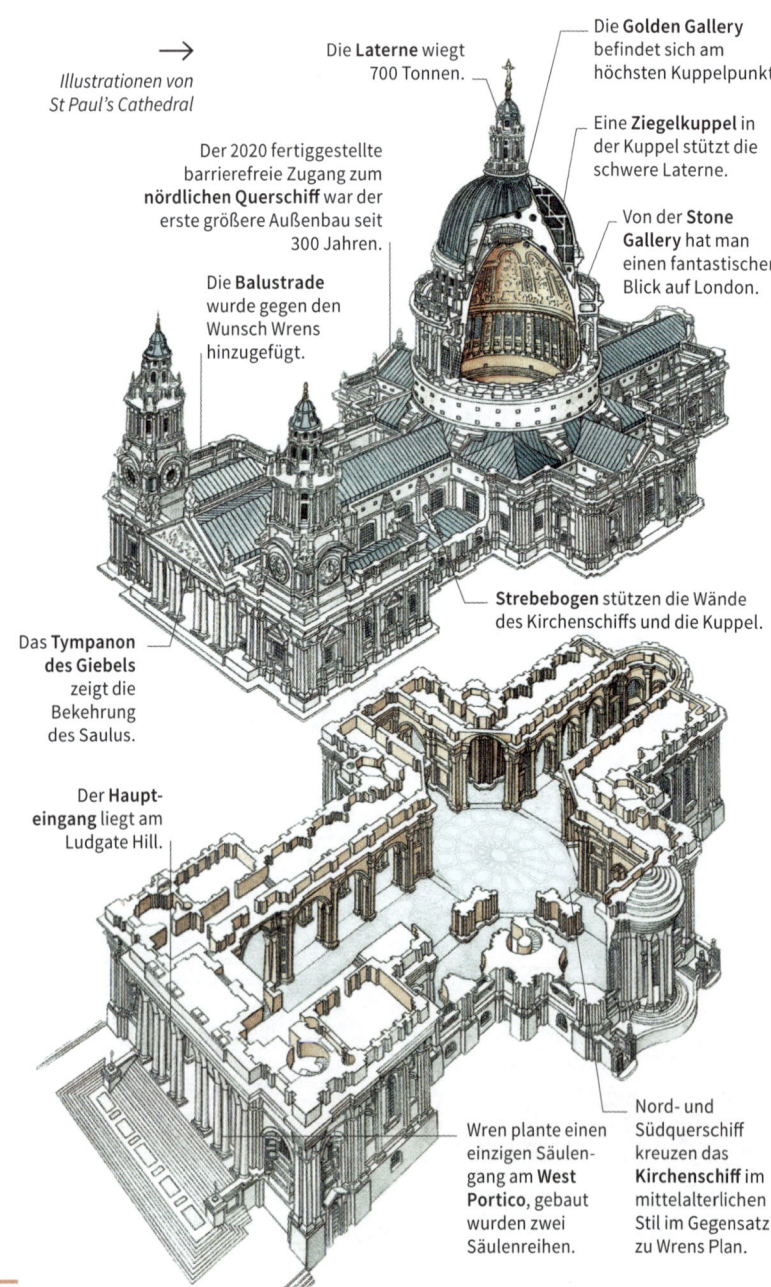

→

Illustrationen von St Paul's Cathedral

Die **Laterne** wiegt 700 Tonnen.

Die **Golden Gallery** befindet sich am höchsten Kuppelpunkt.

Eine **Ziegelkuppel** in der Kuppel stützt die schwere Laterne.

Der 2020 fertiggestellte barrierefreie Zugang zum **nördlichen Querschiff** war der erste größere Außenbau seit 300 Jahren.

Von der **Stone Gallery** hat man einen fantastischen Blick auf London.

Die **Balustrade** wurde gegen den Wunsch Wrens hinzugefügt.

Strebebogen stützen die Wände des Kirchenschiffs und die Kuppel.

Das **Tympanon des Giebels** zeigt die Bekehrung des Saulus.

Der **Haupteingang** liegt am Ludgate Hill.

Wren plante einen einzigen Säulengang am **West Portico**, gebaut wurden zwei Säulenreihen.

Nord- und Südquerschiff kreuzen das **Kirchenschiff** im mittelalterlichen Stil im Gegensatz zu Wrens Plan.

Chronik

604
△ Bischof Mellitus lässt die erste St-Paul's-Kirche errichten. Sie brennt 1087 ab

1087
△ Bischof Maurice beginnt Old St Paul's, eine romanisch-gotische Kathedrale aus Stein

1708
△ Wrens Sohn setzt den Schlussstein für die Laterne

2011
△ Abschluss der Restaurierungsarbeiten

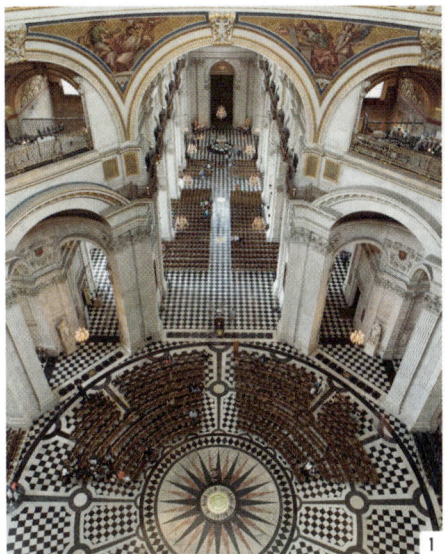

1 *Die Whispering Gallery erlaubt einen Blick auf die weite Ausdehnung.*

2 *Ein Großteil der Kunstschmiedearbeiten stammt von Jean Tijou.*

3 *Schnitzereien von Cherubim, Früchten und Girlanden zieren die Kathedrale.*

4 *In der Krypta befinden sich die Grabstätten von berühmten Persönlichkeiten wie Lord Nelson.*

Die imposanten Mauern des Tower of London ↑

2 🗡 🔥 🍴 🛍 🛍 ♿

Tower of London

📍 O5 🏰 Tower Hill EC3 🚇 Tower Hill, Tower Gateway DLR
🚆 Fenchurch Street 🕐 Di – Sa 9 –17:30, So, Mo 10 –17:30
(Nov – Feb: bis 16:30) 🕐 1. Jan, 24. – 26. Dez 🌐 hrp.org.uk

Der Tower of London – früher eine Festung, ein Palast und ein Gefängnis – zieht jedes Jahr fast drei Millionen Besucher in seinen Bann, die die Kronjuwelen bestaunen und der dunklen Geschichte lauschen.

Ein großer Teil der 900-jährigen Geschichte des Tower ist mit Angst und Schrecken verbunden. Hochverräter und andere Gegner der Krone hausten oft jahrelang in den düsteren Verliesen dieser Festung. Viele fanden auf dem nahe gelegenen Tower Hill ein gewaltsames Ende. Fast alle wurden gefoltert, nur wenige kamen lebend wieder heraus.

Seit der Regierungszeit von König Charles II (1660 – 85) ist der Tower ein Besuchermagnet. Damals wurden erstmals die Kronjuwelen und die Rüstungen der Öffentlichkeit gezeigt. Noch heute erinnert die Festung an königliche Brutalität, Machtfülle und Reichtum.

💬 Expertentipp
Tour mit einem Beefeater

Begleiten Sie einen Yeoman Warder oder Beefeater auf einer Tour durch den Tower und erfahren Sie dabei viel über die Geschichte des Tower – Hinrichtungen, Verschwörungen, Gefangene. Die einstündigen Führungen sind im Eintrittspreis inbegriffen und starten alle 30 Minuten in der Nähe des Haupteingangs.

Chronik

1066
△ William I errichtet eine hölzerne Burg

1534/35
△ Festnahme/ Hinrichtung von Thomas Morus

180

Highlight

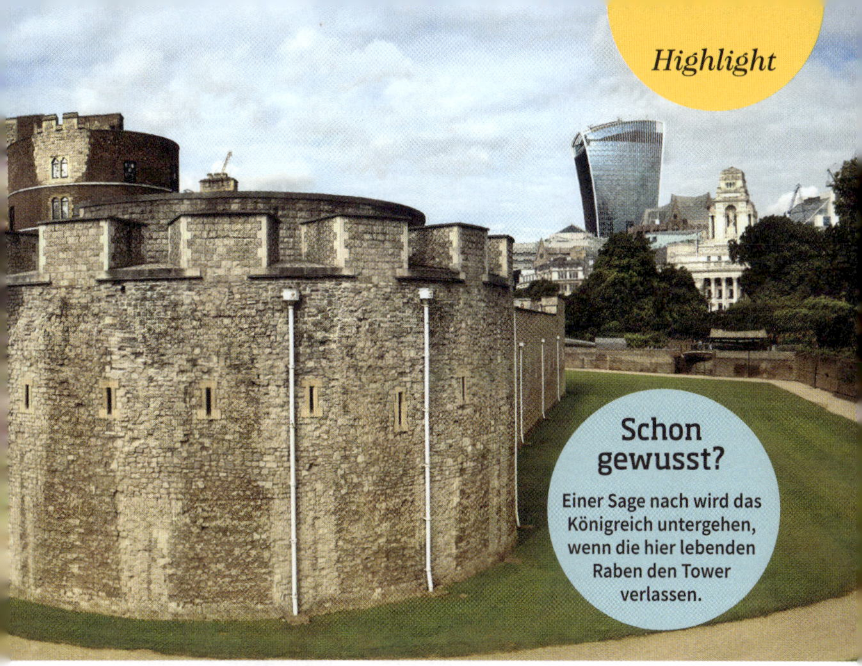

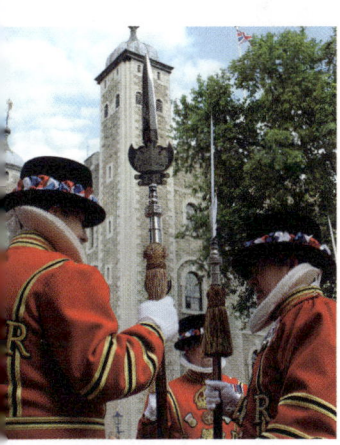

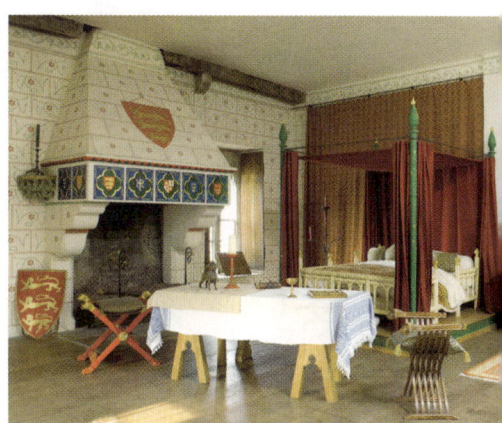

Schon gewusst?

Einer Sage nach wird das Königreich untergehen, wenn die hier lebenden Raben den Tower verlassen.

↑ *Yeoman Warders bewachen den Tower*

↑ *Das Schlafzimmer von Edward I im St Thomas's Tower*

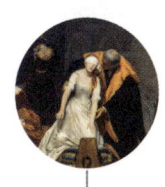

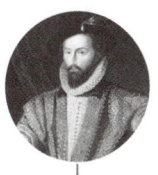

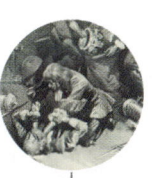

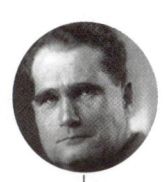

1554
△ Hinrichtung von Lady Jane Grey

1603–16
△ Gefangenschaft von Sir Walter Raleigh

1671
△ »Colonel Blood« versucht, die Kronjuwelen zu stehlen

1941
△ Rudolf Heß ist der letzte Gefangene im Queen's House

Leben im Tower

Innerhalb der mächtigen Mauern des Tower liegen auch die verbliebenen Teile des mittelalterlichen Palasts, den Henry III bauen ließ, ebenso wie ein paar Türme, in denen Gefangene inhaftiert waren, darunter Anne Boleyn, Thomas Cromwell und Catherine Howard. Hochstehende Häftlinge lebten hier in leidlichem Komfort, die anderen in Not unter Folter.

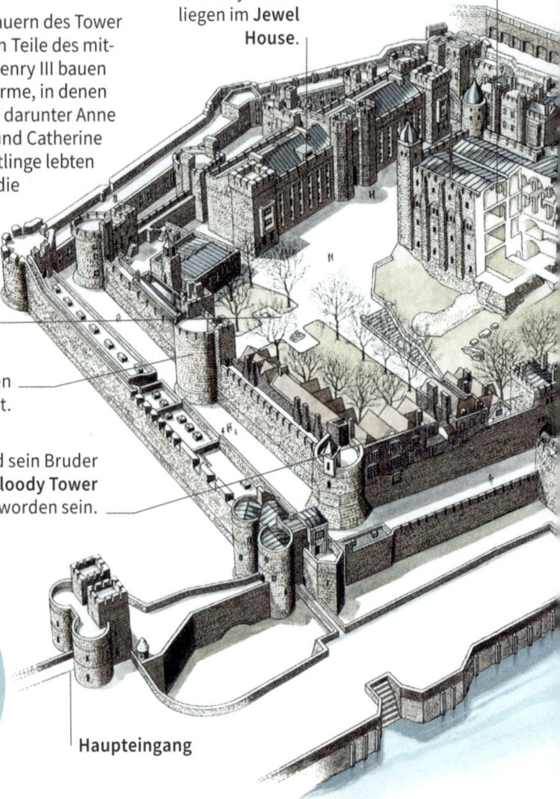

Aristokratische Gefangene wurden im **Tower Green** hingerichtet.

Im **Beauchamp Tower** waren wichtige Personen inhaftiert.

Edward V und sein Bruder Richard sollen im **Bloody Tower** ermordet worden sein.

Die Kronjuwelen liegen im **Jewel House**.

White Tower

Haupteingang

Schon gewusst?

Unter den letzten Gefangenen im Tower waren 1952 die Kray-Zwillinge.

1 Ein Mitglied der Tower Guard bewacht das Jewel House.

2 Viele waren hier eingekerkert, einige wurden gefoltert oder in Einzelhaft gehalten.

3 Das Gelände des Tower of London liegt am Rand der Stadt, direkt an der Themse und der berühmten Tower Bridge. Es gibt mehrere Türme, einen Palast, Residenzen und eine Kapelle.

Die Steine für die frühnormannische **St John's Chapel** kamen aus Frankreich.

Der **Wakefield Tower** war Teil des mittelalterlichen Palasts.

Durch das **Traitors' Gate** kamen Gefangene auf dem Wasserweg in den Tower.

Der **mittelalterliche Palast** entstand 1220 unter Henry III. Sein Sohn Edward I erweiterte ihn.

Kronjuwelen

Die Kronen, Zepter und Reichsäpfel kommen bei Krönungszeremonien und anderen Staatsangelegenheiten zum Einsatz. Sie stammen meist von 1660, dem Krönungsjahr von Charles II.

Krönungs-insignien

Jenseits der Kronen spielen während der Krönungszeremonie noch andere Insignien eine Rolle: der Reichsapfel, das State Sword und das Zepter mit dem Kreuz.

Royal Armouries

Im Erdgeschoss des White Tower sind Rüstungen aus der Zeit der Tudors und Stuarts *(rechts)* ausgestellt, darunter eine riesige für Henry VIII, die bekannt ist für ihren eindrucksvollen Gliedschirm. Innerhalb der Waffenausstellung befindet sich auch die berühmte Line of Kings, seit über 350 Jahren eine Besucherattraktion.

Die Prinzen im Tower

Eines der dunkelsten Geheimnisse des Tower spannt sich um zwei Prinzen, Söhne und Erben von Edward IV. Als ihr Vater 1483 starb, ließ sie ihr Onkel Richard von Gloucester im Tower festsetzen. Niemand hat sie danach wieder gesehen, Richard wurde noch im selben Jahr als Richard III gekrönt. 1674 fand man im Tower die Skelette zweier Kinder …

Graffiti im Beauchamp Tower

An den Wänden dieses Turms sind kunstvolle Ritzungen mit Nachrichten von Gefangenen aus dem 16. und 17. Jahrhundert. Eine zeigt den Stammbaum von Lord Dudley.

Die brutalistische Architektur des Barbican mit See und Springbrunnen ↑

3 Ⓜ Ⓨ ▢ 🛍 ♿

Barbican Centre

📍 M4 🏠 Barbican Estate EC2 Ⓢ Barbican, Moorgate 🚆 Moorgate, Liverpool Street
🕐 Mo – Sa 9 – 23, So ab 11, Feiertage ab 12; Kunstgalerie: So – Mi 10 – 18, Do – Sa 10 – 21;
Konservatorium: siehe Website 🌐 barbican.org.uk

**Der Wohn-, Geschäfts- und Kunstkomplex ist ein Meisterwerk des Brutalismus
und eine Besonderheit in der City: eine Oase von Kultur und Gemeinschaft
innerhalb Londons größtem Finanzdistrikt. Besuchen Sie hier eine der hervorragenden Theateraufführungen oder eines der erstklassigen Konzerte.**

Die Seele im Betonherzen des Barbican Estate
ist das Barbican Centre, eines der größten und
umfassendsten Kunstzentren Londons mit
zwei Kinos, einer Konzerthalle, zwei Theatern
und Ausstellungsflächen. In dem Zentrum gibt
es darüber hinaus eine öffentliche Bibliothek,
drei Restaurants, mehrere Cafés und Bars sowie ein tropisches Gewächshaus. Zum Programm gehören Aufführungen der Royal
Shakespeare Company, Konzerte des Sym-
phony Orchestra und viel Independent-Kino.
Da sich das Zentrum auch immer experimen-
teller Kunst verschrieben hat, kann man hier
auch in den Genuss von Multimedia-Ausstel-
lungen und Streetdance-Opern kommen. Jazz
und Weltmusik spielen ebenfalls eine wichtige
Rolle, oft mit Musikern und Sängern aus La-
teinamerika, Asien und Afrika. Bei dem großen
Angebot und der Vielzahl der Events findet
sich zu jeder Zeit etwas Interessantes.

↑ *Die Barbican Hall ist
bekannt für ihre Konzerte
von Weltmusik*

SEHENSWÜRDIGKEITEN

④ 🍴 🖥 🎒 ♿

Museum of London

📍 L4 🏠 150 London Wall
EC2 🚇 Barbican, St Paul's,
Moorgate 🕐 tägl. 10–18
🌐 museumoflondon.org.uk

Das Museum beim Barbican wurde 1976 eröffnet. Es bietet einen Überblick über das Leben in London von prähistorischer Zeit bis zur Gegenwart. Die chronologisch angelegten Ausstellungen reichen von detaillierten Modellen und Geräten in Lebensgröße über Fundstücke aus archäologischen Grabungen bis zu Fotos und Aufnahmen von Londonern, die über ihr Leben berichten.

Prähistorische Ausstellungsstücke, darunter Feuersteinäxte, die man bei Ausgrabungen fand, sind im Erdgeschoss. Besucher wandern durch Römerzeit und Mittelalter zu Krieg, Pest und Bränden (mit einer Ausstellung zum Großen Brand). Im Untergeschoss reicht die Zeitskala von 1666 bis heute, zu sehen ist u. a. die spektakuläre Karosse des Lord Mayor of London. Die prächtig vergoldete Kutsche wurde um 1757 gebaut und wird jährlich zur Lord Mayor's Show benutzt. Der »Victorian Walk« bildet das Leben in London während der viktorianisches Zeit ab und lässt mit rekonstruierten Räumen und Straßenzügen die Atmosphäre von London im späten 19. Jahrhundert wiederaufleben. Zu sehen sind auch der aus Bronze und Eisen gefertigte Aufzug aus dem Kaufhaus Selfridges in der Oxford Street und ungewöhnliche Exponate wie ein Kleid von 1964 mit den Gesichtern der Beatles.

Eine weitere Dauerausstellungen ist »The London 2012 Cauldron«. Die Flammenschale der Olympischen Spiele 2012 spielte eine wichtige Rolle bei den Eröffnungs- und Abschlussfeiern der Spiele. Fotos, Videos und Diagramme beschreiben das Spektakel und den Einfallsreichtum der Spiele.

Barbican Estate

Auf einem ausgebombten Areal, das fast 20 Jahre lang brachgelegen hatte, entstand in den 1960er Jahren nach einem Entwurf des Architekturbüros Chamberlin, Powell & Bon der imposante Wohn-, Geschäfts- und Kunstkomplex im brutalistischen Stil. In dem Turm und den terrassierten Wohnblocks leben über 4000 Menschen. Das Areal ist ein Labyrinth aus Betonpflaster, höher liegenden Fußwegen, Steintreppen und Gebäuden im sowjetischen Stil – mit einigen grünen Inseln.

↑ Besucher betrachten Exponate im faszinierenden Museum of London

5
The Royal Exchange

📍 N5 🏛 EC3 🚇 Bank
🌐 theroyalexchange.co.uk

Sir Thomas Gresham, ein elisabethanischer Kaufmann und Höfling, gründete 1565 die Börse als allgemeines Handelszentrum. Der ursprüngliche Bau gruppierte sich um einen Hof, auf dem die Händler ihren Geschäften nachgingen. Den königlichen Titel erhielt die Börse von Elizabeth I. Noch heute ist sie einer der Orte, an denen der neue Monarch ausgerufen wird. Der heutige Prachtbau stammt von 1844. Er ist der dritte an dieser Stelle und beherbergt ein Shoppingcenter mit Designerläden, einer Filiale von Fortnum & Mason *(siehe S. 95)* sowie einem eleganten Café mit Bar.

6
Mansion House

📍 M5 🏛 Walbrook EC4
🚇 Bank, Mansion House
🕐 Di 14 Uhr Führung nach Voranmeldung
🌐 cityoflondon.gov.uk

Der Amtssitz des Lord Mayor wurde 1758 nach Entwürfen von George Dance d. Ä. fertiggestellt. Die palladianische Fassade mit den sechs korinthischen Säulen zählt zu den Wahrzeichen der City. Bei Führungen kann man die Prunkräume besichtigen. Einer der spektakulärsten Räume ist der 27 Meter hohe Ägyptische Saal. Die beeindruckende Harold Samuel Collection umfasst holländische Kunst aus dem 17. Jahrhundert, darunter Werke von Frans Hals. In den Kellern befanden sich einst Zellen, ein Hinweis auf die Funktion des Baus als Gericht.

7
Bank of England Museum

📍 M5 🏛 Bartholomew Lane EC2 📞 +44 20 7601 5545
🚇 Bank 🕐 Mo – Fr 10–17
🚫 Feiertage
🌐 bankofengland.co.uk

Die Bank of England wurde 1694 gegründet, um den Krieg gegen Frankreich zu finanzieren. Heute ist sie die bedeutendste britische Bank, sie überwacht die in Umlauf befindliche Geldmenge und ist für die Herausgabe neuer Banknoten zuständig. Sir John Soane *(siehe S. 142f)* war der Architekt des 1788 fertiggestellten Bankgebäudes, von dem jedoch nur noch die Außenwände erhalten sind. Der Rest fiel Umbaumaßnahmen in den 1920er und 1930er Jahren zum Opfer. Der einzige erhalten gebliebene Teil von Soanes Entwurf ist die vorgehängte Fassade. Ein Nachbau von Soanes Stock Office von 1793 kann besichtigt werden. Neben der Erläuterung der Architekturgeschichte befasst sich das Museum mit der Geschichte der Bank und dem Geldgeschäft. Zu sehen sind u. a. Goldbarren (Berühren erlaubt!), eine illustre Sammlung von Banknoten und ein römischer Mosaikboden, den man beim Umbau entdeckte.

🔍 Entdeckertipp
London Mithraeum

Unter dem Londoner Bloomberg-Hauptquartier in Walbrook, nur zwei Minuten vom Mansion House entfernt, bewahrt das Londoner Mithraeum die Überreste eines Tempels aus dem 3. Jahrhundert, der von Anhängern eines römischen Götterkults errichtet wurde. Buchen Sie im Voraus online (www.london mithraeum.com).

↓ *Die neoklassizistische Royal Exchange*

↑ *Der Kirchturm von St Mary-le-Bow mit den Glocken*

9
St Stephen Walbrook

📍 M5 🏠 39 Walbrook EC4
Ⓔ Bank, Cannon St 🕐 Mo, Di, Do 10–16, Mi 11–15, Fr 10–15:30 🌐 ststephen walbrook.net

Die Pfarrkirche des Lord Mayor (1672–79) gilt als schönster Sakralbau Christopher Wrens in der City. Die hohe kassettierte Kuppel mit reich verzierten Stuckornamenten ist ein Vorläufer von St Paul's.

In Anbetracht des schlicht gehaltenen Äußeren überrascht der großzügige säulengeschmückte Innenraum. Die Taufsteinabdeckung und das Kanzeldach sind mit schönen figuralen Arbeiten verziert, die mit der Schlichtheit von Henry Moores weißem Steinaltar (1972) kontrastieren. Auffälligstes Element dürfte allerdings das Telefon sein, das Pfarrer Chad Varah hier 1953 installieren ließ, damit Kirchenbesucher die von ihm eingerichtete Telefonseelsorge anrufen konnten.

St Stephan Walbrook ist darüber hinaus auch Begegnungsstätte für Anhänger der London Internet Church, deren Mitglieder aus aller Welt sich hier virtuell treffen.

Jeden Dienstag (13 Uhr) und jeden Freitag (12:30 Uhr) gibt es kostenlose Mittagskonzerte, zu denen alle (auch mit ihrem Mittagessen) willkommen sind.

> **Die Bow Bells spielen für die Londoner eine große Rolle: Nur wer in ihrer Hörweite geboren wird, ist ein echter Cockney.**

8
St Mary-le-Bow

📍 M5 🏠 Cheapside EC2
Ⓔ St Paul's, Mansion House 🕐 Mo – Fr 7–18 🌐 stmarylebow.org.uk

Die Kirche leitet ihren Namen von den Bogen *(bows)* in der normannischen Krypta ab. Als Wren die Kirche bis 1680 nach dem Großen Brand wiederaufbaute, setzte er dieses architektonische Motiv am Turm fort. Die Wetterfahne zeigt einen riesigen Drachen.

1941 zerstörten Bomben die Kirche bis auf den Turm und zwei Außenmauern, bis 1962 wurde die Kirche restauriert, dann wurden auch die Glocken wieder aufgehängt. Die Bow Bells spielen für die Londoner eine große Rolle: Nur wer in ihrer Hörweite geboren wird, ist ein echter Cockney. Dienstags finden in der Mittagspause kostenlose Konzerte statt.

Die Gilden der City

In London gibt es etwa 110 Gilden. Jede repräsentiert einen bestimmten Berufsstand oder Handelszweig. Sie entstanden, als im Mittelalter Händler Vereine gründeten, um den Handel zu schützen, zu fördern und zu regulieren. Ihre Hauptquartiere richteten sie in großen Gebäuden oder Hallen in der City ein. Obwohl nur wenige davon den Großen Brand überlebten, residieren auch heute noch einige Dutzend in ihren eigenen Hallen, während blaue Plaketten frühere Standorte markieren. Einige haben großartige, reich ornamentierte Innenräume, die eher an einen Palast erinnern. Manchmal kann man sie im Rahmen einer Führung besichtigen.

10  Monument

🔲 N5 🏛 Monument St EC3
🚇 Monument 🕐 tägl. 9:30 –
18 (letzter Einlass: 17:30)
📅 24.– 26. Dez
🌐 themonument.org.uk

Das Mahnmal, ein Entwurf
von Christopher Wren zur
Erinnerung an den Großen
Brand 1666, ist die höchste
frei stehende Steinsäule der
Welt. Sie ist 61,5 Meter hoch
und steht unweit der Stelle,
an der das Feuer in der Pudding Lane ausbrach. Das So-
ckelrelief zeigt Charles II
beim Wiederaufbau der
Stadt. 311 Stufen führen zu
einer Plattform mit herrli-
chem Blick auf London.

11 All Hallows by the Tower

🔲 N5 🏛 Byward St EC3
🚇 Tower Hill 🕐 Mo – Fr
8 –18 (Nov – März: bis 17),
Sa, So 10 –17 📅 Feiertage
🌐 ahbtt.org.uk

All Hallows by the Tower ist
die älteste Kirche in London,
ihre Ursprünge wurden auf

das 7. Jahrhundert datiert.
Der noch erhaltene angel-
sächsische Bogen im Innenraum ist ein eindrucksvolles
Dokument der Architektur jener Epoche. Er ist mit Fliesen
aus römischer Zeit verziert.
Wegen der Nähe zum Tower
of London wurden in der Kirche einige auf dem Tower
Hill Exekutierte begraben.
Vom Kirchturm aus soll Samuel Pepys den Großen
Brand beobachtet haben.

12 Tower Bridge

🔲 O6 🏛 SE1 🚇 Tower Hill
🕐 Ausstellung: Apr – Sep:
tägl. 10 –17:30; Okt – März:
tägl. 9:30 –17 📅 24.– 26. Dez
🌐 towerbridge.org.uk

Die faszinierende Glanzleis-
tung viktorianischer Ingenieurskunst, die 1894 eröffnet
wurde, zählt zu den herausragenden Wahrzeichen der
britischen Metropole. Die gotischen Brückentürme und
der sie verbindende Steg
enthalten den Mechanismus,
der die schweren Baskülen
hochklappt, wenn große
Schiffe die Brücke passieren.
In beiden Türmen sind Ob-

jekte zur Geschichte der
Brücke zu sehen, z. B. die
Dampfmaschinen, die bis zur
Elektrifizierung im Jahr 1976
den Zugmechanismus an-
trieben. Die Fußgängerbrücke (kostenfrei) bietet ein
herrliches Panorama. Geöffnet hat sie eine lichte Höhe
von 40 Metern und eine mitt-
lere Spannweite von 60 Metern. Früher wurden die
Fahrbahnen fünfmal täglich
hochgeklappt.

13 Smithfield Market

🔲 L4 🏛 Charterhouse St
EC1 🚇 Farringdon, Barbican
🕐 Mo – Fr 2 – 9 📅 Feiertage
🌐 smithfieldmarket.com

Schon seit dem 12. Jahrhundert wurde hier auch mit
Vieh gehandelt. Das Markt-
recht war 1400 erteilt worden. Von 1648 bis Mitte des
19. Jahrhunderts war dies
ein Viehmarkt. Ursprünglich
wurde der Markt außerhalb
der Stadtmauern in Smith-
field abgehalten, später je-

↓ *Die Tower Bridge, ein
Wahrzeichen Londons*

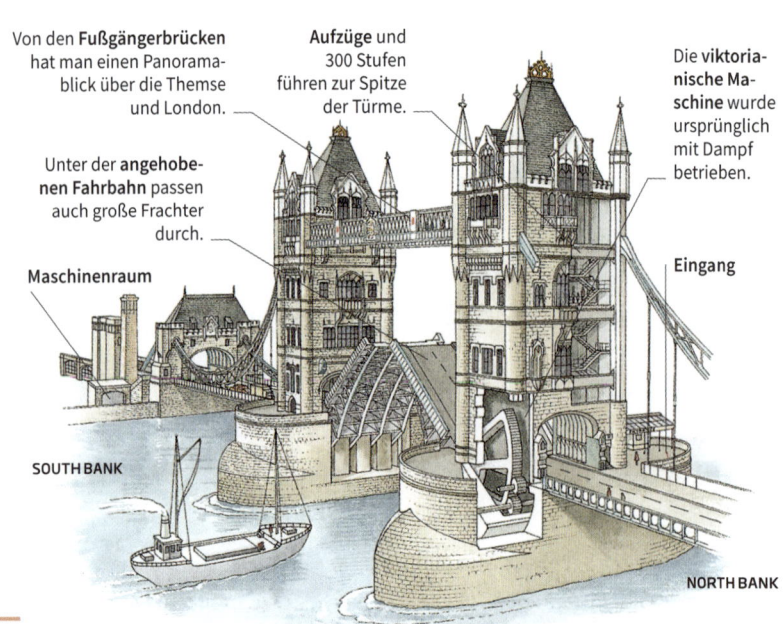

Von den **Fußgängerbrücken** hat man einen Panorama-blick über die Themse und London.

Aufzüge und 300 Stufen führen zur Spitze der Türme.

Die **viktoria-nische Ma-schine** wurde ursprünglich mit Dampf betrieben.

Unter der **angehobe-nen Fahrbahn** passen auch große Frachter durch.

Maschinenraum

Eingang

SOUTH BANK

NORTH BANK

↑ *The Sky Garden oben auf dem »Walkie-Talkie«-Gebäude*

doch in die Charterhouse Street verlegt und London Central Meat Market genannt. Die Gebäude des Großmarkts für Fleisch und Geflügel stammen vom viktorianischen Architekten Horace Jones, im 20. Jahrhundert kamen diverse Neubauten dazu. Einige Pubs der Umgebung passen sich den Marktzeiten an und servieren schon bei Tagesanbruch Frühstück.

14 ⊘ ♿
St Bartholomew-the-Great

📍 L4 🏠 West Smithfield EC1 🚇 Barbican 🕐 Mo – Fr 8:30 –17 (Mitte Nov – Mitte Feb: bis 16), Sa 10:30 –16, So 8:30 – 20 🌐 greatstbarts.com

St Bartholomew, eine der ältesten Kirchen Londons, wurde 1123 vom Mönch Rahere gegründet, der hier auch bestattet ist. Er war Hofnarr Henrys I, bis ihm der hl. Bartholomäus im Traum erschien. Bevor das Hauptschiff infolge der Auflösung des Klosters durch Henry VIII abgerissen wurde, diente der Torbogen (13. Jh.) als Kirchenportal. Beachten Sie insbesondere die normannischen Rundbogen. Sehenswert sind darüber hinaus die Denkmäler aus der Tudor-Zeit. Im südlichen Querschiff steht eine Statue von St Bar-

tholomew von Damien Hirst. 1725 arbeitete Benjamin Franklin als Drucker in der Lady Chapel. Die Kirche ist auch bekannt aus *Vier Hochzeiten und ein Todesfall*, *Shakespeare in Love* und *Die Schwester der Königin*.

15 🍴 🖥 ♿
The Sky Garden

📍 N5 🏠 20 Fenchurch St EC3 📞 +44 20 7337 2344 🚇 Bank, Monument 🕐 Mo – Fr 10 –18 (letzter Einlass: 17), Sa, So 11 – 21 (letzter Einlass: 20) 🌐 skygarden.london

Der nach Plänen von Rafael Viñoly im Jahr 2014 fertiggestellte Wolkenkratzer (160 m) namens 20 Fenchurch Street wird wegen seiner markanten Form im Volksmund »Walkie-Talkie« genannt. Über wenige moderne Bauwerke Londons wurde ähnlich kontrovers diskutiert. Kritiker halten seine Silhouette angesichts der zentralen Lage für zu aufdringlich.

Dafür ist 20 Fenchurch Street als einer der wenigen Londoner Wolkenkratzer öffentlich zugänglich. Man bucht (mindestens drei Wochen im Voraus) ein Ticket für Sky Garden, eine dreistöckige Aussichtsplattform mit Bars und Restaurants an der Spitze des Wolkenkratzers.

16
Old Bailey

📍 L4 🏠 EC4 🚇 St Paul's 🕐 Mo – Fr 9:55 –12:40, 13:55 –15:40 (unterschiedl. Zeiten bei einzelnen Gerichten; im Aug kürzer) 🔖 Feiertage 🌐 cityoflondon.gov.uk

Die neuen Central Criminal Courts wurden 1907 am Platz des berüchtigten und übel riechenden Newgate-Prison-Gefängnisses eröffnet. Auf der gegenüberliegenden Straßenseite gab es im Magpie and Stump »Execution breakfasts«, bis 1868 die öffentlichen Hinrichtungen abgeschafft wurden. Die Verhandlungen sind heute öffentlich zugänglich.

Leadenhall Market hat eine elegante Überdachung aus Schmiedeeisen und Glas

17

Leadenhall Market

📍 N5 🏠 Gracechurch St EC3 🚇 Bank, Monument 🕐 siehe Website 🌐 leadenhallmarket.co.uk

An der Stelle eines römischen Forums fand hier seit dem Mittelalter ein Lebensmittelmarkt statt. Die heutige überdachte Einkaufspassage wurde 1881 von Sir Horace Jones entworfen. Leadenhall beherbergt Weinhandlungen, Käsereien, Blumenläden und Feinkostgeschäfte sowie mehrere traditionelle Pubs und Weinbars. Zu Weihnachten sind die Läden schön geschmückt.

18

Guildhall

📍 M4 🏠 Guildhall Yard EC2 🚇 St Paul's 🕐 Great Hall: Mo – Sa 10 –17, So 12 –16 🗓 1. Jan, 25., 26. Dez; bei manchen Veranstaltungen 🌐 guildhall.cityoflondon.gov.uk

Die Guildhall war nicht weniger als 800 Jahre lang das Verwaltungszentrum der Londoner City. Jahrhundertelang fanden hier auch Gerichtsverhandlungen statt. Einer der zum Tod Verurteilten war der am Gunpowder Plot beteiligte Henry Garnet.

In der Halle stehen Skulpturen von Gog und Magog, den legendären Wächtern von London. Auch Darstellungen von Winston Churchill und Admiral Horatio Nelson sind Blickfänge in der 46 Meter langen Halle. Der Premierminister gibt hier im November wenige Tage nach der Lord Mayor's Show ein Bankett.

Südlich der Guildhall steht die von Wren gestaltete Kirche St Lawrence Jewry, im Osten befindet sich die 1885 gegründete **Guildhall Art Gallery**. Sie zeigt Werke von Sir Matthew Smith (1879 – 1959) sowie Porträts vom 16. Jahrhundert bis heute. Zudem findet sich hier eine Sammlung mit Werken aus dem 18. Jahrhundert, darunter John Singleton Copleys *Defeat of the Floating Batteries at Gibraltar* und zahlreiche viktorianische Arbeiten.

1988 entdeckte man unter der Galerie die Fundamente eines römischen Amphitheaters (70 n. Chr.). In der Arena fanden Tierjagden, Gladiatorenkämpfe und Exekutionen statt. Der Zugang zu den Ruinen erfolgt über die Galerie.

Guildhall Art Gallery
🕐 Mo – Sa 10 –17, So 12 –16 🗓 1. Jan, 24.– 26. Dez 🌐 cityoflondon.gov.uk

19

St Katharine Docks

📍 O6 🏠 E1 🚇 Tower Hill 🌐 skdocks.co.uk

Die Hafenanlagen wurden von Thomas Telford entworfen und 1828 an der Stelle des St Katharine's Hospital eröffnet. Hier wurden so unterschiedliche Waren wie Tee, Marmor und lebende Schildkröten (Schildkrötensuppe war eine viktorianische Delikatesse) umgeschlagen.

Im 19. und frühen 20. Jahrhundert florierte das Geschäft. Für die Frachtcontainer, die Mitte des 20. Jahrhunderts aufkamen, waren die Anlagen aber nicht groß genug, weshalb die St Katharine Docks 1968 geschlossen wurden.

Heute gilt St Katharine als gelungenes Stadtsanierungsprojekt. In den alten Lagerhäusern befinden sich im Erdgeschoss Läden und Restaurants, darüber Büros. Davor befindet sich ein Jachthafen, und es gibt weitere Unterhaltungseinrichtungen.

Es lohnt sich, nach einem Besuch des Tower oder der Tower Bridge durch das Dock zu schlendern. Samstags findet hier von 11 bis 15 Uhr ein Lebensmittelmarkt statt.

⓴ St Katharine Cree

📍 N5 🏠 86 Leadenhall St EC3 🚇 Aldgate, Tower Hill 🕐 Di 11–15 🚫 Aug Ⓦ sanctuaryinthecity.net

St Katharine ist eine der acht Kirchen, die den Großen Brand von 1666 überstanden. Beachten Sie den mittelalterlichen Turm. Ein Teil der herrlichen Stuckarbeiten an und unter der hohen Decke des Mittelschiffs zeigt die Wappen der Zünfte, mit denen die Kirche in enger Verbindung stand. Die Fensterrose soll dem der alten St Paul's Cathedral nachempfunden sein. Auf der Orgel (17. Jh.), die von Säulen getragen wird, spielten Purcell und Händel.

㉑ Charterhouse

📍 L3 🏠 Charterhouse Sq EC1 🚇 Barbican 🕐 Museum: Di – Sa 11–17:20 🚫 1. Jan, 24.–26. Dez Ⓦ thecharterhouse.org

An der Nordseite des Charterhouse Square führt ein Torbogen im Tudor-Stil zum Standort eines ehemaligen Kartäuserklosters, das unter Henry VIII aufgelöst wurde. 1611 wandelte man die Gebäude in ein Hospital für mittellose Pensionäre und in eine Schule für arme Knaben um. Zu ihren Schülern zählten John Wesley, der Schriftsteller William Thackeray und Robert Baden-Powell, Gründer der Pfadfinderorganisation Boy Scouts.

1872 zog die Schule nach Godalming in Surrey. Teile der Räumlichkeiten werden von der Medical School des St Bartholomew's Hospital benutzt. Einige alte Gebäude, darunter die Kapelle und ein paar Klosterbauten, blieben bis heute erhalten. Momentan leben wieder über 40 Pensionäre im Charterhouse.

Es gibt ein kleines Museum und Führungen über das Gelände (Di – Sa), die man online vorab buchen kann.

St Katharine Docks, früher ein Landungsplatz, heute eine Marina

Restaurants

José Pizarro
Klassische spanische Tapas und originelle Gerichte.

📍 N4 🏠 36 Broadgate Circle EC2 🚫 Sa, So Ⓦ josepizarro.com
ⓔⓔⓔ

The Jugged Hare
Gastropub, das exzellente Wildgerichte serviert.

📍 M3 🏠 49 Chiswell St EC1 Ⓦ thejuggedhare.com
ⓔⓔⓔ

㉒ Museum of the Order of St John

📍 L3 🏠 St John's Lane EC1 📞 +44 20 7324 4005 🚇 Farringdon 🕐 Mo – Sa 10 –17 (Juli – Sep: tägl.) 🚫 3 Wochen über Weihnachten/Neujahr Ⓦ museumstjohn.org.uk

Die Abtei prosperierte über einen Zeitraum von rund 400 Jahren. Erhalten sind von ihr lediglich das Tudor-Torhaus und einige Teile der Kirche (12. Jh.). Die Abtei diente verschiedensten Zwecken: als Amtsräume des »Master of the Revels« (Meister der Lustbarkeiten) von Königin Elizabeth I und als Coffeeshop des Vaters von William Hogarth.

Das Museum zeigt viele Schätze aus der Geschichte des Ordens, darunter Manuskripte und eine Bronzekanone, ein Geschenk von Henry VIII. Den Rest des Gebäudes, darunter auch die Prioratskirche mit der Krypta aus dem 12. Jahrhundert, kann man im Rahmen einer kostenlosen Führung (Di, Fr, Sa 11, 14:30 Uhr) sehen.

Spaziergang in der City

Länge 1,5 km **Dauer** 25 Min.
U-Bahn St Paul's

Die City ist das Wirtschafts- und Finanzzentrum Londons, hier sind Institutionen wie die Börse und die Bank of England beheimatet. Neben modernen Bürohäusern stehen ältere, traditionsreiche Gebäude. Ein Spaziergang durch die City kann zu einer Pilgerfahrt zu den architektonischen Visionen des Christopher Wren werden, des größten und produktivsten englischen Baumeisters *(siehe S. 176)*. Nach dem Großen Brand (1666) erhielt er den Auftrag zum Neubau von 52 Kirchen allein in diesem Bezirk.

LONDON ERLEBEN **The City**

Schon gewusst?

Die Watling Street war Teil einer römischen Straße, die von Kent nach Shrewsbury führte.

Nur wer in Hörweite der Glocken (der historischen Bow Bells) von **St Mary-le-Bow** *(siehe S. 187)* das Licht der Welt erblickt, gilt als echter Londoner oder Cockney.

St Paul's Station

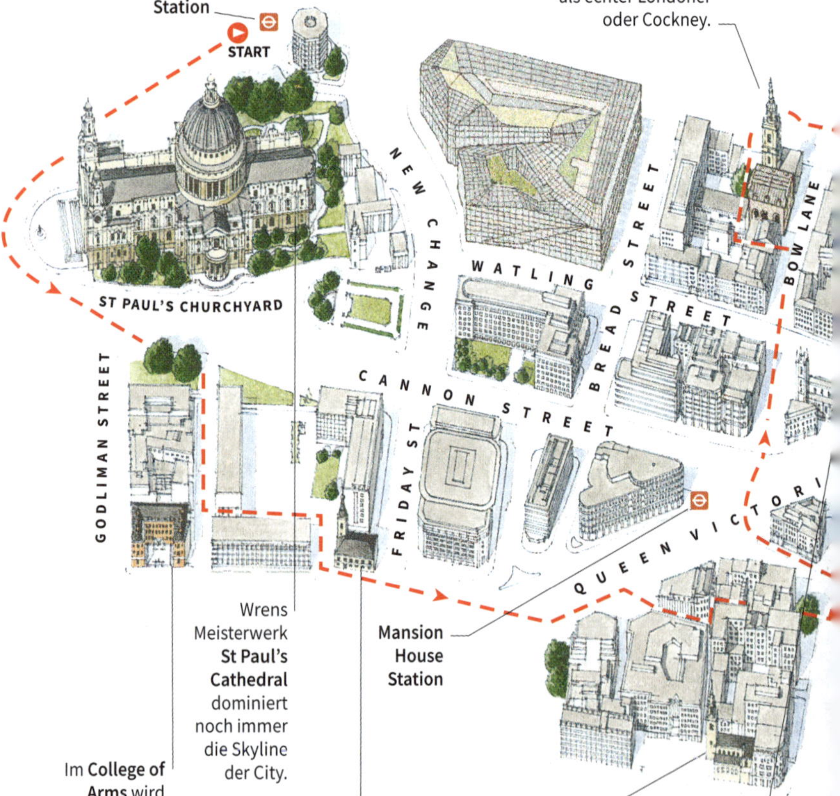

START

ST PAUL'S CHURCHYARD

NEW CHANGE

WATLING STREET

BREAD STREET

BOW LANE

GODLIMAN STREET

CANNON STREET

FRIDAY ST

QUEEN VICTORI

Wrens Meisterwerk **St Paul's Cathedral** dominiert noch immer die Skyline der City.

Mansion House Station

Im **College of Arms** wird heute noch entschieden, welche Familien das Recht auf ein britisches Wappen haben.

St Nicholas Cole Abbey war Wrens erste Kirche in der City (1677). Wie viele andere wurde sie im Zweiten Weltkrieg schwer beschädigt.

Der Name von **St James Garlickhythe** stammt von einer mittelalterlichen Werft, an der Knoblauch *(garlic)* abgeladen wurde.

St Mary Aldermary wurde nach dem Großen Brand im gotischen Stil wiederaufgebaut.

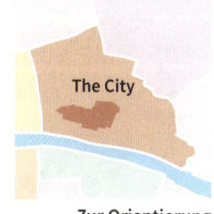

The City

Zur Orientierung
Siehe Stadtteilkarte S. 174f

↑ *Busse fahren an der
St Paul's Cathedral vorbei*

Mansion House *(siehe S. 186)* ist der offizielle Sitz des Bürgermeisters mit einigen schönen Kunstwerken.

Das **Bank of England Museum** *(siehe S. 186)* erzählt die Geschichte des englischen Finanzsystems.

Bank Station

KING ST

IRONMONGER LANE

OLD JEWRY

PRINCE'S STREET

THREADNEEDLE STREET

ZIEL

CORNHILL

LOMBARD ST

STREET

KING WILLIAM STREET

ST SWITHIN'S

CANNON STREET

Die **Royal Exchange** *(siehe S. 186)* liegt im Herzen des Handelszentrums.

Die **Lombard Street** ist nach Bankiers benannt, die aus der Lombardei kamen und sich im 13. Jahrhundert hier niederließen.

Die Kuppel von **St Stephen Walbrook** ist ein Vorläufer von der von St Paul's.

St Mary Woolnoth gilt als typischer Entwurf des Wren-Schülers Nicholas Hawksmoor.

Unter dem Bloomberg-Gebäude ist das **London Mithraeum**.

St Mary Abchurch verdankt ihren lichten Innenraum Wrens mächtiger Kuppel.

0 Meter 100
0 Yards 100

N ↑

Shoreditch und Spitalfields

In Spitalfields an der Grenze zu The City drehte sich lange alles um den Markt, der bereits Ende des 17. Jahrhunderts entstand. Als der Markt immer größer wurde, siedelten sich auch Menschen in der Umgebung an, anfangs vor allem aus Frankreich geflohene Hugenotten.

Sie zogen auch ins nahe Shoreditch, und ihre geschickten Weber dominierten bald die Textilindustrie der Gegend. Wellen irischer, dann jüdischer und zuletzt Einwanderer aus Bangladesch folgten. Der Markt überdauerte, und im 19. Jahrhundert erhielt er sogar ein eigenes Gebäude.

Anfang dieses Jahrhunderts wurde er im Zuge der Gentrifizierung der Gegend »wiedergeboren« als Markt für Vintage-Kleidung, Antiquitäten, Kunst und Kunsthandwerk und erstreckt sich mittlerweile auch weit über Shoreditch hinaus.

Shoreditch und Spitalfields

Sehenswürdigkeiten

1. Old Spitalfields Market
2. Wesley's Chapel & Leysian Mission
3. Petticoat Lane
4. Bunhill Fields
5. Brick Lane
6. Hoxton
7. Dennis Severs' House
8. Whitechapel Gallery
9. 19 Princelet Street
10. Christ Church, Spitalfields
11. St Leonard's Church
12. Columbia Road Market
13. Rich Mix
14. Museum of the Home
15. V & A Museum of Childhood

Streetfood

1. Dinerama
2. The Brick Lane Food Hall
3. Sunday Upmarket
4. Ely's Yard

Shopping

5. Boxpark

↑ *Unabhängige Händler bieten auf dem Old Spitalfields Market ihre Waren an*

SEHENSWÜRDIGKEITEN

❶ Old Spitalfields Market

📍 O3 🏠 16 Horner Sq E1
🚇 Liverpool St, Aldgate
🕐 Markt: tägl. 10–18 (So bis 17, Do ab 7) 🌐 oldspital fieldsmarket.com

Der 1682 gegründete Markt ist einer der ältesten Londons. Das überdachte Marktgebäude stammt von 1887. 1991 zog dann der Gemüsemarkt endgültig aus. Seitdem gibt es hier Antiquitäten, Mode, Kunsthandwerk und allerlei Schnickschnack.

Viele Besucher schätzen den gelungenen Mix aus traditionsreichen Marktflächen und moderner gestalteten Bereichen mit Läden und Restaurants. Markttreiben ist jeden Tag, die Donnerstage sind eine gute Wahl, wenn man Antiquitäten und Sammlerstücke sucht, an jedem zweiten Freitag gibt es Schallplatten. Am lebhaftesten geht es sonntags zu.

Die Donnerstage sind gut für Antiquitäten, jeder zweite Freitag für Schallplatten, aber am Sonntag kommen die meisten Menschen und suchen nach Vintage-Kleidung.

Der Markt wird auch von Foodies geschätzt, das Angebot an Streetfood – global und lokal – ist riesig: von Pacific Poké und burmesischem Teeblattsalat über Austern aus East Anglian bis zum unvergleichlichen Reuben-Sandwich von Monty's Deli.

❷ Wesley's Chapel & Leysian Mission

📍 M3 🏠 49 City Rd EC1
🚇 Old Street, Moorgate
🕐 Mo – Sa 10 –16
🕐 24. Dez –1. Jan, Feiertage
🌐 wesleyschapel.org.uk

Der Gründer der Methodistenkirche, John Wesley, legte 1777 den Grundstein zu dieser Kapelle, in der er bis zu seinem Tod 1791 predigte. Sein Leichnam liegt hinter der nach ihm benannten Chapel begraben. Gleich nebenan steht das Haus, in dem er lebte und in dem nun seine Möbel, Bücher und andere Besitztümer ausgestellt

sind. Die Kapelle ist heute ornamentierter als zu Wesleys Zeiten mit Buntglasfenstern und französischen Säulen, die die aus Schiffsmasten ersetzten. Unter der Kapelle ist ein Museum zur Geschichte des Methodismus. An den meisten Dienstagen finden zur Mittagszeit kostenlose Musikkonzerte statt.

❸ Petticoat Lane

📍 O4 🏠 Middlesex St E1
🚇 Aldgate East, Aldgate, Liverpool St 🕐 So 9 –15 (Hauptmarkt); Mo – Fr 8 –16 (kleinerer Markt an der Wentworth Street)

Während der prüden Regierungszeit Queen Victorias erhielt die Straße den seriösen Namen Middlesex Street. Die alte Bezeichnung, die in Zusammenhang mit dem Bekleidungshandel steht, blieb allerdings erhalten und bezieht sich inzwischen auf den sonntäglichen Straßenmarkt. Immer wieder wurde versucht, das rege Treiben zu unterbinden – allerdings ohne Erfolg. Der Straßenmarkt wertet die ansonsten nicht besonders attraktive

Straße auf und lohnt einen Bummel. Angeboten werden riesige Mengen neuer und getragener Kleidungsstücke, vor allem Ledermäntel. Der Markt ist laut und fröhlich, die meisten Verkäufer sind scharfzüngige Cockneys, die keine Mühe scheuen, um Kauflustige an ihren Stand zu locken. An zahlreichen Ständen kann man einen Imbiss zu sich nehmen.

4 Bunhill Fields

📍 M3 🏠 City Rd EC1
🚇 Old Street 🕐 tägl. 8–19 oder Sonnenuntergang (Sa, So, Feiertage ab 9:30)
📅 1. Jan, 25., 26. Dez
🌐 cityoflondon.gov.uk

Der Friedhof wurde nach der Großen Pest von 1665 angelegt und mit einer Mauer und Toren umgeben. 20 Jahre später wurde er den Nonkonformisten zugewiesen, die nicht auf kirchlichen Friedhöfen begraben werden durften, weil sie sich weigerten, bei Gottesdiensten das Gebetbuch der Church of England zu verwenden.

Hier kann man Denkmäler u. a. der Schriftsteller Daniel Defoe, John Bunyan und William Blake sowie das Grab der Cromwells besuchen. John Milton schrieb *Paradise Lost*, als er in der westlich des Friedhofs gelegenen Bunhill Row lebte. Im Sommer finden kostenlose Führungen über den Friedhof statt (Mi 12:30 Uhr).

↑ Marktstände auf dem Gelände der Old Truman Brewery in der Brick Lane

5 Brick Lane

📍 O3 🏠 E1 🚇 Liverpool St, Aldgate East 🚆 Shoreditch High St 🕐 Markt: So 10–17
🌐 visitbricklane.org

Die einst von Ziegeleien gesäumte Straße Brick Lane war lange Zeit ein Zentrum der indischen Community. Noch heute gibt es hier viele entsprechende Restaurants. Die Läden und Häuser – teils aus dem 18. Jahrhundert – beherbergten Einwanderer verschiedenster Nationalitäten. Zurzeit werden hier Lebensmittel, Gewürze, Seide und Saris verkauft. Im 19. Jahrhundert lebten hier vorwiegend Juden. Noch heute findet man jüdische Läden – u. a. den Bagel Shop in Haus Nr. 159.

Sonntags findet in der Brick Lane ein großer Straßenmarkt statt. Am nördlichen Ende der Straße befindet sich die Old Truman Brewery, ein Mix aus gelungener Industriearchitektur des 18. und 19. Jahrhunderts. Dort sind einige Bars und Läden untergebracht.

← Grabstein von William Blake und seiner Frau in Bunhill Fields

---

Streetfood

Dinerama
Beste Adresse für abendliches Streetfood. Hier gibt es auch Craftbeer und Cocktails.

📍 N3 🏠 19 Great Eastern St EC2
🕐 Do – Sa
🌐 streetfeast.com
💷💷💷

The Brick Lane Food Hall
Köstlichkeiten aus Polen, Äthiopien, Japan, Korea und vielen anderen Ländern in einem roten Backsteinhaus.

📍 O3 🏠 Old Truman Brewery, Brick Lane E1
🕐 Sa, So
💷💷💷

Sunday Upmarket
Internationales Streetfood an kunstvollen Ständen.

📍 O3 🏠 Old Truman Brewery, Brick Lane E1
🕐 So
💷💷💷

Ely's Yard
Hier sind jeden Tag Food Trucks und Imbissstände.

📍 O3 🏠 Old Truman Brewery, Dray Walk, E1
💷💷💷

6

Hoxton

📍 N2 🚇 N1, E2 🚉 Old St

Hoxton im Herzen von Hipster-London ist ein nur lose definierter Bereich, der sich rund um die beiden Hauptstraßen ausbreitet: Old Street und Kingsland Road. Das einst etwas düstere Gebiet mit Nachkriegs-Warenlagern ist heute voll von trendigen Restaurants, zunehmend teuren Klamottenläden und viel interessanter Street-Art. In den umgewandelten Lagerhäusern sind heute Hotspots des Nachtlebens. Die Clubs und Bars sind rund um die Shoreditch High Street zu finden, manche direkt am Hoxton Square hinter der Old Street.

7

Dennis Severs' House

📍 O3 🏠 18 Folgate St E1
📞 +44 20 7247 4013
🚉 Liverpool St 🕐 Mo 12–14, 17–21, Mi, Fr 17–21, So 12–16 🌐 dennissevershouse. co.uk

Der Designer und Performer Dennis Severs schuf im 1724 erbauten Haus Folgate Street Nr. 18 ein historisches Inte-

rieur, das Sie auf eine Reise durch das 17. bis 19. Jahrhundert einlädt. Seinen Worten nach ist es »ein Abenteuer der Gedanken … nicht einfach der Besuch eines Hauses, sondern eher die Reise in eine andere Zeit, eine andere Lebensweise«.

Die Räume stellen eine Abfolge von »lebenden Bildern« dar – als seien die Bewohner nur kurz weggegangen. Auf den Tellern liegt Brot, die Gläser sind gefüllt, Kerzen flackern, auf dem Kies vor dem Haus hört man Pferdehufe. Besonders stimmungsvoll ist ein Besuch während der »Silent Nights« und zu Weihnachten. Viele sind von dem Museum begeistert, darunter auch David Hockney. Für das einzigartige Haus gilt das Motto: »Entweder du siehst es oder du siehst es nicht.«

↑ *Die detailgetreu nachgebildete Einrichtung im Dennis Severs' House*

Um die Ecke, in der Elder Street, liegen zwei der ältesten Terraces Londons aus den 1720er Jahren. Viele georgianische Häuser aus Backstein wurden sorgfältig restauriert.

8

Whitechapel Gallery

📍 O4 🏠 77–82 Whitechapel High St E1 📞 +44 20 7522 7888 🚉 Aldgate East, Aldgate 🕐 Di–So 11–18 (Do bis 21) 🗓 1. Jan, 24.–26. Dez 🌐 whitechapelgallery.org

Allein schon die Jugendstil-Fassade von C. Harrison Townsend macht das 1901 gegründete Museum sehenswert. Es wurde in den 1980er

→ *Industrie-Chic im gentrifizierten Hoxton*

Jahren sowie 2007 erweitert. Das Haus nahe der Brick Lane und der Kunstszene der Gegend wollte den Einwohnern von East London Kunst nahebringen. Heute genießt die Sammlung internationalen Ruf, weil sie viele Werke wichtiger zeitgenössischer Künstler beispielhaft präsentiert. Außerdem ist sie Bühne für Filmabende, Performances und andere Events. Oft ist dies am ersten Donnerstag im Monat der Fall, wenn viele Galerien in der Umgebung länger geöffnet haben.

In den 1950er und 1960er Jahren stellten Jackson Pollock, Anthony Caro, Mark Rothko, Robert Rauschenberg und John Hoyland hier ihre Gemälde aus. 1970 präsentierte David Hockney erstmals seine Werke.

Zum Museum gehören auch eine gut sortierte Kunstbuchhandlung sowie ein sehr schönes Café, das sich an Donnerstagabenden in eine Weinbar verwandelt. Eintritt wird nur bei Spezialausstellungen erhoben.

↑ Die Christ Church überragt die Straßen von Spitalfields

9 19 Princelet Street

Q O3 **A** 19 Princelet St E1
Ⓔ Liverpool St
Ⓞ nur Gruppenführungen
Ⓦ 19princeletstreet.org.uk

Die viktorianische Synagoge liegt hinter dem Haus eines hugenottischen Seidenhändlers von 1719. Ihre Ausstellungen beschäftigen sich mit der multikulturellen Geschichte des Viertels. Dokumentiert wird das Leben der Juden und anderer Einwanderer im Londoner East End. Es besteht die Hoffnung, dass die zum Museum ausgebaute Institution mithilfe von Spendengeldern dauerhaft an dieser Stelle bleiben kann. Derzeit kann man vorab auf der Website eine Führung durch das Museum buchen. Es ist ratsam, sich mindestens vier Wochen im Voraus anzumelden.

10 Christ Church, Spitalfields

Q O4 **A** Commercial St E1
Ⓔ Liverpool St **Ⓞ** Mo – Fr 10 –16 (außer zu Veranstaltungen), So 13 –16
Ⓦ ccspits.org

Die schönste der sechs Kirchen, die Nicholas Hawksmoor in London errichtete, gab das Parlament 1711 im Rahmen des Fifty New Churches Act in Auftrag. Dieser sollte die weitere Ausbreitung von Nonkonformisten unterbinden: Viele im katholischen Frankreich verfolgte protestantische Hugenotten waren u. a. nach Spitalfields geflohen, um hier in Seidenwebereien zu arbeiten.

Die 1729 vollendete Kirche wurde in den 1850er Jahren umgebaut. Um 1960 entging sie nur knapp dem Abriss. 1976 bildete sich der Freundeskreis Friends of Christ Church Spitalfields mit dem Ziel der Renovierung der Kirche. Der Eindruck der Größe beim Anblick des Portikus und des Turms setzt sich im Inneren der Kirche mit der hohen Decke und dem Korridor fort. Heute finden hier Konzerte statt. Die Kirche ist einer der Hauptaufführungsorte während des Musikfestivals in Spitalfields im Juni und Dezember. Gruppenführungen vorab buchen.

Hugenotten in London

Zur ersten großen Einwanderungswelle Ende des 17. Jahrhunderts in den Osten Londons gehörten Zehntausende von Hugenotten aus Frankreich. Sie flohen als Protestanten vor der religiösen Verfolgung in ihrem Heimatland und siedelten sich vor allem in Spitalfields an. Viele von ihnen waren von Beruf Weber und dominierten bald die Seiden- und Textilindustrie, die es in diesem Teil der Stadt bereits vor ihrer Ankunft gegeben hatte. Spitalfields bekam deshalb auch den Spitznamen »Weberstadt« verpasst.

Wunderschöne bunte Vielfalt auf dem Blumenmarkt in der Columbia Road ↑

11 ♿

St Leonard's Church

📍 O2 🏠 119 Shoreditch High St E1 🚇 Old St, Shoreditch High St 🕐 Juli – Okt: Fr – Sa 12 –17; So ganzjährig bei Gottesdiensten 🌐 shoreditchchurch.org.uk

Hier, am Kreuzungspunkt mehrerer bereits zur Römerzeit bestehender Verkehrswege, befand sich schon vor Jahrtausenden eine religiöse Stätte. Die 1736 – 40 im palladianischen Stil erbaute St Leonard's Church war die ursprüngliche »Kirche der Schauspieler« *(siehe S. 129)* und wird mit den Namen vieler Schauspieler der Tudor-Zeit in Verbindung gesetzt. Einige populäre Mimen liegen in der Krypta begraben – darunter auch Richard Burbage, der Darsteller so berühmter Rollen wie Hamlet, Macbeth und Romeo, sowie sein Bruder Cuthbert, der Gründer des Globe Theatre.

Wegen ihrer Akustik wird die Kirche auch als Konzert- und Theatersaal genutzt.

12 🍴 🖥 🛍

Columbia Road Market

📍 O2 🏠 Columbia Rd E2 🚉 Hoxton 🕐 So 8 –15 🌐 columbiaroad.info

Ein Besuch dieses farbenprächtigen Blumenmarkts zählt zu den verlockenden Aktivitäten an einem Sonntagvormittag. In einem schönen Straßenzug mit viktorianischen Läden erwartet Sie ein unterhaltsames, duftendes und buntes Erlebnis. Die Läden neben und hinter den Marktständen verkaufen selbst gebackenes Brot und frischen Landkäse, aber auch Antiquitäten und interessante Objekte – viele davon haben mit Blumen zu tun.

Zu einer Pause laden entlang der Columbia Road mehrere Cafés und Pubs sowie eine Tapas-Bar ein.

13 🖥 🛍

Rich Mix

📍 O3 🏠 35 – 47 Bethnal Green Rd E1 🚇 Shoreditch High St 🌐 richmix.org.uk

Das hippe unabhängige Kulturzentrum bietet auf fünf Etagen ein buntes Programm aus Livemusik, Theater, Tanz, Comedy und Film. Schwerpunkte sind Multikul-

Shopping

Boxpark

Unabhängige Modemarken, Accessoires, Kosmetik, Haushaltswaren und lustige Geschenke werden in diesem poppigen Einkaufszentrum aus umfunktionierten Seecontainern heraus verkauft.

📍 O3 🏠 2 –10 Bethnal Green Rd E1 🌐 boxpark.co.uk

turalismus, Feminismus und der Abbau von Stereotypen, was sich in der eklektischen Mischung von Filmfestivals widerspiegelt, für die das Kino ein wichtiger Veranstaltungsort geworden ist.

Auf dem Gebäude – früher eine Lederfabrik – herrscht ein buntes Durcheinander aus Performances und Ausstellungsflächen. Innen befinden sich drei Bars, zur Straße hin liegt ein indisches Streetfood-Café.

14 🕅 🖵 🛍 ♿ Museum of the Home
📍 O1 🏠 136 Kingsland Rd E2 🚇 Hoxton 🕐 siehe Website 🌐 museumofthehome.org.uk

Das frühere Geffrye Museum wurde 2020 nach einer umfassenden Renovierung wiedereröffnet. Es ist in einem restaurierten Armenhaus untergebracht, das 1715 auf einem Grundstück errichtet wurde, das Robert Geffrye, im 17. Jahrhundert ein Bür-

germeister Londons, der Stadt hinterließ. Die Räume bieten einen Einblick in die häusliche Einrichtung des städtischen Bürgertums von 1630 bis in die 1990er Jahre und spiegeln die Veränderungen in Gesellschaft, Verhalten, Stil und Geschmack wider. Jeder Raum enthält hervorragende Beispiele für britische Möbel aus dieser Zeit. In den Home Galleries werden die alltäglichen Erfahrungen des Haushaltens in den letzten 400 Jahren in einem größeren Kontext untersucht. In einem anderen restaurierten Almosenhaus wird bei Führungen die Geschichte des Lebens der Armen und Alten in früheren Zeiten erzählt. Im Außenbereich werden in historischen Gartenzimmern beliebte Bepflanzungen gezeigt, darunter ein Kräutergarten und ein Gründach aus dem 21. Jahrhundert. Das Museum zeigt Wechselausstellungen, auf der Grünfläche vor den Gebäuden finden häufig Veranstaltungen statt.

15 🖵 🛍 ♿ V & A Museum of Childhood
📍 O2 🏠 Cambridge Heath Rd E2 ☎ +44 20 8983 5200 🚇 Bethnal Green 🕐 tägl. 10–17:45 🚫 24.–26. Dez 🌐 vam.ac.uk/moc

Das Museum bietet die landesweit größte Sammlung von interessanten Ausstellungsstücken, die sich auf die Kindheit beziehen. Die Spielsachen, Brettspiele, Puppenhäuser, Kostüme und Modelleisenbahnen stammen aus der Zeit vom 16. Jahrhundert bis heute. Es gibt interaktive Abteilungen, in denen Kinder sich etwa verkleiden können.

↑ Das V & A Museum of Childhood zeigt Spielzeug durch die Jahrhunderte, darunter auch Puppen (Detail)

Southwark und Bankside

In Southwark und am Uferstreifen Bankside konnte man früher vielen Vergnügungen nachgehen, die in der City verboten waren. Zu den illegalen Freuden, die hier ab Ende des 16. Jahrhunderts gediehen, gehörten Bordelle, Theater sowie Bären- und Hahnenkämpfe. Auch heute noch stehen in den Straßen, die von der Borough High Street abgehen, viele Pubs. The George ist der einzige Gasthof Londons mit einer Galerie.

Shakespeares Truppe war im Globe Theatre zu Hause, dessen Rekonstruktion sich nahe dem ursprünglichen Standort befindet. Im 18. und 19. Jahrhundert wurden im Zuge der Industrialisierung der Bankside entlang Docks, Werften und Lagerhäuser gebaut, doch durch den Niedergang des Flusshandels verfiel sie zunehmend.

In den 1990er Jahren begann ihre Renaissance als attraktives Areal mit einer schönen Promenade direkt am Fluss. Sie verbindet so bedeutende Sehenswürdigkeiten wie Tate Modern, Millennium Bridge und The Shard.

CITY

CANNON STREET

QUEEN VICTORIA STREET

Mansion House

UPPER THAMES STREET

Blackfriars

Blackfriars Pier

The City
Seiten 172–193

Blackfriars Bridge

Millennium Bridge

Bankside Pier

Southwark Bridge

Cannon St Rail Cridge

UPPER GROUND

BLACKFRIARS ROAD

Bankside Gallery 5

Shakespeare's Globe 2

Tate Modern 1

GLOBE WALK
BEAR GDNS
ROSE ALLEY

The Rose Playhouse 7

Clink Prison Museum 8

CLINK STREET
STONEY STREET

South Bank
Seiten 218–231

HOPTON STREET

HOLLAND STREET

PARK STREET

SOUTHWARK BRIDGE ROAD

PARK STREET

PORTER ST

PARK STREET

SUMNER STREET

SOUTHWARK STREET

CANVEY ST
ZOAR STREET
GT GUILDFORD ST

THRALE STREET

REDCROSS WAY

SOUTHWARK

SOUTHWARK STREET

CHANCEL STREET

BEAR LANE

GREAT SUFFOLK ST

LAVINGTON STREET

EWER STREET

SCORESBY STREET

Southwark

SOUTHWARK BRIDGE ROAD

AYRES STREET

REDCROSS WAY

UNION STREET

UNION STREET

BOROUGH HIGH STREET

NELSON SQUARE

COPPERFIELD STREET

GREAT SUFFOLK STREET

SOUTHWARK BRIDGE ROAD

LANT STREET

MARSHALSEA RD

Borough

BLACKFRIARS ROAD

WEBBER STREET

SOUTHWARK BRIDGE ROAD

BOROUGH HIGH ST

GREAT DOVER STREET

TRINITY STREET

GREAT STREET

Southwark und Bankside

Highlights
1. Tate Modern
2. Shakespeare's Globe

Sehenswürdigkeiten
3. Southwark Cathedral
4. The Old Operating Theatre Museum
5. Bankside Gallery
6. Borough Market
7. The Rose Playhouse
8. Clink Prison Museum
9. The Shard

10. Bermondsey Street
11. City Hall
12. HMS *Belfast*

Restaurants
1. Roast
2. Flat Iron Square
3. The Garrison

Pubs
4. The George
5. The Anchor

Tate Modern

📍 L6 🏠 Bankside SE1 🔵 Blackfriars, Southwark 🚊 Blackfriars
🕐 tägl. 10–18 🗓 24.–26. Dez 🌐 tate.org.uk

Die Tate Modern liegt in einem ehemaligen Kraftwerk am südlichen Themse-Ufer – ein dynamischer Raum für eine der weltweit besten Sammlungen zeitgenössischer Kunst. Sie ist mit ihren wechselnden Ausstellungen die beliebteste Attraktion Großbritanniens.

Dieser Goliath einer Galerie verfügt über eine riesige Sammlung von Werken moderner Kunst, darunter Gemälde und Skulpturen von einigen der wichtigsten Künstler des 20. und 21. Jahrhunderts, etwa Pablo Picasso, Salvador Dalí, Mark Rothko und Francis Bacon. Weniger bekannte Künstler und Kunstrichtungen sind ebenso vertreten, etwa mit Werken aus Kronkorken oder einem Porzellanurinal, das aussieht wie Marcel Duchamps *Fountain*. Zentrum des Gebäudes ist die fantastische Turbine Hall, in der oft spezielle Auftragsarbeiten zu sehen sind. In anderen Ausstellungen, darunter auch die Räumlichkeiten im gewaltigen Blavatnik Building, werden Sammlungen zu einem bestimmten Thema oder beliebte Wechselausstellungen gezeigt.

Interaktive Kunst

In der Tate Modern gibt es eine Reihe von interaktiven Angeboten und Erfahrungen unter dem Header Bloomberg Connects. Diese Produkte, darunter die Timeline of Modern Art, die digitale Galerie TateShots und die digitale Drawing Bar, in der man in die Ateliers und Städte von Künstlern eintauchen kann, ermöglichen es der Öffentlichkeit, aktiv mit Kunst, Künstlern und anderen Besuchern in Kontakt zu treten. Die Multimedia-Applikationen bieten neben Audiokommentaren auch Bilder, Filmclips und Spiele.

One Two Three Swing!
von SUPERFLEX, eine Installation in der Turbinenhalle ↓

4,2 Millionen

So viele Ziegel wurden gebraucht, um das alte Bankside-Kraftwerk zu bauen.

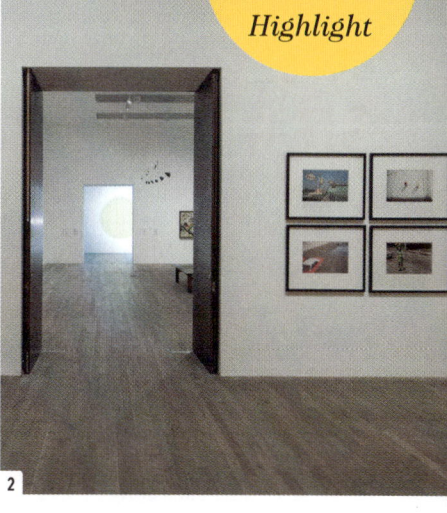

1 An dem 99 Meter hohen Schornstein der Tate Modern erkennt man die frühere Bestimmung des Gebäudes als Kraftwerk.

2 Die Tate Modern zeigt eine exzellente Dauerausstellung von Fotos und Gemälden über Skulpturen bis zu Videokunst.

3 Mit der Erweiterung um das Blavatnik Building gewann die Tate Modern viele neue Ausstellungsflächen hinzu.

Schöne Aussicht
Top of the Tower

Auf Level 10, der obersten Etage des fantastischen Erweiterungsbaus des Blavatnik Building, bietet die 360-Grad-Aussichtsterrasse einen spektakulären Blick auf London. Vom Restaurant auf Level 9 hat man einen ähnlich guten Blick auf St Paul's Cathedral, die City und ganz London.

2 🏃 🎨 🍴 🖥 🛍 ♿

Shakespeare's Globe

📍 L5 🏠 21 New Globe Walk SE1 Ⓢ Blackfriars, London Bridge, Mansion House 🕐 Führungen tägl. 9:30–12:30 alle 30 Min.; online buchen 📵 24., 25. Dez 🌐 shakespearesglobe.com

Ein Shakespeare-Stück im rekonstruierten Globe zu sehen, ist eine magische Erfahrung. Reisen Sie ins 16. Jahrhundert zurück und werden Sie Zeuge, wie Romeo Julia umwirbt, Beatrice und Benedick sich zanken und Hamlet nach Rache sucht.

Das Globe Theatre am Ufer der Themse ist ein in den 1990er Jahren errichteter Nachbau jenes elisabethanischen Theaters, in dem zahlreiche Stücke William Shakespeares uraufgeführt wurden. Die hölzerne, ringförmige Konstruktion ist in der Mitte offen, weshalb man unter Umständen dem Wetter ungeschützt ausgeliefert ist. Nur die Galerien sind überdacht. In den Sommermonaten (Mitte Apr – Mitte Okt) finden hier Aufführungen statt, die sich durchaus als Erlebnis entpuppen können.

Ein zweites Theater, das Sam Wanamaker Playhouse, bietet ebenfalls sehenswerte Darbietungen. Die Nachbildung eines jakobinischen Theaters mit Kerzenbeleuchtung wird das ganze Jahr über bespielt.

Auf Führungen erleben Sie das Theater und erfahren mehr über das ursprüngliche Gebäude von 1599, den Ersatzbau von 1614 und den Wiederaufbau durch Wanamaker in den 1990er Jahren. Sporadisch werden auch Führungen durch das Sam Wanamaker Playhouse angeboten.

↑ *Um dem Original gerecht zu werden, wurde das Theater mit Eichenbalken und Kalkputz gebaut*

💬 Expertentipp
Warm anziehen

Haben Sie Tickets? Dann ziehen Sie sich warm an! Die Stücke dauern mehrere Stunden, und selbst im Sommer kann es in London abends sehr kühl sein.

Highlight

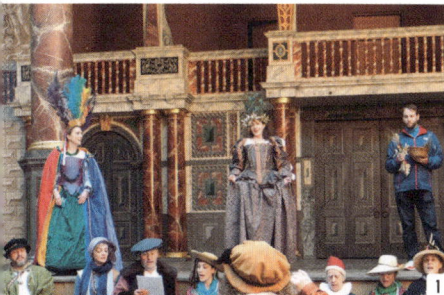

1 *Eine Vorstellung im Globe ist immer eine lebendige Erfahrung.*

2 *Das intime Sam Wanamaker Playhouse ist innen im Gebäude.*

3 *Das Dach des Globe besteht aus Schilfrohr. Seit dem Großen Brand 1666 ist Schilfrohr zwar verboten, das Theater bekam aber eine Sondererlaubnis und musste das Dach mit feuerdämmendem Material umsäumen.*

2

3

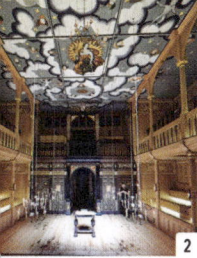

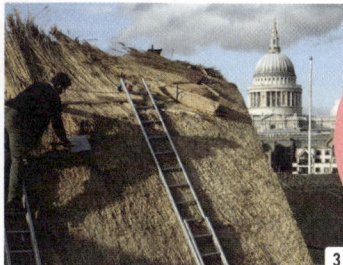

Schon gewusst?

Das ursprüngliche Theater brannte 1613 ab, als eine Bühnenkanone das Dach entzündete.

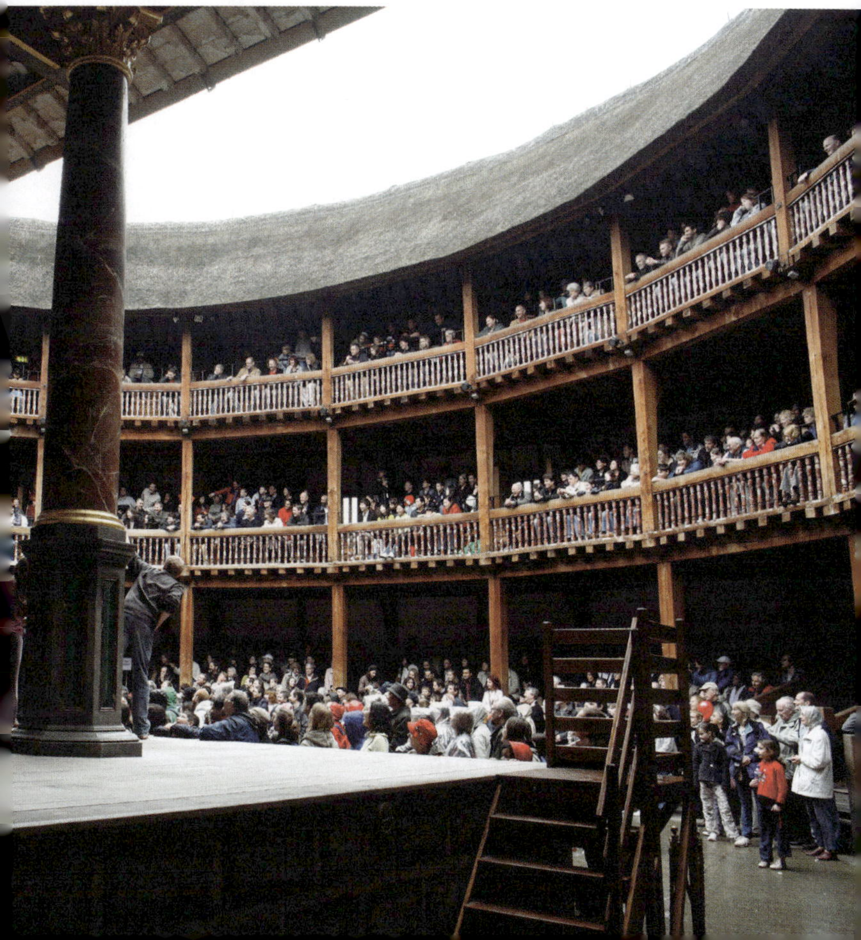

❸ Ⓜ️ 🖥️ 🏛️ ♿

Southwark Cathedral

📍 M6 🏠 Montague Close SE1 🚇 London Bridge
🕐 Mo – Sa 8:30 –18, So 8:30 –17 🌐 cathedral.southwark.anglican.org

Die Kirche wurde erst 1905 zur Kathedrale erklärt. Einige Teile des Baus stammen noch aus dem 12. Jahrhundert. Viele mittelalterliche Elemente der ehemaligen Klosterkirche sind erhalten. Bemerkenswert sind die vielen Denkmäler. Das Holzbildnis eines Ritters entstand im späten 13. Jahrhundert. Ein Mäzen der Harvard University, John Harvard, wurde 1607 hier getauft – eine Kapelle ist nach ihm benannt.

Im südlichen Seitenschiff befindet sich ein Denkmal für Shakespeare und darüber ein Buntglasfenster, das Figuren aus seinen Stücken darstellt. Der Kirchhof wurde zu einem Kräutergarten umgestaltet, und der Millennium Courtyard führt zum Fluss hinunter.

❹ 🎨 Ⓜ️ 🏛️ ♿

The Old Operating Theatre Museum

📍 M6 🏠 9a St Thomas St SE1 🚇 London Bridge
🕐 Mo 14–17, Di – Fr 10:30 –17, Sa, So 12 –16
🌐 oldoperatingtheatre.com

Das Guy's & St Thomas' Hospital, eines der ältesten Krankenhäuser Englands, war von seiner Gründung im 12. Jahrhundert bis 1862 hier beheimatet. Nahezu alle Gebäude mussten jedoch der Eisenbahn weichen. Der Operationssaal für Frauen (1822) blieb nur erhalten, weil er sich abseits der Hauptgebäude in einer Dachkammer über der Hos-

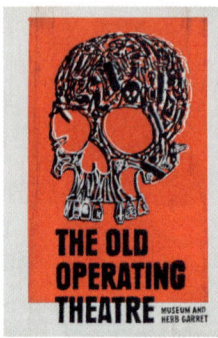

↑ *Memento Mori aus chirurgischen Instrumenten, The Old Operating Theatre*

pitalkirche (dem heutigen Kapitelsaal der Kathedrale) befand. Dort überdauerte er bis in die 1950er Jahre. Heute ist er originalgetreu restauriert und so ausgestattet, wie er Anfang des 19. Jahrhunderts ausgesehen hat, als es weder Narkose noch Desinfektionsmittel gab.

In einer weiteren Dachkammer, in der früher die Krankenhausapotheke Kräuter aufbewahrte, sind traditionelle Kräuter und Heilmittel sowie eine Ausstellung antiker Arzneimittel zu sehen.

❺ 🏛️ ♿

Bankside Gallery

📍 L5 🏠 48 Hopton St SE1
☎ +44 20 7928 7521
🚇 Blackfriars, Southwark
🕐 bei Ausstellungen tägl. 11–18 🔒 1. Jan, 24.– 26. Dez
🌐 banksidegallery.com

Die moderne Kunstsammlung ist Hauptsitz der historischen Royal Watercolour Society und der Royal Society of Painter-Printmakers.

 ←

Turm und Ostseite der Southwark Cathedral aus Sandstein und Kiesel

↑ Southwarks gut besuchter Borough Market

Neumitglieder beider Gesellschaften werden nach einem Ritual gewählt, das mehr als 200 Jahre alt ist. Ihre Arbeit umfasst traditionelle wie experimentelle Techniken. Zwar ist die Sammlung nicht öffentlich zugänglich, es gibt aber Sonderausstellungen auch mit Aquarellen und Kunstdrucken. Viele Werke stehen zum Verkauf. Im gut sortierten Laden werden Kunstbücher und andere Kunstmaterialien angeboten.

Vom angrenzenden Pub Founders Arms aus hat man einen hervorragenden Blick auf St Paul's Cathedral. Das Pub wurde an der Stelle der Glockengießerei errichtet, in der die Glocken der Kathedrale gegossen wurden.

➏ Borough Market

📍 M6 🏠 8 Southwark St SE1 🚇 London Bridge 🕐 Mo–Do 10–17, Fr 10–18, Sa 8–17 (Dez: auch So 10–16) 🌐 boroughmarket.org.uk

Am jetzigen Standort an den Bahngleisen ist der Markt zwar erst seit 1756, doch seine Wurzeln reichen bis ins Mittelalter zurück. Zu jener Zeit versorgte sich die Londoner Bevölkerung hier vor allem mit Obst und Gemüse.

Heute ist der Borough Market ein populärer Delikatessenmarkt, hier kann man sich bestens mit frischen Waren aus Großbritannien und anderen Ländern Europas eindecken. Das Angebot umfasst neben Obst, Gemüse und Milchprodukten auch Fisch sowie Fleisch- und Wurstwaren.

Zwischen den Marktständen gibt es viele Imbissbuden, aus denen es verführerisch duftet. Am meisten los ist hier freitags und samstags. Auch die Delikatessenläden und Pubs in den Straßen rund um den Markt lohnen einen Besuch.

➐ The Rose Playhouse

📍 M6 🏠 56 Park St SE1 🚇 London Bridge 🕐 Sa 12–16 🌐 rosetheatre.org.uk

Bei Ausgrabungsarbeiten für den Bau eines Bürogebäudes wurden 1989 Überreste des aus elisabethanischer Zeit stammenden Rose Theatre gefunden. Das 1587 eröffnete Theater war das erste in Bankside, aufgeführt wurden hier Stücke von Größen wie Shakespeare und Marlowe. Interessant war auch die Lage: Das Globe Theatre befand sich gleich

Pubs

The George

Das Pub ist das einzige verbliebene Gasthaus mit Außengalerie in London. Im Sommer sitzt man auch schön draußen im Hof.

📍 M6
🏠 75–77 Borough High St SE1 🌐 greeneking-pubs.co.uk

The Anchor

Hier werden schon seit Jahrhunderten Ales ausgeschenkt. Das heutige Gebäude (18. Jh.) hat eine schöne Flussterrasse.

📍 M6 🏠 34 Park St SE1 🌐 greeneking-pubs.co.uk

auf der anderen Straßenseite. Die Überreste des Theaters, über dem ein modernes Gebäude errichtet wurde, sind in Wasser getaucht. Lichteffekte kennzeichnen die Umrisse des ehemaligen Theaters. Eine kleine Ausstellung dokumentiert die Ausgrabungsarbeiten.

Gruselige Skelette erschrecken Besucher im Clink Prison Museum ↑

Restaurants

Roast
Beste traditionelle britische Gerichte in elegantem Ambiente mit Blick über den Borough Market.

📍 M6 🏠 The Floral Hall, Stoney St SE1 🌐 roast-restaurant.com

€€€

Flat Iron Square
Streetfood und gute Fast-Food-Restaurants unter der Eisenbahn beim Borough Market.

📍 M6 🏠 68 Union St SE1 🌐 flatironsquare.co.uk

€€€

The Garrison
Traditionelle britische Küche wird hier aufs Beste kreativ und modern interpretiert.

📍 N7 🏠 99–101 Bermondsey St SE1 🌐 thegarrison.co.uk

€€€

8 Clink Prison Museum
📍 M6 🏠 1 Clink St SE1 📞 +44 20 7403 0900 🚇 London Bridge 🕐 Juli–Sep: Mo–Fr 10–19:30, Sa, So 10–21; Okt–Juni: Mo–Fr 10–18, Sa, So 10–19:30 🌐 clink.co.uk

Das Gefängnis, in dem sich das Museum befindet, wurde im 12. Jahrhundert gebaut. Es gehörte den Bischöfen von Winchester, die im angrenzenden Palast wohnten, von dem heute nur ein Rosettenfenster übrig ist. Im 15. Jahrhundert erhielt das Gefängnis den Beinamen »Clink« (Knast). Dieser Ausdruck wurde zur Bezeichnung für jegliche Art von Gefängnis. 1780 wurde Clink Prison geschlossen.

Das Museum präsentiert die mitunter spannenden Geschichten der Gefängnisinsassen, darunter waren Prostituierte, Schuldner und auch Priester, die das Bistum als Ketzer verurteilt hatte. Die Folterinstrumente, die man auch anfassen (und ausprobieren) kann, sind nichts für Besucher mit schwachen Nerven.

9 The Shard
📍 N6 🏠 London Bridge St 🚇 London Bridge 🕐 The View from The Shard: tägl. 10–22 (letzter Einlass: 21) 🚫 25. Dez 🌐 theviewfromtheshard.com

Der von Renzo Piano gestaltete Wolkenkratzer The Shard (deutsch: Scherbe) ist mit 310 Metern das höchste Bauwerk Westeuropas. Die Fassade des 95 Stockwerke hohen, im Jahr 2012 fertiggestellten Gebäudes ist vollständig verglast mit herrlichen Blicken über die Stadt. In dem Gebäude befinden sich Büros, Restaurants, ein Luxushotel, exklusive Apart-

The Shard erhebt sich hinter der City Hall →

ments und die mit 244 Metern höchstgelegene Aussichtsplattform des Landes (The View from The Shard). Zu ihr gelangt man mit einem Aufzug am Eingang Joiner Street.

Bermondsey Street
📍 N7 🏠 SE1
🚇 London Bridge, Borough

In den kurvenreichen Straßen Bermondseys entdeckt man zahlreiche Gebäude aus dem Mittelalter, dem 18. Jahrhundert sowie aus viktorianischer Zeit. Heute ist die Gegend bekannt für Galerien, Cafés und Restaurants sowie ihren Antiquitätenmarkt am Freitagvormittag, der am Bermondsey Square abgehalten wird. Ein Marktbesuch ist bei vielen als Tagesausflug beliebt. Der Handel beginnt aber bereits um 6 Uhr morgens. Die interessantesten Geschäfte werden zu einer Zeit getätigt, wenn viele noch schlafen.

Das **Fashion and Textile Museum** in der Bermondsey Street 83 widmet sich allen Themen aus dem Bereich »Mode und Bekleidung«. In wechselnden Ausstellungen befasst es sich mit einzelnen Designern oder anderen Themen.

Etwas weiter die Straße entlang befindet sich mit White Cube Bermondsey eine Galerie für internationale zeitgenössische Kunst.

Fashion and Textile Museum
📅 Di – Sa 11–18 (Do bis 20), So 11–17
🌐 ftmlondon.org

City Hall
📍 O6 🏠 The Queen's Walk SE1 🚇 London Bridge
🕐 Mo – Do 8:30 –18, Fr 8:30 – 17:30 🌐 london.gov.uk/about-us

Norman Foster gestaltete das von einer Glaskuppel bekrönte Rathaus bei der Tower Bridge. Das Gebäude ist für die Öffentlichkeit zugänglich, jeder kann bei Sitzungen in der Versammlungshalle oder Fragerunden, wie sie zehnmal im Jahr an einem Donnerstagvormittag stattfinden, zusehen (Uhrzeiten siehe Website). Im Untergeschoss sind Wechselausstellungen und ein Café. Im Scoop genannten Amphitheater gibt es im Sommer kostenlose Veranstaltungen, Theaterstücke, Konzerte und Filme.

HMS *Belfast*
📍 N6 🏠 The Queen's Walk SE1 🚇 London Bridge, Tower Hill 🕐 tägl. 10 –18 (letzter Einlass: 17)
🔒 24.– 26. Dez 🌐 iwm.org.uk/visits/hms-belfast

Die HMS *Belfast*, die 1938 vom Stapel lief, spielte eine entscheidende Rolle bei der Zerstörung des deutschen Schlachtkreuzers *Scharnhorst* und bei der Landung der alliierten Truppen in der Normandie 1944.

Nach dem Zweiten Weltkrieg wurde der Schlachtkreuzer im Koreakrieg für die UN-Marine eingesetzt und blieb bis 1965 im Dienst der Royal Navy. Seit 1971 fungiert die HMS *Belfast* als schwimmendes Marinemuseum.

Ein Teil des Schiffs wurde im Zustand von 1943 originalgetreu nachgebaut. Besucher können über Leitern in den 4,50 Meter unter dem Meeresspiegel liegenden Maschinenraum hinabsteigen und erleben, wie es in den Geschütztürmen während einer Schlacht zuging. Interaktive Exponate erforschen die 80-jährige Geschichte des Schiffs und erzählen die Erlebnisse einiger der Veteranen, die hier gedient haben.

Spaziergang in Southwark

Länge 2 km **Dauer** 25 Min. **U-Bahn** Blackfriars

Vom Mittelalter bis ins 18. Jahrhundert war Southwark der Ort verbotener Vergnügungen: Bordell- und Theaterbesuche. Southwark lag südlich der Themse und damit außerhalb des Zuständigkeitsbereichs der Behörden. Im 18. und 19. Jahrhundert entstanden Hafen-

anlagen, Lager und Fabriken. Heute gehört zu einem Spaziergang an der Uferpromenade ein wunderbarer Blick auf St Paul's, Tate Modern, den erneuerten Borough Market, das wieder-belebte Shakespeare's Globe Theatre und The Shard.

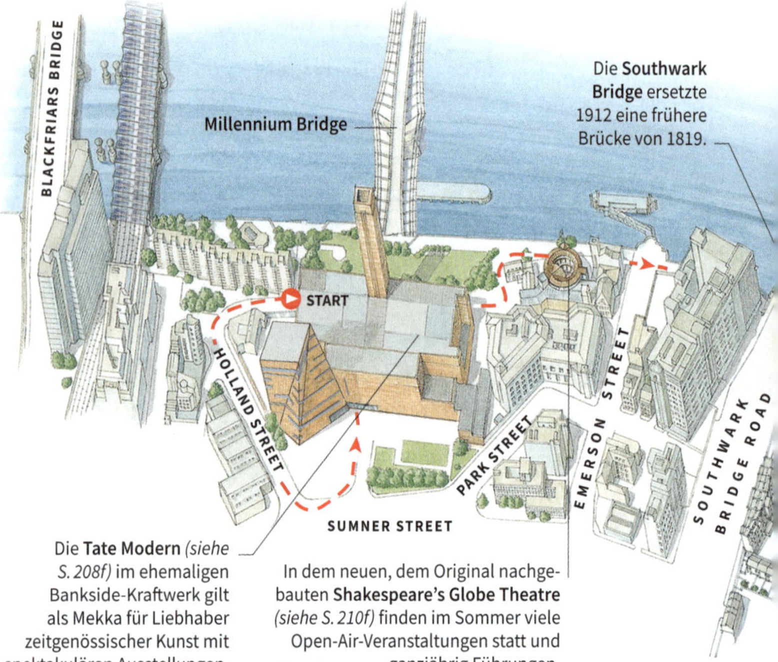

BLACKFRIARS BRIDGE

Millennium Bridge

Die **Southwark Bridge** ersetzte 1912 eine frühere Brücke von 1819.

▶ START

HOLLAND STREET

PARK STREET

EMERSON STREET

SOUTHWARK BRIDGE ROAD

SUMNER STREET

Die **Tate Modern** *(siehe S. 208f)* im ehemaligen Bankside-Kraftwerk gilt als Mekka für Liebhaber zeitgenössischer Kunst mit spektakulären Ausstellungen.

In dem neuen, dem Original nachge-bauten **Shakespeare's Globe Theatre** *(siehe S. 210f)* finden im Sommer viele Open-Air-Veranstaltungen statt und ganzjährig Führungen.

| 0 Meter | 100 | N |
| 0 Yards | 100 | ↑ |

← One Two Three Swing! *von SUPERFLEX in der Tate Modern*

Southwark
und Bankside

Zur Orientierung
Siehe Stadtteilkarte S. 206f

↑ *The Anchor ist seit Shakespeares Zeiten ein beliebtes Pub*

An der Stelle des alten Gefängnisses informiert das **Clink Prison Museum** *(siehe S. 214)* über die Geschichte Southwarks.

Seit Jahrhunderten ist das Pub **The Anchor** *(siehe S. 213)* an der Themse ein beliebter Treffpunkt.

Die **London Bridge** war bis 1750 Londons einzige Brücke. Der erste Bau überspannte schon zur Römerzeit die Themse. Die heutige Brücke stammt von 1972, ihr Vorgängerbau von 1831.

Rosettenfenster (14. Jh.)

Golden Hinde II ist ein in den 1970er Jahren angefertigter Nachbau von Sir Francis Drakes Flaggschiff.

CLINK STREET

PARK STREET

BANK END

STREET

CATHEDRAL STREET

MONTAGUE CLOSE

LONDON BRIDGE

Trotz Veränderungen hat die **Southwark Cathedral** *(siehe S. 212)* noch mittelalterliche Bausubstanz.

STONEY STREET

Schon seit etwa 1014 wurde in der Nähe von **Borough Market** *(siehe S. 213)* ein Markt abgehalten.

SOUTHWARK STREET

BOROUGH HIGH STREET

ST THOMAS STREET

The George *(siehe S. 213)* ist der einzige Gasthof Londons, der noch einen Innenhof mit Galerie aufweist.

ZIEL

In der **Hop Exchange** wurde Brauhopfen aus Kent gehandelt. Im Giebel sind Darstellungen der Hopfenernte zu sehen.

Das **War Memorial** wurde 1924 zum Gedenken an die Gefallenen des Ersten Weltkriegs errichtet.

South Bank

Das Marschland oberhalb der Themse bei Westminster gegenüber der Gegend, die später Victoria
Embankment wurde, wurde erst im 18. Jahrhundert trockengelegt, entwickelt und South Bank genannt. Ende der 1830er Jahre wurde das Flussufer
von der Lion Brewery dominiert, die 1949 abgerissen wurde.

Nach dem Zweiten Weltkrieg war die Gegend
recht heruntergekommen, bis das London County
Council beschloss, sie für das Festival of Britain
1951 zu entwickeln. Konzeptionell sollte eine große
Ausstellungsfläche mit vielen kulturellen Veranstaltungsorten und Freizeitstätten entstehen. Das
einzige fest stehende Gebäude war die Royal Festival Hall. Darum wuchs das Southbank Centre, das
den Ort dominiert.

Das South-Bank-Viertel war eines der Zentren
der Millenniumsfeierlichkeiten in der britischen
Metropole. Zu den populärsten Attraktionen, die
blieben, zählt das Riesenrad London Eye.

I

COVENT GARDEN

SOUTHAMPTON STREET

STRAND

J

LANCASTER PLACE

Somerset House

⊖ Temple

VICTORIA EMBANKMENT

Thames (Themse

Covent Garden und The Strand
Seiten 122–135

THE QUEEN'S WALK

Gabriel's Wharf

Waterloo Bridge

🚇 Charing Cross

Embankment Pier

Festival Pier

BFI Southbank

WATERLOO ROAD

National Theatre **4**

UPPER GROUND

NORTHUMBERLAND AVENUE

⊖ Embankment

Hungerford Rail Bridge

Queen Elizabeth Hall

Southbank Centre **1**

Royal Festival Hall

Hayward Gallery

DOON ST

CORNWALL ROAD

STAMFORD STREET

Jubilee Footbridges

6

WHITEHALL

Ministry of Defence

VICTORIA EMBANKMENT

Jubilee Gardens

BELVEDERE ROAD

BFI Imax

MEPHAM STREET

STATION APPROACH

EXTON

Waterloo 🚆 ⊖

London Eye

London Eye Pier **3**

STATION APPROACH

SPUR ROAD

PARLIAMENT STREET

Westminster Pier

⊖ Westminster

BRIDGE ST

London Dungeon **7**

SEA LIFE London Aquarium **5**

County Hall

BELVEDERE ROAD

YORK ROAD

LEAKE ST

FORUM MAGNUM SQUARE

LOWER MARSH

FRAZIER

Big Ben

Houses of Parliament

Westminster Bridge

WESTMINSTER BRIDGE ROAD

Florence Nightingale Museum **6**

St Thomas's Hospital

UPPER MARSH

ROYAL ST

CARLISLE LANE

WESTMINSTER BRIDGE ROAD

BAYLIS

Lambeth North ⊖

7

Whitehall und Westminster
Seiten 68–85

ALBERT EMBANKMENT

LAMBETH PALACE ROAD

HERCULES ROAD

KENNINGTON ROAD

Victoria Tower Gardens

St John's Smith Square

Archbishop's Park

CARLISLE LANE

HERCULES ROAD

COSSER STREET

Lambeth Palace **9**

LAMBETH ROAD

8

THORNEY ST

MILLBANK

Lambeth Bridge

Garden Museum **10**

LAMBETH HIGH ST

OLD PARADISE ST

LAMBETH

WALK

WALNUT TREE WALK

FITZALAN STREET

I

J

Holborn und
Inns of Court
Seiten 136–149

Blackfriars

Blackfriars
Pier

Blackfriars
Bridge

OXO Tower

Bernie
Spain
Gardens

5

South
Bank

Tate
Modern

Southwark
und Bankside
Seiten 204–217

UPPER GROUND

RENNIE STREET

STAMFORD STREET

DUCHY STREET

BROADWALL

PARIS GARDEN

HATFIELDS

AQUINAS STREET

MEYMOTT STREET

-HEED ST

ROUPELL STREET

JOAN ST

Waterloo East

ISABELLA ST

Southwark

WOOTTON STREET

GREET ST

Young
Vic

THE CUT

SHORT STREET

BURROWS MEWS

NELSON
SQUARE

MITRE ROAD

UFFORD STREET

VALENTINE
PLACE

POCOCK STREET

The Old Vic

WATERLOO

GRAY ST

BARON'S PLACE

WEBBER ROW

WEBBER STREET

BOYFIELD ST

CORNWALL ROAD

ROAD

PEARMAN STREET

-EET STREET

MORLEY STREET

GERRIDGE STREET

DODSON STREET

ST
GEORGE'S
CIRCUS

LONDON

ROAD

WESTMINSTER BRIDGE ROAD

St George's
Cathedral

ST GEORGE'S ROAD

GLADSTONE ST

COLNBROOK STREET

GARDEN ROW

KING EDWARD WALK

LAMBETH

GERALDINE STREET

Geraldine
Mary Harmsworth
Park

Imperial War
Museum

WEST SQUARE

AUSTRAL STREET

HAYLES STREET

BROOK DRIVE

BLACKFRIARS ROAD

BEAR LANE

SUMNER STREET

SOUTHWARK STREET

GT GUILDFORD ST

EWER ST

UNION STREET

SOUTHWARK

GREAT SUFFOLK STREET

SOUTHWARK BRIDGE ROAD

LANT STREET

BRIDGE ROAD

SOUTHWARK

REDCROSS WAY

MARSHALSEA RD

BOROUGH HIGH ST

BOROUGH ROAD

6

7

0 Meter   300
0 Yards   300

N

South Bank

Highlights
1 Southbank Centre
2 Imperial War Museum
3 London Eye

Sehenswürdigkeiten
4 National Theatre
5 SEA LIFE London Aquarium
6 Florence Nightingale Museum
7 London Dungeon
8 Gabriel's Wharf
9 Lambeth Palace
10 Garden Museum
11 The Old Vic

K   L   M

Southbank Centre

📍 J6 🏠 Belvedere Rd, South Bank SE1 🚇 Waterloo, Embankment
🚆 Waterloo, Waterloo East, Charing Cross 🚢 Festival Pier und London Eye Pier 🌐 southbankcentre.co.uk

Das Southbank Centre am Flussufer ist mit einer großartigen Kunstgalerie und drei Weltklasse-Auditorien für Musik, Tanz und andere Veranstaltungen einer von Londons wichtigsten Veranstaltungsorten für Kulturevents und Performances.

Londons hochkarätiges, überaus geschätztes und immer gut besuchtes mehrdimensionales Kunstzentrum steht im Mittelpunkt der anderen großen Kunstinstitutionen an der South Bank: des National Theatre und des British Film Institute. Das Southbank Centre selbst besteht aus vier Hauptveranstaltungsorten, der Royal Festival Hall, der Hayward Gallery, der Queen Elizabeth Hall und dem Purcell Room.

Einst prägten dieses Gebiet weitläufige Hafenanlagen und Fabriken, heute ist hier immer etwas los, zwischen den Terrassen, Bühnen, Wegen und Dächern des Betonkomplexes gibt

es viele Bars und Restaurants, die auch für das leibliche Wohl der Besucher sorgen.

Das Southbank Centre ist immer voller Menschen, die hier Vorstellungen aufsuchen, vor allem von klassischer Musik, es gibt aber auch Opernaufführungen und Konzerte von Folk- und Weltmusik sowie vieler zeitgenössischer Richtungen. Auch Comedy, Vorträge und Tanzaufführungen findet man hier. Darüber hinaus werden regelmäßig Festivals ausgerichtet, darunter das London Jazz Festival, das Women of the World (WOW) Festival, das London Literature Festival und das Musikfestival Meltdown.

↑ Menschen genießen
die Sonne vor der
Queen Elizabeth Hall

↑ Promenade am Fluss entlang
vorbei am Southbank Centre
Richtung London Eye

1951 Festival of Britain

Das 1951 Festival of Britain wurde zur Hundertjahrfeier der Great Exhibition veranstaltet und sollte nach dem Zweiten Weltkrieg vor allem Optimismus verbreiten. Die Hafenanlagen und Fabriken, die hier einst standen, waren während des Kriegs durch Bomben beträchtlich beschädigt worden, sodass das Areal für das Festival geräumt wurde. Es wurden neue Gebäude aufgestellt, die zusammen eine Art kulturellen Themenpark darstellten. Das einzige Gebäude, das auch nach dem Festival stehen blieb, war die Royal Festival Hall.

South Bank

Das Southbank Centre liegt an einem Flussbogen der Themse und ist ein ausladender Komplex mit der Royal Festival Hall im Zentrum. Ein Stück weiter am Ufer entlang warten das riesige London Eye und die County Hall mit Attraktionen wie dem London Dungeon und dem London Aquarium auf Besucher.

Food Market

Southbank Centre Food Market

Der kleine Food Market befindet sich auf der Rückseite der Royal Festival Hall. Im Angebot ist eine große Auswahl an Streetfood von Pizzas und Currys über koreanisches BBQ bis zu äthiopischen Gerichten. Es gibt auch Wein, Käse und Marmelade zum Mitnehmen.

🕐 **Fr 12–20, Sa 11–20, So, Feiertage 12–18**

ⓔⓔⓔ

Im **National Theatre** werden klassische bis moderne Stücke gezeigt.

Die **Waterloo Bridge** wurde von Sir Giles Gilbert Scott entworfen.

Southbank Centre Food Market

Das **Shell Building** ist die Zentrale des internationalen Ölunternehmens.

Die **Hungerford Bridge** wurde 1864 gebaut.

Southbank Centre

Die **Jubilee Gardens** (1977) wurden für das Diamantene Jubiläum von Queen Elizabeth II umgestaltet.

Schon gewusst?

Die Orgel in der Royal Festival Hall hat mehr als 7800 Pfeifen.

Vom **London Eye** bietet sich ein grandioser Ausblick.

In der **County Hall** liegen das SEA LIFE Aquarium London und der London Dungeon.

1 *Der Southbank Centre Food Market findet von Freitag bis Sonntag hinter der Royal Festival Hall statt.*

2 *Die Betonfassade der Hayward Gallery passt gut zu den modernen Werken, die innen präsentiert werden. Das Gebäude ist ein gutes Beispiel für brutalistische Architektur.*

3 *BFI Southbank, vormals das National Film Theatre, wurde ursprünglich gegründet, um historische Filme zu zeigen. Das heutige, vielschichtige Programm enthält Filme aus aller Welt.*

Royal Festival Hall
📍 J6 🕐 tägl. 10–23

Mit einem Auditorium, in dem 2900 Menschen Platz finden, ist das modernistische Gebäude die größte Konzerthalle des Southbank Centre und der wichtigste Aufführungsort der Stadt, wenn es um klassische Musik geht.

Neben dem Hauptsaal umfasst der Komplex auch Räumlichkeiten wie den Clore Ballroom, wo oftmals kostenlose Konzerte stattfinden. Im Foyer, das auch für Ausstellungen genutzt wird, ist ein Café, darüber das Restaurants Skylon. Im Sommer finden auf der Uferterrasse Partys mit DJs statt.

Hayward Gallery
📍 J6 🕐 Mi–Do 11–19 (Do bis 21)

Die Hayward Gallery, die nach einer umfassenden Renovierung 2018 wiedereröffnet wurde, ist Schauplatz wichtiger Kunstausstellungen. Die Betonfassade des Gebäudes von 1968 im Brutalismus-Stil ist umstritten, gilt aber als Musterbeispiel der Architektur der 1960er Jahre.

Das Spektrum der Ausstellungen in der Hayward Gallery reicht von Gemälden und Zeichnungen über Fotografien und Skulpturen bis zu Installationen von Künstlern aus der ganzen Welt. Paul Klee, Andreas Gursky, Bridget Riley und Anthony Caro haben hier schon ausgestellt.

Queen Elizabeth Hall und Purcell Room
📍 J6 🕐 tägl. 10–23

Die 1967 eingeweihte Queen Elizabeth Hall wurde 2018 nach Renovierungsarbeiten wiedereröffnet. In dem relativ intimen Saal finden Konzerte kleinerer Orchester, Musik- und Tanzvorstellungen, Stand-up-Comedy und literarische Events statt.

Der Purcell Room im selben Gebäude ist noch einmal kleiner. In ihm werden Lesungen und Konzerte mit Kammer- und zeitgenössischer Musik sowie Klavierkonzerte abgehalten.

Auch im Foyer finden regelmäßig Veranstaltungen statt, gelegentlich etwa eine Club Night.

BFI Southbank
📍 J6 🌐 bfi.org.uk

BFI Southbank, das frühere National Film Theatre, wurde 1953 etabliert, und auch wenn es direkt neben dem Southbank Centre liegt, ist es doch nicht Teil davon.

Das Kino hat vier Leinwände und bietet eine riesige Auswahl an unterschiedlichsten Filmen – britischen wie internationalen. Regelmäßig werden auch seltene und restaurierte Filme und TV-Serien gezeigt. In der frei zugänglichen Mediathek kann man das Archiv des BFI durchsuchen.

Schon gewusst?

Während des Zweiten Weltkriegs fielen in 76 aufeinanderfolgenden Nächten Bomben auf London.

↑ Militärflugzeuge im Hauptatrium des Imperial War Museum

2 Ⓜ 🍴 🖥 🛍 ♿

Imperial War Museum

📍 K8 🏠 Lambeth Rd SE1 🚇 Waterloo, Lambeth North, Elephant & Castle
🚆 Waterloo, Elephant & Castle 🕐 tägl. 10–18 📅 24.–26. Dez 🌐 iwm.org.uk

Mit großer Kreativität und Sensitivität bieten die eindringlichen Ausstellungen im hervorragenden Imperial War Museum einen faszinierenden Blick in die Geschichte von Kriegen und Konflikten.

Natürlich spielen die beiden Weltkriege im Imperial War Museum eine große Rolle, sie werden aber auf innovative Weise behandelt. In den Ausstellungen zum Ersten Weltkrieg wurde etwa ein Schützengraben nachgebaut. Die Ausstellungen über den Zweiten Weltkrieg, einschließlich der besonders ergreifenden über den Holocaust, zeigen die entscheidenden Ereignisse im Licht neuester Forschungsergebnisse und Archivveröffentlichungen. Zu den weiteren sehr originellen Dauerausstellungen gehören die Kuriositäten des Kriegs, die eine Fülle von unerwarteten Gegenständen umfassen, etwa ein Sofa, das von den Truppen in Afghanistan aus HESCO-Bastionszäunen hergestellt wurde. Im Hauptatrium sind Panzer, Artillerie und Flugzeuge, darunter eine Mark 1 Spitfire und ein Harrier-Jet, zu sehen.

> 💬 Expertentipp
> **Für Kinder**
>
> Es gibt einen Museumsführer, der sich vor allem an Kinder ab sieben Jahren wendet. Täglich gibt es darüber hinaus 40-minütige Führungen (Zeiten siehe Website), bei denen die Sammlungen des Museums vorgestellt werden.

1 *Das Museum liegt im ehemaligen, 1811 gebauten Bethlem Royal Hospital for the Insane.*

2 *Zu den ausgestellten Militaria gehört auch ein sowjetischer Panzer, den das israelische Militär 1973 erbeutete.*

3 *Im Atrium hängt das berühmte Jagdflugzeug Spitfire aus dem Jahr 1940 von der Decke.*

80 **Speichen** mit sechs Kilometer Länge halten und stützen das Rad.

Das **Rad-gerüst** wurde in Einzel-teilen über die Themse transpor-tiert.

Die **Glas-gondeln** sind auf der Außenseite des Rads befestigt.

Das **Rad** dreht sich so langsam, dass die Passagiere leicht ein- und aussteigen können.

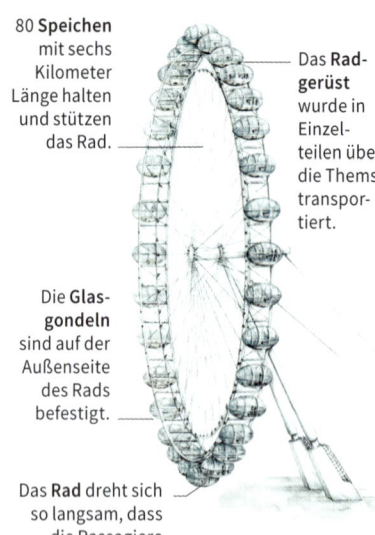

↑ *Illustration vom London Eye*

London Eye

📍 J6 🏠 Jubilee Gardens SE1 🚇 Waterloo, Westminster 🕐 tägl. ab 10; Schließzeiten siehe Website 🔒 zwei Wochen im Jan für Wartungsarbeiten 🌐 londoneye.com

Von den Glasgondeln des London Eye direkt am Themse-Ufer hat man einen fantastischen Blick auf die historische Skyline Londons. Besucher genießen vom berühmtesten Riesenrad des British Empire einen 360-Grad-Blick auf die britische Hauptstadt.

Das schon von Weitem sichtbare London Eye ist ein 135 Meter hohes Riesenrad. Es wurde im Jahr 2000 im Zuge der Millenniumsfeierlichkeiten in London errichtet und entwickelte sich schnell zu einem Wahrzeichen der Stadt. Das Riesenrad fällt nicht nur durch seine Größe auf, sondern auch durch seine Kreisform inmitten der blockförmigen Gebäude, die es flankieren.

Das Rad mit 32 Gondeln, die für bis zu 25 Personen ausgelegt sind, braucht für eine komplette Umdrehung 30 Minuten. An klaren Tagen kann man von den Gondeln bis zu 40 Kilometer weit sehen und so einen Rundumblick über die gesamte Stadt und ihre Umgebung genießen.

Tickets buchen

Die Schlangen vor dem London Eye können lang sein, deshalb sollte man Tickets vorab online buchen, um sich ein Zeitfenster zu sichern. Will man mehrere Sehenswürdigkeiten besuchen, lohnen sich Besucherpässe, mit denen man etliche Londoner Attraktionen zu reduzierten Preisen sehen kann.

SEHENSWÜRDIGKEITEN

↑ Von den Gondeln hat man einen unverstellten Blick auf die Stadt

4 🗺 🍴 🥤 🛍 ♿

National Theatre

📍 K6 🏠 South Bank SE1
Ⓔ Waterloo 🕐 Mo – Sa 9:30 – 23 (Sherling Walkway bis 19:30), So 12 – 18
🔒 Karfreitag, 24., 25. Dez
Ⓦ nationaltheatre.org.uk

Auch wenn man sich kein Theaterstück ansehen möchte, lohnt sich ein Besuch dieses Komplexes – vor allem, weil man hier wunderbar einen Blick hinter die Kulissen werfen kann. Die Führungen finden von Montag bis Samstag statt und sollten vorab gebucht werden. Einen schönen Blick genießt man auch vom Sherling High-Level Walkway (Zugang nahe dem Dorfman Theatre).

Sir Denys Lasduns Bau wurde 1976 eingeweiht, nachdem man 200 Jahre lang darüber debattiert hatte, ob und, wenn ja, wo ein Nationaltheater entstehen solle. Das Ensemble wurde 1963 gegründet, die Leitung übernahm der Schauspieler Sir Laurence Olivier. Nach ihm ist das größte der drei Theater benannt. Die beiden anderen im Gebäude heißen Cottesloe und Lyttelton. Prestigeträchtige Produktionen werden live in viele Theater und Kinos in ganz England gestreamt.

5 🚲 🗺 🥤 🛍 ♿

SEA LIFE London Aquarium

📍 J7 🏠 County Hall, Westminster Bridge Rd SE1
Ⓔ Waterloo 🕐 Mo – Fr 10 – 18, Sa, So, Sommerferien 9:30 – 19 (letzter Einlass: 18)
Ⓦ visitsealife.com/london

Der ehemalige Sitz der Londoner Stadtverwaltung, die County Hall, beherbergt heute das SEA LIFE London Aquarium, den London Dungeon *(siehe S. 230),* zwei Hotels, Restaurants und weitere Themenattraktionen.

Im Aquarium kann man Hunderte Arten aus allen Meeren der Welt bestaunen, darunter auch Stechrochen und Schildkröten. Zu den besonderen Attraktionen gehören ein 25 Meter langer Glastunnel, der durch tropische Meeresfauna und -flora führt, und ein Haibecken.

↑ Ein Selfie vor der beeindruckenden Londoner Skyline

↑ Das London Eye schwebt über der Themse

↑ Die kontrovers diskutierte Brutalismus-Architektur des National Theatre

↑ Büste von Florence Nightingale

❻ 🏷️🏛️🛍️♿

Florence Nightingale Museum

📍 J7 🏠 2 Lambeth Palace Rd SE1 ☎ +44 20 7620 0374 🚇 Waterloo, Westminster 🕐 tägl. 10–17 🔒 1. Jan, 21.–27., 31. Dez 🌐 florence-nightingale.co.uk

Die als »Lady with the Lamp« in die Schulbücher eingegangene Florence Nightingale betreute im Krimkrieg (1853–56) verwundete Soldaten. Außerdem begründete sie 1860 am alten St Thomas' Hospital die erste Schwesternschule Großbritanniens und revolutionierte die moderne Krankenpflege.

Das Museum liegt beim Guy's & St Thomas' Hospital. Hier geben Originaldokumente, Fotos und Erinnerungsstücke Einblick in die Lebensgeschichte der Krankenschwester. Nightingale wurde 90 Jahre alt und setzte sich bis zu ihrem Tod 1910 mit großem Engagement für das öffentliche Gesundheitswesen ein. Führungen finden täglich um 15:30 Uhr statt.

→

Shopping und Erfrischungen am Flussufer bei Gabriel's Wharf

❼ 🏷️🛍️♿

London Dungeon

📍 J7 🏠 County Hall, Westminster Bridge Rd SE1 🚇 Waterloo 🕐 So–Fr 10–17 (Do ab 11), Sa 10–18; in Ferien länger 🔒 25. Dez 🌐 thedungeons.com

In dieser vor allem bei Kindern beliebten Londoner Attraktion werden – mithilfe von Schauspielern und Special Effects – die blutrünstigsten Ereignisse der britischen Geschichte illustriert. Zu den schaurigsten Vorführungen der 90-minütigen Tour gehören auch nachgestellte »Behandlungen« in Folterkammern und Jack the Ripper. Eine besondere Attraktion ist der Tyrant Boat Ride. Bei dieser Tour auf der Themse erfährt man, was mit Anne Boleyn und ihren Mitverschwörern passierte.

❽ 🍴🛍️

Gabriel's Wharf

📍 K6 🏠 56 Upper Ground SE1 🚇 Waterloo

Hübsche Boutiquen, Kunstgewerbeläden und Cafés zieren das ehemals heruntergekommene Hafenareal. Die Einwohner von Waterloo konnten verhindern, dass hier Bürobauten entstanden. 1984 kaufte eine Bürgerinitiative das Land und ließ Wohnungen bauen.

An den Marktplatz grenzt ein kleiner öffentlicher Park, ein Weg am Ufer der Themse bietet Aussicht auf den nördlichen Teil der City. Der im Jahr 1928 erbaute Turm eines alten Kraftwerks im Osten der Gegend zeigt, wie sich Werbebeschränkungen gekonnt umgehen lassen: Die Fenster sind so angeordnet, dass sie das Wort OXO ergeben – den Namen eines bekannten Fleischextrakts. Heute sind hier Galerien, Designerläden, ein Restaurant und eine Brasserie *(siehe S. 51)* untergebracht.

> **Schöne Aussicht**
> ## Waterloo Bridge
>
> Fragt man Londoner nach ihren Lieblingsaussichtspunkten, ist der von der belebten Brücke über die Themse sicher dabei. Ob man nun flussauf- oder abwärts blickt, die Schönheit Londons ist immer greifbar.

Der jahrhundertealte Lambeth Palace mit seinem schönen Garten

⑨ 🖼️ 🖼️

Lambeth Palace

📍 J8 🏠 SE1 Ⓔ Lambeth North, Westminster, Waterloo, Vauxhall ⏰ nur Führungen 🌐 archbishopof canterbury.org

Seit dem 13. Jahrhundert ist dies die offizielle Londoner Residenz des Erzbischofs von Canterbury, des Oberhaupts der Church of England. Kapelle und Krypta enthalten noch originale Bausubstanz, der größte Teil der Gebäude ist jedoch viel jünger.

Lambeth Palace wurde häufig renoviert, zuletzt im Jahr 1828 durch Edward Blore. Das Tudor-Torhaus datiert noch aus dem Jahr 1485 und zählt zu den schönsten Wahrzeichen Londons.

Der idyllische Garten ist im Sommer gelegentlich geöffnet, im Palast finden das ganze Jahr über Führungen statt (Termine und Zeiten siehe Website).

Vor dem Bau der Westminster Bridge verkehrte zwischen hier und Millbank nur eine Pferdefähre, deren Einkünfte dem Erzbischof zuflossen. Als im Jahr 1750 die Brücke eröffnet wurde, erhielt er eine hohe Entschädigungssumme.

⑩ 🖼️ 🖼️ 🖼️

Garden Museum

📍 J8 🏠 5 Lambeth Palace Rd SE1 Ⓔ Waterloo, Lambeth North, Westminster ⏰ tägl. 10:30–17 🚫 1. Mo im Monat; 25. Dez–5. Jan 🌐 gardenmuseum.org.uk

Das erste gartengeschichtliche Museum der Welt liegt großteils in der restaurierten Kirche St Mary-of-Lambeth, die 1972 eigentlich abgebrochen werden sollte, aber so gerettet wurde. Auf dem Anwesen befinden sich die Gräber von Vater und Sohn John Tradescant, die nicht nur Gärtner von Charles I und Charles II, sondern auch Pflanzensammler waren. Auch das Grab von *Bounty*-Kapitän William Bligh kann besichtigt werden. Der Kapitän musste sein Schiff nach einer Meuterei verlassen. Kurioserweise war eine Aufgabe der Fahrt, Pflanzen zu sammeln.

Das Museum illustriert die Geschichte des britischen Gartenbaus anhand von historischen Geräten, Pflanzen, Schriften und Kuriositäten. Während Renovierungsarbeiten 2017 wurde eine Gruft mit 30 Bleisärgen entdeckt.

⑪ 🖼️ 🖼️ ♿

The Old Vic

📍 K7 🏠 Waterloo Rd SE1 Ⓔ Waterloo ⏰ zu Vorstellungen und Führungen 🌐 oldvictheatre.com

Das herrliche Gebäude stammt von 1818. 1833 änderte man den Namen zu Ehren der künftigen Königin in Royal Victoria. Kurze Zeit später wurde es zu einer Music Hall, einem jener Lokale, in denen Sänger und Komödianten auftraten. 1912 übernahm Lillian Baylis die Leitung und brachte ab 1914 Shakespeare-Dramen auf die Bühne.

2003 wurde die Old Vic Theatre Company als Residenztheater gegründet, und obwohl die Eintrittskarten teuer sein können, gibt es günstige Plätze für jüngere Leute. Theaterführungen finden etwa einmal im Monat statt und bieten viele Einblicke hinter die Kulissen.

Schon gewusst?

Obwohl das Old Vic nach ihr benannt wurde, besuchte Queen Victoria das Theater nur einmal.

Chelsea und Battersea

Chelsea war zuletzt in den 1960ern en vogue, als schicke, junge Leute, darunter auch die Mitglieder der Rolling Stones, in der King's Road einkauften. Doch angesagt war das frühere Dorf am Fluss bereits zur Tudor-Zeit. Henry VIII gefiel es hier so, dass er ein Palais errichten ließ. Im 18. Jahrhundert lockten Lustgärten, die Canaletto malte. Spätere Künstler, darunter Turner, Whistler und Rossetti, zog das Panorama vom Cheyne Walk über den Fluss an. Von der Mitte des 19. Jahrhunderts an sieht man auf den Bildern auch den pittoresken Battersea Park.

In eindrucksvollem Kontrast dazu standen östlich der Chelsea Bridge die riesigen Kamine der Battersea Power Station, die von 1933 bis 1983 den Himmel mit ihrem Rauch verdüsterten.

Es dauerte Jahrzehnte, bis eine endgültige Entscheidung darüber fiel, was mit dem Gebiet passieren soll – auch ein Themenpark und ein Fußballstadion standen zur Diskussion. Dann kaufte es im Jahr 2012 ein malaysisches Konsortium für 400 Millionen Pfund. Inzwischen ist es Teil von Londons größtem Stadterneuerungsprogramm. Die Apartmentblocks, Läden und Restaurants ziehen sich heute bis nach Vauxhall.

233

Chelsea und Battersea

Sehenswürdigkeiten
1. National Army Museum
2. Saatchi Gallery
3. King's Road
4. Carlyle's House
5. Chelsea Old Church
6. Chelsea Physic Garden
7. Royal Hospital Chelsea
8. Chelsea Harbour
9. Battersea Park
10. St Mary's, Battersea
11. Circus West Village

Restaurants
1. Mother
2. Medlar
3. The Builder's Arms

Hotels
4. Barclay House
5. Lime Tree Hotel

South Kensington und Knightsbridge
Seiten 242–259

Victoria and Albert Museum

Knightsbridge

Harrods

St Luke's Church

3 King's Road

Chelsea Old Town Hall

CHELSEA

4 Carlyle's House

Chelsea Old Church 5

Roper's Garden

6 Chelsea Physic Garden

Cadogan Pier

Albert Bridge

Battersea Bridge

Thames (Themse)

St Mary's, Battersea 10

Imperial Wharf

8 Chelsea Harbour

1 km

Whitehall und
Westminster
Seiten 68–85

F | **G** | **H**

7

8

9

10

SLOANE STREET

MOTCOMB ST

BELGRAVE SQUARE

CHAPEL STREET

GROSVENOR PLACE

UPPER BELGRAVE STREET

CHESTER STREET

BELGRAVIA

PONT STREET

CHESHAM PL

BELGRAVE PLACE

LOWNDES PLACE

CHESHAM STREET

LYALL STREET

EATON MEWS NORTH

ECCLESTON MEWS

HOBART PL

LOWER BELGRAVE ST

GROSVENOR GDNS

PAVILION ROAD

CADOGAN LANE

EATON PLACE

EATON SQUARE

BELGRAVE PLACE

BUCKINGHAM PALACE ROAD

CADOGAN SQUARE

SLOANE STREET

CADOGAN PLACE

CADOGAN GATE

ELLIS ST

EATON GATE

SOUTH EATON PL

ELIZABETH STREET

CHESTER STREET

ECCLESTON STREET

ECCLESTON BRIDGE

CHESTER SQUARE

CADOGAN SQUARE

CADOGAN GARDENS

Peter Jones

SLOANE SQUARE

CLIVEDEN PLACE

EATON TERRACE

CHESTER ROW

GRAHAM TERRACE

BOURNE STREET

EBURY STREET

SEMLEY PLACE

CUNDY ST

Victoria Coach Station

Elizabeth Bridge

(5)

Sloane Square

LOWER SLOANE STREET

SLOANE GDNS

HOLBEIN PLACE

CHESTER TERRACE

PIMLICO ROAD

RANELAGH GROVE

EBURY BRIDGE ROAD

Ebury Bridge

Victoria

ST GEORGE'S DRIVE

WARWICK WAY

BELGRAVE ROAD

ALDERNEY STREET

WINCHESTER STREET

PIMLICO

2 Saatchi Gallery

CHELTENHAM TERRACE

ST LEONARD'S TERRACE

FRANKLIN'S ROW

TURK'S ROW

ROYAL HOSPITAL ROAD

CHELSEA BRIDGE ROAD

EBURY BRIDGE ROAD

GATLIFF ROAD

LUPUS STREET

Burton's Court

7 Royal Hospital Chelsea

Ranelagh Gardens

ORMONDE GATE

TITE STREET

1 National Army Museum

GROSVENOR ROAD

Grosvenor Bridge

CHELSEA EMBANKMENT

Chelsea Bridge

Battersea Power Station Pier

Thames (Themse)

Peace Pagoda

CARRIAGE DRIVE NORTH

Children's Zoo

CARRIAGE DRIVE EAST

Chelsea Bridge

SOPWITH WAY

QUEENSTOWN ROAD

(1)

Circus West Village

11

Battersea Power Station

PUMP HOUSE LANE

BATTERSEA PARK ROAD

9 Battersea Park

Bandstand

Pump House Gallery

Boating Lake

CARRIAGE DRIVE SOUTH

PRINCE OF WALES DRIVE

Battersea Park

0 Meter   400
0 Yards   400

N

Chelsea und Battersea

F | **G** | **H**

SEHENSWÜRDIGKEITEN

❶ 🖼️ 🛍️ ♿

National Army Museum

📍 E10 🏠 Royal Hospital Rd SW3 📞 +44 20 7730 0717 🚇 Sloane Square 🕐 tägl. 10–17:30 🌐 nam.ac.uk

Neben dem Royal Hospital Chelsea befindet sich das offizielle Museum der britischen Armee. Die Sammlung beleuchtet die ungefähr 600 Jahre lange Historie der Streitkräfte. Gezeigt werden Uniformen, Gemälde und Porträts und viele weitere Objekte. In fünf Ausstellungen wird u. a. die Rolle der Streitkräfte in der Gesellschaft untersucht. Daneben gibt es Militaria, audiovisuelle Präsentationen und viel Interaktives für Kinder.

❷ 🍴 🛍️ ♿

Saatchi Gallery

📍 F9 🏠 Duke of York's HQ, King's Rd SW3 📞 +44 20 7823 2363 🚇 Sloane Square 🕐 tägl. 10–18 (letzter Einlass: 17:30) 🔒 bei privaten Veranstaltungen 🌐 saatchigallery.com

Der britische Werbemogul Charles Saatchi gründete die Galerie, um seine eindrucksvolle Sammlung zeitgenössischer Kunst zu zeigen. Im Lauf der Zeit wurde der Standort des Kunsttempels mehrfach verlegt. Der jetzige Sitz, das 1801 errichtete Duke of York's HQ, hat sich als ideales Ambiente erwiesen.

Saatchi ist vielleicht am besten bekannt für sein Eintreten in den 1980er und 1990er Jahren für die von Damien Hirst angeführte Bewegung Young British Artists. Heute ist das Spektrum der Galerie breit angelegt, es reicht von chinesischer Gegenwartskunst bis zu Pop-Art. Neben etablierten Künstlern sind auch junge Talente vertreten.

❸ 🍴 🖼️ 🛍️

King's Road

📍 E9 🏠 SW3 und SW10 🚇 Sloane Square

Chelseas Hauptverkehrsader wird von unzähligen Modeboutiquen gesäumt, die stets das Neueste parat haben. Hier begann die Minirock-Revolution der 1960er Jahre (auch Geburt des »Swinging London« genannt), hier wurden auch viele andere Trends entwickelt, etwa die Punk-Mode oder der Vintage-Look.

Haus Nr. 152, die Pheasantry, mit seinen Säulen und Statuen wurde 1881 als Ladenfront eines Möbelfabrikanten entworfen. Heute liegt hinter der Fassade eine Pizzeria.

Am Ende der King's Road liegt der attraktive Sloane Square aus dem 18. Jahrhundert, der nach dem reichen Arzt und Sammler Sir Hans Sloane benannt wurde, der das Herrenhaus in Chelsea 1712 kaufte. Auf der Ostseite liegt das Royal Court Theatre.

Hotels

Barclay House

Stilvolles Bed & Breakfast in einem exquisiten viktorianischen Gebäude. In den drei luxuriösen Gästezimmern wurde auf jedes Detail geachtet – von der Fußbodenheizung bis zur Regenwalddusche.

📍 C10 🏠 21 Barclay Rd SW6
🌐 barclayhouse london.com
£ £ £

Lime Tree Hotel

Sehr gemütliche und saubere Zimmer, jedes ist individuell eingerichtet und so wohnlich, dass sich das große Boutique-B & B damit von vielen anderen deutlich abhebt.

📍 G8 🏠 135 Ebury St SW1
🌐 limetreehotel.co.uk
£ £ £

---

4 (🎨) (NT)

Carlyle's House

📍 D10 🏠 24 Cheyne Row SW3 🚇 Sloane Square, South Kensington 🕐 März–Okt: Mi–So 11–17
🌐 nationaltrust.org.uk

Thomas Carlyle, Historiker und Gründer der London Library, zog 1834 in das bescheidene Haus (18. Jh.). Hier verfasste er viele seiner Werke, u. a. *Die Französische Revolution* und *Friedrich der Große*. Seine Anwesenheit machte Chelsea noch anziehender, sein Haus entwickelte sich zu einem Literatentreff: Charles Dickens, William Thackeray, Alfred Lord Tennyson und Charles Darwin waren hier regelmäßig zu Gast. Das Haus wurde so restauriert, wie es zu Carlyles Lebzeiten aussah, und ist heute ein Museum.

5 (♿)

Chelsea Old Church

📍 D10 🏠 64 Cheyne Walk SW3 🚇 Sloane Square, South Kensington 🕐 Di–Do 14–16
🌐 chelseaoldchurch.org.uk

Die nach dem Zweiten Weltkrieg wiederaufgebaute Kirche ist der originalgetreue Nachbau des mittelalterli-

← *Die Installation* Golden Lotus (Inverted) *von Conrad Shawcross in der Saatchi Gallery* (Detail)

↑ *Statue von Thomas More vor der Chelsea Old Church*

chen Gotteshauses. Highlights der Kirche sind die Tudor-Denkmäler. Eines erinnert an Sir Thomas More, der 1528 eine Kapelle bauen ließ. Die Inschrift enthält die Bitte, neben seiner Frau bestattet zu werden. Eine Kapelle ist Thomas Lawrence gewidmet, ein Denkmal erinnert an Lady Jane Cheyne, nach deren Gemahl der Cheyne Walk benannt ist. Mores Statue vor der Kirche zeigt den »Staatsmann, Gelehrten und Heiligen«, wie er ruhig über die Themse blickt.

6 (🎨) (Ⓜ) (💻) (🛍) (♿)

Chelsea Physic Garden

📍 E10 🏠 66 Royal Hospital Rd SW3 🚇 Sloane Square 🕐 März–Okt: So–Fr 11–17:30; Nov–Feb: Mo–Fr 11–16 🔒 5 Wo. Dez/Jan 🌐 chelsea physicgarden.co.uk

Die Society of Apothecaries legte den Garten 1673 an, um Pflanzen für die medizinische Forschung zu kultivieren. 1722 rettete ihn Sir Hans Sloane vor der Einebnung. Viele Neuzüchtungen aus den Gewächshäusern sind heute weitverbreitet, u. a. die Baumwolle, die man auf Plantagen in den USA versandte. Sehenswert in Londons ältestem Botanischen Garten ist einer der ersten Steingärten von 1772.

7

Royal Hospital Chelsea

📍 F9 🏠 Royal Hospital Rd SW3 Ⓔ Sloane Square 🕐 Great Hall: tägl. 10–12, 14–16; Kapelle: Mo–Sa 10–16; Museum: Mo–Fr 10–16 🔒 Feiertage; bei Feierlichkeiten; 2 Wochen zu Weihnachten 🌐 chelseapensioners.co.uk

Christopher Wren entwarf den Bau 1682 im Auftrag von Charles II, der einen Ruhesitz für alte und verwundete Soldaten schaffen wollte. Seit jener Zeit werden diese als »Chelsea Pensioners« bezeichnet. Noch heute leben in dem Gebäude ungefähr 330 ehemalige Soldaten, die man an ihrer Uniform – rote Mäntel und Dreispitz, Relikte aus dem 17. Jahrhundert – erkennt. Die Pensionäre führen an einigen Tagen im Monat (siehe Website) Gruppen über das Gelände.

Den Nordeingang flankieren eine einfache Kapelle und die holzvertäfelte Great Hall, die nach wie vor als Speisesaal dient. Ein kleines Museum widmet sich der Geschichte der Pensionäre.

Auf der Terrasse befindet sich eine Statue Charles' II von Grinling Gibbons. Von hier aus hat man eine sehr schöne Aussicht auf die Reste der Battersea Power Station am anderen Ufer.

8

Chelsea Harbour

📍 C10 🏠 SW10 Ⓔ Fulham Broadway 🚆 Imperial Wharf

Das Neubaugebiet mit vielen Apartments, Läden, Büros, Restaurants, Hotel und Bootshafen liegt nahe den 1877 geschlossenen Cremorne Pleasure Gardens, die über 40 Jahre lang Veranstaltungsort für Zirkus und Tanz waren. Wahrzeichen ist das Belvedere, ein 20-stöckiger Apartmentturm mit gläsernem Außenlift. An einer Stange auf dem Pyramidendach steigt bzw. sinkt eine goldene Kugel mit den Gezeiten.

9

Battersea Park

📍 F10 🏠 Albert Bridge Rd SW11 Ⓔ Sloane Square, dann Bus 137 🚆 Battersea Park 🕐 tägl. 6:30–22:30 🌐 wandsworth.gov.uk/batterseapark

Nach dem Victoria Park (siehe S. 322) im East End war

Restaurants

Mother
Der hippe Pizzaladen aus Kopenhagen liegt unter den hangarähnlichen Eisenbahnbogen im Circus West Village.

📍 G10 🏠 Circus West Village SW11 🌐 motherrestaurant.co.uk
£££

Medlar
Raffinierte französische Küche in romantischer Umgebung. Gute Festpreismenüs.

📍 C10 🏠 438 King's Rd SW10 🌐 medlarrestaurant.co.uk
£££

The Builder's Arms
Nettes Pub, das traditionelle britische Gerichte serviert – und natürlich auch ein guter Platz für ein Getränk.

📍 E9 🏠 13 Britten St SW3 🌐 thebuildersarmschelsea.co.uk
£££

← *Die Great Hall im Royal Hospital Chelsea dient auch heute noch als Speisesaal*

dies der zweite Park für Erholung suchende Londoner. Die 1858 eröffnete Anlage erstreckt sich auf den früheren Battersea Fields, einst eine verrufene Gegend um das Pub Old Red House.

Der neue Park mit künstlichem See, romantischen Felsen, Wasserfällen und Gärten wurde begeistert angenommen. 1985 weihte man hier eine Friedenspagode ein. Buddhistische Nonnen und Mönche hatten das 35 Meter hohe Bauwerk in elf Monaten fertiggestellt. Zudem gibt es einen kleinen, aber sehenswerten Tierpark, einen Spielplatz und Sportstätten sowie die Kunstgalerie Pump House.

🔟 ♿

St Mary's, Battersea

📍 D10 🏛 Battersea Church Rd SW11 🚇 Sloane Sq, dann Bus 19 oder 319 🕐 zu Messen und nach Vereinbarung 🌐 stmarysbattersea.org.uk

Schon im 10. Jahrhundert stand an diesem Ort eine Kirche. Der heutige Backsteinbau stammt aus dem Jahr 1775, doch die schönen Buntglasfenster aus dem

Battersea Power Station

Die Battersea Power Station ist eines der Wahrzeichen Londons, das die wenigsten Besucher kennen, aber viele Londoner – und natürlich Fans von Pink Floyd: Das monströse Industriegebäude mit seinen vier Schornsteinen ziert das Cover des Albums *Animals*. Seit das Kohlekraftwerk 1983 stillgelegt wurde, gab es viele Vorschläge für eine Neugestaltung des Geländes. Nun wird es zu neuem Leben erweckt. Ein neuer Uferpark, eine Verlängerung zum Thames Path, eine U-Bahn-Station und eine Vielzahl an Restaurants, Läden und ziemlich teure Wohnungen sind Teil des neuen Distrikts, der zusehends sichtbar wird.

17. Jahrhundert schmückten schon den früheren Bau. Sie sind den Tudor-Monarchen gewidmet.

1782 heiratete hier der Poet und Künstler William Blake. Später malte J. M. W. Turner vom Kirchturm aus prächtige Themse-Ansichten. In der Krypta liegt Benedict Arnold begraben. Er diente unter George Washington im Amerikanischen Unabhängigkeitskrieg.

Die buddhistische Friedenspagode im ↓ Battersea Park

⓫ 🍴 🖥 🛍

Circus West Village

📍 G10 🏛 Battersea Power Station 🚇 Sloane Sq, dann Bus 452 oder 137 🚆 Battersea Power Station 🌐 batter seapowerstation.co.uk

Circus West, am besten mit dem Boot zu erreichen, gehört zur ersten Stufe der Umwandlung der alten Battersea Power Station und ist Teil der Regenerierung des Uferstreifens zwischen Battersea Park und Vauxhall. Das neue Viertel, das den Eindruck vermittelt, als quetsche es sich wie ein geheimer Durchgang zwischen das Kraftwerk und die Bahngleise, die zur Victoria Station führen, schlägt die Brücke zwischen unabhängiger und kommerzieller Geschäftswelt. Eine interessante Mischung aus Restaurants, Bars und Läden liegt innerhalb der Eisenbahnbogen, darunter ein Brauereipub, ein Kino und das Turbine Theatre.

Spaziergang in Chelsea und Battersea

Länge 6,5 km **Dauer** 90 Min. **U-Bahn** Sloane Square

Dieser reizvolle Rundweg führt durch das beeindruckende Gelände des Royal Hospital Chelsea und über den Fluss zum Battersea Park mit seiner gepflegten viktorianischen Gartenanlage. Anschließend geht es zurück in die engen Straßen von Chelsea, vorbei an malerischen Stadthäusern und wunderschönen historischen Kirchen. Die Route endet in der King's Road, einem Einkaufsknotenpunkt mit eleganten Boutiquen und gemütlichen Lokalen.

Zur Orientierung
Siehe Stadtteilkarte S. 234f

Chelsea und Battersea

Verlassen Sie den Markt auf der Sydney Street und gehen Sie in den Garten der **St Luke's Church**, in der Charles Dickens 1836 getraut wurde.

Die **Pheasantry** (Fasanerie) war ein Tanz- und Malerstudio und in den 1960er und 1970er Jahren ein Musikzentrum.

Überqueren Sie die King's Road zum **Chelsea Farmers Market** mit Cafés und Kunsthandwerksläden.

Glebe Place hat viel von seinem ursprünglichen Charakter bewahrt, einige Häuser stehen unter Denkmalschutz.

Am **Justice Walk** sind zwei Häuser aus der frühen georgianischen Zeit – Duke's House und Monmouth House.

In der mittelalterlichen **Crosby Hall** wohnten auch Richard III und Sir Walter Raleigh.

Der **Cheyne Walk** ist bekannt als intellektuelle Begegnungsstätte.

Kehren Sie über die Albert Bridge nach Chelsea zurück und sehen Sie sich die Skulptur *Boy with a Dolphin* von David Wynne an.

← *Frühlingsblüte im Battersea Park*

Machen Sie einen Abstecher von der King's Road zur **Saatchi Gallery** *(siehe S. 236)*.

Zu Beginn des Spaziergangs verlassen Sie den Bahnhof **Sloane Square** nach links und gehen die Lower Sloane Street Richtung Süden.

Die neogotische St Luke's Church ist von Rosenstöcken umgeben

Das Gelände des **Royal Hospital Chelsea** *(siehe S. 238)* wurde von Christopher Wren entworfen.

Der **Pavilion** von John Soane zeigt die Geschichte des Gebietes als georgianischer Lustgarten.

Hier steht auch ein **Obelisk**, der an die Schlacht bei Chilianwalla (Pakistan) 1849 erinnert.

Von der **Chelsea Bridge** sehen Sie links die Battersea Power Station.

Folgen Sie im **Battersea Park** *(siehe S. 238f)* dem Weg zum Boating Lake, einem beliebten Ort für Wildvögel.

Hier sehen Sie Henry Moores Skulptur *Three Standing Figures*, bevor Sie weiter nach Norden gehen, vorbei am schönen Bandstand.

Gehen Sie den Weg weiter, bis Sie das Tor erreichen, das zum **Old English Garden** führt.

START/ ZIEL

Sloane Square

KING'S ROAD
LOWER SLOANE ST
BOURNE STREET
PIMLICO ROAD
CHELSEA BRIDGE ROAD
EBURY BRIDGE RD
TURK'S ROW
FRANKLIN'S ROW
ROYAL HOSPITAL ROAD
ST LEONARD'S TERR
ORMONDE GATE
ROYAL AVENUE
TITE STREET
SWAN WALK
SCOTT PLACE

Saatchi Gallery

Burton's Court

Royal Hospital Chelsea

Pavilion

Ranelagh Gardens

National Army Museum

Obelisk

CHELSEA EMBANKMENT

Thames (Themse)

Chelsea Bridge

QUEENSTOWN
SOPWITH WAY

Peace Pagoda

Old English Garden

CARRIAGE DRIVE NORTH

Children's Zoo

Battersea Park

Bandstand

Pump House Gallery

Three Standing Figures

Boating Lake

DRIVE EAST

QUEENSTOWN ROAD

CARRIAGE DRIVE SOUTH

PRINCE OF WALES DRIVE

| 0 Meter | 400 |
| 0 Yards | 400 |

N

South Kensington und Knightsbridge

Die Zukunft Kensingtons entschied sich im späten 17. Jahrhundert, als William III und Mary II Kensington Palace erwarben. Mit der Ankunft des Königshofs entwickelte sich das Gebiet schnell zu einer der ersten Adressen der Stadt – und das ist bis heute so geblieben.

Bis zum Ende des 18. Jahrhunderts ging es hier trotzdem recht ländlich zu, die Stadtentwicklung ging gemächlich vonstatten mit Knightsbridge als erstem Entwicklungsgebiet. Der große Wandel trat erst in den 1850er Jahren im Zuge der Weltausstellung 1851 ein. Geistiger Vater der im Hyde Park abgehaltenen Ausstellung war Prince Albert, der Ehemann von Queen Victoria, der der Welt britischen Erfindergeist präsentieren wollte.

Die Ausstellung war ein riesiger Erfolg, der Gewinn wurde in die Gründung von permanenten Ausstellungsstätten für Kunst und Wissenschaft in South Kensington gesteckt. Die großartigen Museen, die Royal Albert Hall und die Royal Colleges of Art and Music sind Teil dieses Vermächtnisses.

| A | | B | | C |

WESTBOURNE GROVE

BAYSWATER

PORCHESTER GARDENS

HEREFORD ROAD
GARWAY ROAD
CHEPSTOW PLACE
QUEENSWAY
LEINSTER GARDENS

Bayswater

CRAVEN ROAD
WESTBOURNE TERRACE
GLOUCESTER TERRACE
SUSSEX GARDE

Kensington,
Holland Park
und Notting Hill
Seiten 260–271

Lancaster
Gate

Queensway

BAYSWATER ROAD

*The
Fountains*

NOTTING HILL GATE

Notting Hill
Gate

KENSINGTON CHURCH ST

KENSINGTON PALACE GARDENS

THE BROAD WALK

LANCASTER WALK

Peter-Pan-
Statue

12 The Diana, Princess
of Wales Memorial
Playground

11 Kensington
Gardens

*Round
Pond*

The Long Water

6

Kensington
Palace

10

Serpentine
Gallery

9

PALACE AVENUE
PALACE GREEN

HOLLAND ST

FLOWER WALK

KENSINGTON ROAD

KENSINGT

8 Albert
Memorial

Royal College
of Art

6

7 Royal
Albert Hall

7

South Kensington
und Knightsbridge

Highlights

1 Victoria and Albert Museum
2 Natural History Museum
3 Science Museum

PALACE GATE
KENSINGTON GATE
HYDE PARK GATE
QUEEN'S GATE MEWS
QUEEN'S GATE
JAY MEWS

PRINCE CONSORT ROAD
EXHIBITION ROAD
PRIN

5 Royal College
of Music

QUEEN'S GATE TERRACE

Sehenswürdigkeiten

4 Brompton Oratory
5 Royal College of Music
6 Royal College of Art
7 Royal Albert Hall

ELVASTON PLACE
GLOUCESTER ROAD
QUEEN'S GATE GARDENS

IMPERIAL COLLEGE ROAD
EXHIB

Science
Museum

3

8

8 Albert Memorial
9 Serpentine Galleries
10 Kensington Palace
11 Kensington Gardens
12 The Diana, Princess of Wales
Memorial Playground
13 Marble Arch
14 Hyde Park
15 Speakers' Corner

Gloucester
Road

Natural
History
Museum

2

CROMWELL GARDENS

CROMWELL PLACE

**SOUTH
KENSINGTON**

STANHOPE GARDENS
STANHOPE MEWS EAST
QUEEN'S GATE GARDENS
GLOUCESTER ROAD
STANHOPE GARDENS
CLAREVILLE STREET

OLD BROMPTON ROAD
SUMNER PLA

Shopping

① Harrods

ROLAND GARDENS
CRANLEY GARDENS
ONSLOW GARDENS
FOULIS TERRACE

FULHAM ROAD

9

| C |

CONNAUGHT STREET

SEYMOUR STREET

EDGWARE RD

Bond Street

HYDE PARK STREET

5

Marble Arch

Marble **13** Arch

CUMBERLAND GATE

15

Speakers' Corner

BROOK GATE

NORTH AUDLEY ST

DUKE STREET

PARK STREET

Mayfair und St James's
Seiten 86–103

MAYFAIR

BAYSWATER   ROAD

THE   RING

GROSVENOR GATE

SOUTH AUDLEY STREET

HILL WALK

Hyde Park **14**

6

THE   RING

9 Serpentine Sackler Gallery

SERPENTINE   ROAD

PARK   LANE

The   Serpentine

SERPENTINE   ROAD

HAMILTON PL

Diana, Princess of Wales Memorial Fountain

Apsley House

ROTTEN   ROW   ROTTEN   ROW

Hyde Park Corner

Wellington Arch

SOUTH   CARRIAGE   DRIVE

KNIGHTSBRIDGE

GROSVENOR PLACE

ROAD

KNIGHTSBRIDGE

Knightsbridge

Knightsbridge

KNIGHTSBRIDGE

RUTLAND GATE

TREVOR PLACE

HARRIET WALK

LOWNDES SQUARE

KINNERTON ST

WILTON PLACE

WILTON ROW

GROSVENOR CRESCENT

HALKIN STREET

HEADFORT PLACE

7

MONTPELIER SQUARE

TREVOR SQUARE

LANCELOT PLACE

BASIL STREET

WILTON CRES

MONTROSE PLACE

CHAPEL STREET

ENNISMORE GARDENS

nismore ardens

RUTLAND GATE

MONTPELIER WALK

MONTPELIER PLACE

Harrods **1**

HANS CRESCENT

MOTCOMB ST

BELGRAVE SQUARE

BELGRAVE MEWS WEST

UPPER BELGRAVE ST

GARDENS

ENNISMORE GDNS MEWS

CHEVAL PLACE

BROMPTON SQUARE

BROMPTON   ROAD

HANS ROAD

SLOANE STREET

PAVILION PLACE

CADOGAN PLACE

LOWNDES ST

BELGRAVIA

BELGRAVE PLACE

NCE'S GATE EWS

Brompton Oratory **4**

BEAUCHAMP PL

WALTON PLACE

HANS PLACE

PONT STREET

CHESHAM PL

CADOGAN

CHESHAM STREET

EATON PLACE

Victoria and Albert Museum **1**

OVINGTON GDNS

YEOMAN'S ROW

CADOGAN PLACE

EATON

EATON   SQUARE

URLOE PLACE

THURLOE SQUARE

EGERTON GDNS

EGERTON TERR

WALTON STREET

PAVILION ROAD

SLOANE STREET

ELIZABETH STREET

8

ALEXANDER PLACE

SOUTH TERRACE

Chelsea und Battersea
Seiten 232–241

CADOGAN STREET

CADOGAN GARDENS

uth ensington ELHAM

STREET

PELHAM CRES

FULHAM ROAD

ELYSTAN

DRAYCOTT   AVENUE

SLOANE   AVENUE

South Kensington und Knightsbridge

IXWORTH PLACE

STREET

SYDNEY STREET

0 Meter   400

0 Yards   400

N

● ⓘ 🍴 🖥 🛍 ♿

Victoria and Albert Museum

📍 D8 🏠 Cromwell Road SW7 ⊖ South Kensington
🕐 tägl. 10–17:45 (Fr bis 22) 📞 24.–26. Dez W vam.ac.uk

Das Victoria and Albert Museum ist weltweit das führende Museum, wenn es um Kunst und Design geht. Die Sammlungsgegenstände umspannen 5000 Jahre Möbel, Glas- und Keramikwaren, Textilien, Mode und Schmuck.

Das Victoria and Albert Museum (kurz V & A) besitzt eine der weltweit größten Sammlungen dekorativer Kunst. Die Exponate reichen von frühchristlichen Devotionalien bis hin zu modernstem Möbeldesign. Das Museum wurde 1852 als »Museum of Manufactures« gegründet, um Design-Studenten zu inspirieren. 1899 taufte es Queen Victoria im Gedenken an Prince Albert um. Anfang des Jahrtausends wurde das Museum umgestaltet, nun gibt es ein neues Quartier an der Exhibition Road, zu dem der Sackler Courtyard und die unterirdische Sainsbury Gallery gehören. 2018 eröffnete das vergrößerte Photography Centre.

↑ Der Museumseingang an der Cromwell Road

← Über dem Infoschalter hängt ein Lüster von Dale Chihuly

Kurzführer

Das V & A hat sechs Ebenen, die von -1 bis 4 nummeriert sind. Auf Ebene 0 sind die China, Japan, South Asia und Fashion Galleries sowie die Cast Courts, auf den Ebenen 1 und 3 die British Galleries. Auf Ebene 2 sind die Galerien des 20. Jahrhunderts sowie Silber, Eisenwaren, Gemälde und Fotografie. Die Glasausstellung liegt auf Ebene 3, die Keramikgalerien und die Möbel auf Ebene 4. Die europäischen Galerien (300–1815) sind auf den Ebenen -1 und 1.

↑ Der Lesesaal der National Art Library im Victoria and Albert Museum

Schon gewusst?

Das V&A war das erste Museum mit eigenem Restaurant, das immer noch original erhalten ist.

↑ In der Medieval & Renaissance Gallery sind große Werke zu sehen, die einst zu Gebäuden gehörten

British Galleries

Mehrere Räume auf Ebene 1 und 3 sind den luxuriösen British Galleries gewidmet. Dekorative Kunst und Design aus der Zeit von 1500 bis 1900 dokumentieren Großbritanniens Entwicklung von der unbekannten Insel zur »Werkstatt der Welt«. Die British Galleries präsentieren den Werdegang britischen Designs und technische und ästhetische Einflüsse aus aller Welt. Textilien, Möbel, Kostüme und Haushaltswaren illustrieren Geschmack und Lebensstil der herrschenden Klassen.

Zu den Highlights gehören das Hochzeitsgewand von James II, das opulente »State Bed« aus dem Melville House und sorgfältig erhaltene Zimmereinrichtungen wie der erstaunliche Norfolk House Music Room im Rokoko-Stil. In den »Discovery Areas« kann man eine Halskrause aus der Tudor-Zeit überziehen oder durch ein viktorianisches Stereoskop 3-D-Bilder betrachten.

Naher Osten, Südasien, China und Japan

Die Jameel Gallery of Islamic Art in Raum 42 birgt Objekte aus den frühen Tagen der Kalifen im 7. Jahrhundert bis zum Ersten Weltkrieg, darunter Keramik, Textilien, Metallarbeiten und Glaswaren aus

Leuchtende Beispiele von Buntglas in den Sacred Silver and Stained Glass Galleries ↑

dem Iran, Ägypten und der Türkei. Sie veranschaulichen den Einfluss des Islams auf die Künste. Der riesige Ardabil-Teppich aus dem 16. Jahrhundert, einer der größten, ältesten und kompliziertesten der Welt, ist die Hauptattraktion der Sammlung.

Nebenan sind der berühmte Automat Tipus Tiger aus Mysore und Ranjit Singhs mit Blattgold bedeckter Thron die Highlights der umfangreichen südasiatischen Sammlung, die von den Mogulherrschern bis zur britischen Herrschaft in Indien reicht.

Zur chinesischen Sammlung gehören seltene Jade- und Keramikobjekte sowie Buddhas.

Japanische Kunst bietet die Japan Gallery (Saal 45). Unter den gezeigten Objekten

finden sich u. a. Lackkästchen, Samurai-Waffen und Holzdrucke.

Architecture Gallery

In der Architekturabteilung sind Zeichnungen, Modelle, Fotos und architektonische Fragmente des V & A und des Royal Institute of British Architects (RIBA) zu sehen, die zur Weltklasse gehören. Die Präsentation erfolgt in Dauer- und Sonderausstellungen.

Gezeigt wird eine exzellente Sammlung von Artefakten und Illustrationen aus verschiedenen Kulturen und Epochen. Zu den hier aufbereiteten Schlüsselthemen gehören u. a. Konstruktionstechniken und die Bedeutung öffentlicher Gebäude. Sehenswert sind die maßstabsgetreuen Modelle einzelner Bauten, darunter auch traditionelle japanische Häuser, modernistische Anlagen von Ernö Goldfinger und anderen sowie britische Entwürfe wie Charles Barrys Pläne für den Palace of Westminster.

Europa

In zehn Räumen, die einen ganzen Flügel des V & A einnehmen, werden einige der weltweit bedeutendsten Kunstschätze aus Mittelalter und Renaissance präsentiert. Zu den herausragenden Objekten gehören u. a. Aufzeichnungen von Leonardo da Vinci, Skulpturen italienischer Meister wie Donatello und

↑ *Wunderschöne alte Kimonos in der Toshiba Gallery of Japanese Art*

Giambologna (einige stehen im Renaissance-Garten) sowie die Rekonstruktion der Kapelle Santa Chiara, die einzige ihrer Art außerhalb Italiens.

Die Sammlung europäischer Kunst setzt sich auf Ebene -1 des gegenüberliegenden Flügels fort. Dort werden Werke des 17. und 18. Jahrhunderts gezeigt, einige Säle sind im Stil jener Zeit gestaltet. Raum 48a im Erdgeschoss präsentiert Teppichkartons, die Raffael im Jahr 1515 als Vorlage für die Sixtinische Kapelle schuf und die Charles I erwarb.

Zu den Highlights gehören die Abgusshöfe, die seit Gründung des V & A bestehen. Sie beherbergen Gipsabdrücke bekannter Bauten oder Kunstwerke, wie die römische Trajanssäule und die fünf Meter hohe Reproduktion von Michelangelos *David*, die Queen Victoria so schockierend fand, dass ein Feigenblatt angefertigt wurde, um seine Scham zu verdecken.

Mode und Textilien

Die Fashion Gallery zählt zu den eindrucksvollsten Sammlungen ihrer Art. Die rund 100 Ausstellungsstücke spannen einen Bogen über 250 Jahre. Besonders imponierend sind ein prachtvolles Hochzeitsgewand (mit Schleier und Schuhen) aus den 1850er Jahren und ein Mantel von Schiaparelli. Die überaus ungewöhnliche Bandbreite an Bekleidung komplettieren elegante Ballroben aus den 1950er Jahren und Kleider von Alexander McQueen.

Textilien werden in allen Museumsbereichen gezeigt. In den japanischen Galerien sieht man Kimonos und andere Gewänder.

Materialien und Techniken

Diese Abteilung befindet sich auf Ebene 2. In den Silver Galleries (Räume 65 bis 69) sind 3500 Objekte von 1400 bis heute ausgestellt. Die Gilbert Collection mit Gold, Silber und Mikromosaiken ist in den Räumen 70 bis 73 untergebracht.

In den Paintings Galleries (Räume 81, 82, 87 und 88) sind Gemälde englischer Landschaften zu sehen, darunter auch Werke von Turner.

Die Sacred Silver and Stained Glass Galleries (Räume 83 und 84) präsentieren Reliquienschreine. Highlight der Sammlung mit Eisenobjekten (113 und 114e) ist der 1862 von Sir George Gilbert Scott entworfene Hereford Screen, eines der größten Restaurierungsprojekte des

→
Die emaillierte Truhe zeigt die Ermordung von Thomas Becket

Museums. Im Photography Centre (Räume 99 bis 101) werden Wechselausstellungen aus dem Sammlungsbestand des Museums und antike Kameras, etwa eine Kodak Brownie aus den 1920er Jahren, gezeigt.

Glas und Keramik

Das Museum besitzt die weltweit größte Keramik- und Porzellansammlung. Herausragende Beispiele aus rund 2000 Jahren sind in Raum 131 ausgestellt. Zu den hier vorgestellten Meisterwerken gehört auch eine Glasbalustrade des Künstlers Danny Lane. In diesem Raum und in Raum 129 sieht man zeitgenössische Glasobjekte.

Zu Beginn der Abteilung erhält man einen Überblick über Geschichte und Entwicklung der Keramikherstellung weltweit, ein Schwerpunkt liegt auf britischen Produktionen.

Alexander McQueens Kleid Plato's Atlantis aus dem Jahr 2010 ↑

> 🔍 Entdeckertipp
> **Erfrischungen**
>
> Besuchen Sie auf jeden Fall die original erhaltenen Erfrischungsräume, die von Raum 16a abgehen (einer davon wurde von William Morris entworfen). Wenn es das Wetter zulässt, spazieren Sie durch den John Madejski Garden – mit einem Kaffee – oder legen im Courtyard Café eine Pause ein.

Natural History Museum

📍 D8 🏛 Cromwell Rd SW7 🚇 South Kensington 🕐 tägl. 10 –17:50 (letzter Einlass: 17:30) 🚫 24.– 26. Dez 🌐 nhm.ac.uk

Das Natural History Museum mit seinen Präparaten, Skeletten und Simulatoren ist ein wahres Paradies für Pflanzenfreunde, Entdecker und Geologen. Ein Besuch ist ein absolutes Muss für jeden Gast der britischen Hauptstadt.

Die Ausstellungen kombinieren modernste Techniken mit traditionellen Abteilungen und befassen sich mit Themen wie der Entstehung der Arten oder mit Strategien zum Schutz der Umwelt. Alfred Waterhouse errichtete das 1881 eröffnete kathedralenartige Museum mit revolutionären viktorianischen Technologien. Es wird durch ein Eisen-Stahl-Gerüst stabilisiert, das sich hinter mit Tier- und Pflanzenfiguren verzierten Bogen und Säulen verbirgt.

Das Museum ist in vier Abteilungen gegliedert. Herzstück des Gebäudes ist die Hintze Hall mit monumentalen Objekten wie dem Skelett eines Diplodocus oder eines Blauwals. In der Blauen Zone sind die Abteilungen für Humanbiologie, Säugetiere, Dinosaurier und »Images of Nature«. In der Grünen Abteilung sind Krabbeltiere, Fossilien, »Treasures« und »The Vault« zu sehen. Eine riesige Rolltreppe in der Abteilung »Earth Hall« führt durch einen Globus zu den Highlights der Roten Zone: »Restless Surface« und »Earth's Treasury«. Zur Orangefarbenen Zone gehören das Darwin Centre und der Wildlife Garden.

1 *Zu dem eleganten Museum gehört auch ein friedvoller Naturgarten.*

2 *Eines der lebensechten animatronischen Modelle: Der T. rex kann auch brüllen. Zu sehen sind auch fossilierte Skelette und Eier.*

3 *Lebensgroße Modelle gehören zu den Hauptattraktionen der Säugetier-Abteilung.*

 **TOP 5 Nicht versäumen**

Triceratops-Schädel
Der riesige Schädel des pflanzenfressenden Triceratops-Dinos.

Guy, der Gorilla
Der zu seiner Zeit berühmteste Bewohner des Londoner Zoos ziert jetzt die Galerie der Schätze.

Archaeopteryx
Das Fossil des gefiederten Dinosauriers lieferte den Beweis für die Verbindung von Vögeln und Dinosauriern.

Erdbebensimulator
Erleben Sie die Auswirkungen eines Erdbebens.

Wildlife Photography
Jährliche Ausstellung (Okt–Mai) der besten Naturbilder der Welt.

Schon gewusst?

Kinder (7–11) können bei Dino Snores einmal im Monat eine Nacht im Museum verbringen.

↑ *Das 25,50 Meter lange Skelett des Blauwals Hope hängt über der Hintze Hall*

3 ⚕ 🖻 🛍 ♿

Science Museum

📍 D8 🏠 Exhibition Rd SW7 🚇 South Kensington ⏰ tägl. 10–18
(letzter Einlass: 17:15) 🚫 24.–26. Dez 🌐 sciencemuseum.org.uk

Die riesige Sammlung des Science Museum spiegelt Jahrhunderte von wissenschaftlicher und technologischer Innovation wider. Entdecken Sie die wissenschaftliche Realität hinter Science-Fiction, die bisherigen Errungenschaften der Menschheit – und wohin es in der Zukunft gehen könnte.

Das Museum hat eine gewaltige Bandbreite an wissenschaftlichen Objekten – von Dampfmaschinen bis zu Flugtriebwerken, von Raumfahrzeugen bis zu Robotern. Interessant sind die Exponate zum sozialen Kontext dieser Errungenschaften und zur Geschichte der Erfindungen. Viele Schaustücke animieren dazu, die Entwicklungsphasen aktiv nachzuvollziehen. Im Wellcome Wing am westlichen Ende des Museums gibt es interaktive Ausstellungen, ein IMAX-Kino und ein 3-D-Theater.

Die Exponate verteilen sich auf fünf Etagen, wobei 2019 zwei neue Räume eröffnet wurden. Die Wellcome Galleries im ersten Stock zeigen Artefakte aus fünf Jahrhunderten und sind der Geschichte von Medizin und Gesundheit gewidmet ist, während »Science City 1550–1800« den Aufstieg Londons zum Zentrum der globalen Wissenschaft untersucht.

↑ *Der bescheidene Eingang des faszinierenden Science Museum*

💬 **Expertentipp**
Frischluft

Auch wenn es mehrere Möglichkeiten gibt, im Museum zu essen, sollte man doch ein Picknick mitnehmen und in fünf Minuten zum Hyde Park gehen.

In den Ausstellungen »Flight« und »Fly Zone« im zweiten Stock hängen frühe Fluggeräte und Kampfflugzeuge von der Decke

Ein Kind hat Spaß mit einem der interaktiven Exponate im fantasievollen Wonderlab, das mit über 50 verblüffenden Ausstellungsstücken und Demonstrationen aufwartet

Nicht versäumen

Apollo 10
US-Astronauten umkreisen im Mai 1969 den Mond in der Apollo-10-Kapsel.

Who Am I?
Hier erfährt man, was die Einzigartigkeit des Menschen ausmacht.

Fly 360°
Flugsimulator mit Fassrollen und Looping-Loops.

Space Descent VR
Eine 400 Kilometer lange virtuelle Reise vom Weltall zur Erde.

Wonderlab
Wissenschaftsgalerie zum Anfassen für Kinder und Erwachsene.

In der Ausstellung »Atmosphere« erfährt man mehr über das Klima auf der Erde

Das hoch aufstrebende Kirchenschiff von Brompton Oratory

SEHENSWÜRDIGKEITEN

4 🛍 ♿

Brompton Oratory

📍 D8 🏠 Brompton Rd SW7
🚇 Knightsbridge, South
Kensington 🕐 tägl. 6:30 – 20
🌐 bromptonoratory.co.uk

Die im Stil des Neobarock errichtete katholische Kirche ist ein prächtiges Denkmal für jene Gruppe viktorianischer Intellektueller, die gegen Ende des 19. Jahrhunderts zum katholischen Glauben konvertierten. Gründer des Oratoriums war John Henry Newman (der spätere Kardinal Newman).

Die heutige Kirche wurde im Jahr 1884 geweiht, Fassade und Kuppel kamen in den 1890er Jahren hinzu. Die meisten Kunstschätze sind älter als das Bauwerk, viele stammen aus italienischen Kirchen. Die Marmorfiguren der zwölf Apostel schuf Giuseppe Mazzuoli 1680 für den Dom von Siena, der Lady Altar (1693) kommt aus der Dominikanerkirche in Brescia und der Altar der St Wilfrid's Chapel aus einem Gotteshaus in Rochefort in Belgien.

Seit seiner Gründung ist das Brompton Oratory für seine Konzerte berühmt.

5 🎦 🖥 🛍 ♿

Royal College of Music

📍 C7 🏠 Prince Consort Rd
SW7 🚇 South Kensington
🕐 siehe Website
🌐 rcm.ac.uk

Sir Arthur Blomfield entwarf den »gotischen« Palast mit bayerischen Stilelementen, der seit 1894 diese Institution beherbergt. Schüler waren u. a. die Komponisten Benjamin Britten und Samuel Coleridge-Taylor. Das Museum beherbergt mehr als 15 000 musikalische Schätze, darunter ein Clavicytherium aus dem 15. Jahrhundert – das älteste Saiteninstrument der Welt – und ein Chorbuch von Anne Boleyn. Jeden Mittwoch finden Führungen über den Campus statt.

6 🖥 🛍 ♿

Royal College of Art

📍 C7 🏠 Kensington Gore
SW7 🚇 High St Kensington,
South Kensington 🕐 bei
Ausstellungen, Lesungen,
Filmvorführungen
🌐 rca.ac.uk

Sir Hugh Cassons Bau mit der imposanten Glasfassade (1962) bildet einen krassen Gegensatz zu den umliegenden viktorianischen Gebäuden. Das 1837 als Schule für Industriedesign gegründete College wurde in den 1950ern und 1960ern bekannt, als David Hockney und Peter Blake hier lehrten.

7 🎦 🍴 🖥 🛍 ♿

Royal Albert Hall

📍 C7 🏠 Kensington Gore
SW7 🚇 High St Kensington,
South Kensington 🕐 tägl.
zu Führungen, Vorstellungen
🌐 royalalberthall.com

Die 1871 vollendete Konzerthalle, ein Entwurf von Francis Fowke, ist einem römi-

Shopping

Harrods

Das Kaufhaus, in dem man alles bekommt von Stecknadeln bis zu einem Elefanten – das stimmt zwar heute nicht mehr ganz, nichtsdestotrotz ist Harrods immer noch so großartig wie eh und je.

📍 E7 🏠 87 –135
**Brompton Rd,
Knightsbridge SW1**
🌐 harrods.com

schen Amphitheater nachempfunden und wirkt gefälliger als viele viktorianische Bauten. Einziger Schmuck der Backsteinfassade ist ein Fries, der den Triumph von Wissenschaft und Künsten symbolisiert. In der Planungsphase hieß der Bau Hall of Arts and Sciences, Queen Victoria änderte den Namen bei der Grundsteinlegung 1868.

In dem großen Rundbau finden oft Konzerte statt – die »Proms«, aber auch andere Großveranstaltungen und Konzerte. 2021 feierte die Royal Albert Hall 150. Geburtstag.

8 Albert Memorial

📍 C7 🚇 South Carriage Drive, Kensington Gdns SW7
🚇 High St Kensington, South Kensington
🌐 royalparks.org.uk

Das Denkmal für Queen Victorias Gemahl Albert wurde 1876 vollendet, elf Jahre nach seinem Tod. Das Denkmal steht in der Nähe des Geländes der Great Exhibition von 1851, die Albert mitorganisierte. Die Statue von John Foley zeigt Albert mit einem Ausstellungskatalog.

Die Queen beauftragte Sir George Gilbert Scott mit dem Bau des 55 Meter hohen Denkmals, das an ein mittelalterliches Marktkreuz erinnert: Das weiße Marmorrelief des Sockels zeigt 169 lebensgroße Figuren bekannter Künstler. Das Denkmal ist aus Granit, Marmor, Halbedelsteinen, Mosaiken, Email und Schmiedeeisen und wird von einem schwarz-goldenen Turm gekrönt. Auf dem Fries des Parnass am Sockel des Denkmals sind viele bedeutende Persönlichkeiten aus der Kunst abgebildet, darunter Maler, Dichter, Architekten und Musiker.

Schon gewusst?

Im Fries am Albert Memorial sind die Figuren von 169 bekannten Persönlichkeiten zu sehen.

9   Serpentine Galleries

📍 D6 🚇 Kensington Gdns W2 📞 +44 20 7402 6075
🚇 Lancaster Gate, South Kensington ⏰ Di–So 10–18
📅 24.–26. Dez; bei Ausstellungsaufbau
🌐 serpentinegalleries.org

Die Serpentine Gallery präsentiert Sonderausstellungen zeitgenössischer Künstler und Architekten. Die Ausstellungsfläche erstreckt sich manchmal in den Park. Jeden Sommer wird von einem Architekten ein täglich geöffneter Pavillon gestaltet.

Mit der in einer ehemaligen Pulverfabrik untergebrachten Serpentine Sackler Gallery, fünf Gehminuten entfernt, steht ein zweiter Ausstellungsbereich zur Verfügung. In einer Erweiterung von Zaha Hadid sind ein Café und ein Buchladen.

In der Royal Albert Hall finden Konzerte aller Art statt ↑

10 🎿🍴🖥️♿

Kensington Palace

📍 B6 🏠 Kensington Palace Gdns W8 🚇 High St Kensington, Queensway, Notting Hill Gate ⏰ März – Okt: tägl. 10–18; Nov – Feb: 10–16 (letzter Einlass: 1 Std. vor Schließung) 🌐 hrp.org.uk

Rund die Hälfte des weitläufigen Palasts bewohnt die königliche Familie. Die andere Hälfte, wozu auch die Staatsgemächer (18. Jh.) gehören, ist öffentlich zugänglich. Als William III und seine Gemahlin Mary 1689 den Thron bestiegen, kauften sie ein Anwesen von 1605 und beauftragten Christopher Wren, es zu einem königlichen Palast umzubauen.

Der Kensington-Palast war Schauplatz einiger bedeutender Ereignisse: 1714 starb Queen Anne an einem Schlaganfall. Am 20. Juni 1837 erfuhr die 18-jährige Prinzessin Victoria von Kent um fünf Uhr morgens vom Tod ihres Onkels William IV. Sie regierte fortan 64 Jahre lang als Queen. Nach dem Tod von Lady Diana im Jahr 1997 wurde das Gelände südlich des Palasts zum Wallfahrtsort für Trauernde, die hier unzählige Blumensträuße niederlegten und Kerzen aufstellten.

Besucher haben Zutritt zu den königlichen Gemächern, die Räume der Queen wurden seit dem 17. Jahrhundert kaum verändert. Ein Highlight sind die Ausstellungen von Gewändern, u. a. auch Kleider der Queen und von Diana.

11 🖥️

Kensington Gardens

📍 C6 🏠 W8 🚇 Bayswater, High St Kensington, Queensway, Lancaster Gate ⏰ tägl. 6 – Sonnenuntergang 🌐 royalparks.org.uk

Das Gelände des Kensington Palace wurde 1841 in einen öffentlichen Park verwandelt. Die Anlage ist reizvoll – angefangen bei Sir George Framptons Statue (1912) von Peter Pan, der den bronzenen Elfen und Tieren, die die Säule umringen, auf seiner Flöte ein Lied vorspielt. Unmittelbar nördlich, im Hyde Park, schmücken viele schöne und ornamentierte Brunnen und Figuren das Ufer des Serpentine-Teichs. George Frederick Watts *Physical Energy* warten ein Stück südlich. Nicht sehr weit entfernt steht ein Sommerhaus von William Kent (1735). Der 1728 angelegte Round Pond ist ein Dorado für junge und alte Modellboot-Fans.

→

Auf dem Serpentine-Teich im Hyde Park kann man auch rudern

12 🖥️♿

The Diana, Princess of Wales Memorial Playground

📍 B6 🏠 Kensington Gardens 🚇 Bayswater, Queensway ⏰ tägl. ab 10, Schließung je nach Jahreszeit zwischen 15:45 und 19:45 🌐 royalparks.org.uk

Der neueste der drei Spielplätze in Kensington Gardens befindet sich an der Stelle, an der Peter-Pan-Erfinder J. M. Barrie den ersten Spielplatz finanzierte. So wurde der Junge, der nicht erwachsen werden wollte, zum Leitmotiv von Dianas Abenteuerspielplatz. Viele Herausforderungen gilt es hier zu bestehen, z. B. in der Strandhöhle und der Piratengaleone, im Baumhaus oder im Meerjungfrauenbrunnen, in dem ein Krokodil lauert. Kinder bis zwölf Jahre müssen von Erwachsenen begleitet werden.

←

Die Gartenanlage mit Reflexionsbecken am Kensington Palace

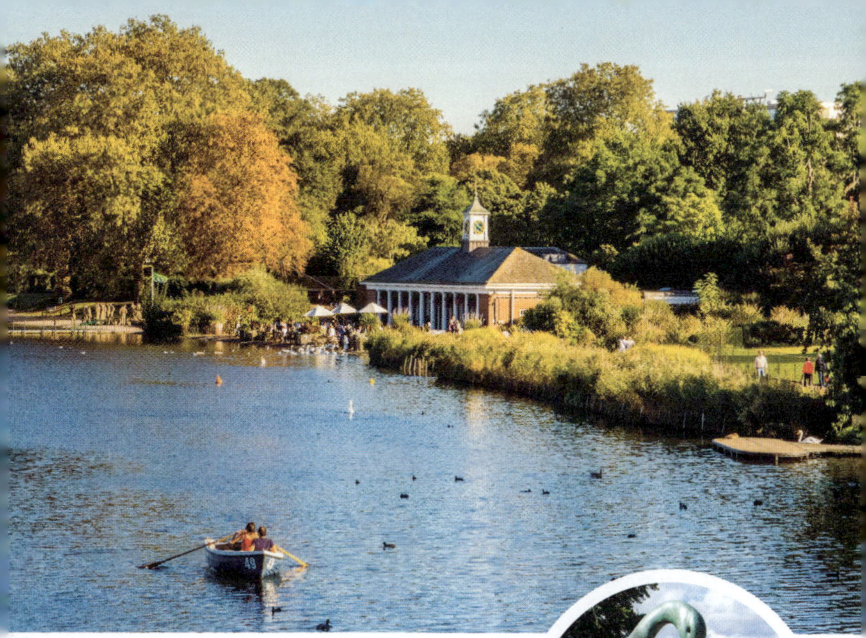

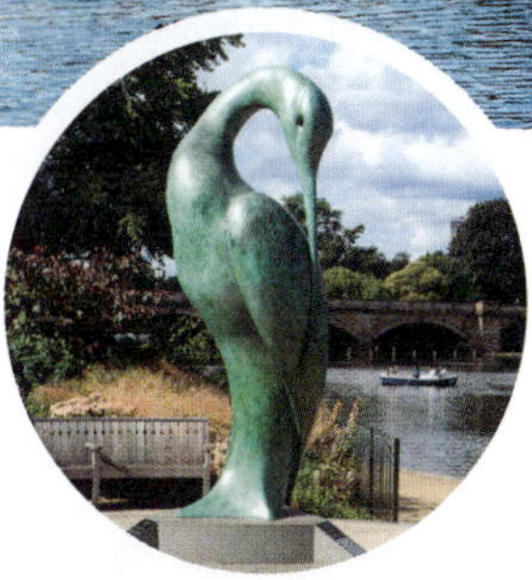

Expertentipp
Auf dem Wasser

Mieten Sie sich am Bootshaus ein Tret- oder Ruderboot (Apr–Ende Okt) und genießen Sie eine Fahrt auf dem ruhigen Serpentine-Teich. Unerschrockene können hier im Sommer (Juni–Anfang Sep) auch ein Bad nehmen.

13

Marble Arch

E5 Park Lane W1
Marble Arch

Der Torbogen (1827) von John Nash fungierte als Eingangsportal in den Buckingham Palace. Da er für die großen Karossen zu eng war, kam er 1851 in die Park Lane. Nur Mitglieder der königlichen Familie und eines königlichen Artillerieregiments dürfen ihn durchschreiten.

Ganz in der Nähe, an Londons traditionellem Exekutionsplatz, erinnert eine Tafel an die Tyburn-Galgen, wo bis 1783 Verbrecher gehängt wurden – vor den Augen eines johlenden Publikums.

14

Hyde Park

E6 W2 Hyde Park Corner, Knightsbridge, Lancaster Gate, Marble Arch
tägl. 5–24
royalparks.org.uk

Das alte Hyde-Anwesen gehörte zum Besitz der Westminster-Abtei, den sich Henry VIII 1536 einverleibte. Seitdem ist es ein königlicher Park. Henry nutzte ihn als Jagdrevier, James I machte ihn Anfang des 17. Jahrhunderts öffentlich zugänglich. Der Serpentine-Teich wurde 1730 angelegt, als die Gattin von König George II den Westbourne River aufstauen ließ. Im Süden des Teichs liegt das Brunnen-Denkmal für Prinzessin Diana.

Im Lauf der Zeit war der Hyde Park Schauplatz u. a. von Duellen, Pferderennen, Demonstrationen und Konzerten. Für die Great Exhibition wurde 1851 ein Glaspalast errichtet. Im Hyde Park wird einer der größten Weihnachtsmärkte Großbritanniens (Winter Wonderland) abgehalten mit Marktständen und einer Eislauffläche.

↑ Serenity, *die Skulptur eines Ibis, überblickt den Serpentine im Hyde Park*

15

Speakers' Corner

E5 Hyde Park W2
Marble Arch

Ein Gesetz aus dem Jahr 1872 garantiert die öffentliche Redefreiheit. Seither gilt diese Ecke im Hyde Park als Treffpunkt von exzentrischen Rednern, die hier lauthals und mit großer Begeisterung ihre Meinung kundtun. An Sonntagvormittagen ist es besonders unterhaltsam: Dann verkünden Vertreter politischer Randgruppen und Ein-Mann-Parteien ihre Pläne für die Rettung der Menschheit und lassen sich meist nicht einmal durch boshafte Zwischenrufe aus dem Konzept bringen.

Spaziergang in South Kensington

Länge 1,5 km **Dauer** 30 Min.
U-Bahn South Kensington

Mehrere weltberühmte Museen in grandiosen Gebäuden sind Zeichen des viktorianischen Selbstbewusstseins und verleihen der Gegend ihren gediegenen Charakter. Spazieren Sie vom Albert Memorial in Kensington Gardens an der Royal Albert Hall vorbei zum Victoria and Albert Museum und bewundern Sie die Monumente des königlichen Paars, das London zu einem Zentrum von Industrie und Wissenschaft gemacht hat.

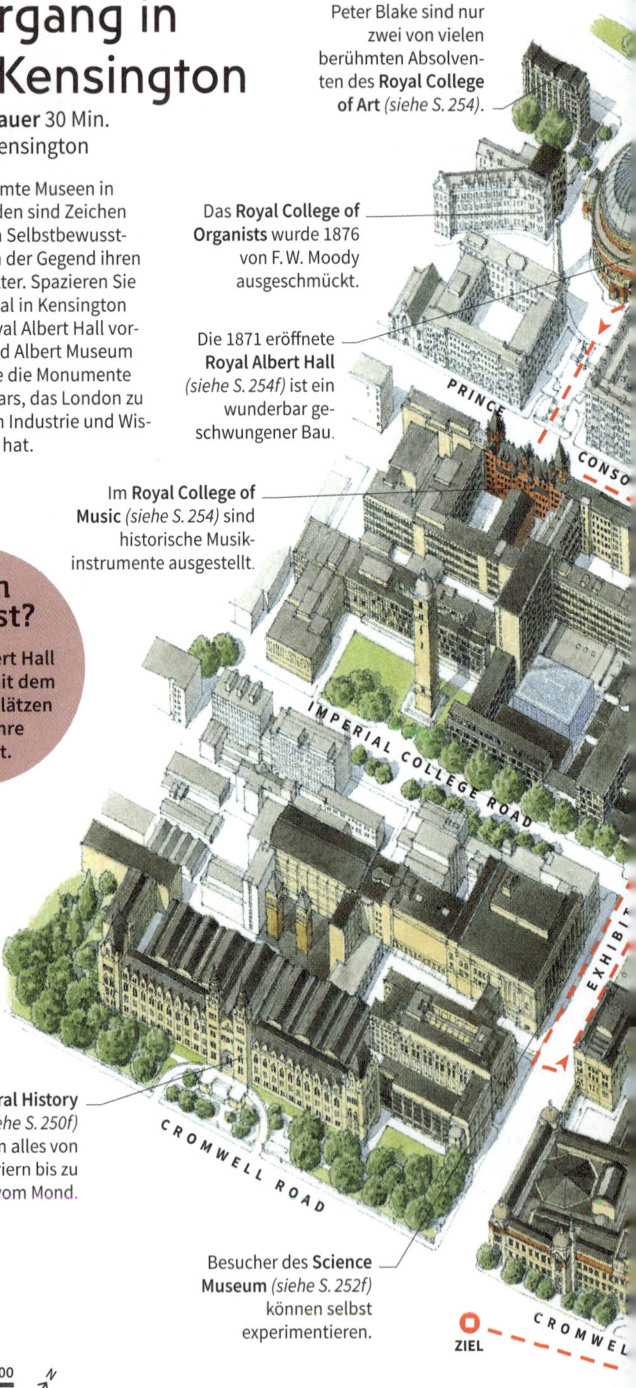

Schon gewusst?

Die Royal Albert Hall wurde auch mit dem Verkauf von Plätzen für 999 Jahre finanziert.

David Hockney und Peter Blake sind nur zwei von vielen berühmten Absolventen des **Royal College of Art** *(siehe S. 254)*.

Das **Royal College of Organists** wurde 1876 von F. W. Moody ausgeschmückt.

Die 1871 eröffnete **Royal Albert Hall** *(siehe S. 254f)* ist ein wunderbar geschwungener Bau.

Im **Royal College of Music** *(siehe S. 254)* sind historische Musikinstrumente ausgestellt.

Im **Natural History Museum** *(siehe S. 250f)* sieht man alles von Dinosauriern bis zu Steinen vom Mond.

Besucher des **Science Museum** *(siehe S. 252f)* können selbst experimentieren.

ZIEL

0 Meter 100
0 Yards 100

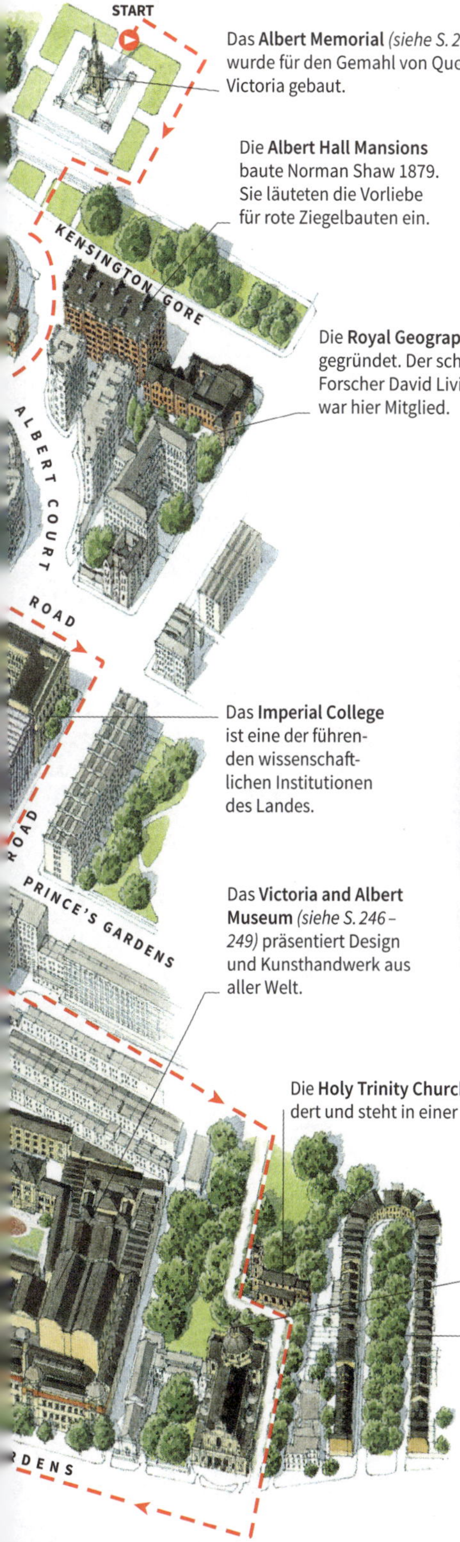

START

Das **Albert Memorial** *(siehe S. 255)* wurde für den Gemahl von Queen Victoria gebaut.

Die **Albert Hall Mansions** baute Norman Shaw 1879. Sie läuteten die Vorliebe für rote Ziegelbauten ein.

South Kensington und Knightsbridge

Zur Orientierung
Siehe Stadtteilkarte S. 244f

Die **Royal Geographical Society** wurde 1830 gegründet. Der schottische Missionar und Forscher David Livingstone (1813–1873) war hier Mitglied.

KENSINGTON GORE

ALBERT COURT ROAD

ROAD

Das **Imperial College** ist eine der führenden wissenschaftlichen Institutionen des Landes.

ROAD

PRINCE'S GARDENS

Das **Victoria and Albert Museum** *(siehe S. 246–249)* präsentiert Design und Kunsthandwerk aus aller Welt.

↑ *Das vergoldete Albert Memorial glänzt bei Sonnenschein*

Die **Holy Trinity Church** stammt aus dem 19. Jahrhundert und steht in einer ruhigen Wohngegend.

Brompton Oratory *(siehe S. 254)* wurde im Zuge des Aufschwungs des Katholizismus im 19. Jahrhundert gebaut.

Der **Brompton Square** wurde 1821 angelegt und machte aus diesem Gebiet ein schickes Wohnviertel.

RDENS

Kensington, Holland Park und Notting Hill

Kensington war bis in die 1830er Jahre ein Dorf mit Gärtnereien und Herrenhäusern, darunter Holland House, das heute zum Holland Park gehört. Mitte des 19. Jahrhunderts entwickelte sich das Viertel rasant. Die meisten Gebäude – hauptsächlich teure Apartments, noble Wohnungen in Herrenhäusern und elegante Läden – stammen aus dieser Zeit.

Damals ließen sich auch etliche berühmte Künstler und Schriftsteller hier nieder, darunter etwa Henry James, William Thackeray, Edward Linley Sambourne und Lord Leighton. Die Wohnstätten der beiden Letzteren, 18 Stafford Terrace und Leighton House, kann man heute besuchen.

Ebenfalls im 19. Jahrhundert entstand Notting Hill als Vorort und zog anfangs eine ähnliche Klientel wie Kensington an. Ende des Zweiten Weltkriegs wurden jedoch viele der Terrassenhäuser in Mehrparteien-Wohnhäuser umgewandelt. In den 1950er Jahren lebten hier vor allem Immigranten aus der Karibik, die 1966 das erste Mal den bunten Notting Hill Carnival organisierten.

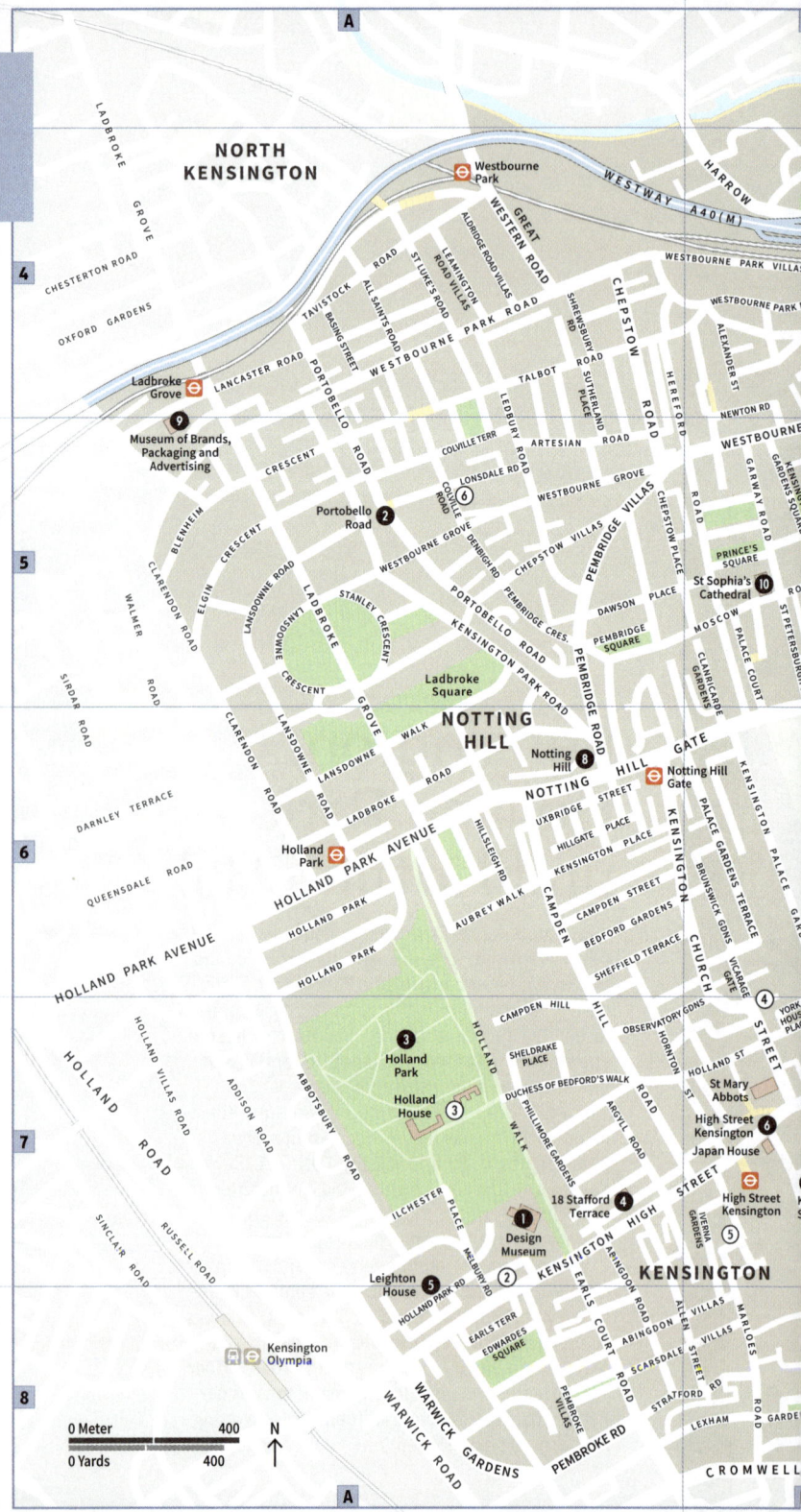

Kensington, Holland Park und Notting Hill

Highlight
❶ Design Museum

Sehenswürdigkeiten
❷ Portobello Road
❸ Holland Park
❹ 18 Stafford Terrace
❺ Leighton House
❻ High Street Kensington
❼ Little Venice
❽ Notting Hill
❾ Museum of Brands, Packaging and Advertising
❿ St Sophia's Cathedral
⓫ Kensington Square

Cafés
① Montparnasse Café
② Café Tarte
③ Holland Park Café
④ Candella
⑤ The Muffin Man Tea Shop

Hotel
⑥ The Main House

Regent's Park und Marylebone
Seiten 272–285

South Kensington und Knightsbridge
Seiten 242–259

Kensington, Holland Park und Notting Hill

Design Museum

📍A7 🏠 224–228 Kensington High St W8 🚇 Kensington High St, Holland Park
🕐 tägl. 10–18 (1. Fr im Monat bis 20; letzter Einlass: 1 Std. vor Schließung)
📕 24.–26. Dez 🌐 designmuseum.org

LONDON ERLEBEN Kensington, Holland Park und Notting Hill

Das Design Museum in einem architektonisch eindrucksvollen Gebäude widmet sich jedem Bereich von zeitgenössischem Design – von Architektur und Transport über Grafik bis zu Einrichtung und Mode. Die fantasievoll gestalteten Wechselausstellungen sind eine hervorragende Ergänzung zur recht kleinen, aber fesselnden Dauerausstellung.

2016 zog das Museum von seinem alten Standort am Fluss nahe der Tower Bridge in das passenderweise im Stil der 1960er Jahre entworfene Gebäude, in dem früher das Commonwealth Institute war. Allein das Gebäude ist einen Blick wert mit seinem faszinierenden Inneren aus beeindruckenden Räumen und geometrischen Linien, gekrönt von dem kaskadierenden Dach. Das hyperbolische, verkupferte Paraboloid-Dach blieb als Einziges bestehen, das Innere wurde vollkommen entkernt. Jetzt gibt es genug Raum für vier Ausstellungsbereiche – drei sind für Wechselausstellungen reserviert, einer für die Dauerausstellung »Designer Maker User«. In dem Gebäude sind auch ein Theater für Lesungen, ein Café und zwei interessante Läden untergebracht. Und der wunderschöne Holland Park liegt gleich nebenan.

Shopping

Museumsshop
Der Museumsshop des Design Museum gehört aufgrund der Originalität und Vielfalt der sorgsam ausgewählten Artikel zu den besten Londons. Im Angebot sind Kleidungsstücke, stylische Schreibwaren, Modelle und Miniaturen, Drucke, Küchenutensilien und vieles mehr.

Exponate unter dem bemerkenswerten Dach des Museums ↓

Kurzführer

Die Dauerausstellung »Designer Maker User« thematisiert einige der wichtigsten Produktdesigns der modernen Welt. Sie zeigt auch einen Querschnitt aktueller Innovationen aus den drei Perspektiven ihres Namens – Designer, Hersteller und Benutzer.

1 In der Dauerausstellung sind innovative Designobjekte zu sehen.

2 Das Gebäude hat ein ungewöhnliches, geschwungenes Dach.

3 Das Design Museum befindet sich im früheren Gebäude des Commonwealth Institute, das 1962 eröffnet wurde.

Highlight

2

Portobello Road

📍 A5 🚇 W11 🚌 Notting Hill Gate, Ladbroke Grove 🕐 Hauptmarkt: Fr, Sa 9 –19; Obst, Gemüse, Nippes: Mo – Mi 9 –18, Do 9 –13 🌐 portobelloroad.co.uk

Schon 1837 wurde hier ein Markt gehalten. Inzwischen warten am Südende vor allem Antiquitäten-, Schmuck- und Souvenirhändler auf Käufer. Der Markt ist an Sommerwochenenden oft völlig überlaufen, doch sollten Sie sich einen Besuch wegen der Atmosphäre auf keinen Fall entgehen lassen. Am lebhaftesten geht es hier zu, wenn am Samstag die Antiquitätenarkaden geöffnet sind. Sollten Sie etwas finden, was Ihnen gefällt, rechnen Sie allerdings nicht damit, hier ein Schnäppchen zu ergattern. Die Händler wissen genau, was ihre Ware wert ist.

Entlang der Straße gibt es weitere Märkte (u. a. Portobello Green für Vintage- und aktuelle Mode; Fr – So).

3

Holland Park

📍 A7 🏠 Ilchester Place W8 🚌 Holland Park, High Street Kensington, Notting Hill Gate 🕐 tägl. 7:30 – Sonnenuntergang 🌐 rbkc.gov.uk

Der kleine Park mit altem Baumbestand ist gemütlicher als die beiden großen östlich davon, Hyde Park (siehe S. 257) und Kensington Gardens (siehe S. 256). Das seit 1952 öffentlich zugängliche Areal umfasst den Teil des ehemaligen jakobinischen Holland-Anwesens, der nicht verkauft wurde. Ende des 19. Jahrhunderts wurde der Rest mit Häusern bebaut.

Während seiner Glanzzeit im 19. Jahrhundert war das Herrenhaus Zentrum von gesellschaftlichen und politischen Ränkespielen. Der 3. Baron Holland, Neffe des Staatsmanns Charles James Fox, veranstaltete Partys für Persönlichkeiten wie den Dichter Lord Byron, der hier Lady Caroline Lamb traf.

Das Haus wurde im Zweiten Weltkrieg schwer beschädigt, die Teile, die verschont blieben, dienen heute diversen Zwecken. Die Orangerie wird derzeit als Veranstaltungsort für Hochzeiten genutzt, im Garden Ballroom ist heute ein Restaurant. Auf der Terrasse werden im Sommer oft Konzerte, Film-, Theater-, Opern- und Tanzvorführungen veranstaltet.

Der Park enthält noch immer einige der formalen Gärten, die im 19. Jahrhundert angelegt wurden. Der japanische Garten entstand 1991 aus Anlass des London Festival of Japan. Im Teich unterhalb des Wasserfalls schwimmen Koi-Karpfen. Holland Park ist ein kleines Tierparadies. Bewundern Sie die prächtigen Pfauen.

Schon gewusst?

Lord Leighton war am kürzesten adelig. Am 24. Januar 1896 kam er in den Adelsstand, einen Tag später starb er.

4

18 Stafford Terrace

📍 A7 🏠 W8 🚌 High St Kensington 🕐 Mi, Sa, So 14 –17:30 🌐 rbkc.gov.uk/subsites/museums.aspx

Das um 1870 erbaute Haus wurde renoviert, hat sich aber trotzdem kaum verändert, seit Linley Sambourne es im viktorianischen Stil mit allerlei Zierrat und Samtvorhängen einrichtete. Sambourne arbeitete als Illustrator für das Satiremagazin *Punch*. Die Wände sind voll mit Zeichnungen. Tapeten von William Morris zieren einige der Zimmer. Führungen sollte man vorab buchen.

↑ *Exquisite Fliesen im orientalischen Stil in der Arab Hall im Leighton House*

5 🔶 Ⓜ 🛍

Leighton House

⚲ A7 🏠 12 Holland Park Rd W14 ⊖ High St Kensington 🕐 Mi – Mo 10 – 17:30 Ⓦ rbkc.gov.uk/subsites/museums.aspx

Lord Leighton war einer der geschätztesten viktorianischen Maler. Sein Gemälde *Flaming June* wird von vielen als das Inbild der präraffaelitischen Bewegung gesehen. Das Haus, das er 1864 – 79 errichten ließ, ist mitsamt Ausstattung erhalten – ein herrliches Denkmal des viktorianischen *Aesthetic Movement*. Glanzpunkt ist die arabische Halle, die Lord Leighton 1879 für seine Sammlung orientalischer Fliesen (teils mit Koran-Zitaten) anbaute. Zu sehen sind auch Gemälde und Zeichnungen, darunter Werke von Edward Burne-Jones, John Millais, G. F. Watts und von Leighton selbst.

Mittwochs und sonntags werden um 15 Uhr kostenlose Führungen angeboten. Donnerstags und samstags finden um 11 Uhr kostenlose Rundgänge zu anderen Häusern in der Umgebung statt, die von Leighton und seinen Zeitgenossen erbaut wurden (Anmeldung erforderlich).

6 🍴 🖥 🛍

High Street Kensington

⚲ B7 🏠 W8 ⊖ High St Kensington

Die High Street Kensington ist eines der wichtigsten Einkaufsviertel in West-London und spiegelt die Vorlieben der wohlhabenden Bewohner wider – mit vielen recht konservativen Bekleidungsläden und Shops von internationalen Marken.

Japan House (Nr. 101–111) ist ein japanisches Kulturzentrum mit einer Galerie, in der Wechselausstellungen gezeigt werden, einem Restaurant und einem Laden mit schön gestalteten Waren.

←

Stilisierte japanische Eleganz des Kyoto Garden im Holland Park

7 🍴 🖼️ 🛍️
Little Venice
📍 C4 🏠 W2 🚇 Warwick Avenue, Edgware Road

Diese charmante Ecke liegt dort, wo das westliche Ende des Regent's Canal, das östliche des Grand Union Canal und die kurze Wasserstraße zum Paddington Basin zusammenlaufen. Drei Brücken bilden ein kleines Wasserdreieck, auf dem schwimmende Cafés und sogar ein Puppentheater liegen.

In den anliegenden Straßen gibt es viele schöne Pubs und Restaurants. Auf Treidelpfaden kann man kilometerlang an den Kanälen entlangspazieren, Kanalboote fahren von hier bis Camden Lock *(siehe S. 170)*.

8 🍴 🖼️ 🛍️
Notting Hill
📍 A6 🏠 W11
🚇 Notting Hill Gate

Wo seit Jahrzehnten der größte Straßenkarneval Europas tobt, war noch im 19. Jahrhundert Weideland. Ab den 1950er Jahren entwickelte sich Notting Hill zum Zentrum der karibischen Einwohner, da sich hier viele Zuwanderer niederließen, die seit 1966 jedes Jahr im August drei Tage lang Karneval feiern. Dann ziehen leuchtend bunt kostümierte Festzüge durch die Straßen.

9 🏷️ 🖼️ 🛍️
Museum of Brands, Packaging and Advertising
📍 A5 🏠 111–117 Lancaster Rd W11 🚇 Ladbroke Grove
🕐 Di – Sa 10 –18, So 11 –17
🌐 museumofbrands.com

Das ungewöhnliche Museum zeigt die Geschichte von Produktverpackungen in Großbritannien und ist fast so etwas wie ein Schaubild der sich verändernden Vorlieben und Moden seit der viktorianischen Zeit. Auf jeden Fall kann man hier bei vielen Exponaten in Erinnerungen an die Kinderzeit schwelgen.

Die Vielfalt und Menge der Exponate ist schwindelerregend: Dosen, Flaschen, Magazine, Spielzeug, Haushaltsgeräte und vieles mehr. In der Hauptausstellung »Time Tunnel« sieht man, wie bekannte Produkte über Jahre hinweg ihre Verpackung verändert haben. Andere Ausstellungen widmen sich vergangenen Trends wie der Ägyptomanie in den 1920ern und der Militarisierung des Marketings während der beiden Weltkriege. Eine Sektion zeigt jede Dekade des 20. und 21. Jahrhunderts und einige wichtige des 19. mit Objekten wie Teekannen und Geschenksets.

Notting Hill Carnival
Die Hauptattraktion von Europas größtem Straßenkarneval ist ein Umzug mit auffällig gestalteten Festwagen, die von Steel Bands, kostümierten Tänzern und mobilen Soundsystemen begleitet werden. Dann verwandeln sich Notting Hill, Ladbroke Grove und Westbourne Park in eine Jubelfeier karibischer Kultur. Entlang der Route stehen viele Bühnen und Imbissstände. Seit der ersten Ausrichtung hat sich der Karneval exponentiell vergrößert und zieht heute über 2,5 Millionen Menschen an.

An den Anlegeplätzen von Little Venice sind Hausboote vertäut

⑩ St Sophia's Cathedral

📍 B5 🏠 Moscow Rd W2
Ⓔ Queensway 🕐 tägl. 10–14 🌐 stsophia.org.uk

Das reich dekorierte Innere der griechisch-orthodoxen Kathedrale ist aus Marmor und vergoldeten Mosaiken. An jedem zweiten Sonntag im Monat kann man nach der Messe die Schätze in der Kirchenkrypta bewundern. Zu den Gottesdiensten singt ein fantastischer mehrstimmiger Chor.

⑪ Kensington Square

📍 B7 🏠 W8
Ⓔ High St Kensington

Der Platz aus den 1680er Jahren ist einer der ältesten Squares in London, einige der Gebäude aus dem frühen 18. Jahrhundert blieben erhalten (die ältesten sind die Häuser Nr. 11 und 12). Der bekannte Philosoph John Stuart Mill wohnte im Haus Nr. 18, der präraffaelitische Maler und Illustrator Edward Burne-Jones in Nr. 41.

Häuser am Kensington Square; blaue Plaketten (Detail) verweisen auf berühmte Bewohner

Cafés

Montparnasse Café
Französisches Café, das einfaches Frühstück, Mittagessen und tolle Pâtisserie bietet.

📍 B7
🏠 22 Thackeray St W8
£££

Café Tarte
In dem freundlichen Café werden gute, leichte Mittagsgerichte angeboten – und Kuchen zum Schwachwerden.

📍 A7 🏠 270 Kensington High St W8
🌐 cafetarte.co.uk
£££

Holland Park Café
Großartige Lage am Rand des Parks. Genießen Sie Suppen, Sandwiches und Kuchen.

📍 A7
🏠 Holland Park W8
🌐 cooksand partners.co.uk
£££

Candella
Viele Teesorten, leckere Sandwiches und leichte Gerichte.

📍 B7 🏠 34 Kensington Church St W8
🌐 candellatearoom. com
£££

The Muffin Man Tea Shop
Traditionelles Tee-Café mit einem Hauch englischen Landlebens.

📍 B7
🏠 12 Wrights Lane W8
🌐 themuffinman teashop.co.uk.
£££

Spaziergang im Holland Park

Länge 3 km **Dauer** 45 Min.
U-Bahn High Street Kensington

Heute gehört Kensington zu Central London, doch noch 1830 war es ein Dorf mit ländlichen Gutshöfen, als deren stattlichster Holland House galt. Der heutige Holland Park umfasst einen Bruchteil des früheren Anwesens. Mitte des 19. Jahrhunderts gab es einen Bauboom, bei dem Wohnhäuser und edle Läden errichtet wurden.

Schon gewusst?

Holland Park war einst berüchtigt als Standort von Wegelagerern.

Ein Teil der formalen Gartenanlage von Holland House ist erhalten und bildet diesen hübschen **Holland Park** *(siehe S. 266).*

Das jakobinische **Holland House** (1605 begonnen) wurde in den 1950er Jahren fast völlig abgerissen.

Teile des **Summer Ballroom**, heute ein feines Restaurant, stammen noch aus den 1630er Jahren.

Die **Melbury Road** säumen große viktorianische Häuser.

Das **Design Museum** *(siehe S. 264f)* widmet sich der Bandbreite des Designs.

Im aufwendig gestalteten **Leighton House** *(siehe S. 267)* lebte der viktorianische Maler Lord Leighton.

Der viktorianische **Briefkasten in der High Street** ist einer der ältesten in der Stadt.

START

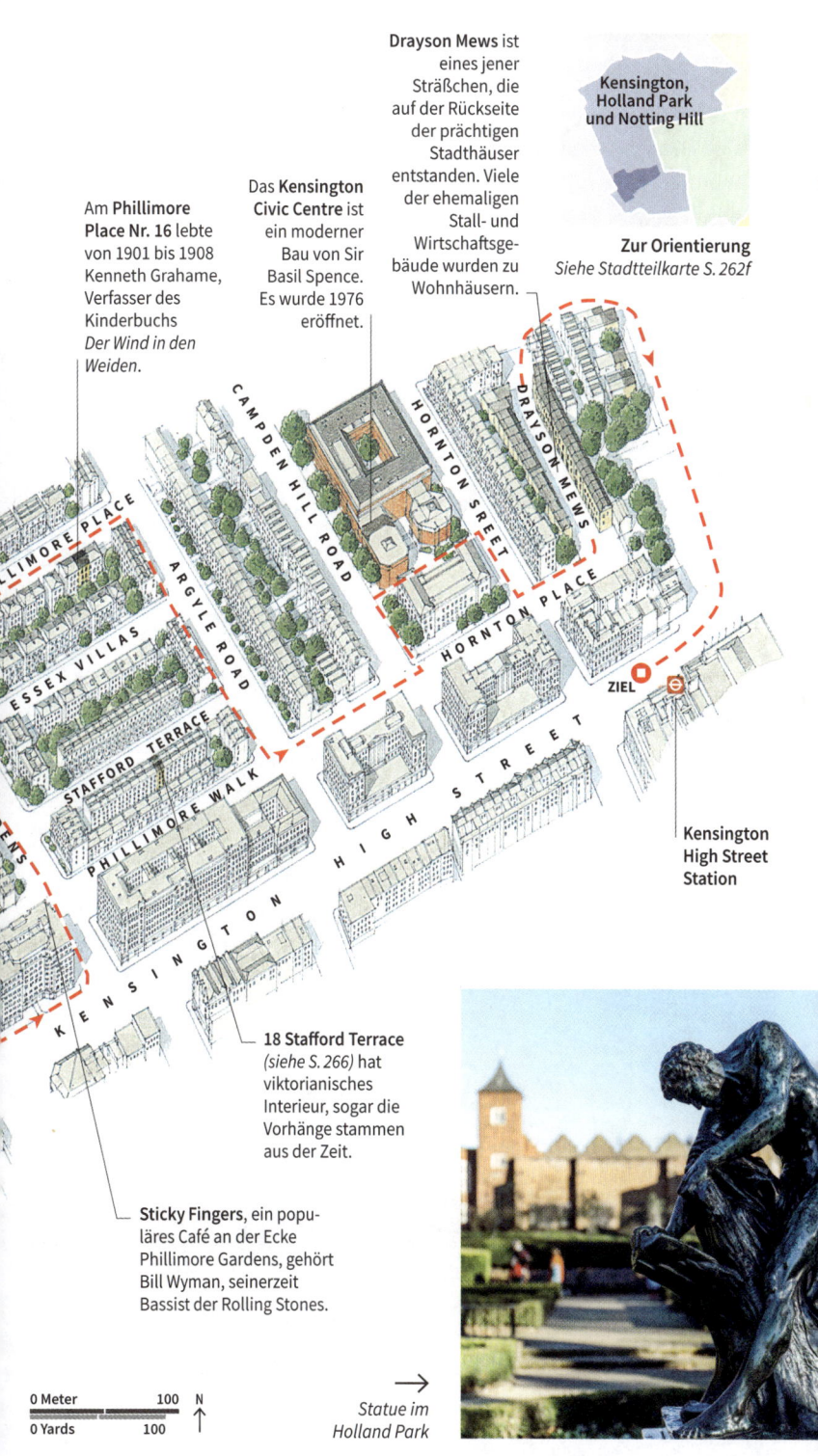

Am **Phillimore Place Nr. 16** lebte von 1901 bis 1908 Kenneth Grahame, Verfasser des Kinderbuchs *Der Wind in den Weiden*.

Das **Kensington Civic Centre** ist ein moderner Bau von Sir Basil Spence. Es wurde 1976 eröffnet.

Drayson Mews ist eines jener Sträßchen, die auf der Rückseite der prächtigen Stadthäuser entstanden. Viele der ehemaligen Stall- und Wirtschaftsgebäude wurden zu Wohnhäusern.

Kensington, Holland Park und Notting Hill

Zur Orientierung
Siehe Stadtteilkarte S. 262f

PHILLIMORE PLACE

ESSEX VILLAS

ARGYLE ROAD

STAFFORD TERRACE

CAMPDEN HILL ROAD

HORNTON STREET

DRAYSON MEWS

HORNTON PLACE

PHILLIMORE WALK

KENSINGTON HIGH STREET

ZIEL

Kensington High Street Station

18 Stafford Terrace *(siehe S. 266)* hat viktorianisches Interieur, sogar die Vorhänge stammen aus der Zeit.

Sticky Fingers, ein populäres Café an der Ecke Phillimore Gardens, gehört Bill Wyman, seinerzeit Bassist der Rolling Stones.

0 Meter	100	N
0 Yards	100	↑

→
Statue im Holland Park

Regent's Park und Marylebone

Der Name Marylebone leitet sich von St Mary by the Bourne her, der Kirche, die einst am Fluss Tyburn (auch Tybourne) stand, der schon lange in den Untergrund verlegt wurde. Viele der Straßennamen von Marylebone, darunter Wigmore Street und Portland Place, erinnern an Vorfahren der Familie Howard de Walden, deren Besitz auch heute noch fast das ganze Gebiet umfasst.

Bevor der Grundbesitz Anfang des 18. Jahrhunderts an die Familie fiel, gehörte er der Krone. Im Norden von Marylebone ließ Henry VIII Jagdgründe einrichten, ein Teil davon gehört heute zum Regent's Park, den der Architekt John Nash im Jahr 1812 gestaltete.

Die Nordgrenze des Parks entlang verläuft der Regent's Canal, ebenfalls von Nash angelegt. Kurz nach seiner Fertigstellung eröffnete die gerade gegründete Zoological Society of London in einem Teil des Parks ihre zoologischen Gärten – die Geburtsstunde des London Zoo.

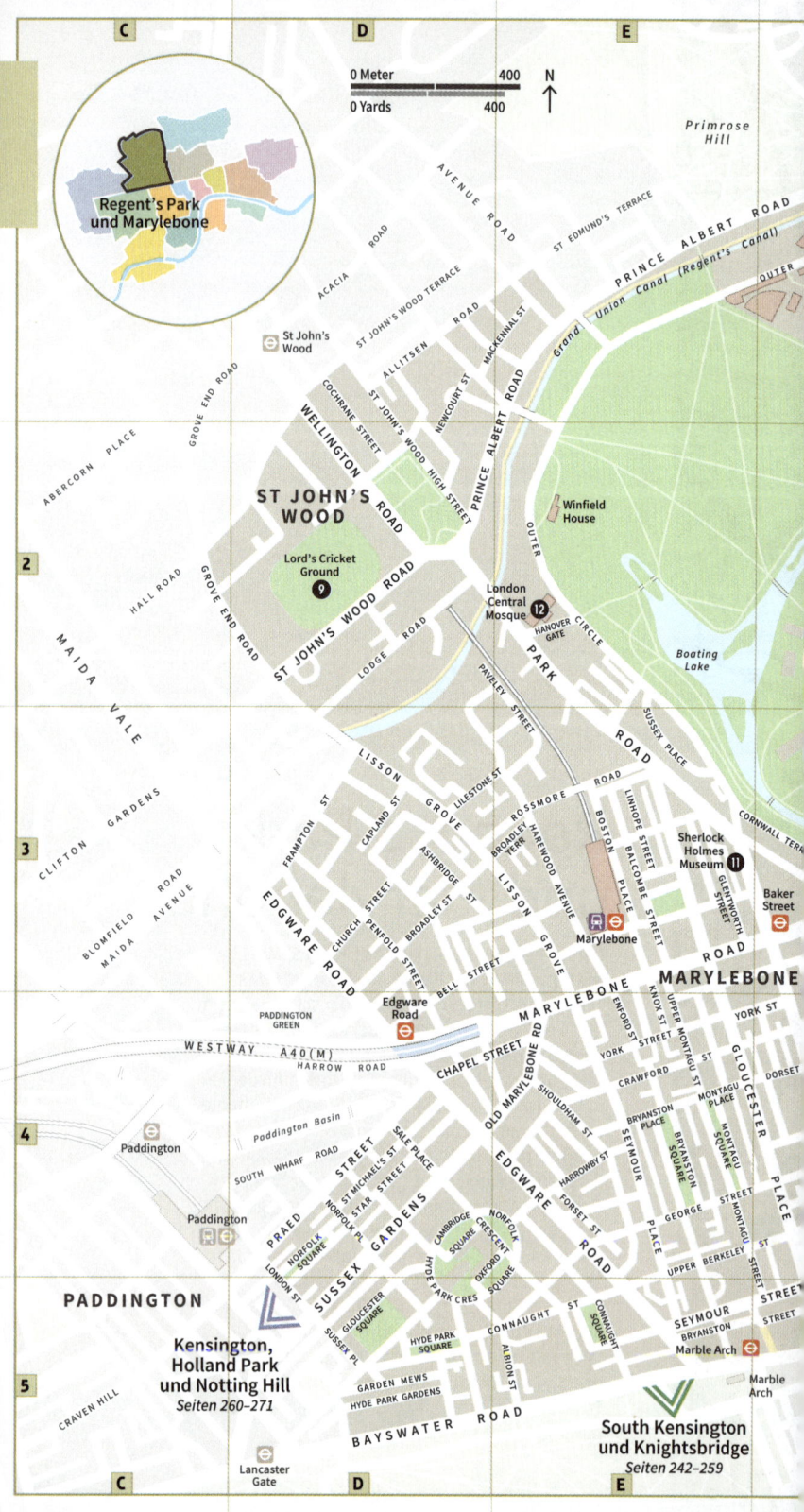

Regent's Park und Marylebone

Highlight
1 Regent's Park

Sehenswürdigkeiten
2 London Zoo
3 St Marylebone Parish Church
4 Madame Tussauds
5 Broadcasting House
6 All Souls, Langham Place
7 Royal Academy of Music Museum
8 Wallace Collection
9 Lord's Cricket Ground
10 Oxford Street
11 Sherlock Holmes Museum
12 London Central Mosque
13 Wigmore Hall
14 Cumberland Terrace
15 Marylebone High Street

Hotels
1 London Zoo Lodges
2 The Langham

Buchladen
3 Daunt Books

King's Cross, Camden und Islington
Seiten 164–171

Bloomsbury und Fitzrovia
Seiten 150–163

Soho und Trafalgar Square
Seiten 104–121

Mayfair und St James's
Seiten 86–103

Regent's Park

📍 F2　🏠 NW1　🚇 Regent's Park, Baker St, Great Portland St
🕐 tägl. 5 – Sonnenuntergang　🌐 royalparks.org.uk

Regent's Park, eine der größten Grünflächen der Stadt, bietet für jeden etwas. Zu seinen Attraktionen gehören der Londoner Zoo, ein Freilichttheater und ein Bootssee sowie ein ausgedehntes Wegenetz, das Sie zu Sehenswürdigkeiten wie dem Regent's Canal und den Queen Mary's Gardens führt.

Das Gebiet wurde 1812 in einen Park umgewandelt. John Nash plante ursprünglich eine Art Gartenvorstadt mit 56 Villen in verschiedenen klassizistischen Stilen und einem Lustschloss für den Prinzregenten. Letztendlich wurden nur acht Villen gebaut (drei sind am Rand des Inner Circle erhalten).

Der Bootssee ist sehr romantisch, vor allem, wenn Musik vom Musikpavillon herüberweht. Im Sommer bieten die Queen Mary's Gardens eine Fülle von Eindrücken und Gerüchen, und auf der nahe gelegenen Freilichtbühne können die Besucher ein umfangreiches Theaterprogramm genießen, darunter Shakespeare, Musicals und Kindertheaterstücke. Der Park ist auch für seine hervorragenden Sporteinrichtungen bekannt.

Nashs Masterplan für den Park setzt sich hinter dem nordöstlichen Rand in Park Village East und West fort. Die eleganten Stuckgebäude stammen von 1828, demselben Jahr, in dem der Zoo eröffnet wurde.

> Der Bootssee, auf dem sich viele Wasservögel tummeln, ist sehr romantisch, vor allem, wenn Musik vom Musikpavillon herüberweht.

Schon gewusst?

In Queen Mary's Gardens gibt es mehr als 12 000 Rosen.

↑ Schwäne im See im Regent's Park

Sorgfältig angelegte Beete und Bäume aus der Vogelperspektive

SEHENSWÜRDIGKEITEN

2

London Zoo

F1 Regent's Park NW1 Camden Town, Regent's Park tägl. ab 10; Schließzeiten siehe Website 25. Dez zsl.org

Im internationalen Vergleich ist der Londoner Zoo relativ klein, aber er hat viel zu bieten, darunter einen Sumatra-Tiger, Westliche Flachlandgorillas, Klammeraffen, Giraffen, Leguane, Pythons und vogelfressende Taranteln. Insgesamt beherbergt der Zoo mehr als 650 Tierarten und über 1000 Säugetiere, Amphibien, Vögel und Reptilien.

Trotz der dichten Population sind viele der größeren Tiere in relativ geräumigen und interessanten Gehegen untergebracht, vor allem seit der Zoo Anfang der 2000er Jahre mit einer Reihe von fantasievollen Umbauten begonnen hat. Zu den neuen Gehegen gehören »Penguin Beach«, »Gorilla Kingdom«, »Rainforest Life«, »Tiger Territory« und »In with the Lemurs«. »Snowdon Aviary« wurde nach der Neugestaltung durch Foster + Partners 2021 als begehbare Anlage für Schwarz-weiße Stummelaffen wiedereröffnet.

Das größte Gehege im Londoner Zoo ist »Land of the Lions«, in dem asiatische Löwen durch den vom Zoo nachgebildeten Gir-Wald in Westindien streifen. Die Besucher können ihnen von Stegen und einem nachgebauten Dorf in Gujarat mit Bahnhof, Hauptstraße und Tempelruinen aus zusehen.

Der Zoo unterstreicht seine wichtige internationale Rolle bei der Erhaltungsarbeit und Forschung und wird von der Zoological Society of London betrieben, die hier auch ihren Sitz hat.

In »Penguin Beach« kann man Pinguine unter Wasser beobachten

Hotels

London Zoo Lodges
Wachen Sie zum Gebrüll der Löwen auf, nachdem Sie die Nacht in einer komfortablen Hütte innerhalb des Zoos verbracht haben. Dazu gehören zwei Tage im Zoo, Führungen bei Sonnenuntergang, nach Einbruch der Dunkelheit und am Morgen, Frühstück und Abendessen.

F1 zsl.org/zsl-london-zoo/london-zoo-lodge
£££

The Langham
Der Palm Court ist angeblich die ursprüngliche Heimat des Nachmittagstees. Elegante Restaurants, Bars und Zimmer.

G4 1c Portland Place W1B 1JA langhamhotels.com
£££

❸ ⊡ ♿

St Marylebone Parish Church

📍 F3 🏠 Marylebone Rd NW1 🚇 Regent's Park ⏱ Mo – Fr 9 –17, Sa, So 8 –16 🌐 stmarylebone.org

In der Kirche wurde 1846 das berühmte Dichterpaar Robert Browning und Elizabeth Barrett getraut, nachdem die Braut dem strengen Elternhaus an der nahen Wimpole Street entflohen war. Thomas Hardwick weihte die mächtige Kirche 1817 ein.

Das frühere Gebäude, das Admiral Lord Nelson besuchte und in dem Lord Byron 1778 die Taufe empfing, war für die Gemeinde zu klein geworden. Hardwick legte daher den Neubau sehr groß dimensioniert an.

❹ ⊘ ⊡ 🛍 ♿

Madame Tussauds

📍 F3 🏠 Marylebone Rd NW1 🚇 Baker St ⏱ siehe Website 🌐 madametussauds.com

Madame Tussaud fertigte zu Beginn ihrer Karriere Totenmasken berühmter Opfer der Französischen Revolution an. Auch heute noch werden Politiker, Film- und Fernsehstars, Royals sowie Sportler und Rockstars nach althergebrachten Verfahren in Wachs nachgebildet.

Besucher können mit Ihrer Majestät auf den Balkon des Palasts treten oder einem Prominentenball beiwohnen. In »Spirit of London« können Sie in stilisierten Londoner Taxis durch bedeutsame Ereignisse in der Geschichte der Stadt fahren, wie den Großen Brand von 1666 und das Swinging London der 1960er Jahre. Es gibt auch Abschnitte, die sich mit Franchises wie Marvel und »Star Wars« beschäftigen, mit begehbaren Sets und einem 4-D-Marvel-Filmerlebnis.

Die Eintrittspreise sind recht hoch, aber billiger, wenn man die Tickets online kauft. Mit einem zeitlich begrenzten Ticket kann man Wartezeiten verkürzen.

❺ ♿

Broadcasting House

📍 G4 🏠 Portland Place W1 🚇 Oxford Circus 🌐 bbc.co.uk

Die erste Radiosendung wurde 1932 von hier aus gesendet, zwei Monate bevor das Art-déco-Gebäude offiziell eröffnet wurde. Der Umbau hat es nun in ein hochmodernes digitales Zentrum für BBC Radio, TV und BBC News sowie Onlinedienste verwandelt. Die einzige Möglichkeit,

↑ *Die weiträumige St Marylebone Parish Church*

einen Blick ins Innere zu werfen, besteht darin, sich über die Website für einen Platz in einer der BBC-TV- oder Radiosendungen als Studiopublikum zu bewerben.

❻ ♿

All Souls, Langham Place

📍 G4 🏠 Langham Place W1 🚇 Oxford Circus ⏱ Mo – Fr 10 –17, Fr 10 –14, So 9 –14, 17 –19:30 🌐 allsouls.org

Das Gotteshaus wurde nach einem Entwurf von John Nash 1824 fertiggestellt. Die kreisförmige Säulenvorhalle ist von der Regent Street aus am besten zu sehen. Der schlanke Turm wurde anfänglich als zu dünn und zerbrechlich verspottet, die Kirche an sich wurde beschrieben als »eines der unglücklichsten Gebäude der Metropole«.

Die einzige von Nash in London erbaute Kirche unterhält enge Beziehungen zur BBC gegenüber. Viele Jahre lang diente sie als Aufnahmestudio für Rundfunk-

> **In St Marylebone Parish wurde 1846 das berühmte Dichterpaar Robert Browning und Elizabeth Barrett getraut, nachdem die Braut dem strengen Elternhaus entflohen war.**

gottesdienste. Heute gibt es Streamings von den Gottesdiensten auf der Website der Kirche.

7 Royal Academy of Music Museum

📍 F3 🏛 Marylebone Rd NW1 🚇 Baker Street, Regent's Park 🕐 Mo – Fr 11:30 –17:30, Sa 12 –16 📅 Dez 🌐 ram.ac.uk

Das einfache Museum in einer der besten Musikschulen des Landes zeigt die Sammlung historischer Instrumente der Royal Academy. Die drei kleinen Räume, die von freiwilligen Studenten betreut werden, sind auf drei Stockwerken verteilt. Im Erdgeschoss erfährt man mehr über die Geschichte der Institution, in der Strings Gallery und der Piano Gallery im Obergeschoss sind eine einzigartige Stradivari-Violine und ein Cembalo aus dem 17. Jahrhundert zu sehen. Mittags und abends gibt es in dem Gebäude kostenlose Konzerte.

8 Wallace Collection

📍 F4 🏛 Hertford House, Manchester Sq W1 🚇 Bond St, Baker St 🕐 tägl. 10 –17 🌐 wallacecollection.org

Dies ist eine der schönsten privaten Kunstsammlungen der Welt. Sie wurde 1897 der Regierung mit der Auflage vermacht, dass sie öffentlich ausgestellt werden sollte, ohne dass etwas hinzugefügt oder entfernt wird. Sie blieb bis 2020 intakt, als zum ersten Mal Leihgaben erlaubt wurden. Der Bestand ist das Ergebnis der Sammelleidenschaft von vier Generationen

↑ *Europäische Kunst des 18. Jahrhunderts in der Wallace Collection*

der Familie Hertford und ein Muss für jeden, der sich für europäische Kunst bis ins späte 19. Jahrhundert interessiert. Das Haus selbst ist prächtig, mit Dutzenden von Räumen, darunter die prächtige Great Gallery mit vielen historischen Details.

Zu den 70 Meisterwerken gehören Frans Hals' *Lachender Kavalier*, Velázquez' *Die Dame mit dem Fächer*, Tizians *Perseus und Andromeda*, Rembrandts *Titus* und Canalettos zwei Gemälde von Venedig. Zu sehen sind auch fantastische Porträts von Reynolds, Romney und Gainsborough. Weitere Hö-

hepunkte sind das Sèvres-Porzellan und die Skulpturen von Houdon und Roubiliac. Die Sammlung europäischer und orientalischer Rüstungen ist die zweitgrößte im Vereinigten Königreich.

Es gibt täglich Führungen, Details siehe Website.

9 Lord's Cricket Ground

📍 D2 🏛 NW8 🚇 St John's Wood 🕐 Führungen: Apr – Okt 10 –15; Nov – März: 10 –14 📅 21. Dez –1. Jan 🌐 lords.org

Der Cricketpionier Thomas Lord verlegte 1814 seinen Cricketplatz hierher. Der Pavillon (1890), von dem Frauen bis 1999 ausgeschlossen waren, ist spätviktorianisch.

Lord's Cricket Ground ist Zentrum einer der wichtigsten englischen Sommersportarten. Bei Führungen kommt man in Umkleidekabinen und das MCC Museum. Hier wird die Geschichte der Sportart aufgerollt. Andenken an berühmte Spieler machen das Museum zur Wallfahrtsstätte. Es zeigt auch einen ausgestopften Spatz, der von einem Ball im Flug getötet wurde. Eine weitere Attraktion ist »The Ashes« (Asche in einer Urne), um die die Teams Englands und Australiens kämpfen. Führungen sollte man vorab buchen.

→ *Der spätviktorianische Pavillon des Lord's Cricket Ground*

Ein weiterer Fall für den großen Detektiv entfaltet sich im Sherlock Holmes Museum

Holmes' Wohnung so aussieht und möbliert ist, wie in den Romanen beschrieben. Holmes' »Haushälterin« empfängt die Besucher und führt sie in den ersten Stock. Der Laden verkauft Souvenirs, die Romane und natürlich die *Deerstalker*-Mützen.

Schon gewusst?

Keine andere (menschliche) Figur spielt in mehr Filmen die Hauptrolle als Sherlock Holmes.

Flagship-Stores internationaler Marken Nike, UNIQLO und Gap sowie britische »Heimgewächse« wie Marks & Spencer und Topshop.

⑩ Oxford Street

📍 F5 🏠 W1 🚇 Marble Arch, Bond St, Oxford Circus, Tottenham Court Rd
🌐 oxfordstreet.co.uk

Die Oxford Street ist die größte und belebteste Einkaufsstraße Londons. Sie verläuft vom Marble Arch im Westen entlang der südlichen Grenze von Marylebone, teilt Soho und Fitzrovia voneinander ab und endet am Hochhaus Centre Point. In der westlichen Hälfte sind mehrere Kaufhäuser, darunter ist das bekannteste und größte sicher Selfridges (sehen Sie sich unbedingt die fantastische Food Hall an), auch wenn ihm das Kaufhaus John Lewis seit der Eröffnung 1864 harte Konkurrenz macht. Entlang der Straße liegen viele britische

⑪ Sherlock Holmes Museum

📍 E3 🏠 221b Baker St NW1
📞 +44 20 7224 3688
🚇 Baker St ⏰ tägl. 9:30–18
🌐 sherlock-holmes.co.uk

Sir Arthur Conan Doyles Romanfigur lebte in 221b Baker Street, eine Adresse, die es damals noch gar nicht gab, weil die Straße viel kürzer war. Das Gebäude von 1815, in dem sich heute das Museum befindet, lag damals in der Upper Baker Street oberhalb der Marylebone Road. Es wurde umgebaut, damit

⑫ London Central Mosque

📍 E2 🏠 146 Park Rd NW8
🚇 Marylebone, St John's Wood, Baker St
⏰ 10 – letztes Gebet
🌐 iccuk.org

Die große Moschee mit goldener Kuppel am Rand des Regent's Park wurde nach Entwürfen von Sir Frederick Gibberd 1978 vollendet. Sie wurde für die wachsende Zahl muslimischer Einwohner und Besucher gebaut und kann bis zu 1800 Personen aufnehmen.

Der große, quadratische Gebetssaal hat ein Kuppeldach und einen prächtigen Teppich. Alle Besucher müssen vor dem Betreten ihre Schuhe ausziehen, Frauen sollten ihren Kopf bedecken.

→ *Cumberland Terrace – eine der begehrtesten Adressen Londons*

Einladende Pubs und
Bars in der Marylebone
High Street

---

 13 🍴

Wigmore Hall

📍 G4 🏠 36 Wigmore St W1
🚇 Bond St, Oxford Circus
🌐 wigmore-hall.org.uk

Die kleine Konzerthalle (1900)
ist wie das Savoy Hotel ein
Werk des Architekten T. E.
Collcutt. Der frühere Name
Bechstein Hall – der Saal war
mit den Verkaufsräumen verbunden – verweist auf ihre
Lage im früheren Zentrum
des Klavierhandels.

Das Jugendstil-Haus ge-
genüber wurde 1907 als Vorläufer des heutigen Deben-
hams in der Oxford Street
errichtet.

14

Cumberland Terrace

📍 G2 🏠 NW1 🚇 Great
Portland St, Regent's Park,
Camden Town

Die Details der längsten von
Nashs neoklassizistischen
Häuserzeilen am Regent's
Park wird James Thomson
zugeschrieben. Ein reich ver-
zierter Giebel krönt die ioni-
sche Säulenvorhalle. Der
1828 vollendete Bau sollte
im Blickfeld des Palasts liegen, den Nash für den Prinzregenten plante. Er wurde jedoch nie gebaut, da der Prinz
zu sehr mit seinen Plänen für
den Buckingham Palace be-
schäftigt war *(siehe S. 90f)*.

15 🍴 ☕ 🛍️

Marylebone
High Street

📍 F4 🏠 NW1 🚇 Baker St,
Regent's Park, Bond St
🌐 marylebonevillage.com

Diese Hauptstraße mit vielen
kleinen Boutiquen liegt in
einem der dörflichsten Teile
Londons und wird von Besuchern oft übersehen. In den
schönen roten und gelben
Backsteinhäusern findet
man zahlreiche erstklassige
Lebensmittel-, Mode- und
Buchläden sowie einige Restaurants. Einen Besuch sollte
man unbedingt dem Design-
laden Conran Shop und dem
unvergleichlichen Buchla-
den Daunt Books abstatten.
In der St Vincent Street und
der Aybrook Street findet
sonntags (10 – 14 Uhr) der beliebte Marylebone Farmers'
Market statt.

Buchladen

Daunt Books

Der schönste Bestand-
teil dieses original
edwardianischen Buch-
ladens sind die langen
Eichengalerien. In den
Regalen stehen Reise-
führer und Literatur
über jedes erdenkliche
Land.

📍 F4 🏠 83 Marylebone
High St W1
🌐 dauntbooks.co.uk

(🚶)

Spaziergang in Marylebone

Länge 2,5 km **Dauer** 30 Min.
U-Bahn Regent's Park

Südlich des Regent's Park liegt das mittelalterliche Marylebone (»St. Mary am Fluss«). Bis ins 18. Jahrhundert war das Dorf von Feldern und einem Lustgarten umgeben. Mitte des 19. Jahrhunderts standen dort bereits grandiose Häuser, in denen Angehörige freier Berufe wohlhabende Klienten empfingen. Das Viertel hat bis heute nichts von seiner Eleganz verloren. An der Marylebone High Street findet man zahlreiche erstklassige Lebensmittel-, Mode- und Buchläden sowie hübsche Cafés.

↑ *Prächtiger edwardianischer Innenraum von Daunt Books (1910)*

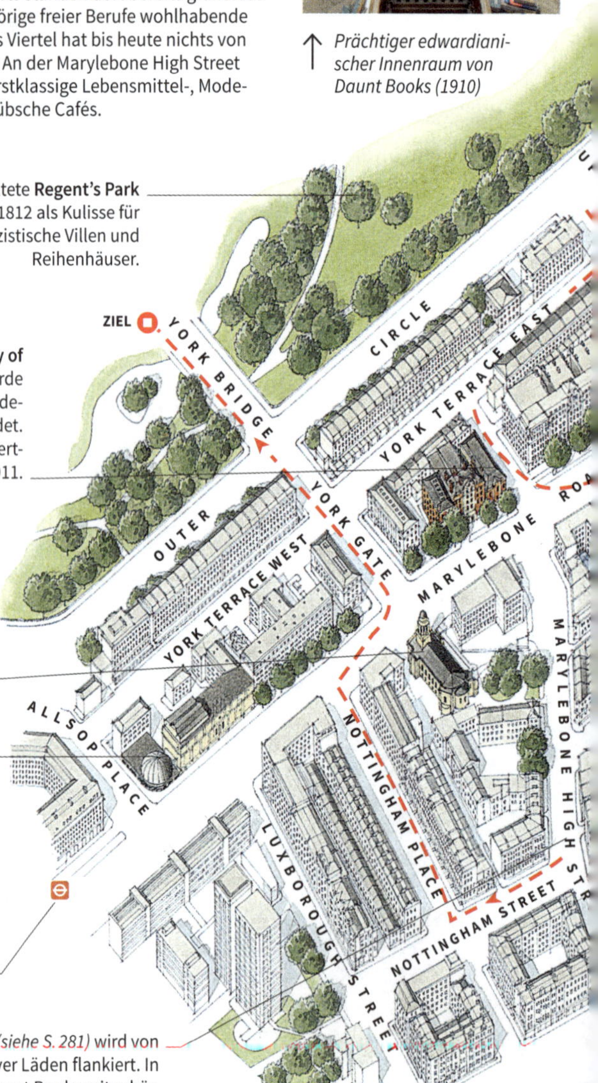

John Nash gestaltete **Regent's Park** *(siehe S. 276f)* 1812 als Kulisse für klassizistische Villen und Reihenhäuser.

Die **Royal Academy of Music** *(siehe S. 279)* wurde 1822 als erste Musikakademie Englands gegründet. Der Ziegelbau mit Konzertsaal stammt von 1911.

Die Dichter Robert Browning und Elizabeth Barrett gaben sich 1846 in der **St Marylebone Parish Church** *(siehe S. 278)* das Jawort.

Madame Tussauds *(siehe S. 278)* gibt es seit 1835. Seit 1884 residiert das Wachsfigurenkabinett in diesem Bau.

Baker Street Station

Marylebone High Street *(siehe S. 281)* wird von einer Reihe attraktiver Läden flankiert. In Nr. 83 befindet sich Daunt Books mit schön gestaltetem Interieur. Ecke Marylebone Lane ist V V Rouleaux, ein bunter Kurzwarenladen.

ZIEL

YORK BRIDGE · YORK TERRACE EAST · CIRCLE · YORK GATE · OUTER · YORK TERRACE WEST · MARYLEBONE ROAD · MARYLEBONE HIGH STR · ALLSOP PLACE · NOTTINGHAM PLACE · LUXBOROUGH STREET · NOTTINGHAM STREET

| 0 Meter | 100 |
| 0 Yards | 100 |

N

Park Crescent, ebenfalls von Nash entworfen, zeigt eine imposante Fassade, hinter der sich seit den 1960er Jahren Büros befinden. Der Platz ist das Nordende einer Route vom St James's Park über Regent Street und Portland Place zum Regent's Park, die Nash für Umzüge konzipiert hatte.

Regent's Park und Marylebone

Zur Orientierung
Siehe Stadtteilkarte S. 274f

Regent's Park Station

START

In der **Harley Street** sind seit mehr als 100 Jahren die besten Ärzte Londons.

In der Mitte von **Portland Place** steht eine Statue von Feldmarschall Sir George Stuart White, der für seine Tapferkeit im Afghanistankrieg von 1879 das Victoria Cross erhielt.

PARK SQUARE WEST

HARLEY ST

PARK CRESCENT

PORTLAND PLACE

HARLEY STREET

DEVONSHIRE STREET

UPPER WIMPOLE ST

BEAUMONT STREET

Das **Royal Institute of British Architects** hat seinen Sitz in einem Art-déco-Gebäude, das George Grey Wornum 1934 entwarf.

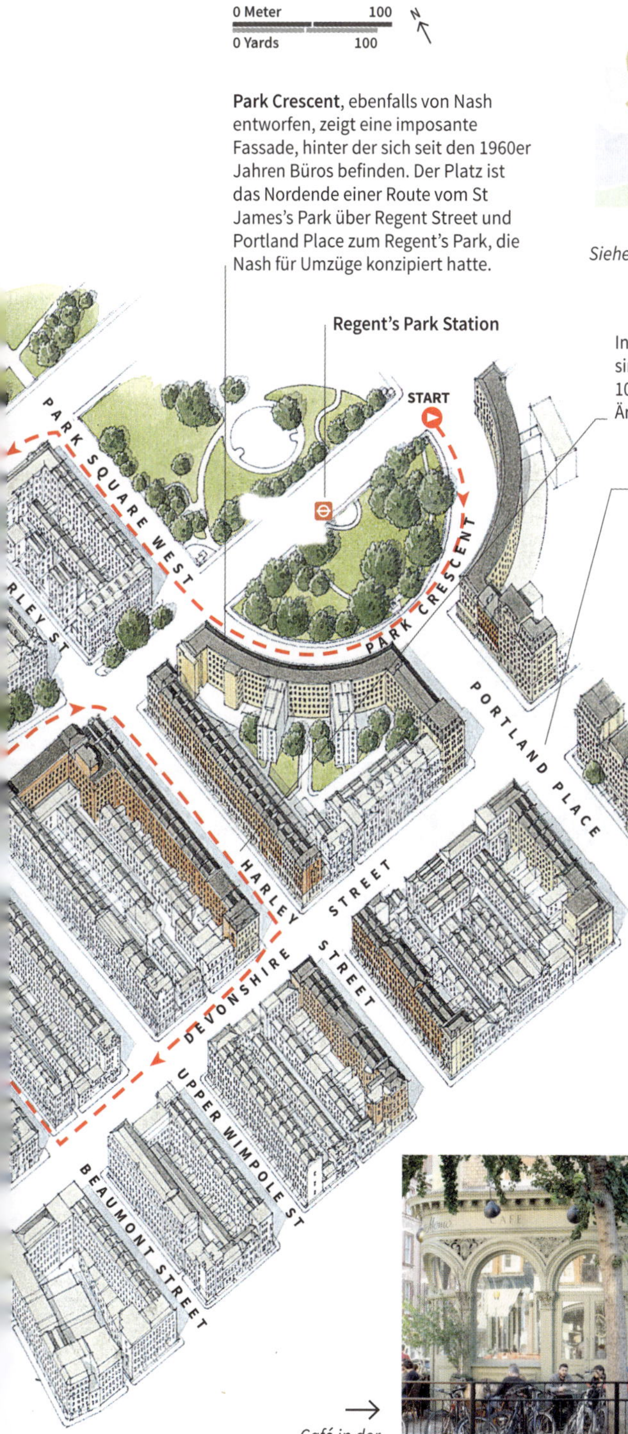

→
Café in der Marylebone High Street

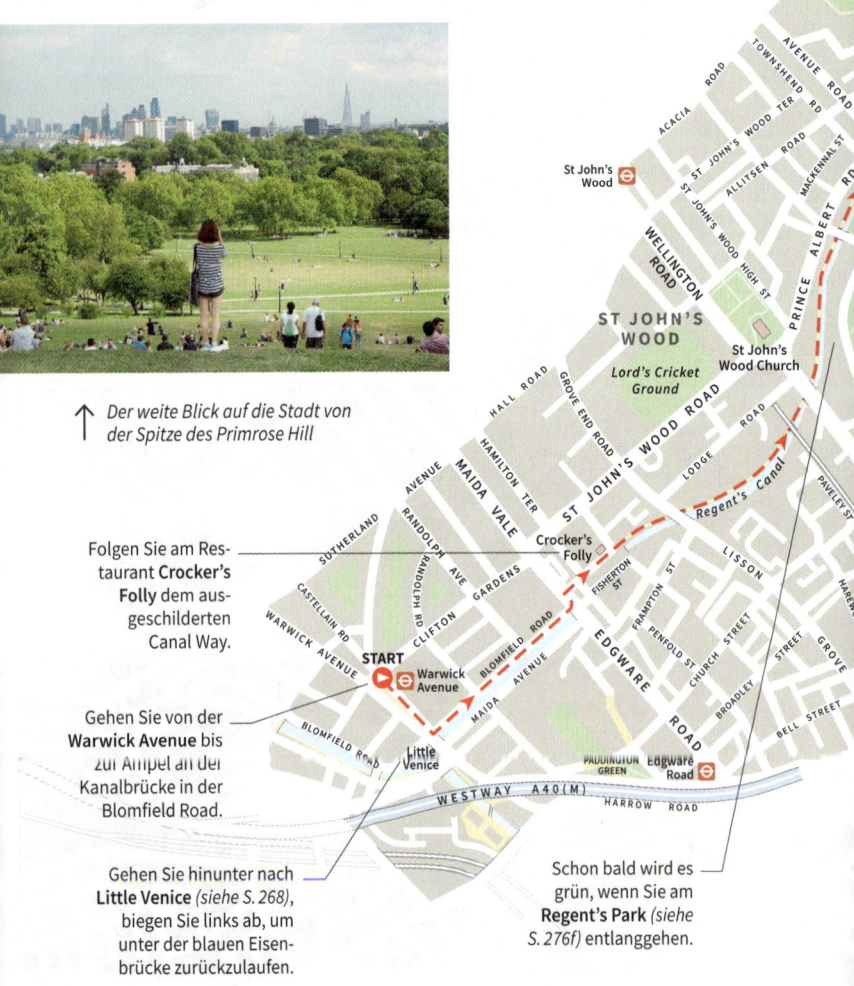

Spaziergang am Regent's Canal entlang

Länge 5 km **Dauer** 70 Min. **U-Bahn** Warwick Avenue

Der Baumeister John Nash wollte eigentlich, dass der Regent's Canal durch den Regent's Park führt, doch stattdessen umrundet er die Nordgrenze des Parks. Der im Jahr 1820 eröffnete Kanal wird schon lange nicht mehr kommerziell genutzt, ist aber heute bei Radfahrern und Spaziergängern sehr beliebt. Der Spaziergang beginnt in Little Venice, einem Gebiet, das für seine friedlichen Kanäle bekannt ist, und macht dann einen Abstecher zum spektakulären Ausblick auf die Stadt vom Primrose Hill aus. Die Route endet in den coolen und skurrilen Straßen von Camden, wo Sie in den bunten Läden herumstöbern oder einen Happen essen können.

↑ *Der weite Blick auf die Stadt von der Spitze des Primrose Hill*

Folgen Sie am Restaurant **Crocker's Folly** dem ausgeschilderten Canal Way.

Gehen Sie von der **Warwick Avenue** bis zur Ampel an der Kanalbrücke in der Blomfield Road.

Gehen Sie hinunter nach **Little Venice** *(siehe S. 268)*, biegen Sie links ab, um unter der blauen Eisenbrücke zurückzulaufen.

Schon bald wird es grün, wenn Sie am **Regent's Park** *(siehe S. 276f)* entlanggehen.

Die **Aussichtstafel** auf dem Gipfel hilft, die Wahrzeichen der Skyline der Stadt zu erkennen.

Gegenüber dem Pub **The Queens** lebte in der Regent's Park Road Nr. 122 Friedrich Engels.

In der **Fitzroy Road Nr. 23** lebten W. B. Yeats und später Sylvia Plath.

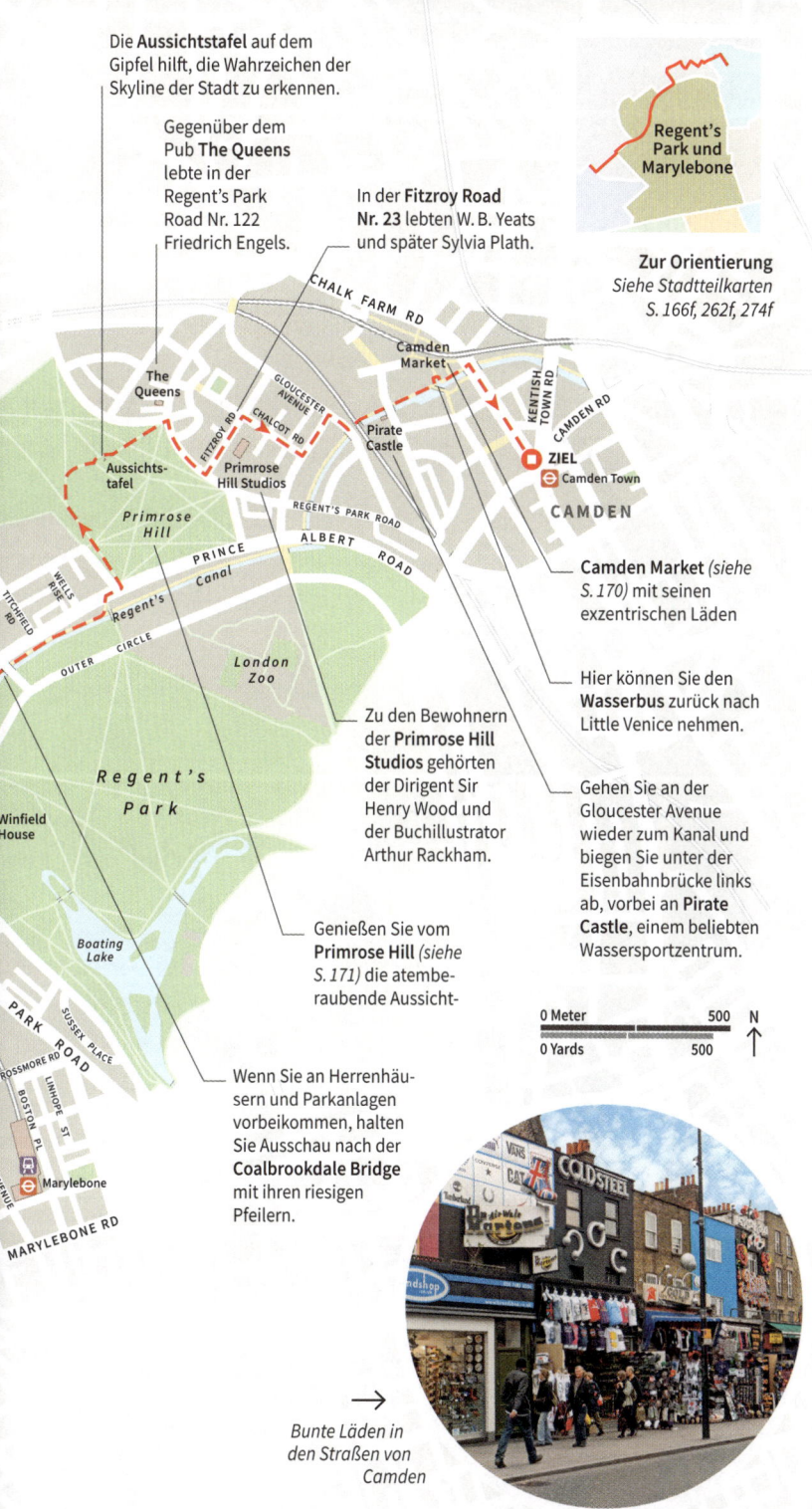

Regent's Park und Marylebone

Zur Orientierung
Siehe Stadtteilkarten S. 166f, 262f, 274f

CHALK FARM RD

Camden Market

The Queens

GLOUCESTER AVENUE

FITZROY RD

CHALCOT RD

Pirate Castle

KENTISH TOWN RD

CAMDEN RD

ZIEL

Camden Town

Aussichts-tafel

Primrose Hill Studios

Primrose Hill

REGENT'S PARK ROAD

CAMDEN

PRINCE

ALBERT ROAD

WELLS RISE

Regent's Canal

TITCHFIELD RD

OUTER CIRCLE

London Zoo

Regent's Park

Winfield House

Boating Lake

PARK ROAD

SUSSEX PLACE

ROSSMORE RD

LINHOPE ST

BOSTON PL

AVENUE

Marylebone

MARYLEBONE RD

Camden Market *(siehe S. 170)* mit seinen exzentrischen Läden

Hier können Sie den **Wasserbus** zurück nach Little Venice nehmen.

Gehen Sie an der Gloucester Avenue wieder zum Kanal und biegen Sie unter der Eisenbahnbrücke links ab, vorbei an **Pirate Castle**, einem beliebten Wassersportzentrum.

Zu den Bewohnern der **Primrose Hill Studios** gehörten der Dirigent Sir Henry Wood und der Buchillustrator Arthur Rackham.

Genießen Sie vom **Primrose Hill** *(siehe S. 171)* die atembe-raubende Aussicht-

Wenn Sie an Herrenhäu-sern und Parkanlagen vorbeikommen, halten Sie Ausschau nach der **Coalbrookdale Bridge** mit ihren riesigen Pfeilern.

| 0 Meter | | 500 |
| 0 Yards | | 500 |

N

→

Bunte Läden in den Straßen von Camden

Hampstead und Highgate

Die beiden exklusiven Stadtviertel im Norden der britischen Metropole, die sich zu beiden Seiten der ausgedehnten Hampstead Heath erstrecken, waren kleine Dörfer, bevor sie von der Metropole verschluckt wurden, liegen aber auch heute noch abseits des turbulenten Geschehens der City. In Highgate gab es bereits im frühen Mittelalter eine Ansiedlung, als an der Great North Road ein wichtiger Stützpunkt errichtet wurde.

Die früheste Nennung von Hampstead stammt aus dem 10. Jahrhundert. Im 17. Jahrhundert entwickelten sich beide Viertel zu angesagten Rückzugsorten von der Hektik des Stadtzentrums. Auch die eigene urbane Erweiterung, die Schienenanbindung und das Vordringen der Stadt im 19. Jahrhundert konnten diesen Reiz nur leicht dämpfen.

Beide Viertel sind auch bekannt für ihre Verbindungen zu Kunst und Literatur. Viele der in Hampstead lebenden Künstler und Intellektuellen wurden auf dem Highgate Cemetery bestattet, darunter Karl Marx. Seine Beisetzung erfolgte im östlichen Teil des Friedhofs, dessen westlicher Bereich als stimmungsvoller gilt.

Hampstead und Highgate

Highlights
❶ Hampstead Heath
❷ Highgate Cemetery

Sehenswürdigkeiten
❸ Flask Walk und Well Walk
❹ Burgh House
❺ Fenton House and Garden
❻ Church Row
❼ 2 Willow Road
❽ Downshire Hill
❾ Keats House
❿ Freud Museum

Pubs
① The Spaniards Inn
② The Southampton Arms
③ The Holly Bush

Map labels:

HIGHGATE

Hampstead und Highgate

SOUTHWOOD LANE
HAMPSTEAD LANE
HAMPSTEAD
PARK
THE GROVE
FITZROY
HIGHGATE WEST HILL
SOUTH GROVE
SWAIN'S
BISHAM GARDENS
FITZROY PARK
Waterlow Park
West Cemetery
HOLLY LODGE GARDENS
HIGHGATE WEST HILL
HILLWAY
AVENUE
Highgate Cemetery
DARTMOUTH PARK HILL
Archway ⊖
UPPER HOLLOWAY
MERTON LANE
OAKESHOTT
AVENUE
RAYDON STREET
CHESTER ROAD
MILLFIELD LANE
MAKEPEACE
HIGHGATE WEST HILL
HILLWAY
AVENUE
LANGBOURNE
CHESTER ROAD
BICKERTON ROAD
JUNCTION ROAD
Men's Bathing Pond
SWAIN'S LANE
CHESTER ROAD
ROAD
ST ALBAN'S ROAD
YORK RISE
DARTMOUTH PARK HILL
CATHCART HILL
STATION ROAD
Parliament Hill
HIGHGATE ROAD
CROFTDOWN ROAD
CHETWYND ROAD
TUFNELL PARK
LISSENDEN GARDENS
GLENHURST AVE
GORDON HOUSE RD
Parliament Hill Lido
SAVERNAKE ROAD
Gospel Oak
COURTHOPE RD
ESTELLE RD
SHIRLOCK RD
RODERICK ROAD
MANSFIELD ROAD
KILN PLACE
GOSPEL OAK
MALDEN ROAD
QUEEN'S CRESCENT
GRAFTON ROAD
QUEEN'S CRESCENT
MALDEN ROAD
VERSTOCK HILL

0 Meter 400
0 Yards 400
N

❶ ⑂ ⊡ ♿

Hampstead Heath

📍 X3 ⌂ NW3, NW5 🚇 Hampstead, Golders Green 🚆 Hampstead Heath, Gospel Oak
🕐 tägl. 24 Std.; Kenwood House: Apr – Okt: tägl. 10 – 17; Nov – März: tägl. 10 – 16
🌐 Hampstead Heath: cityoflondon.gov.uk; Kenwood House: english-heritage.org.uk

Hampstead Heath ist die größte Parklandschaft innerhalb von London und bei den Bewohnern der britischen Hauptstadt überaus beliebt. Aber eigentlich ist sie viel zu wild und wunderbar ungepflegt, um sie als »Park« zu bezeichnen.

Hampstead Heath erstreckt sich zwischen den erhöht liegenden Stadtteilen Hampstead und Highgate über eine Fläche von acht Quadratkilometer. Der Park besticht durch große natürliche Vielfalt: Wäldchen wechseln mit Wiesen und Hügeln, Teichen und Seen und bieten ein Mosaik an Lebensräumen. Zu den hier lebenden Tieren gehören u. a. Fledermäuse und nicht weniger als 180 Vogelarten. Anders als in den zentraler gelegenen Stadtvierteln sind in den Anlagen keine Gebäude und Statuen, aber es gibt etliche landschaftlich gestaltete Bereiche. Am bemerkenswertesten ist der Hill

Garden, ein edwardianischer Garten, der einst zum Anwesen von Lord Leverhulme gehörte und mit einem schönen Laubengang, vielen Blumen und einem hübschen Teich aufwartet. Ansehen sollte man sich auch Vale of Heath, ein kleines Dorf, das an der Südgrenze liegt, und den malerischen Viaduct Pond.

Kenwood House

Das prächtige weiße neoklassizistische Herrenhaus in der Hampstead Lane beeindruckt mit einer renommierten Sammlung alter Meister. Robert Adam gestaltete das Haus

→ *Blick über die britische Hauptstadt von Hampstead Heath*

 ↑ *Es gibt drei Badeteiche: einen für Männer, einen für Frauen und einen gemischten*

⊕ Schöne Aussicht
Blick vom Hügel

Vom Parliament Hill in der südöstlichen Ecke von Hampstead Heath hat man einen spektakulären Blick auf London mit The Shard, den Wolkenkratzern der City, der Kuppel der St Paul's Cathedral und Canary Wharf.

Statue von Henry Moore auf dem Grund von Kenwood House ↓

↑ *Grand Kenwood House liegt am Rand von Hampstead Heath*

↑ *Elegante Räume voller Meisterwerke*

1764 für den damaligen Lord Chief Justice, den Earl of Mansfield, um. Er ließ ein seit 1616 hier stehendes Gebäude erweitern und die vorhandenen Räume umbauen. Das Glanzstück des weitgehend erhaltenen Interieurs ist die Bibliothek mit einem fantastischen Deckengemälde. Zu den wertvollen Gemälden der Kenwood-Sammlung gehören Werke von Vermeer, van Dyck, Hals, Reynolds und Gainsborough. Als Hauptattraktion gilt ein Selbstporträt Rembrandts. Im Haus gibt es einen Tearoom und ein Restaurant mit Sitzgelegenheiten im Garten. In Sommer finden auf dem Gelände Open-Air-Konzerte statt.

2 ⬒ ⬒ ♿

Highgate Cemetery

📍 Z2 🏠 Swain's Lane N6 🚇 Archway 🕐 siehe Website
🌐 highgatecemetery.org

Der 1839 angelegte Friedhof ist der bekannteste Londons und berühmt für seine Versinnbildlichung der viktorianischen Obsession vom Tod und dem Leben danach.

Die zwei Teile des Highgate Cemetery, die durch einen Feldweg voneinander getrennt sind, sind voller Blumenbeete, Statuen, kunstvoller Gräber und überwachsener Grabsteine. Für Viktorianer war der Friedhof erste Wahl, weil sie hier neben und zwischen Dichtern, Künstlern und Intellektuellen begraben werden konnten.

   Es liegen zwar in beiden Teilen die Grabstätten von vielen bekannten Personen, aber der West Cemetery (nur Führungen) weist viel mehr Atmosphäre auf und ist auch unter einem architektonischen Gesichtspunkt interessanter. Prunkstück des Westteils ist die restaurierte Egyptian Avenue mit einer Reihe von Familiengruften im altägyptischen Stil, die zum Circle of Lebanon, einem Ring von Gruften rund um eine Zeder, führt.

↑ *Statue eines Engels auf einem der vielen Gräber*

Schon gewusst?

Ursprünglich mussten Gräber mit Blei ummantelt sein, was dazu führte, dass einige explodierten.

Das Grabmal von Karl Marx auf dem ruhigen Highgate Cemetery ↑

↑ *Fenton House kann man in den Sommermonaten besuchen*

Highlight

TOP 5 **Berühmte »Bewohner«**

Karl Marx (1818–1883)
Deutscher Philosoph und Ökonom.

George Eliot (1819–80)
Pseudonym von Mary Ann Evans, Autorin von *Middlemarch*.

Douglas Adams (1952–2001)
Autor von *Per Anhalter durch die Galaxis*.

Christina Rossetti (1830–1994)
Romantische Dichterin.

Malcolm McLaren (1946–2010)
Manager der Punkband Sex Pistols.

SEHENSWÜRDIGKEITEN

3

Flask Walk und Well Walk

W3 **NW3** **Hampstead**

Flask Walk ist nach einem Pub (*flask* = Flasche) benannt, das im 18. Jahrhundert Heilwasser abfüllte, an Besucher verkaufte oder auslieferte. An die Quelle am Well Walk erinnert ein stillgelegter Brunnen. Später siedelten sich hier Berühmtheiten an, so der Maler John Constable (Nr. 40) und die Romanciers D. H. Lawrence und J. B. Priestley sowie der Dichter John Keats. Der Flask Walk beginnt an der High Street als Gasse voller alter Läden. Nach dem Pub wird die Straße breiter.

4

Burgh House

W3 **New End Sq NW3** **Hampstead** **Mi–Fr, So 12–16** **3 Wochen um Weihnachten** **burghhouse.org.uk**

Der Burgh House Trust betreibt seit 1979 das Hampstead Museum, das die Geschichte des Viertels und einiger der berühmten Bewohner illustriert. Das Museum präsentiert eine bemerkenswerte Kunstsammlung, darunter Werke von Duncan Grant und Helen Allingham sowie Möbel und Archivmaterial über die Region. In den 1720er Jahren lebte hier Dr. William Gibbons, der Chefarzt des Kurorts.

5

Fenton House and Garden

V3 **20 Hampstead Grove NW3** **Hampstead** **März–Okt: Mi–So, Feiertage 11–17** **nationaltrust.org.uk**

Das 1686 errichtete und damit älteste Herrenhaus in Hampstead beherbergt zwei sehenswerte Sammlungen. Die Benton-Fletcher-Sammlung historischer Tasteninstrumente glänzt mit einem Cembalo von 1612, auf dem Händel gespielt haben soll. Es werden auch Konzerte veranstaltet, bei denen die funktionstüchtigen Ausstellungsstücke zum Einsatz kommen. Die zweite Sammlung umfasst Porzellan, das Lady Binning gesammelt hat, die das Haus 1952 dem National Trust übereignete. Besuchen Sie auch den herrlichen ummauerten Garten.

In der Church Row stehen viele georgianische Häuser mit original erhaltenen Details

6 Church Row

📍 V4 🏠 NW3
🚇 Hampstead

Church Row ist eine der best-erhaltenen georgianischen Häuserzeilen Londons. Besonders die aufwendigen Schmiedearbeiten sind sehenswert. St John's am Westende der Straße entstand 1745. Ihre eisernen Tore sind älter und stammen vom Canons Park in Edgware, Middlesex. Innen steht eine Büste von John Keats. Auf dem Friedhof liegen John Constable und viele andere berühmte Einwohner Hampsteads.

7 2 Willow Road

📍 W3 🏠 NW3 🚇 Hampstead 🚆 Hampstead Heath
🕐 März – Okt: Mi – So 11–17
🌐 nationaltrust.org.uk

Das bemerkenswerte modernistische Haus des ungarischen Architekten Ernö Goldfinger – Designer etlicher brutalistischer Wohnblocks

in London – ist fast so erhalten geblieben, wie er es in den 1930ern entwarf und darin lebte. Das relativ unscheinbare Äußere macht das stylishe und doch warme Innere umso einprägsamer. Treppen führen vom Erdgeschoss über eine Wendeltreppe zum offenen Wohnbereich. Dank viel natürlichem Licht kann man Goldfingers wertvolle Sammlung von Kunst aus dem 20. Jahrhun-

↑ Die Regency-Fassade von St John's Downshire Hill aus dem Jahr 1823

dert bewundern. Die geometrisch angelegten Räume warten mit vielen innovativen Features auf, darunter bewegliche Wände, dank derer man die Räume je nach Bedarf verkleinern und vergrößern kann. Zutritt zwischen 11 und 14 Uhr nur für Führungen (1 Std.).

8 Downshire Hill

📍 W4 🏠 NW3
🚇 Hampstead

Die von Regency-Häusern gesäumte Straße gab ihren Namen einer Künstlergruppe um Stanley Spencer und Mark Gertler, die sich zwischen den Weltkriegen im Haus Nr. 47 zusammenfand. Früher hatten sich dort Präraffaeliten – darunter Dante Gabriel Rossetti und Edward Burne-Jones – getroffen. Im Haus Nr. 5 wohnte Jim Henson, Erfinder der *Muppets*. Die Kirche mit dem Namen St John's wurde 1823 für die Gemeinde am Downshire Hill gebaut und weist noch das ursprüngliche geschlossene Chorgestühl auf.

9 ⚡ Ⓜ 🏠 ♿

Keats House

📍 W4 🏠 10 Keats Grove NW3 📞 +44 20 7332 3868 🚇 Hampstead, Belsize Park 🚂 Hampstead Heath ⏰ Mi – So 11–17 🗓 Weihnachtswoche 🌐 cityoflondon.gov.uk/keats

Der Dichter John Keats wurde von seinem Freund Charles Armitage Brown 1818 überredet, in die kleinere Hälfte des 1816 erbauten Doppelhauses einzuziehen. Keats verbrachte hier zwei schöpferische Jahre. *Ode to a Nightingale*, sein wohl berühmtestes Gedicht, entstand unter einem Pflaumenbaum im Garten. Ein Jahr nach Keats zog das Ehepaar Brawne in die größere Hälfte des Hauses ein, mit der Tochter Fanny verlobte sich der Dichter bald. Zur Hochzeit kam es nicht, da Keats zwei Jahre später in Rom an Schwindsucht starb. Er wurde nur 25 Jahre alt.

Keats House ist seit 1925 öffentlich zugänglich. Heute ist es eine Gedenkstätte, die u. a. Faksimiles einiger Manuskripte präsentiert. Ebenfalls zu sehen sind Memorabilien wie die Kopie eines Liebesbriefs an Fanny Brawne, Keats' Verlobungsring für sie und eine Locke ihres Haars. Führungen (30 Min.) beginnen um 13:30 und 15 Uhr.

10 Ⓜ 🏠 ♿

Freud Museum

📍 V5 🏠 20 Maresfield Gdns NW3 📞 +44 20 7435 2002 🚇 Finchley Rd ⏰ Mi–So 12–17 🗓 1. Jan, 25., 26. Dez 🌐 freud.org.uk

Der Begründer der Psychoanalyse floh 1938 vor den Nationalsozialisten von Wien nach London. Das Haus in Hampstead wurde mit den mitgebrachten Gegenständen so eingerichtet, dass die gleiche Atmosphäre wie in seiner Wiener Praxis entstand. Nach Freuds Tod 1939 ließ seine Tochter Anna, die Pionierarbeit für die Psychoanalyse von Kindern leistete, das Haus unverändert. 1986, vier Jahre nach ihrem Tod, wurde es als Museum zu Ehren von Sigmund Freud eröffnet. Zu den bemerkenswertesten Ausstellungsstücken gehört die Couch, auf der sich Patienten zur Analyse niederlegten. Filme aus den 1930er Jahren zeigen Freud in glücklichen Momen-

ten, aber auch Übergriffe der Nationalsozialisten auf seine Wohnung in Wien. Mittwochs und am ersten Sonntag im Monat (14 Uhr) finden kostenlose Führungen statt.

2016 erhielt auch Anna Freud eine blaue Plakette am Hauseingang, die zu der ihres Vaters hinzukam; es ist das einzige Gebäude, das zwei Plaketten hat.

←

Durch das Oberlicht aus Buntglas fällt Licht in die Bibliothek von Keats House

Spaziergang in Hampstead

Länge 1,5 km **Dauer** 30 Min.
U-Bahn Hampstead

Hampstead liegt auf einem Hügel südlich der ausgedehnten Hampstead Heath. Es wirkt noch heute wie ein Dorf, in dem wenig vom Stress der Großstadt zu spüren ist. Dies zieht seit georgianischer Zeit Künstler an und ließ den Vorort zu einem der begehrtesten Wohngebiete werden. Ein Spaziergang durch die engen Straßen mit ihren gepflegten Häusern zählt zu den ruhigeren Attraktionen Londons.

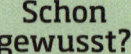

Schon gewusst?

Admiral's House diente als Inspiration für das Heim von Admiral Boom in P. L. Travers' *Mary Poppins*.

Hampstead Heath *(siehe S. 290f)* ist eine Oase mit ausgedehnten Freiflächen, Wiesen, Teichen und Seen – auch zum Baden.

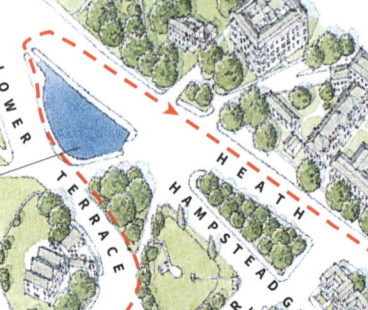

Whitestone Pond ist nach einem alten Meilenstein in der Nähe benannt.

Admiral's House wurde um 1700 für einen Kapitän gebaut. Der Name leitet sich aus den Meeresmotiven ab, die das Äußere zieren – kein Admiral hat je hier gelebt.

Grove Lodge war das Haus von John Galsworthy (1867 –1933). Hier verbrachte der Verfasser der *Forsyte Saga* die letzten 15 Jahre seines Lebens.

Das Ende des 17. Jahrhunderts erbaute **Fenton House** *(siehe S. 293)* mit sehr gepflegtem Garten liegt versteckt im Straßengewirr nahe Hampstead Heath. Der Besuch lohnt vor allem im Sommer.

← *Wunderschöner Blick auf die Stadt von einem Hügel in Hampstead Heath*

0 Meter	100
0 Yards	100

N

Hampstead
und Highgate

Zur Orientierung
Siehe Stadtteilkarte S. 288f

↑ *Charakteristische Läden
am Flask Walk*

Nr. 40 Well Walk
(siehe S. 293) war die
Adresse des Malers
John Constable, der
Hampstead in vielen
Bildern verewigte.

Das seit seiner Errichtung
1702 stark veränderte
Burgh House *(siehe S. 293)*
beherbergt ein lokalge-
schichtliches Museum
und ein Café über einem
kleinen Garten.

Flask Walk *(siehe S. 293)*
ist eine Allee mit inter-
essanten Läden, die sich
zur dörflichen Wohn-
straße verbreitert.

Hampstead Station

Das **Everyman Cinema** zeigt
seit 1933 Arthouse-Filme.

Die hohen Häuser an der **Church
Row** *(siehe S. 294)* weisen viele
Originaldetails auf. Achten Sie auf
die kunstvollen Schmiedearbeiten
in der wohl schönsten georgianischen Straße Londons.

CHRIST CHURCH HILL

CANNON PLACE

HAMPSTEAD SQUARE

WELL WALK

NEW END SQUARE

NEW END

STREATLEY PLACE

FLASK WALK

STREET

BACK LANE

HOLLY HILL

START

HAMPSTEAD HIGH ST

ZIEL

CHURCH ROW

Greenwich und Canary Wharf

Es war Henrys IV Sohn Humphrey, Bruder von Henry V und Duke of Gloucester, der als erstes Mitglied der königlichen Familie in Greenwich Fuß fasste, als er Mitte des 15. Jahrhunderts den Palace of Placentia, ursprünglich bekannt als Bella Court, erbauen ließ. Henry VIII wurde in dem Palast geboren, ebenso seine Töchter Mary und Elizabeth.

Der Palast wurde Ende des 17. Jahrhunderts abgerissen, das Gelände, auf dem er stand, gehört nun zum Old Royal Naval College, die königlichen Jagdgründe sind heute der großartige Greenwich Park.

In den Gebäuden des Naval College, die das Herzstück des UNESCO-Welterbes »Maritime Greenwich« ausmachen, befand sich ursprünglich das 1692 eröffnete Greenwich Hospital für verwundete und pensionierte Seeleute. Die Umwandlung in eine Hochschule der Royal Navy 1873 zementierte das bereits fest etablierte maritime Erbe in Greenwich, das das Viertel mit Canary Wharf auf der anderen Seite des Flusses mit seinem historischen Hafenviertel seit Anfang des 19. Jahrhunderts teilt.

Greenwich und Canary Wharf

Sehenswürdigkeiten
1. *Cutty Sark*
2. National Maritime Museum
3. Greenwich Park
4. Royal Observatory
5. The Queen's House
6. Old Royal Naval College
7. Ranger's House – The Wernher Collection
8. Greenwich Foot Tunnel
9. The Fan Museum
10. The O2 Arena
11. Emirates Air Line
12. Museum of London Docklands
13. Canary Wharf

Markt
1. Greenwich Market

Pub
2. Trafalgar Tavern

Umgebung von Greenwich

Royal Victoria
Prince Regent
Royal Albert
Museum of London Docklands 12
East India
The O2 Arena
Canary Wharf 13
Canary Wharf
North Greenwich 10
Emirates Air Line 11
Pontoon Dock
London City Airport
Crossharbour
Thames Barrier
MILLWALL
Mudchute
Woolwich Dockyard
Thames (Themse)
Ausschnitt Hauptkarte
Westcombe Park
Charlton
CHARLTON
GREENWICH

0 km   1
0 Meilen   1
N

8

2

CRANE ST

HIGH BRIDGE

HOSKINS ST

EASTNEY STREET

OLD WOOLWICH ROAD

PARK ROW

TRAFALGAR ROAD

HUMBER ROAD

Maze Hill

9

PARK ROW

FEATHERS PLACE

PARK VISTA

MAZE HILL

VANBRUGH HILL

FOYLE ROAD

5 The Queen's House

WESTCOMBE PARK ROAD

3 Greenwich Park

Greenwich Park

MAZE HILL

VANBRUGH FIELDS

10

Flamsteed House

4 Royal Observatory

VANBRUGH HILL

Planetarium

Astronomy Centre

GREAT CROSS AVENUE

VANBRUGH PARK

THE AVENUE

MAZE HILL

BLACKHEATH AVENUE

BOWER AVENUE

WAY

11

CHESTERFIELD ROAD

GENERAL WOLFE ROAD

Ranger's House – The Wernher Collection 7

WALK

CHARLTON

CADE ROAD

SHOOTERS   HILL   ROAD

0 Meter   200
0 Yards   200
N

0

0

Das beeindruckende
Kupfergerüst, das die
Cutty Sark *trägt* ↑

SEHENSWÜRDIGKEITEN

❶ 🔗 🖥️ 🏛️

Cutty Sark

📍 N9 🏠 **King William Walk
SE10** 🚇 **Cutty Sark DLR**
⛴️ **Greenwich Pier** 🕐 **tägl.
10–17 (letzter Einlass: 16:15)**
📅 **24.–26. Dez** 🌐 **rmg.co.uk**

Das majestätische Schiff war
einer der schnellen Klipper
des 19. Jahrhunderts. Es
ging 1869 als Teetransporter
vom Stapel und kehrte 1884
von Australien in 83 Tagen
zurück – 25-mal schneller als
jedes andere Schiff. Von ihrer
letzten Fahrt kehrte die *Cutty
Sark* 1938 zurück, 1957 wurde das Schiff hier auf das
Trockendock gelegt. Seit
2006 war die *Cutty Sark* wegen umfassender Restaurierung nicht zugänglich. Leider
richtete 2007 ein Brand wei-

teren Schaden an. Die Restaurierungsarbeiten wurden
2012 abgeschlossen, die *Cutty Sark* befindet sich heute in
einem gläsernen Gehäuse.
   Besucher können sich die
Frachtlager und die Schlaf-
quartiere ansehen, das Steuer übernehmen und sich von
der kostümierten Schiffscrew
Geschichten erzählen lassen.
Interaktive Displays informieren über die Navigation
und das Leben an Bord.

❷ 🎨 🖥️ 🏛️ ♿

**National Maritime
Museum**

📍 N9 🏠 **Romney Rd SE10**
📞 **+44 20 8858 4422**
🚇 **Cutty Sark DLR**
⛴️ **Greenwich** 🕐 **tägl. 10–17**
📅 **24.–26. Dez** 🌐 **rmg.co.uk**

Das Gebäude wurde im
19. Jahrhundert als Schule
für die Kinder von Seeleuten
errichtet. Das Museum wid-

→

*Porträt des jungen
Horatio Nelson im
National Maritime Museum*

③ 🖥️ ♿

Greenwich Park

📍 O10 🏛️ SE10 🚇 Cutty Sark DLR, Greenwich DLR 🚆 Greenwich, Maze Hill, Blackheath 🕐 tägl. 6 –18 (oder Sonnenuntergang) 🌐 royalparks.org.uk

Der 1433 umfriedete Park (seit 1997 eine UNESCO-Welterbestätte) gehörte zu einem Palast und ist noch heute im Besitz der britischen Krone. Die Ziegelmauer wurde während der Herrschaft James' I errichtet. Der Landschaftsgärtner André Le Nôtre war hier im 17. Jahrhundert gestalterisch tätig. Zu seinem Entwurf gehört die breite Promenade, die nach Süden den Hügel hinaufführt. Vom Hügel hat man einen sehr schönen Blick auf die Themse, an klaren Tagen reicht die Sicht sogar über fast ganz London.

④ 🧭 🖥️ 🏛️ ♿

Royal Observatory

📍 O10 🏛️ Greenwich Park SE10 🚇 Cutty Sark DLR 🚆 Greenwich 🕐 tägl. 10 –17 (Juli, Aug: bis 18) 🚫 24.– 26. Dez 🌐 rmg.co.uk

Durch das Gebäude verläuft der Nullmeridian, der die Erde in eine westliche und eine östliche Halbkugel teilt. Millionen von Besuchern haben sich schon darauf fotografieren lassen. 1884 wurde die Greenwich Mean Time zur Grundlage der weltweiten Zeitmessung. Hier kann man eine Reise unternehmen durch die Geschichte der Zeit, herausfinden, wie Wissenschaftler die Sterne kartografierten, und wegweisende Erfindungen bestaunen wie das größte Linsenteleskop Großbritanniens.

→

Im Zwiebelturm des Royal Observatory in Greenwich ist ein riesiges Teleskop

Markt

Greenwich Market

Auf dem überdachten Markt in Greenwich gibt es über 100 Stände. Angeboten werden vor allem Kunst und Kunsthandwerk, Antiquitäten und Vintage, aber auch Mode und Accessoires. An den Imbissständen kann man sich stärken.

📍 N9 🏛️ Greenwich Church St SE10 🌐 greenwich market.london

Besucher können sogar einen 4,5 Milliarden alten Asteroiden berühren. Flamsteed House, der ursprüngliche Teil des Observatoriums, wurde von Christopher Wren entworfen. Hier sind einige Instrumente von königlichen Astronomen ausgestellt.

John Flamsteed wurde von Charles II zum ersten königlichen Astronomen ernannt, Flamsteed House diente von 1675 bis 1948 als Observatorium. Dann zogen die Sternforscher nach Sussex um, weil die Lichter der Großstadt zu hell geworden waren.

met sich der Seefahrtshistorie Englands. Die ausgestellten Objekte erzählen die Geschichte von den Forschungsreisen berühmter Entdecker wie James Cook und spannen den Bogen von jener Zeit über die Seefahrt während der Napoleonischen Kriege bis zum heutigen Tag.

In den Ausstellungen im 2018 eröffneten East Wing sind viele eindrucksvolle historische Objekte zu sehen. In der Ausstellung »Tudor and Stuart Seafarers« wird die königliche Werft Deptford im Jahr 1690 wieder zum Leben erweckt, in der Abteilung Polar Worlds sind Artefakte von den Reisen von Shackleton und Scott in der Arktis und Antarktis ausgestellt.

Recht pompös sind die königlichen Barken. Prunkstück ist die 1732 für Prince Frederick gebaute Gondel, die mit vergoldeten Meerjungfrauen, Muscheln, Girlanden und den Federn des Prince of Wales verziert ist. Überall finden sich viele Attraktionen für Kinder.

⑤ Ⓜ ♿
The Queen's House
📍 O9 🏠 Romney Rd SE10
🚇 Cutty Sark DLR
🚆 Greenwich ⏱ tägl. 10–17
🚫 24.–26. Dez 🌐 rmg.co.uk

Das 1637 fertiggestellte Bauwerk wurde von Inigo Jones entworfen. Ursprünglich sollte es als Sitz für Anna von Dänemark dienen. Da die Gemahlin James' I während der Bauzeit starb, vollendete man das Gebäude für Henrietta Maria, Königin an der Seite von Charles I.

Zu den Höhepunkten der Ausstattung gehören die Great Hall mit der Blattgolddecke des Turner-Prize-Gewinners Richard Wright und die »Tulpen«-Wendeltreppe, die sich ohne Mittelstütze nach oben windet. Das Queen's House ist auch bekannt als Sitz der Kunstsammlung des National Maritime Museum von Greenwich mit Werken von Turner, Canaletto und Lowry. Das berühmte Armada-Porträt von Elizabeth I ist in der Queen's Presence Chamber ausgestellt, unter einem Deckenfresko, das aus der Zeit stammt, als der Raum noch das Schlafgemach von Henrietta Maria war.

⑥ ♿ Ⓜ 🍴 🖼 🛍 ♿
Old Royal Naval College
📍 N9 🏠 King William Walk SE10 🚇 Cutty Sark DLR, Greenwich DLR 🚆 Greenwich, Maze Hill ⏱ tägl. 10–17; Gelände: tägl. 8–23
🚫 24.–26. Dez 🌐 ornc.org

Der eindrucksvolle Bau von Christopher Wren steht an der Stelle eines Palasts aus dem 15. Jahrhundert, in dem Henry VIII, Mary I und Elizabeth I zur Welt kamen. Zu seiner Hochzeit lebten in dem damaligen Hospital über 2700 Veteranen. Im Jahr 1873 kaufte das Naval College in Portsmouth das Hospital, bis 1997 blieb es eine Offiziersschule.

Die Painted Hall, die als Speisesaal für die Seeleute im Ruhestand dienen sollte, wurde Anfang des 18. Jahrhunderts von Sir James Thornhill umfassend ausgeschmückt. Das riesige Deckengemälde ist das größte metaphorische Gemälde im ganzen Land. 1805 fand in der Halle eine große Zeremonie für Lord Horatio Nelson statt, der während der Schlacht von Trafalgar getötet worden war.

Die Halle wurde 2019 wiedereröffnet nach einer umfangreichen Restaurierung, die die Farben der Gemälde wieder zum Leuchten brachte. Dabei wurde auch die gewölbte King William Undercroft wieder so hergerichtet, dass sie ihrer ursprünglichen barocken Pracht nahekommt. Im Ticket inbegriffen

> *Der eindrucksvolle Bau von Christopher Wren steht an der Stelle eines Palasts aus dem 15. Jahrhundert, in dem Henry VIII, Mary I und Elizabeth I zur Welt kamen.*

Eines der zwei Gebäude von Wren, die das Old Royal Naval College bilden

Statue von Bergonzoli und Wandteppiche im chinesischen Stil, Ranger's House

sind ein Multimedia-Guide sowie geführte Rundgänge über das Gelände.

Wrens Kapelle im Ostflügel wurde 1779 durch ein Feuer zerstört, ihr Inneres wurde von James Stuart im griechischen Revival-Stil mit vielen Details neu gestaltet.

Neben dem Besucherzentrum befindet sich ein Pub mit einer Terrasse, von der aus man die *Cutty Sark* sieht. Auf dem Gelände kann man auch picknicken.

7   EH
Ranger's House – The Wernher Collection

📍 O11 🏠 Chesterfield Walk, Greenwich Park SE10
🚇 Cutty Sark DLR
🚆 Blackheath
🕐 Apr – Okt: So – Do 11–17
🌐 english-heritage.org.uk

Die Wernher Collection liegt im Ranger's House, einem eleganten Gebäude (1688) südwestlich des Greenwich Park *(siehe S. 303)*. Sie zeigt über 700 grandiose Stücke, die von Sir Julius Wernher, einem südafrikanischen Minenbesitzer mit einer Vorliebe für mittelalterliche und Renaissance-Kunst, im späten 19. Jahrhundert gesammelt wurden.

Die Sammlung erstreckt sich über elf Räume und umfasst Gemälde, Schmuck, Wandteppiche, Möbel und Porzellan. Zu den Höhepunkten gehören Meisterwerke der Renaissance von Hans Memling und Filippo Lippi, über 100 Renaissance-Schmuckstücke, ein mit Opal besetzter Eidechsen-Anhängerschmuck und eine fantastische Skulptur einer Frau und eines Engels von dem Künstler Giulio Bergonzoli aus dem 19. Jahrhundert.

8 ♿
Greenwich Foot Tunnel

📍 N9 🏠 zwischen Greenwich Pier SE10 und Isle of Dogs E14 🚇 Island Gardens, Cutty Sark DLR 🚢 Greenwich Pier 🕐 tägl. 24 Std.

Der 370 Meter lange Fußgängertunnel wurde 1902 für Arbeiter aus Süd-London angelegt, die zur Schicht in die Millwall Docks mussten. Heute lohnt sich die Durchquerung wegen des schönen Ausblicks, der sich am anderen Ufer auf das Ensemble von Old Royal Naval College und Queen's House bietet.

Die Aufzugschächte auf beiden Seiten des Flusses werden von Ziegelbauten

Pub

Trafalgar Tavern
Das viktorianische Pub wird jeden Tag von Hunderten Menschen besucht. Überall hängen Bilder mit maritimen Themen, darunter auch welche von Horatio Nelson.

📍 O8
🏠 Park Row SE10
🌐 trafalgartavern. co.uk

200 000
weiße Fliesen wurden verwendet, um den Greenwich Foot Tunnel auszukleiden.

mit Glaskuppeln abgeschlossen. Beide Enden liegen in der Nähe von Bahnhöfen der Docklands Light Railway. Trotz Überwachungskameras kann der Tunnel nachts recht unheimlich wirken.

9
The Fan Museum

📍 N10 🏠 12 Crooms Hill SE10 🚆 Greenwich
🕐 Di – Sa 11–17, So 12–17
🚫 Jan, Jom Kippur, 24.–26. Dez
🌐 thefanmuseum.org.uk

Das ungewöhnliche Museum verdankt seine Existenz dem Enthusiasmus von Hélène Alexander, deren persönliche Fächersammlung durch Schenkungen erweitert wurde. Die Sammlung umfasst mehr als 5000 Fächer ab dem 12. Jahrhundert. In einer kleinen Dauerausstellung werden Typen und die Herstellung von Fächern gezeigt, die Sammlung wird in Wechselausstellungen präsentiert.

10 🍴 🖼 🛍

The O2 Arena

📍 O8 🏠 North Greenwich
SE10 🚇 North Greenwich
🚢 North Greenwich Pier
🕐 9 – 1 🌐 theo2.co.uk

Der frühere Millennium Dome war Zentrum der britischen Millenniumsfeiern – und von Anfang an umstritten. Inzwischen wird der Bau als spektakuläres Architekturkunstwerk betrachtet. Das Dach besteht aus 100 000 Quadratmeter Teflonglasfasern und wird von über 70 Kilometer Stahlkabeln und zwölf 100 Meter hohen Masten gehalten. Nun befindet sich hier mit der O2 Arena eine populäre Konzertbühne. Sie umfasst zudem Bars, Restaurants, ein Kino und Indigo at The O2, eine kleinere Spielstätte. Ein langer Weg führt auf das Dach der Arena.

11 🎫

Emirates Air Line

📍 O8 🏠 Western Gateway
E16/Edmund Halley Way
SE10 🚇 Royal Victoria DLR,
North Greenwich 🕐 Mo – Fr
7 – 22, Sa 8 – 23, So 9 – 22
(Okt – März: So – Do bis 21)
🌐 emiratesairline.co.uk

Während der fünfminütigen Fahrt mit der Seilbahn zwischen Royal Victoria Dock und The O2 Arena hat man einen fantastischen Blick auf

Schon gewusst?

Die von der Airline Emirates gesponserte Seilbahn kostete 60 Millionen Pfund.

die Themse. Am Abend fährt die Seilbahn etwas langsamer, sodass man die spektakuläre Überquerung der Themse und die Aussicht auf die Lichter der Stadt ein bisschen länger genießen kann.

12 🍴 🖼 🛍 ♿

Museum of London Docklands

📍 O8 🏠 No 1 Warehouse,
West India Quay E14
🚇 Canary Wharf, Westferry
🕐 tägl. 10 – 18 🌐 museum
oflondon.org.uk/museum-
london-docklands

Das in einem spätgeorgianischen ehemaligen Warenhaus untergebrachte Museum dokumentiert auf fünf Stockwerken die Historie der Londoner Hafenanlagen von der Römerzeit bis heute. Besucher begeben sich hier auf eine höchst spannende

Zeitreise. Ein Highlight ist der »Nachbau« des dunklen und gefährlichen Stadtteils Wapping in den 1850er Jahren.

Die Seilbahn von Emirates und die O2 Arena (Detail), auf deren Dach man klettern kann

13 🍴 🖥 👜 ♿

Canary Wharf

📍 O8 🏠 E14 🚇 Canary Wharf, West India Quay DLR

Das ehrgeizige Bauprojekt mit vielen der höchsten Wolkenkratzer Londons wurde 1991 eröffnet, als die ersten Mieter in das One Canada Square einzogen. Mit 235 Meter Höhe und der pyramidenförmigen Spitze dominiert es noch immer Londons östliche Skyline. Der Turm steht auf dem ehemaligen West India Dock, das schloss, als der Handel nach Tilbury verlagert wurde. Heute floriert Canary Wharf mit einem großen Einkaufskomplex, Cafés und Restaurants.

Thames Barrier

Die Themse stieg 1236 so hoch, dass man per Boot durch Westminster Hall fahren konnte. Auch 1663, 1928 und 1953 gab es Überschwemmungen. Etwas musste passieren, und so wurde 1984 ein Wehr gebaut, das 520 Meter breit ist und zehn Tore hat, die sich vom Grund des Flusses bis 1,60 Meter über den Flutpegel von 1953 schwenken lassen. Seit 1984 kam die Sperre über 190 Mal zum Einsatz. Es gibt ein kleines Besucherzentrum.

Spaziergang durch Greenwich

Länge 1,5 km **Dauer** 25 Min.
U-Bahn Cutty Sark DLR

Das maritime Greenwich mit glanzvollen Verbindungen zum Königshaus und zur Flotte gehört zum UNESCO-Welterbe. In der Tudor-Zeit befand sich hier ein Palast von Heinrich VIII in der Nähe eines Jagdgebiets. Der Palast ist nicht mehr erhalten, aber Ihr Spaziergang führt Sie an Inigo Jones' Queen's House vorbei, das für die Gemahlin von Charles I fertiggestellt wurde. Unterwegs passieren Sie auch das National Maritime Museum und das Royal Naval College von Wren.

Greenwich Pier ist die Anlegestelle für Boote nach Westminster, zur O2 Arena und zur Thames Barrier.

START

Der **Greenwich Foot Tunnel** *(siehe S. 305)* ist einer von zwei übrig gebliebenen Themse-Tunneln nur für Fußgänger.

Klipper wie die eindrucksvoll restaurierte *Cutty Sark* befuhren einst die Weltmeere.

Greenwich Market *(siehe S. 303)* ist am Sonntag eine beliebte Adresse für Bücher, Kunst und Antiquitäten.

COLLEGE APPROACH

KING WILLIAM WALK

GREENWICH CHURCH STREET

NELSON ROAD

STOCKWELL STREET

NEVADA STREET

Schon gewusst?

Das Old Royal Naval College war Schauplatz in dem Film *Thor – The Dark Kingdom*.

An der Stelle, an der **St Alfege Church** steht, gab es bereits 1012 eine Kirche.

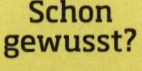

Besucher können Deck und Innenräume der *Cutty Sark* erkunden

Greenwich und Canary Wharf

Zur Orientierung
Siehe Stadtteilkarte S. 300f

Statue von George II

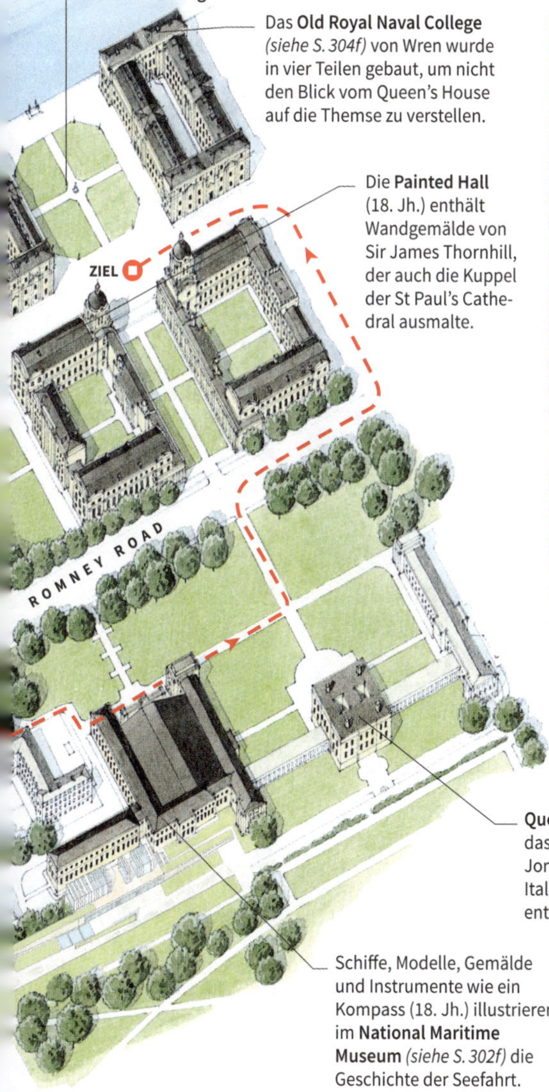

Das **Old Royal Naval College** *(siehe S. 304f)* von Wren wurde in vier Teilen gebaut, um nicht den Blick vom Queen's House auf die Themse zu verstellen.

Die **Painted Hall** (18. Jh.) enthält Wandgemälde von Sir James Thornhill, der auch die Kuppel der St Paul's Cathedral ausmalte.

ZIEL

ROMNEY ROAD

↑ *Die atemberaubende Decke der Painted Hall im Old Royal Naval College in Greenwich*

Queen's House *(siehe S. 304)* war das erste Gebäude, das Inigo Jones nach seiner Rückkehr aus Italien im palladianischen Stil entwarf.

Schiffe, Modelle, Gemälde und Instrumente wie ein Kompass (18. Jh.) illustrieren im **National Maritime Museum** *(siehe S. 302f)* die Geschichte der Seefahrt.

0 Meter	100	N
0 Yards	100	↑

Hirsch im Richmond Park (siehe S. 329)

Highlights

1. Queen Elizabeth Olympic Park
2. Hampton Court
3. Kew Gardens
4. Warner Bros. Studio Tour: The Making of Harry Potter

Sehenswürdigkeiten

5. BAPS Shri Swaminarayan Mandir
6. Victoria Park
7. Alexandra Palace
8. William Morris Gallery
9. Charlton House
10. Sutton House
11. Eltham Palace
12. Horniman Museum
13. Wimbledon Lawn Tennis Museum
14. Wimbledon Windmill Museum
15. Dulwich Picture Gallery
16. Dulwich Park
17. Brixton
18. Ham House
19. Orleans House Gallery
20. Marble Hill House
21. Richmond
22. Richmond Park
23. Syon House
24. Musical Museum
25. Osterley Park and House
26. Pitzhanger Manor House and Gallery
27. London Museum of Water & Steam
28. Fulham Palace
29. Chiswick House
30. Hogarth's House

Abstecher

Londons Reiche suchten einst Ruhe vor dem hektischen Treiben der Stadt in ihren Herrenhäusern auf dem Land, die nicht allzu weit vom Zentrum entfernt lagen. Aufgrund der raschen Ausweitung Londons während der viktorianischen Ära befinden sich diese stattlichen Häuser nun mitten in ausladenden Vororten. Die Immigrationswellen nach dem Zweiten Weltkrieg haben zur ganz speziellen Identität der jeweiligen Viertel beigetragen – von der karibischen Bevölkerung in Brixton bis zur Hindu-Gemeinde in Neasden.

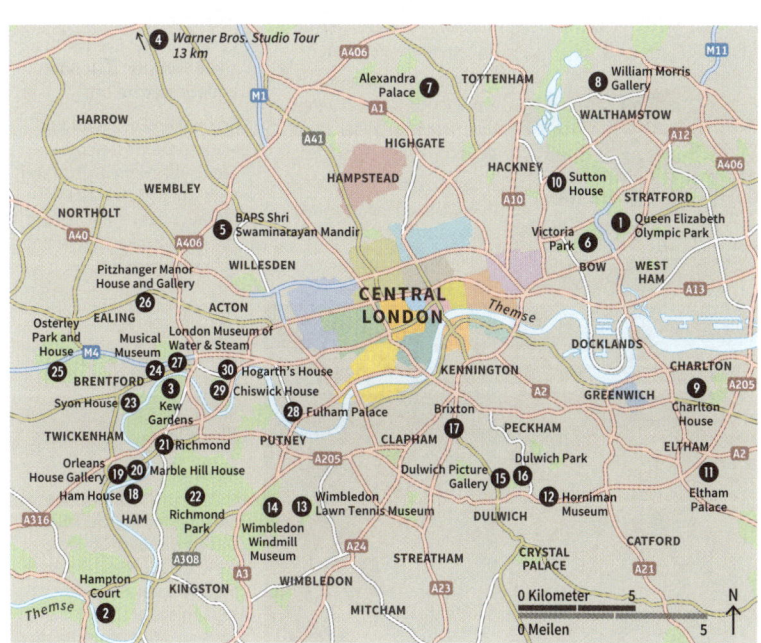

Queen Elizabeth Olympic Park

① 🚇 🍴 🏪 ♿

🏠 E20 🚇 Hackney Wick, Stratford, Pudding Mill Lane 🚌 308, 339, 388, 108
🚆 Stratford International 🕐 tägl. 24 Std.; Infopoint: tägl. 10–15
🌐 queenelizabetholympicpark.co.uk

Dieses Gelände im Osten Londons, auf dem 2012 die Olympischen Spiele stattfanden, wurde von einer Industriebrache in einen grünen Park mit erstklassigen Sportstätten verwandelt.

London ist weltweit die einzige Stadt, die drei Mal (1908, 1948 und 2012) Austragungsort der Olympischen Sommerspiele war, worauf die Bewohner sehr stolz sind. Das Areal mit den wichtigsten olympischen Sportstätten erstreckt sich auf einer Fläche von ungefähr 225 Hektar entlang des River Lea im Osten von London. Die Hauptattraktionen sind jedem vertraut, der die Spiele 2012 zumindest am Fernseher verfolgte: große, funktionale, aber eindrucksvolle Veranstaltungsorte zwischen mäandrierenden Bachläufen und umrahmt von wunderschönen Gartenanlagen. Anlässlich des 60-jährigen (»Diamantenen«) Thronjubiläums der britischen Königin im Jahr 2012 erhielt das Gelände den Namen Queen Elizabeth Olympic Park. Es gibt viel zu sehen und zu tun, vor allem, wenn Sie eine der vielen Veranstaltungen besuchen oder sich sportlich betätigen möchten. Im East Village und im ehemaligen Medienzentrum Here East gibt es Restaurants und Cafés.

1 *Im Velodrom mit 6000 Plätzen liegt die schnellste Radrennbahn der Welt.*

2 *Die Pools im London Aquatics Centre sind unter dem geschwungenen Dach des attraktiven Gebäudes.*

3 *Der ArcelorMittal Orbit ist überall im Olympic Park zu sehen. Von oben hat man einen herrlichen Blick.*

① 🚴 🏪 ♿

Lee Valley VeloPark

🕐 Mo – Fr 9 – 22, Sa 8 – 22, So 8 – 21. Buchen Sie Fahrzeiten im Voraus online
🌐 visitleevalley.org.uk

Das Velodrom mit Außenanlage ist heute Veranstaltungsort für vielerlei Radsport-Events – von Bahnradsport über BMX bis Mountainbiken.

② 🚴 🏪

London Aquatics Centre

🕐 tägl. 6 – 22; Events siehe Website 🌐 london aquaticscentre.org

Architektin Zaha Hadid gestaltete die Wassersportarena mit ihrem Dach in Wellenform. Seit 2014 ist das Aquatics Centre mit seinem 50-Meter-Becken der Öffentlichkeit zugänglich.

③ 🚴 🏛 ♿

ArcelorMittal Orbit

🕐 Mo – Fr 11–17, Sa, So 10 –19
🌐 arcelormittalorbit.com

Anish Kapoor schuf mit diesem Aussichtsturm eines der auffälligsten Bauwerke im Queen Elizabeth Olympic Park. Die 115 Meter hohe Stahlskulptur ist Großbritanniens größtes Kunstwerk im öffentlichen Raum.

Das London Stadium liegt inmitten von Wiesen am Wasser

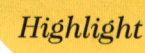
Highlight

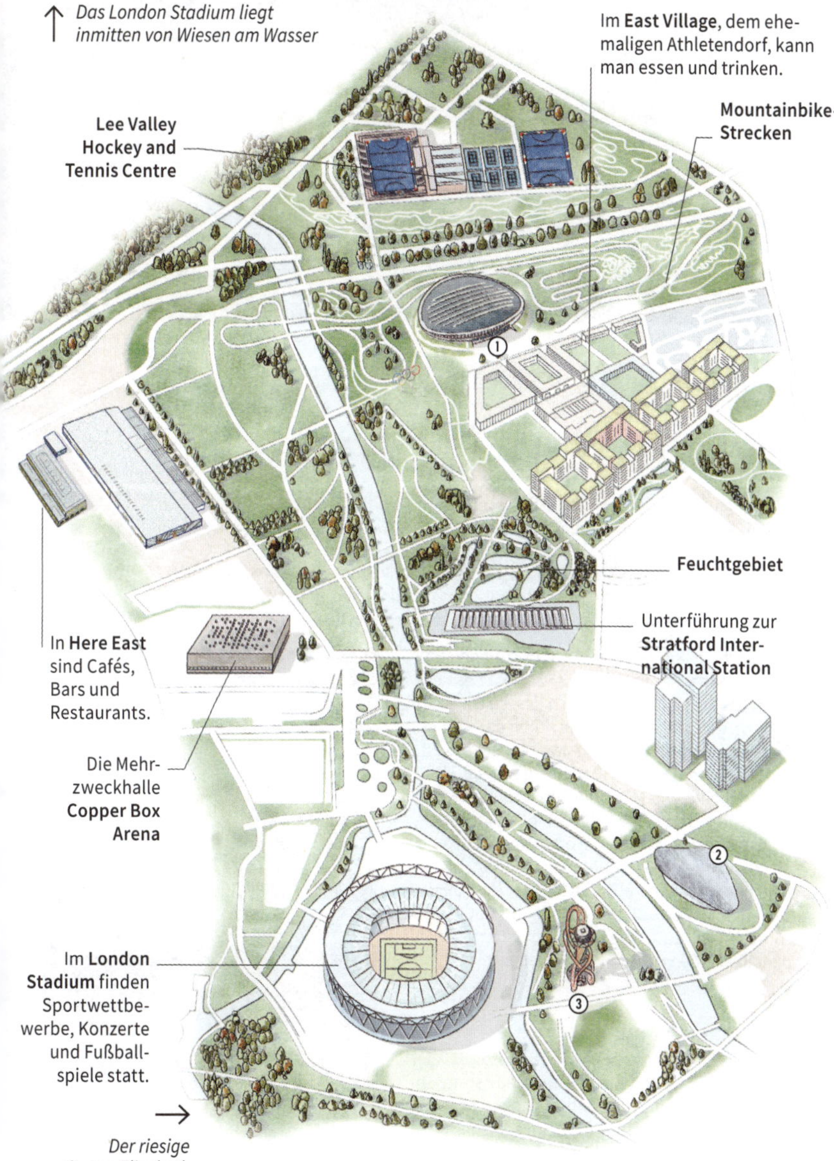

Expertentipp
Blick vom Wasser

Am besten sieht man den Park bei einer 45-minütigen Boots-tour. Details unter www.leeandstortboats.co.uk.

Im **East Village**, dem ehe-maligen Athletendorf, kann man essen und trinken.

Lee Valley Hockey and Tennis Centre

Mountainbike-Strecken

Feuchtgebiet

In **Here East** sind Cafés, Bars und Restaurants.

Unterführung zur **Stratford Inter-national Station**

Die Mehr-zweckhalle **Copper Box Arena**

Im **London Stadium** finden Sportwettbe-werbe, Konzerte und Fußball-spiele statt.

→ *Der riesige Queen Elizabeth Olympic Park*

Hampton Court

🏠 East Molesey, Surrey KT8 9AU 🚉 Hampton Court 🚢 Hampton Court Pier (nur im Sommer) 🕐 siehe Website 📞 24.–26. Dez 🌐 hrp.org.uk

Der frühere Tummelplatz des Tudor-Königs Henry VIII mit dem hervorragend erhaltenen Palast, den wunderbaren Gärten und der Lage an der Themse ist eine herausragende Attraktion, die keiner verpassen sollte.

Der mächtige Kardinal Wolsey gab 1514 den Bau eines Landhauses in Auftrag. 1528 bot er es dem König als Geschenk an, um sich dessen Gunst zu sichern. Nach der Übernahme durch das Königshaus wurde Hampton Court zweimal umgebaut – zunächst durch Henry VIII selbst, dann um 1690 durch William und Mary, die Christopher Wren als Architekten hinzuzogen. Die von Wren im klassizistischen Stil gestalteten Wohngemächer stehen in auffallendem Gegensatz zu den Türmchen, Giebeln und Kaminen im Tudor-Stil. Der heutige Park geht weitgehend auf die Zeit Williams und Marys zurück. Wren legte eine Barocklandschaft mit Lindenalleen und exotischen Pflanzen an.

Blumenschau

Jedes Jahr findet im Juli in Hampton Court die weltgrößte Blumenschau statt. Die Ausstellungen befinden sich auf beiden Seiten von Long Water und zeigen auch viele Nutzpflanzen. Tickets kann man online buchen (rhs.org.uk).

↑ *In den Teichen des Pond Garden schwammen früher Fische für den Tisch von Henry VIII*

↑ Blick vom Privy Garden auf den spektakulären Hampton Court

← Gutes Beispiel für den formalen Stil der Palastgärten

→ Einmal in der Woche werden die frischen Produkte aus dem Kitchen Garden an Besucher verkauft

Chronik

1528
△ Wolsey übergibt Henry VIII den Palast, um sich dessen Gunst zu erhalten

1647
△ Oliver Cromwell hält Charles I gefangen

1734
△ William Kent bemalt Queen's Staircase

1992
△ Wiedereröffnung der restaurierten Gemächer nach einem Brand 1986

Im Palast

Seit Henry VIII haben sich in Hampton Court viele englische Königinnen und Könige verewigt. Von außen präsentiert sich der Palast als harmonische Verbindung von Tudor-Stil und englischem Barock. Im Inneren können Besucher die Great Hall aus der Zeit von Henry VIII und die Staatsgemächer des Hofs besichtigen. Viele der barocken Gemächer, auch die von Wren mit Blick auf den Brunnenhof, sind mit Möbeln, Gobelins und Gemälden aus der königlichen Sammlung ausgestattet.

Schon gewusst?

Real Tennis, Vorläufer des modernen Spiels, wird noch heute in Hampton Court gespielt.

1

2

3

1 *In der Tudor-Küche wurden jeden Tag bis zu 1000 Mahlzeiten zubereitet – darunter auch frisches Wild, Lamm und sogar Schwäne. Und das zu einer Zeit, als die meisten Menschen nur gepökeltes Fleisch aßen.*

2 *King's Staircase ist mit Wandgemälden von Antonio Verrio geschmückt, die den Hof von George I zeigen.*

3 *Die Great Hall wurde als Bankettsaal und Theater genutzt – William Shakespeares King's Men spielten hier Weihnachten und Neujahr 1603/4 vor James I.*

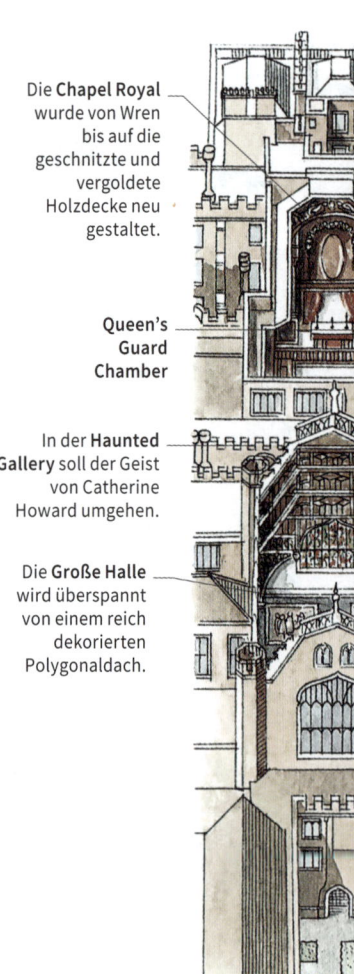

Die **Chapel Royal** wurde von Wren bis auf die geschnitzte und vergoldete Holzdecke neu gestaltet.

Queen's Guard Chamber

In der **Haunted Gallery** soll der Geist von Catherine Howard umgehen.

Die **Große Halle** wird überspannt von einem reich dekorierten Polygonaldach.

→

Hampton Court ist eine Mischung aus Tudor- und englischem Barockstil

Kardinal Wolsey

Thomas Wolsey (um 1475–1530), in Personalunion Kardinal, Erzbischof von York und Lordkanzler, war nach dem König der mächtigste Mann Englands. Da es ihm nicht gelang, die päpstliche Zustimmung zur Scheidung Henrys VIII von seiner ersten Frau, Katharina von Aragón, zu erwirken, fiel er beim König in Ungnade. Er starb auf dem Weg zu seinem Hochverratsprozess in der Abtei Leicester.

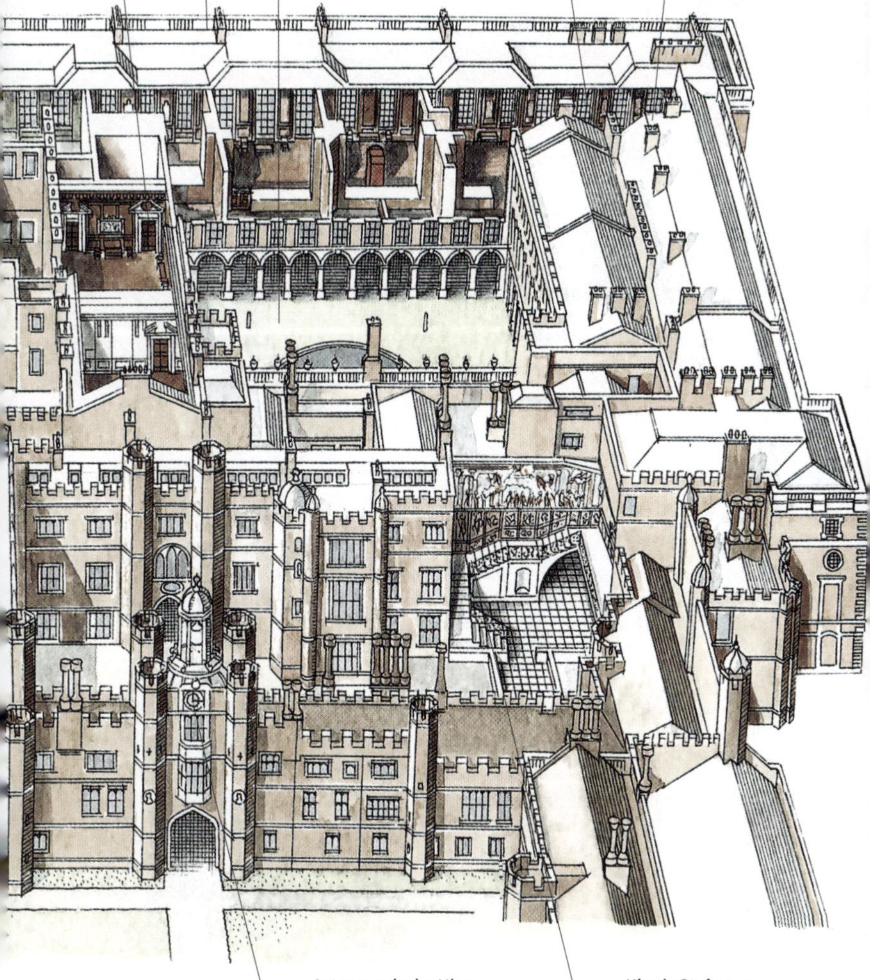

Queen's Presence Chamber

Wrens Ostfassade

Fountain Court liegt unterhalb der Staatsgemächer.

Queen's Gallery mit Marmorkamin

King's Great Bedchamber

Astronomische Uhr über dem Eingang zum Clock Court

King's Staircase führt zu den Staatsgemächern.

Wunderschön angelegte Blumenbeete vor dem Palmenhaus ↑

③ ⊛ ⊠ 🍴 💻 🛍 ♿

Kew Gardens

🏠 Royal Botanic Gardens, Richmond 🚇 Kew Gardens 🚆 Kew Bridge 🕐 Gärten: tägl. ab 10; Schließzeiten siehe Website; Kew Palace, Great Pagoda: Apr – Sep: tägl. 10:30 – 17:30; Queen Charlotte's Cottage: Apr – Sep: Sa, So, Feiertage 11–16 🗓 24., 25. Dez
🔳 kew.org, hrp.org.uk

Die Royal Botanic Gardens in Kew von 1841 gehören zum UNESCO-Weltkulturerbe. Hier wachsen über 30 000 Pflanzen.

Den Ruf von Kew begründete der Naturforscher Sir Joseph Banks, der hier im späten 18. Jahrhundert arbeitete. Die ehemaligen königlichen Gärten wurden 1759 von Prinzessin Augusta, der Mutter von George III, auf dem 3,6 Hektar großen Areal angelegt. Temperate House ist das größte Gewächshaus der Welt aus der viktorianischen Zeit. Das von Decimus Burton um 1840 entworfene Palmenhaus, ein Glanzstück viktorianischer Bautechnik, beherbergt Pflanzen in exotischer Umgebung.

↑ _Vom Treetop Walkway hat man einen schönen Blick auf die Baumwipfel_

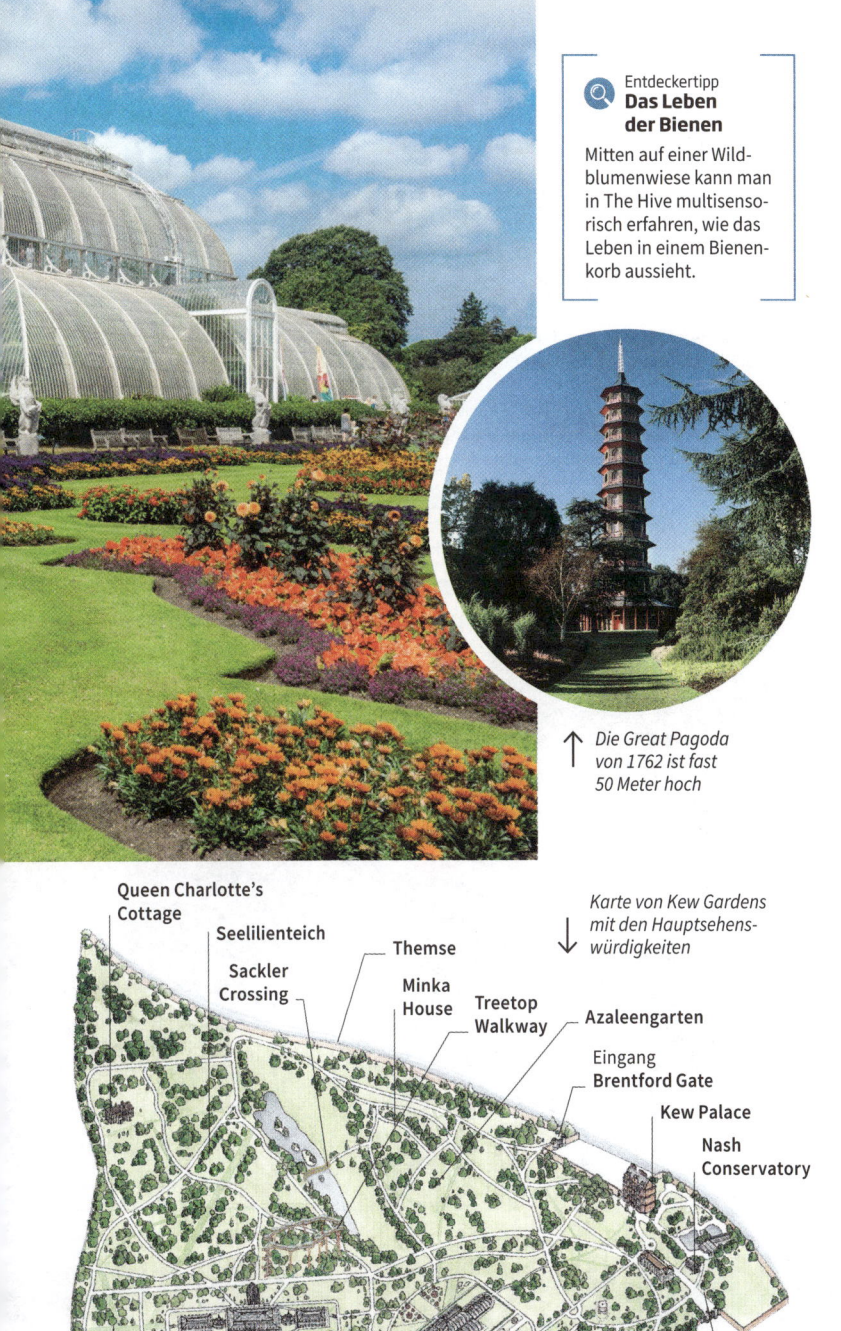

Entdeckertipp
**Das Leben
der Bienen**

Mitten auf einer Wild-
blumenwiese kann man
in The Hive multisenso-
risch erfahren, wie das
Leben in einem Bienen-
korb aussieht.

↑ *Die Great Pagoda
von 1762 ist fast
50 Meter hoch*

*Karte von Kew Gardens
↓ mit den Hauptsehens-
würdigkeiten*

Queen Charlotte's
Cottage

Seelilienteich

Sackler
Crossing

Themse

Minka
House

Treetop
Walkway

Azaleengarten

Eingang
Brentford Gate

Kew Palace

Nash
Conservatory

Eingang
Elizabeth
Gate

Duke's
Garden

Great Pagoda

King
William's
Temple

Eingang
Victoria
Gate

Palmen-
haus

Princess of Wales
Conservatory

Lion
Gate

Temperate
House

Warner Bros. Studio Tour: The Making of Harry Potter

🏠 Studio Tour Drive, Leavesden 🚆 Watford Junction (alle 20 Min. Shuttlebusse) 🕐 Mo – Fr ab 9:30 (letzte Tour: 16), Sa, So, Ferien ab 8:30 (letzte Tour: 18:30) 🅦 wbstudiotour.co.uk

Spazieren Sie auf der Diagon Alley, genießen Sie ein schäumendes Butterbier und bewundern Sie die Animatronik, die hinter Ihren Lieblingscharakteren steckt – dieser Blick in und hinter die Kulissen von Harry Potter ist für jeden Fan ein Muss.

Die Tour »The Making of Harry Potter« in einem Gebäude neben den Studios, in denen alle acht Harry-Potter-Filme erschaffen wurden, bringt Sie ganz nah zu den originalen Filmsets, Requisiten, Modellen und Kostümen, die in den weltberühmten Filmen verwendet wurden. Besucher können in der imposanten Halle von Hogwarts herumgehen, die Diagon

←

*Eingang zur Warner Bros.
Studio Tour: The Making
of Harry Potter*

*Das berühmte Gleis 9¾, von
dem der Hogwarts Express
Richtung Schule abfährt* ↓

**Schon
gewusst?**

Die Harry-Potter-Bücher
wurden 500 Millionen
Mal in 80 verschiede-
nen Sprachen
verkauft.

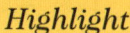

←

In der Diagon Alley sind der Zauberstabladen Ollivanders und Weasleys' Wizard Wheezes

Alley erkunden, in Dumbledores »Büro« schleichen, den Verbotenen Wald betreten und die Lokomotive des Hogwarts Express an Gleis 9¾ bewundern. Ebenso eindrucksvoll ist das detailreiche maßstabsgetreue Modell von Hogwarts School, das in den Filmen für Außenaufnahmen genutzt wurde.

Und es gibt noch viel mehr zu entdecken – von den Kostümen für die Schüler der Beauxbatons Academy und Yule Ball über Harrys Besen und Hagrids Motorrad bis zu den animatronischen Kreaturen, darunter Buckbeak, ein sechs Meter großer Aragog und ein Basiliskenkopf in Lebensgröße. In der Abteilung für Spezialeffekte erfährt man, wie der Tarnumhang funktioniert und welche Rolle der Green Screen spielt. Und in den drei Läden gibt es wie nicht anders zu erwarten viele Souvenirs.

↑ *Das »Büro« von Albus Dumbledore war das erste Mal in* Harry Potter und die Kammer des Schreckens *zu sehen*

Cafés

The Food Hall
In der recht einfachen Kantine gibt es klassische britische Gerichte. Das Frühstück verleiht die nötige Kraft für den Tag, zu Mittag gibt es kalte und warme Speisen – Suppen, Salate, Burger und Sandwiches.

ⓔⓔⓔ

Backlot Café
Will man Butterbier probieren – als Getränk oder als Eis –, ist das der richtige Platz. Es gibt auch einige warme Gerichte.

ⓔⓔⓔ

LONDON ERLEBEN Abstecher

SEHENSWÜRDIGKEITEN

5

BAPS Shri Swaminarayan Mandir

⌂ 105–119 Brentfield Rd NW10 ⊖ Harlesden, dann Bus 206 oder 224; Stonebridge Park, dann Bus 112 ⏲ tägl.; Mandir und Haveli: 9–18; Murti Darshan: 9–11, 11:45–12:15, 16–18 (Sa bis 17) ⓦ londonmandir.baps.org

Nordwestlich von London, nicht weit vom Wembley-Stadion entfernt, befindet sich eine der wohl architektonisch ungewöhnlichsten, aber auch schönsten religiösen Stätten Londons. Der oft auch als Neasden Temple bezeichnete Hindu-Tempel wurde 1995 fertiggestellt, nachdem eine kleine Gruppe der indischen Community die nötigen Spendengelder zusammengetragen hatte.

Tausende Tonnen Kalkstein aus Bulgarien und Marmor aus Carrara wurden dafür beschnitzt und wie ein Puzzle zusammengesetzt. Das Ergebnis ist ein fein ziselierter hinduistischer Tempel. Besuchen Sie die Stätte außerhalb der Gebetszeiten, dann ist auch die innere Halle für Besucher zugänglich.

Brauerei

Crate Brewery

Um die Hipster-Szene im Osten Londons zu erleben, sollte man diese Brauerei an einem Kanal besuchen. In postindustriellem Design gibt es hier großartiges Craftbeer.

⌂ Queen's Yard, Hackney Wick E9 ⓦ cratebrewery.com

Der Komplex umfasst auch ein Haveli. Für dessen ebenfalls feine Schnitzereien verwendete man Teakholz aus Myanmar und Eichenholz aus England. Im Tempel wurde ein kleines Museum mit hinduistischen Objekten eingerichtet. Ein Film dokumentiert die Baugeschichte der Anlage. Besucher müssen vor dem Betreten der Anlage ihre Schuhe ausziehen, Schultern und Knie sollten bedeckt sein.

6

Victoria Park

⌂ Grove Rd E3 ⊖ Mile End Green 🚆 Hackney Wick, Cambridge Heath 🚌 277, 425 ⏲ 7 – Sonnenuntergang ⓦ towerhamlets.gov.uk

Der Victoria Park wurde 1845 als erster öffentlicher Park eröffnet. Aufgrund vieler Kundgebungen im 19. Jahrhundert wurde er auch als »People's Park« bekannt. Auf einem der beiden Seen kann man Boot fahren. Es gibt Gärten, Cafés, Spielplätze, Planschbecken, Tennisplätze und einen Skate Park. Victoria Park ist Teil des größten Grüngürtels im East End. Wege den Regent's Canal und den Hertford Union Canal entlang führen zum Fluss Lee.

7

Alexandra Palace

⌂ Alexandra Palace Way N22 🚆 Alexandra Palace ⊖ Wood Green, dann Bus W3 ⏲ tägl. ⓦ alexandrapalace.com

Der 1873 als People's Palace erbaute Alexandra Palace erlebte vielfältige Nutzungen und brannte zweimal ab (nur 16 Tage nach seiner Eröffnung und 1980). Von 1936 bis 1956 waren hier BBC-Studios untergebracht, hier fand 1936 die erste Fernsehübertragung statt. Das liebevoll auch »Ally Pally« genannte große viktorianische Bauwerk war Schauplatz von Antiquitätenmessen, Konzerten und vielen weiteren Events. Es steht – umgeben von rund

80 Hektar Parklandschaft – auf einem Hügel. Die Aussicht von oben ist spektakulär. Hier finden auch oft Feuerwerke und Jahrmärkte statt (Details siehe Website). Zum Anwesen gehören auch eine Eislaufbahn, ein Golfplatz, ein See zum Bootfahren und Spielplätze.

8

William Morris Gallery

🏠 Lloyd Park, Forest Rd E17
🚇 Walthamstow Central
🕐 Di – So 10 –17
📅 1. Jan, 25., 26. Dez
🌐 wmgallery.org.uk

Der 1834 geborene William Morris war der einflussreichste Künstler der viktorianischen Ära. Er lebte von 1848 bis 1856 in diesem imposanten Bau aus dem 18. Jahrhundert. Das heute hier untergebrachte Museum informiert über den Maler, Dichter, Architekten, Kunsthandwerker und Sozialpolitiker Morris. Zudem werden Arbeiten anderer Mitglieder des Arts and Crafts Movement gezeigt: Möbel von

←

Victoria Park gehört zum drei Kilometer langen Grüngürtel in East London

A. H. Mackmurdo, Bücher der Kelmscott Press, Fliesen von De Morgan, Keramik von den Brüdern Martin und Gemälde der Präraffaeliten.

9

Charlton House

🏠 Charlton Rd SE7 🚉 Charlton 🕐 Mo – Fr 9 – 22, Sa 9 –17 📅 Feiertage
🌐 greenwichheritage.org/visit/charlton-house

Charlton House wurde 1612 für Adam Newton errichtet, den Erzieher von Prinz Henry. Das besterhaltene Londoner Herrenhaus jener Ära wird heute als Gemeindezentrum genutzt. Das Haupttreppenhaus, viele Decken, Kamine und Teile der Holztäfelung sind erhalten und bestechen durch ihre Ornamentik. Die Decken wurden anhand im Keller gefundener Originalformen restauriert. Das Sommerhaus im Garten soll Inigo Jones entworfen haben. Der von James I 1608 gepflanzte Maulbeerbaum dürfte der älteste Englands sein. Man sagt, dieser Baum sei im Rahmen des gescheiterten Versuchs gepflanzt worden, in England eine Seidenindustrie ins Leben zu rufen.

↑ *Der fein ziselierte Hindu-Tempel BAPS Shri Swaminarayan Mandir*

10

Sutton House

🏠 2 –4 Homerton High St E9
🚇 Bethnal Green, dann Bus 253 🕐 siehe Website
🌐 nationaltrust.org.uk

Sutton House ist eines der wenigen noch im Originalzustand erhaltenen Kaufmannshäuser aus der Tudor-Zeit in London. Es wurde 1535 für Ralph Sadleir, einen Höfling Henrys VIII, gebaut.
Trotz diverser Umbauten – im 18. Jahrhundert wurde die Frontseite verändert – blieb die Tudor-Substanz des Gebäudes fast intakt, wovon das Mauerwerk, die Kamine und die Täfelung zeugen. Das Haus war zeitweise eine Schule und von Punks besetzt, was man auf Führungen erfährt (Zeiten siehe Website; vorab buchen).

Der Uhrenturm des Horniman Museum im Arts-and-Crafts-Stil ↑

Walross. Im Garten sind ein Gewächshaus, ein Musikpavillon, Naturlehrpfade, ein Schmetterlingshaus und ein Streichelzoo für Kinder.

13 🔘🔘🔘🔘🔘🔘

Wimbledon Lawn Tennis Museum

🏠 Church Rd SW19
🚇 Southfields 🕐 tägl. 10 – 17:30 (Winter: bis 17)
🗓 1. Jan, 24.– 26. Dez
🌐 wimbledon.com

Auch wer sich nur am Rand für Tennis interessiert, dürfte dem Museum viel abgewinnen können. Die Geschichte des Sports wird von seiner Erfindung als Zeitvertreib für Landhausgesellschaften (um 1860) bis zum heutigen Profisport nachgezeichnet. Neben Equipment und Kleidung aus viktorianischer Zeit gibt es auch Filme großer Matches zu sehen. Führungen, die man vorab buchen sollte, beinhalten auch einen Besuch des Centre Court.

11 🔘🔘🔘🔘🔘 EH

Eltham Palace

🏠 Court Yard SE9 🚇 Eltham, dann 15 Min. zu Fuß
🕐 Apr – Sep: So – Fr 10 – 18 (Okt bis 17, März bis 16); Nov – Feb: So 10 – 16
🌐 english-heritage.org.uk

Das einzigartige Anwesen veranschaulicht auf eindrucksvolle Art den Lebensstil zweier Epochen. Die Könige des 14. Jahrhunderts feierten hier in einem prächtigen Palast Weihnachten. Die Tudor-Herrscher nutzten diesen noch als Quartier für die Hochwildjagd, doch nach dem Bürgerkrieg (1642 – 51) verfiel er zusehends.

1935 ließ Stephen Courtauld, Mitglied der reichen Textilfamilie, die Great Hall restaurieren, die neben der Brücke als einziger Teil erhalten war. Daneben ließ er ein Haus bauen, das er als »wunderbare Kombination aus Hollywood und Art déco« be-

schrieb. Sehen Sie sich auch den Wassergraben an, in dem sich Karpfen tummeln, und die in den 1930er Jahren angelegten Gärten.

12 🔘🔘🔘🔘

Horniman Museum

🏠 100 London Rd SE23
🚇 Forest Hill 🕐 tägl. 10 – 17:30; Animal Walk: tägl. 12:30 –16; Gärten: Mo – Sa ab 7:15, So, Feiertage 8 – Sonnenuntergang 🗓 24.– 26. Dez 🌐 horniman.ac.uk

Der Teehändler Frederick Horniman ließ das Museum 1901 für die Kuriositäten bauen, die er von seinen Reisen in den 1860er Jahren mitgebracht hatte. Es zeigt Ausstellungen über Musik und Geschichte, ein Aquarium und Exponate der Weltkulturen. Highlight ist die naturhistorische Ausstellung mit einer Sammlung von präparierten Tieren und Skeletten, darunter das Horniman-

14 🔘🔘

Wimbledon Windmill Museum

🏠 Windmill Rd SW19
🚇 🚇 Wimbledon, dann Bus 93 🕐 Apr – Okt: Sa 14 –17, So, Feiertage 11–17
🌐 wimbledonwindmill. org.uk

In der 1817 gebauten Windmühle am Wimbledon Common ist heute ein Museum über ländliches Leben und lokale Geschichte. Pfadfindergründer Robert Baden-Powell schrieb hier 1908 ei-

Schon gewusst?

2018 benannte die *New York Times* das Horniman zu einem der zehn coolsten Museen der Welt.

nen Teil seines Buchs *Scouting for Boys*, auch sind frühe Memorabilien der Pfadfinderbewegung zu sehen.

Die Windmühle stellte zwar schon 1864 ihren Betrieb ein, aber im Obergeschoss kann man noch einige der Originalgerätschaften sehen. Kinder versuchen sich gern daran, Korn mit alten Mörsern und Mahlsteinen zu mahlen. Ausgestellt sind auch schöne Schnittmodelle von Windmühlen.

15 Dulwich Picture Gallery

📍 Gallery Rd SE21 🚆 West Dulwich, North Dulwich
🕐 Di – So, Feiertage 10 –17
🚫 1. Jan, 24.–26. Dez
🌐 dulwichpicturegallery. org.uk

Englands älteste öffentliche Kunstsammlung ist ein Werk von Sir John Soane *(siehe S. 142f)* und wurde 1817 er-

öffnet. Geschickt arrangierte Oberlichter sorgten für ausreichend Helligkeit und machten das Museum, das ursprünglich die königlich-polnische Sammlung beherbergen sollte, zum Prototyp für Ausstellungen. Zu sehen sind Werke von Rembrandt (sein *Jacob III de Gheyn* wurde viermal gestohlen), Canaletto, Poussin, Watteau und Gainsborough. Der Bau umfasst das Mausoleum für Desenfans und Bourgeois, die ursprünglichen Sammler.

16 Dulwich Park

📍 College Road SE21
🚆 West Dulwich, North Dulwich 🚌 P4, P13
🕐 7:30 – Sonnenuntergang

Der Park gegenüber der Dulwich Picture Gallery wurde 1890 auf einem Stück Land eröffnet, das vorher dem Dulwich College gehörte, einer öffentlichen Schule,

Entdeckertipp
Sydenham Hill Wood

Nur einen kurzen Spaziergang südlich des Dulwich Park ist dieses Waldstück der größte noch verbliebene Teil des alten Great North Wood. Vielleicht finden Sie den versteckten viktorianischen Irrgarten.

deren Gebäude im Süden des Parks liegen. Er ist einer der schönsten Bezirksparks mit vielen Wegen, die rund um bunte Blumenbeete führen, Sportanlagen, einer Rasenfläche für Bowling, einem See zum Bootfahren und einem Ententeich. Die zentralen Grünflächen sind in den Sommermonaten ideal für ein Picknick. Am Wochenende leihen sich viele Familien mit Kindern Fahrräder aus und radeln auf der äußeren Schleife des Parks.

Die wunderbaren Ausstellungsräume der Dulwich Picture Gallery ↑

Ein kalter und frostiger Morgen in Richmond Park (siehe S. 329)

Flaggen vieler Nationen wehen im Brixton Village, einer von zwei bunten Shoppingarkaden ↑

Brixton

🏠 SW2, SW9 🔵🚇 Brixton

Seit den 1950er Jahren steht Brixton im Zeichen der größten Ansiedlung von karibischen Immigranten – was dem Viertel auch den Beinamen als inoffizielle Hauptstadt von Süd-London eingebracht hat. Brixton Market zieht sich im Zentrum rund um Electric Avenue, Pope's Road und Station Road und ist voller Stände, die karibische Produkte, Kunst, Kunsthandwerk, Kleidung und vieles mehr verkaufen. In den benachbarten Shoppingarkaden Brixton Village und Market Row sind viele Händler und Imbissstände. Brixton verteidigt seine Wurzeln gegen jegliche Gentrifizierung und bleibt ein überaus lebhafter Teil der Stadt.

18 🏠 Ham House

🏠 Ham St, Richmond 🔵 🚇 Richmond, dann Bus 65 oder 371 🕐 Haus: tägl. 12 – 14; Garten: tägl. 10 – 17 (Nov – Jan: bis 16) 📅 24., 25. Dez 🌐 nationaltrust. org.uk

Das herrliche Haus an der Themse (1610) hatte seine Glanzzeit, als es der Duke of Lauderdale zu seiner Wohnstatt machte. Seine Frau, die Countess of Dysart, hatte es von ihrem Vater geerbt, der als »Prügelknabe« Charles' I gedient hatte: Er wurde geschlagen, wenn der Prinz sich schlecht betragen hatte. Ab 1672 wurde das Haus »modernisiert« und galt als eines der schönsten im Land. Der Garten ist heute wieder wie im 17. Jahrhundert gestaltet.

An Wochenenden (außer Nov) fährt eine Passagierfähre zum Marble Hill House und zum Orleans House in Twickenham.

Pizza

Franco Manca
Vielleicht begann Londons Liebe für Sauerteig-Pizza hier, im originalen Franco Manca. Die Speisekarte ist einfach, die Pizzas sind einfach nur herrlich.

🏠 4 Market Row SW9 🌐 franco manca.co.uk

£ £ £

Orleans House Gallery

🏠 Orleans Rd, Twickenham 🔵 🚇 St Margaret's oder Richmond, dann Bus 33, 490, H22, R68, R70 🕐 Di – So 10 – 17 📅 1. Jan, Karfreitag, 24. – 26. Dez 🌐 orleanhouse gallery.org

Das Museum befindet sich an der Stelle des Orleans House, das nach Louis Philippe, Herzog von Orléans, benannt wurde, der hier von 1815 bis 1817 lebte. Den angrenzenden Octagon Room erbaute James Gibbs 1720 für James Johnston. Die Orleans House Gallery zeigt die Kunstsammlung des Richmond Borough.

20 🏠 Marble Hill House

🏠 Richmond Rd, Twickenham 🚇 St Margaret's 🕐 Apr – Okt: nur Führungen (siehe Website); Park und Café: tägl. 🕐 Feiertage 🌐 english-heritage.org.uk

Das 1729 für Henrietta Howard, die Geliebte von George II, errichtete Haus

→

Syon House ist rund um einen zentralen Hof gebaut

und sein Park wurden im georgianischen Stil restauriert. Neben Bildern von William Hogarth ist hier auch eine von Robert Wilson gemalte Ansicht des Hauses aus dem Jahr 1762 zu sehen. Dank eines Zuschusses von vier Millionen Pfund wurde der Park in sein Erscheinungsbild im 18. Jahrhundert zurückversetzt.

Ausflugsboote auf der Themse in Richmond ↑

Richmond

🏠 TW10 🚇🚆 Richmond

Der attraktive Londoner Stadtteil ist nach dem Palast benannt, den Henry VII im Jahr 1500 hier errichten ließ. In der Nähe der Themse und am Richmond Hill sind noch viele Häuser aus dem frühen 18. Jahrhundert erhalten, vor allem die Maids of Honour Row aus dem Jahr 1724. Der klassische, oft gemalte Ausblick vom Hügel auf den Fluss hat sich über die Jahre kaum verändert.

Richmond Park

🏠 Richmond TW10
🚇🚆 Richmond, dann Bus 65 oder 371 🕐 24 Std. tägl. (Nov, Feb: 7:30 – 20)
🌐 royalparks.org.uk

Charles I ließ 1637 ca. 13 Kilometer Zaun um den königlichen Park ziehen, um ein Jagdgebiet anzulegen. Heute ist der Park Naturreservat. Hirschwild äst hier in aller Ruhe. Es wird nicht mehr

gejagt, doch kontrolliert man den Bestand. Die Tiere haben sich an die vielen Besucher gewöhnt.

Die Isabella Plantation mit ihren Azaleen ist vor allem im Spätfrühling eine Pracht. An den Pen Ponds nebenan versuchen Angler ihr Glück. Adam's Pond ist Modellbooten vorbehalten. Der übrige Park präsentiert sich als Idyll aus Bäumen (einige sind Hunderte von Jahren alt), Heidekraut und Farn. Das Richmond Gate in der nordwestlichen Ecke wurde 1798 von John Soane *(siehe S. 142f)* gestaltet.

In der Nähe befindet sich Henry VIII Mound, der eine herrliche Aussicht über das Themse-Tal bietet, mit einer von Bäumen gesäumten Sichtlinie auf Richtung City und St Paul's *(siehe S. 176 – 179)*. Die im Jahr 1729 im palladianischen Stil erbaute White Lodge beherbergt heute die berühmte Royal Ballet School.

Syon House

🏠 London Rd, Brentford
🚇 Gunnersbury, dann Bus 237 oder 267 🕐 Mitte März – Okt: Mi – Do, So, Feiertage 11 – 17; Gärten: Mitte März – Okt: tägl. 10:30 – 17
🌐 syonpark.co.uk

Syon House war über 400 Jahre lang Wohnsitz der Grafen und Herzöge von Northumberland. Als einziges großes Herrenhaus Londons gehört es immer noch deren Nachfahren. Das Interieur gestaltete Robert Adam 1761 um – eines seiner Meisterwerke. Die fünf Adam-Räume präsentieren Originalmöbel und eine Reihe von Gemälden alter Meister.

Die ausgedehnte Parkanlage, in der insgesamt mehr als 200 Baumarten stehen, legte Capability Brown an. Das Gewächshaus inspirierte Joseph Paxton zu seinem Entwurf des Kristallpalasts.

24 Musical Museum

🏠 399 High St, Brentford
🚆 Kew Bridge 🚇 Gunnersbury, dann Bus 237 oder 267, oder South Ealing, dann Bus 65 🕐 Di, Fr – So 10:30 –17 🌐 musical museum.co.uk

Die sehenswerte Sammlung umfasst vor allem große automatische Musikinstrumente, darunter Klaviere und Orgeln, Stutzflügel, Pianos aus Lichtspielhäusern und die wohl letzte mechanische Wurlitzer-Orgel Europas.

25 Osterley Park and House

🏠 Jersey Rd, Isleworth
🚇 Osterley 🕐 Haus: siehe Website; Garten: tägl. 10 –17 (Nov – Mitte Feb: bis 16); Park: 7 –19:30 (im Sommer länger) 🌐 nationaltrust. org.uk

Dies ist eine der prächtigsten Arbeiten von Robert Adam. Den besonderen Reiz erkennt man etwa beim Blick auf den Säulenvorbau und die elegante Decke der Bi-

bliothek. Adam entwarf auch viele Möbel. Der Garten mit Tempel stammt von William Chambers, dem Architekten von Somerset House.

26 Pitzhanger Manor House and Gallery

🏠 Mattock Lane W5
🚇 Ealing Broadway 🕐 Haus: Di – Fr, So 10 –16:30, Sa 10 –15; Park: tägl. 7:30 – Sonnenuntergang 🌐 pitzhanger.org.uk

Sir John Soane, der Architekt der Bank of England, ließ hier 1803 ein älteres Gebäude zu seinem Landsitz umbauen – mit Parallelen zu seinem meisterlich konstruierten Stadthaus in Lincoln's Inn Fields (siehe S. 142f). Mit dem Salon und dem Speisezimmer behielt Soane zwei der wichtigen Gesellschaftsräume bei, die 1768 von George Dance d. J. gestaltet worden waren.

Pitzhanger wurde 2019 nach einer Restaurierung wiedereröffnet, bei der das Haus wieder der Vision von Soane entsprach und eine Galerie für Ausstellungen eingerichtet wurde.

27 London Museum of Water & Steam

🏠 Green Dragon Lane, Brentford 🚇 Kew Bridge, Gunnersbury, dann Bus 237 oder 267 🕐 Mi – So 10 –16; Schulferien: tägl. 🕐 24.– 28. Dez 🌐 waterandsteam. org.uk

Das Pumpwerk (19. Jh.) am Nordende der Kew Bridge ist heute ein Museum für Dampf- und Wasserkraft in London. Zu den wichtigsten Exponaten gehören fünf Dampfpumpanlagen aus Cornwall, die früher Themse-Wasser förderten, das in London verteilt wurde. Die ältesten Maschinen (1820) ähneln denen, die Wasser aus Bergwerken in Cornwall schöpften. An einigen Wochenenden werden die Maschinen auch in Betrieb genommen.

In der Ausstellung Waterworks wird mit vielen inter-

←

Gobelins aus der Reihe Loves of the Gods *im Osterley House*

↑ *Teil des Knot Garden von Fulham Palace* (Detail), *den ursprünglich Bishop Blomfield 1831 entwarf*

aktiven Details die Geschichte der Wasserversorgung Londons erzählt. Draußen können sich Kinder mit vielen Wasserspielen austoben.

28 Fulham Palace

🏠 Bishops Ave SW6 🚇 Putney Bridge 🕐 tägl., siehe Website; Park: tägl. von Sonnenauf- bis -untergang 🗓 25., 26., 31. Dez 🌐 fulhampalace.org

Fulham Palace war vom 8. Jahrhundert bis 1973 Sitz der Bischöfe von London und weist Teile auf, die aus dem 15. Jahrhundert stammen. Der Palast steht in einem Landschaftsgarten, der einen botanischen Garten und einen ummauerten Garten umfasst. Der ursprüngliche, 2019 restaurierte Tudor-Hof ist das Herzstück des Schlosses. Durch die Renovierung wurden auch historische Räume wieder für die Öffentlichkeit zugänglich gemacht. Das Museum erzählt auf fantasievolle Weise die Geschichte der Bischöfe von London, einschließlich eines »Stimmungsraums«, der die Geschichte des Palasts mit Licht und Ton erkundet.

29 Chiswick House

🏠 Burlington Lane W4 🚇 Chiswick 🕐 Apr – Okt: Mi – Mo 10 – 15, Sa, So 10 – 16; Gärten: tägl. 7 – Sonnenuntergang 🌐 chiswickhouse andgardens.org.uk

Das 1729 nach Entwürfen des 3. Earl of Burlington errichtete Haus ist das Musterbeispiel einer palladianischen Villa. Burlington verehrte Palladio sowie dessen Anhänger Inigo Jones. An beide erinnern Statuen vor dem Haus. Der um ein Oktogon angelegte Bau weist Bezüge zum antiken Rom und zur italienischen Renaissance auf.

Chiswick House war Nebengebäude eines älteren Hauses, das abgerissen wurde, und diente Burlington als Landsitz. Sein Widersacher Lord Hervey kritisierte es als »zu klein, um darin zu leben, und zu groß, um es an die Uhrkette zu hängen«. Die Deckengemälde stammen u. a. von William Kent, der auch den Garten gestaltete.

Das Haus war von 1892 bis 1928 ein Irrenhaus, als die Restaurierung begann. Die Gestaltung der Gärten, heute ein öffentlicher Park, entspricht weitgehend dem Entwurf von Burlington. Führungen durch das Haus (mittags und Sa, So 14:30) sind im Eintrittspreis inbegriffen.

Pubs

The Bell and Crown
Hier findet man viele Sitzplätze im Freien am Fluss und ein rustikales Interieur im Inneren.

🏠 11 – 13 Thames Road, Chiswick W4

The City Barge
Gutes Essen und Bier, der Brunch am Samstag ist legendär.

🏠 27 Strand-on-the-Green, Chiswick W4

Bull's Head
Gemütliches Pub mit gutem Sonntagsbraten und Picknicktischen im Freien am Fluss.

🏠 15 Strand-on-the-Green, Chiswick W4

30 Hogarth's House

🏠 Hogarth Lane W4 🚇 Turnham Green 🕐 Di – So 12 – 17 🗓 1. Jan, Karfreitag, Ostersonntag, 25. Dez 🌐 hogarthshouse.org

Der Maler William Hogarth lebte hier von 1749 bis zu seinem Tod 1764. Er war vom Leicester Square *(siehe S. 115)* in die – wie er sagte – »Landhütte an der Themse« gezogen und malte die Ausblicke aus den Fenstern. Heute tost auf der Great West Road vor dem Haus der Verkehr zum und vom Flughafen Heathrow.

Das Haus ist jetzt ein Museum und zeigt Kopien der moralistischen Bilder, mit denen sich Hogarth einen Namen machte, darunter *Marriage A-la-Mode*, *An Election Entertainment* und *A Harlot's Progress*.

REISE-INFOS

Verkehr in Londons Zentrum

LONDON
REISEPLANUNG

Mit etwas Planung sind die Vorbereitungen für die Reise schnell zu erledigen. Die folgenden Seiten bieten Ihnen Tipps und Hinweise für Anreise und Aufenthalt in London.

Auf einen Blick

Währung
Pound Sterling
(GBP, £)

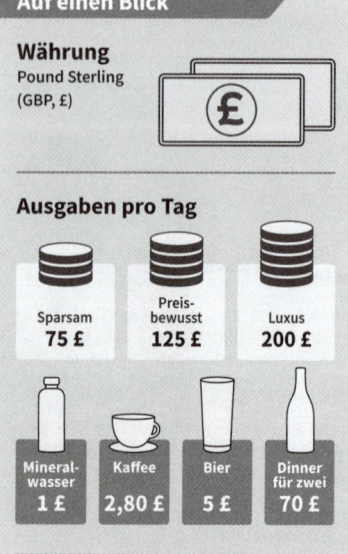

Ausgaben pro Tag

Sparsam	Preis-bewusst	Luxus
75 £	**125 £**	**200 £**

Mineral-wasser	Kaffee	Bier	Dinner für zwei
1 £	**2,80 £**	**5 £**	**70 £**

Klima

 Von Mai bis August scheint die Sonne am längsten. Von Oktober bis Februar gibt es wenige Sonnenstunden.

 Im Sommer liegen die Temperaturen durchschnittlich bei 22 °C, im Winter kann es kalt und eisig sein.

 Der meiste Regen fällt im Oktober und November, Schauer gibt es das ganze Jahr über.

Strom

London hat Wechselstrom (230 Volt, 50 Hz). Die Stecker weisen drei vierkantige Stifte auf. Ein Adapter ist notwendig.

Einreise

Für die Einreise nach Großbritannien benötigen Bürger aus EU-Staaten und der Schweiz einen bis zum Ende der Reise gültigen Reisepass. Reisedokumente müssen mindestens sechs Monate über die Aufenthaltsdauer hinaus gültig sein. Jedes Kind benötigt ein eigenes Ausweisdokument. Ein Visum ist nicht erforderlich. Aktuelle Informationen erhalten Sie bei britischen Botschaften oder auf der Website der britischen Regierung.
UK Government
ⓦ gov.uk/check-uk-visa

Sicherheitshinweise

Aufgrund unvorhersehbarer Entwicklungen kann es zu Änderungen und Einschränkungen kommen. Aktuelle Hinweise zur Einreise sowie Sicherheitshinweise finden Sie beim deutschen Auswärtigen Amt (www.auswaertiges-amt.de), beim österreichischen Bundesministerium für europäische und internationale Angelegenheiten (www.bmeia.gv.at) oder beim Eidgenössischen Departement für auswärtige Angelegenheiten der Schweiz (www.eda.admin.ch).

Zoll

Seit dem 1. Januar 2021 gehört das Vereinigte Königreich nicht mehr der EU-Zollunion an. Seit diesem Zeitpunkt gelten die im Unionsrecht vorgesehenen Zollförmlichkeiten für alle Waren, die aus dem Vereinigten Königreich in das Zollgebiet der Europäischen Union oder aus dem Zollgebiet der Union in das Vereinigte Königreich gebracht werden. Zollrechtliche Informationen bieten der **deutsche Zoll** und die **britische Regierung**.
Deutscher Zoll
ⓦ zoll.de
Zoll Großbritannien
ⓦ gov.uk/duty-free-goods

Versicherungen

London-Besucher sollten entsprechende Versicherungen abschließen, die alle Eventualitäten abdecken: etwa Rechtsschutz, Diebstahl, Reisegepäck, Unfälle, Verspätun-

gen von Flügen etc. Am wichtigsten ist es sicherlich, eine Auslandskrankenversicherung abzuschließen. Auch wenn Sie mit Ihrer EHIC viele Gesundheitseinrichtungen des **NHS** nutzen können – mit einer Privatversicherung in der Hinterhand geht es meist schneller und mit wesentlich weniger Formalitäten. Ihre Versicherung sollte auch eine 24-Stunden-Notfallnummer haben.

NHS (National Health Service)
ⓦ nhs.uk

Impfungen

Impfungen sind für einen Besuch Großbritanniens nicht erforderlich.

Bezahlen

Bargeldloses Bezahlen ist in London üblich. So gut wie alle Hotels, Restaurants und Läden akzeptieren die gängigen Kredit- und Debitkarten. Auch kontaktloses Bezahlen ist in London weitverbreitet, darunter auch in öffentlichen Verkehrsmitteln. Nichtsdestotrotz sollte man auch immer etwas Bargeld dabeihaben. In Cafés, kleinen Läden und auf Märkten ist immer noch Barzahlung die Regel. Geldautomaten sind in Banken, Bahnhöfen, Einkaufszentren und Hauptstraßen zu finden.

Die Telefonnummer des Sperr-Notrufs bei Verlust einer Karte lautet: +49 116 116.

Trinkgeld ist in London Ermessenssache. In Restaurants ist es üblich, für guten Service zehn bis 12,5 Prozent Trinkgeld zu geben. Taxifahrern wird üblicherweise ein Trinkgeld von zehn Prozent und Hotelportier, Concierge und Housekeeping ein bis 2 £ pro Tasche oder Tag gegeben.

Hotels

London bietet eine riesige Vielfalt an Unterkünften – von Fünf-Sterne-Hotels über Bed & Breakfasts bis zu Hostels.

Im Sommer können Hotels schnell ausgebucht sein, auch sind während dieser Zeit die Preise meist um einiges höher. Man sollte deshalb frühzeitig seine Unterkunft buchen.

Eine gute Zusammenstellung von Unterkünften in allen Preisklassen findet man auf der Website von **Visit London**, Londons offizieller Tourismusinformation.

Visit London
ⓦ visitlondon.com

Reisende mit besonderen Bedürfnissen

Informationen über die Zugänglichkeit öffentlicher Verkehrsmittel finden Sie auf der TfL-Website *(siehe S. 337)*. In der City, in Westminster, Camden und Kensington und Chelsea können Sie mit einem Behindertenausweis in Parkbuchten mit blauer Plakette parken. Auf der Website von Visit London finden Sie praktische Tipps zu den Zugänglichkeitsbestimmungen der Stadt. **AccessAble** verfügt über ein nützliches Online-Verzeichnis mit Suchfunktion. Museen und Galerien bieten Audioführungen an, die für Menschen mit Sehbehinderungen nützlich sind. **Action on Hearing Loss** und das **RNIB** (Royal National Institute of Blind People) können ebenfalls nützliche Informationen und Ratschläge geben.

AccessAble
ⓦ accessable.co.uk
Action on Hearing Loss
ⓦ actionhearingloss.org.uk
RNIB
ⓦ rnib.org.uk

Sprache

London ist eine multikulturelle Stadt. Viele Sehenswürdigkeiten und Tourunternehmen bieten auch Führungen in Fremdsprachen.

Öffnungszeiten

Montag Einige Museen und Sehenswürdigkeiten bleiben geschlossen.
Sonntag Die meisten Läden schließen früher.
Feiertage Ämter sind geschlossen; Läden, Museen und Sehenswürdigkeiten sind geschlossen oder schließen früher.

Feiertage	
1. Jan	New Year's Day (Neujahr)
März/Apr	Good Friday (Karfreitag)
März/Apr	Easter Monday (Ostermontag)
Mai (1. Mo)	May Day
Mai (letzter Mo)	Bank Holiday
Aug (letzter Mo)	Bank Holiday
25. Dez	Christmas Day
26. Dez	Boxing Day

IN LONDON
UNTERWEGS

London hat eines der meistbefahrenen öffentlichen Transportsysteme Europas. Wenn man weiß, wie es funktioniert, kommt man gut damit zurecht.

Auf einen Blick

Tickets

Einzelticket Bus

1,50 £

Zone 1–9
(Einheitstarif)

Einzelticket U-Bahn

2,40 £

Zone 1–2
(außerhalb Spitzenzeiten)

Tageskarte (Travelcard)

13,20 £

Zone 1–6
(außerhalb Spitzenzeiten)

Tempolimits

Autobahn

70 mph
(110 km/h)

Schnellstraße

70 mph
(110 km/h)

Landstraße

60 mph
(95 km/h)

Stadtgebiet

30 mph
(50 km/h)

Anreise mit dem Flugzeug

London hat fünf Flughäfen: Heathrow, Gatwick, Stansted, Luton und London City. Mit Ausnahme von London City Airport sind alle ziemlich weit vom Zentrum entfernt, die Verbindungen sind jedoch überall gut. Tickets sollte man weit im Voraus buchen. Eine Liste der Transportmöglichkeiten, ungefähren Fahrzeiten und Preise für den Transport von und zu den Londoner Flughäfen finden Sie in der *Tabelle rechts*.

Anreise mit dem Zug
Internationale Züge

Eurostar-Züge kommen in London auf dem St Pancras International an.

Tickets und Zugpässe für mehrfache internationale Zugfahrten erhält man bei **Eurail** oder **Interrail**. Es können trotzdem noch Kosten für Reservierungen anfallen. Überprüfen Sie immer vorab, ob Ihr Pass auch in dem Zug gültig ist, den Sie nutzen wollen.

Der **Eurostar** fährt mehrmals pro Tag von Paris, Brüssel und Amsterdam durch den Eurotunnel nach London.

Im **Eurotunnel** fahren Züge von Calais nach Folkestone im Südosten Englands.

Eurail
W eurail.com
Eurostar
W eurostar.com
Eurotunnel
W eurotunnel.com
Interrail
W interrail.eu

Nationale Züge

Das britische Bahnsystem ist kompliziert und unübersichtlich. Die Bahnlinien werden von unterschiedlichen Gesellschaften betrieben, werden aber von **National Rail** koordiniert, die auch einen Informationsservice bietet.

London besitzt acht große Bahnhöfe, in denen Züge aus ganz Großbritannien ankommen: Charing Cross, Euston, King's Cross, London Bridge, St Pancras, Paddington, Waterloo und Victoria. Darüber hinaus gibt

Von den Flughäfen in die Stadt

Flughafen	Verkehrsmittel	Fahrzeit	Preis
London City	DLR	30 Min.	ab 2,80 £
	Taxi	20 Min.	ab 25 £
London Heathrow	Heathrow Express	15 Min.	ab 22 £
	London Underground	50 Min.	ab 3,10 £
	National Express Coach	1 Std.	ab 5 £
	Taxi	1 Std.	ab 40 £
London Stansted	Stansted Express	50 Min.	ab 9,45 £
	National Express Coach	1:50 Std.	ab 5 £
	Taxi	1:10 Std.	ab 75 £
London Gatwick	Gatwick Express	30 Min.	ab 17,80 £
	London Thameslink	40 Min.	ab 11 £
	National Express Coach	1:50 Std.	ab 6 £
	Taxi	1:30 Std.	ab 60 £
London Luton	Bus und London Thameslink	45 Min.	ab 17,40 £
	National Express Coach	1:20 Std.	ab 7 £
	Taxi	1:10 Std.	ab 75 £

es über 300 weitere kleinere Bahnhöfe. Von jedem der großen Bahnhöfe fahren viele lokale und Vorortzüge, die den ganzen Südosten Englands abdecken.

Die Linien von Londons lokalen und Vorortzügen werden täglich von Hunderttausenden Pendlern genutzt. Besucher nutzen sie meist für Trips an den Stadtrand von London und in Teile der Metropole, die nicht von U-Bahnlinien abgedeckt sind (vor allem im Süden Londons). Wollen Sie auch die Außenbereiche Londons erkunden, sollten Sie früh genug Tickets buchen.

National Rail
Ⓦ nationalrail.co.uk

Anreise mit dem Bus

Internationale und nationale Busunternehmen fahren in London die Victoria Coach Station an. **National Express** ist das größte britische Busunternehmen. **Flixbus** bietet eine Vielzahl von Verbindungen von europäischen Städten nach London an. Die Fahr-

preise richten sich je nach der Distanz, beginnen bei etwa 17 £.

National Express
Ⓦ nationalexpress.com
Flixbus
Ⓦ flixbus.de

Öffentliche Verkehrsmittel

Die meisten öffentlichen Verkehrsmittel in London werden von **Transport for London (TfL)** koordiniert. Fahrpläne, Informationen zu Tickets, Karten und vieles mehr findet man auf der Website.

TfL
Ⓦ tfl.gov.uk

Zonen

TfL unterteilt die Stadt in sechs Zonen für U-Bahn, (Vorort-)Züge und National Rail, ausgehend von Zone 1 im Stadtzentrum von London. Für Busfahrten gibt es einen Einheitstarif pro Fahrt, unabhängig von der Länge der Strecke.

Tickets

Die Benutzung öffentlicher Verkehrsmittel ist in London relativ teuer. Wer viel sehen will, ist mit einem Tagesticket (One-Day Off-Peak Travelcard) am besten bedient. Damit kann man wochentags ab 9:30 Uhr (Sa, So, Feiertage ohne Zeitbegrenzung) bis 4:30 Uhr am nächsten Tag innerhalb der gewählten Zone(n) alle Verkehrsmittel nutzen.

Wer flexibler sein will, sollte eine Oyster Card oder eine Visitor Oyster Card kaufen. Man kann diese Smartcard mit einem beliebigen Betrag aufladen, muss jedoch immer über ein Guthaben von mindestens fünf Pfund verfügen. Wenn Sie damit fahren, halten Sie die Karte an ein gelbes Oyster-Card-Lesegerät. Der entsprechende Betrag wird dann abgebucht, bzw. der Einstieg wird »notiert«, denn bei U-Bahn, DLR und Vorortzügen müssen Sie an der Haltestelle, an der Sie aussteigen, die Karte nochmals an das Lesegerät halten, damit das Ende Ihrer Fahrt erfasst wird – sonst müssen Sie den teuersten Preis für die Linie zahlen. Zu Stoßzeiten (Mo – Fr 6:30 – 9:30, 16 –19) sind die Preise höher.

Travelcards und Oyster Cards bekommt man an Bahnstationen oder in jedem Laden mit dem Aufkleber »Ticket Stop«. Man kann Sie auch online bei TfL vor Anreise kaufen, sie werden in über 30 Länder ausgeliefert.

Underground und DLR

Die London Underground, von Londonern *tube* (Röhre) genannt, hat elf Linien, die mit verschiedenen Farben gekennzeichnet sind und sich an etlichen Stationen kreuzen. Eine weitere Linie, Elizabeth Line, hat im Mai 2022 den Betrieb aufgenommen.

Einige Linien, z. B. Victoria und Jubilee, befahren nur eine Strecke, andere, z. B. die Northern Line, verzweigen sich. Es ist deshalb wichtig, die Anzeigen am Bahnsteig zu beachten, welche die Fahrtrichtung angeben.

Die U-Bahnen fahren von 7:30 bis 9:30 Uhr und von 16 bis 19 Uhr alle paar Minuten, zu anderen Zeiten alle fünf bis zehn Minuten. Die Linien Central, Jubilee, Northern, Victoria und Piccadilly fahren an Frei- und Samstagen durchgehend. Alle anderen Linien fahren werk- und samstags von 5 bis 0:40 Uhr und sonntags etwas eingeschränkter.

Die Docklands Light Railway ist ein überwiegend oberirdisches Bahnnetz mit fahrerlosen Zügen, die in den Osten und Südosten, einschließlich City Airport und Greenwich, fährt. Betriebszeiten sind Mo – Sa 5:30 – 0:30, So 7 – 23:30 Uhr. Die Züge fahren alle drei Minuten.

Auf den U-Bahn-Plänen, die man in allen Zügen und an allen Stationen findet, sind die behindertengerechten Stationen markiert.

Züge (Overground)

Die (Vorort-)Züge, die auf den U-Bahn-Karten mit einer orangefarbenen Linie gekennzeichnet sind, kreuzen an vielen Stationen in der ganzen Stadt U-Bahn- und andere Bahnhöfe. Sie funktionieren ähnlich wie die U-Bahn und decken die meisten Stadtbereiche jenseits der U-Bahn-Linien ab. Die Linie zwischen Highbury & Islington und New Cross Gate verkehrt freitags und samstags 24 Stunden lang.

Bus

Mit Bussen, die zwar langsamer, aber dafür günstiger als die U-Bahn sind, kann man London ebenfalls gut erkunden.

Pläne der Hauptrouten des Busnetzes findet man auf der Website von TfL oder an Bushaltestellen. Ziel und Linie stehen vorn am Bus, die nächste Haltestelle wird im Bus durchgegeben.

Man kann im Bus nicht bar bezahlen, deshalb braucht man vorab ein Ticket, eine Oyster Card oder eine kontaktlose Karte. Ein Einzelticket kostet 1,50 £, eine unbegrenzte Karte 4,50 £. Mit dem Busfahrpreis Hopper kann man innerhalb einer Stunde unbegrenzt kostenlos mit dem Bus fahren. Busfahrten sind für unter 16-Jährige mit einer Zip Oyster Card kostenfrei. Die kann man online auf der TfL-Website mindestens vier Wochen vor Ankunft beantragen.

Nachtbusse – sie haben ein »N« vor der Nummer – verkehren von 23 bis 6 Uhr auf beliebten Strecken (bis 2 oder 3 Uhr meist drei- bis viermal pro Stunde, danach einmal).

Taxis

Londons berühmte schwarze Taxis kann man an der Straße anhalten, online oder telefonisch bestellen, oder man besteigt sie an Taxiständen. Wenn das gelbe »Taxi«-Schild leuchtet, sind sie frei.

Die Lizenznummer des Taxis steht hinten im Wagen.

Alle Taxis haben Taxameter, die auf 3 £ stehen und bei Fahrtantritt zu laufen beginnen. In London ist auch Uber aktiv.

Dial-a-Cab
W dialacab.co.uk
Licensed London Taxi
W licensedlondontaxi.co.uk

Mit dem Auto

Mit dem Auto zu fahren ist die schlechteste Art, durch die Stadt zu kommen. Der Londoner Verkehr bewegt sich mit durchschnittlich 18 km/h. Parkplätze sind sehr selten und teuer. Im Stadtzentrum gibt es die kostenpflichtige **Congestion-Charge**-Zone (sie umfasst in etwa The City, West End und Mayfair im Westen, im Süden reicht sie etwa bis zum

Bahnhof Elephant & Castle). Montags bis freitags von 7 bis 22 Uhr kostet sie für einen Pkw 15 £ Pfund, die Gebühr ist im Voraus zu bezahlen.

Bei einem Unfall sollte man **AA** für Pannenhilfe kontaktieren.

Congestion Charge
W tfl.gov.uk/modes/driving/
congestion-charge
AA
W theaa.com

Parken

In Straßen mit roten oder doppelten gelben Linien am Bordstein herrscht durchgehend Parkverbot.

Bei einer gelben Linie ist das Parken montags bis samstags meist von 6:30 bis 20 Uhr und den ganzen Sonntag über erlaubt. Die Zeiten variieren, achten Sie auf die Schilder. Wenn Sie keine Markierung sehen, können Sie problemlos parken – doch solche Plätze sind in London extrem rar.

Mietwagen

In London sind alle bekannten Autovermietungen ansässig. Die besten Konditionen gibt es, wenn Sie ein Auto schon vorab buchen.

Um in Großbritannien einen Wagen mieten zu dürfen, muss man mindestens 21 Jahre alt sein (in manchen Fällen auch über 25) und seit mindestens einem Jahr den Führerschein haben.

Um aus London hinauszufahren, benötigt man – in jede Richtung – etwa eine Stunde. Wer aufs Land, etwa nach Oxford, will, fährt mit dem Zug bequemer hin und mietet sich vor Ort ein Auto. An Flughäfen sind Mietwagen meist günstiger.

Verkehrsregeln

In Großbritannien herrscht Linksverkehr. Alle Insassen in einem Wagen müssen Sicherheitsgurte anlegen. Kinder bis zu einer Größe von 1,35 Meter oder bis zu einem Alter von zwölf Jahren müssen in entsprechenden Kindersitzen Platz nehmen.

Mobiltelefone dürfen während der Fahrt nicht genutzt werden außer mit einer Außensprechanlage. Gesetzlich vorgeschrieben ist eine Haftpflichtversicherung.

Überholen Sie rechts. In einem Kreisverkehr haben – außer es ist anders angezeigt – Wagen von rechts Vorfahrt. Einsatzfahrzeuge haben immer Vorfahrt.

Während eingeschränkter Zeiten darf man nicht auf Busfahrbahnen fahren (siehe Schilder am Straßenrand für Einschränkungen).

Die zulässige Höchstgrenze für Alkohol am Steuer *(siehe S. 341)* wird streng eingehalten, Strafen bei Verstoß können hoch sein.

Radfahren

Um in London mit dem Rad zu fahren, braucht man starke Nerven, aber das ist eine großartige Möglichkeit, die Stadt zu entdecken. Es gibt viele Radverleihe. Verleihstationen für die ungefähr 6000 Räder von **Santander Cycles** sind über die ganze Stadt verteilt. Die **London Bicycle Tour Company** bringt Ihnen Räder auch zum Hotel und holt sie später wieder ab. Achtung: Die Promillegrenze von 0,8 gilt auch für Radfahrer.

Santander Cycles
W tfl.gov.uk/modes/cycling/
santander-cycles
London Bicycle Tour Company
W londonbicycle.com

Zu Fuß

London und seine Sehenswürdigkeiten zu Fuß zu entdecken, ist auf jeden Fall lohnend. Vor allem das Zentrum ist nicht allzu groß, und man ist überrascht, wie nah vieles beieinanderliegt.

Boote und Fähren

Autofähren von Calais und Dunkerque kommen in Dover oder Folkestone an, knappe zwei Stunden Fahrtzeit von London entfernt.

Passagier- und Autofähren fahren auch von anderen Häfen in Nordfrankreich in den Süden Englands, ebenso von Bilbao und Santander in Spanien nach Portsmouth oder Plymouth. Fähren landen auch an anderen Häfen im ganzen Land an, etwa aus den Niederlanden oder aus der Republik Irland.

London mit dem Boot

Mit den besten Blick auf London hat man von der Themse. **MBNA Thames Clippers** bietet etliche Katamaranfahrten alle 20 Minuten zwischen Westminster und North Greenwich an. »Haltestellen« sind u. a. London Eye, Bankside und Tower Bridge. Das Tate Boat (RB2), ebenfalls betrieben von MBNA Thames Clippers, verkehrt zwischen Battersea Power Station und London Bridge und verbindet Tate Britain und Tate Modern.

Standardtickets kosten 9 £ in der zentralen Zone, günstiger wird es, wenn man Tickets online kauft oder eine Travelcard oder Oyster Card hat. Ermäßigte Preise für das Tate Boat erhält man, wenn man Tickets in einer der Tates, am Millbank oder Bankside Pier kauft.

Etliche Unternehmen bieten Flussfahrten an, darunter Hop-on-hop-off-Touren, Themenfahrten, Dinnerfahrten und Sightseeing-Touren mit Reiseführerbegleitung.

MBNA Thames Clippers
W thamesclippers.com
River Tours
W tfl.gov.uk/modes/river/about-river-tours

PRAKTISCHE HINWEISE

Ein paar wenige Kenntnisse der lokalen Gegebenheiten genügen – hier finden Sie die wichtigsten Hinweise und Tipps für Ihren London-Aufenthalt.

Auf einen Blick

Notrufnummer

Polizei, Feuerwehr und Ambulanz

999

Zeit

GMT (Greenwich Mean Time) 1 Std. hinter MEZ
BST (British Summer Time) Ende März – Ende Okt + 1 Std.

Leitungswasser

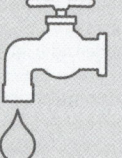

Falls nicht anders angegeben, ist Leitungswasser in Großbritannien trinkbar.

Websites und Apps

Citymapper
Auf der Website findet man alle Transportmittel, auch Rad- und Wanderwege. Damit kommt man in London gut zurecht.

TfL Oyster
Mit der App von TfL kann man seine Oyster Card unterwegs »verwalten«.

Trainline
Mit der App findet man die günstigsten Zugtickets und kann Fahrpläne checken.

Visit London
Hier gibt es Karten, Stadtviertelführer und exklusive Angebote.

Persönliche Sicherheit

London ist eine relativ sichere Stadt. Taschendiebstahl ist weniger ein Problem als in vielen anderen europäischen Hauptstädten. Bewahren Sie Ihr Hab und Gut an einem sicheren Ort auf, benutzen Sie Ihren gesunden Menschenverstand und achten Sie auf Ihre Umgebung. Sollten Sie trotzdem Opfer eines Diebstahls werden, informieren Sie sofort die nächstgelegene Polizeistation. Lassen Sie sich eine Kopie des Polizeiprotokolls geben, das Sie dann bei Ihrer Versicherung vorlegen können.

In der Regel sind die Londoner allen Menschen gegenüber sehr aufgeschlossen, unabhängig von ihrer Rasse, ihrem Geschlecht oder ihrer Sexualität. Homosexualität wurde 1967 in England legalisiert, 2004 erkannte das Vereinigte Königreich das Recht an, sein Geschlecht legal zu ändern. Wenn Sie sich unsicher fühlen, kann Ihnen die **Safe Space Alliance** den nächsten Zufluchtsort nennen.

Beim Verlust von Pass oder Personalausweis oder wenn Sie anderweitig in größeren Schwierigkeiten sind, wenden Sie sich an die **Botschaft** Ihres Heimatlandes.

Safe Space Alliance
🔲 safespacealliance.com

Deutschland
📍 F7 🏠 23 Belgrave Sq SW1X 8PZ
📞 +44 20 7824 1300
🔲 uk.diplo.de

Österreich
📍 F7 🏠 18 Belgrave Mews West SW1X 8HU
📞 +44 20 7344 3250
🔲 aussenministerium.at/london

Schweizer Generalkonsulat
📍 E4 🏠 16–18 Montagu Pl W1H 2BQ
📞 +44 20 7616 6000
🔲 eda.admin.ch/london

Gesundheit

Bei kleineren gesundheitlichen Problemen bekommen Sie in einer Apotheke die benötigten Medikamente. Ketten wie Boots und Superdrug haben überall in der Stadt Filialen.

Bei einem Unfall oder falls Sie sonst medizinische Hilfe (keine Notfälle!) benötigen, fin-

den Sie den nächsten medizinischen Dienst auf der NHS-Website *(siehe S. 335)*. Alternativ können Sie unter 111 auch die NHS-24-Hotline anrufen oder zum nächsten NHS-Gesundheitszentrum oder -Krankenhaus gehen, dort zur Abteilung Accident & Emergency (A & E). Brauchen Sie ein ärztliches Rezept, hilft Ihnen die Apotheke mit der Adresse der nächsten Arztpraxis oder des nächsten medizinischen Zentrums weiter. EU-Bürgern stehen im Notfall die kostenlosen medizinischen Leistungen des staatlichen Gesundheitssystems National Health Service (NHS) zur Verfügung *(siehe S. 335)*, das kann sich nach dem Austritt Großbritanniens aus der EU jedoch ändern.

Rauchen, Alkohol und Drogen

Rauchen ist an allen öffentlichen Plätzen verboten, auch in Bars, Cafés, Restaurants, öffentlichen Verkehrsmitteln, Bahnhöfen und Hotels.

In Großbritannien liegt die Promillegrenze bei 0,8. Das entspricht etwa einem Glas Wein oder einem Pint Lager.

Der Besitz von illegalen Drogen ist verboten und wird hart bestraft.

Ausweispflicht

Sie müssen in London Ihren Pass nicht ständig bei sich tragen. Falls die Polizei Ihre Identität überprüfen will, ist es jedoch sinnvoll, mindestens eine Kopie vorweisen zu können.

Etikette

Stehen Sie auf einer Rolltreppe immer rechts. Lassen Sie aus öffentlichen Verkehrsmitteln Passagiere erst aussteigen, bevor Sie einsteigen. Bieten Sie in der U-Bahn Ihren Sitzplatz Älteren, Schwangeren oder Behinderten an. Wenn Sie eine Kirche besuchen, bedecken Sie Ihren Oberkörper und Ihre Oberarme. Shorts und Röcke sollten übers Knie reichen.

Mobiltelefone und WLAN

In London gibt es guten Netzempfang nach dem GSM-Standard. Alle üblichen Handys funktionieren problemlos. Im Zentrum gibt es viele WLAN-Hotspots. Cafés und Restaurants haben meist ihr eigenes WLAN-Passwort.

Für Besucher aus der EU fallen trotz Brexit weiterhin keine Roaming-Kosten an. Sie zahlen für Telefonate, SMS und Daten genauso viel wie daheim. Informieren Sie sich trotzdem vorab bei Ihrem Anbieter.

Post

Der Großteil der britischen Postdienste wird von der Royal Mail betrieben. In jedem Londoner Bezirk gibt es ein Hauptpostamt sowie kleinere Filialen in Zeitungsläden oder anderen kleinen Läden. Die Postämter haben meist werktags von 9 bis 17:30 Uhr und samstags bis 12:30 Uhr geöffnet.

Man kann Briefmarken in Postämtern, Läden mit dem Schild »Stamps sold here« und Supermärkten kaufen. Die typisch roten Briefkästen findet man an den Hauptstraßen in der ganzen Stadt.

Mehrwertsteuer

Der Mehrwertsteuersatz beträgt in Großbritannien 20 Prozent und ist immer im Warenpreis enthalten.

Besucher aus Ländern außerhalb der Europäischen Union, die weniger als drei Monate bleiben, können diese Steuer bei Ausreise zurückfordern.

Besucherpässe

London ist eine sehr teure Stadt, aber es gibt einige Möglichkeiten, die Sightseeing-Kosten zu reduzieren. Studenten und unter 18-Jährige erhalten für viele Ausstellungen ermäßigte Tickets, auch Besitzer einer ISIC (International Student Identity Card) oder einer IYTC (International Youth Travel Card) bekommen viele Preisnachlässe.

Online und bei teilnehmenden Tourismusinformationen erhält man etliche Besucherpässe und Rabattkarten. Diese Karten muss man auch zahlen, überlegen Sie sich deshalb vor dem Kauf, wie viele der Angebote Sie nutzen wollen. Eine vollständige Liste der unterschiedlichen Angebote finden Sie auf der Website von **Visit London**.

Einer dieser Besucherpässe ist der **London Pass**, der freien Eintritt in über 80 Attraktionen im Stadtzentrum, eine Auswahl ermäßigter Stadtführungen und Rabatte in teilnehmenden Läden und Restaurants bietet.

London Pass
🅦 londonpass.com
Visit London
🅦 visitlondon.com

REGISTER

Seitenzahlen in **fetter** Schrift verweisen auf Haupteinträge.

DANKSAGUNG

Dorling Kindersley dankt folgenden Personen für ihre Beiträge zur letzten Ausgabe: Edward Aves, Alice Fewery, Michael Leapman, Matt Norman, Alice Park und Helen Peters.

BILDNACHWEIS

Dorling Kindersley dankt folgenden Personen und Institutionen für die freundliche Genehmigung zum Abdruck ihrer Fotos

o = oben; u = unten; m = Mitte; l = links; r = rechts.

123RF.com: bloodua 280ol; Alexey Fedorenko 271ur; flik47 157mlu; Christian Mueller 230m, 260–261.

4Corners: Olimpio Fantuz 20ol, 172–173; Maurizio Rellini 8–9u; Alessandro Saffo 21ul, 218–219.

Alamy Stock Photo: age fotostock/Lluís Real 44–45o; Alan King engraving 181ul; Andrew Orchard sports photography 38or; Arcaid Images/Diane Auckland 131ul, /Richard Bryant 200or, 267ol; ART Collection 317or; A. Astes 121ol, 284ml; Colin Bain 140–141u; Rob Ball 46–47o; John Baran 176mr; Richard Barnes 38u; Peter Barritt 257mr; Guy Bell 302–303o, 321ol; Nigel Blacker 128–129o; John Bracegirdle 309mr; Eden Breitz 212or; Michael Brooks 96–97u; Matthew Bruce 330mro, 330–331o; Jason Bryan 307mr; Colin Burdett 252mr; Paul Carstairs 225or; Matthew Chattle 99om; Chronicle 61or, 65or, 74um, 75ul; Classic Image 179ol; Vera Collingwood 293o; Danielle Connor 25, 310; Lindsay Constable 56–57u; csimagebase 37u; Ian Dagnall 36ul, 183ul, 246mro; DavidCC 187ol; Kathy deWitt 146ul; Chris Dorney 253ol; V. Dorosz 291ol; dpa picture alliance archive 75u; Adam Eastland 59ul; Greg Balfour Evans 120ul; Everett Collection Inc 73ur; Exflow 266–267u; eye35.pix 318–319o; Malcolm Fairman 156–157u; Andrew Fare 60o; John Farnham 290mlu; Tony Farrugia 49mlo; Nicola Ferrari 20mu, 194–195; Fotomaton 268ur; Garden Photo World/David C Phillips 21ol, 204–205; Roger Garfield 103or; Marc Gascoigne 32–33o; Goss Images 28ul; Granger Historical Picture Archive 61ur, 74mo, 77mo; Grant Rooney Premium 42–43o; Alex Hare 303ur; Cath Harries 43ur, 146o; Heritage Image Partnership Ltd 75um, 77om, 180ur; Jeremy Hoare 294um; Angelo Hornak 179ml, 179mr, 179ul; Ianni Dimitrov Pictures 90–91u; Yanice Idir 119om; imageBROKER/Helmut Meyer zur Capellen 246ur, /Werner Lang 320ml; Imagedoc 52ul; incamerastock 49mru; INTERFOTO 64ur, 77ol; Jansos 12ul, 22ol, 232–233; Benjamin John 93ur, 162ml, 278o; Johnny Jones 53mr; Bjanka Kadic 246mlu; John Kellerman 176–177; Sung Kuk Kim 47u; Norman Krimholtz 170um; Elitsa Lambova 155ol; Peter Lane 280–281u; LatitudeStock 225mlo; Lebrecht Music & Arts 110ur, 179or, 183m; Geraint Lewis 211mlo; London Picture Library 19ol, 150–151; Londonstills.com 291or; De Luan 74ur;

M. Sobreira 230ur; mauritius images GmbH/Steve Vidler 108mlu, 183mro, 203mr, 214o, 302ur; Neil McAllister 74mlo; Trevor Mogg 10ul; Frank Molter 39ur; Luciano Mortula 34ul; adam parker 39ol; Pawel Libera Images 35ul; Mark Phillips 158–159o; Photopat/Tate Modern, London/ SUPERFLEX © DACS, 2018 One Two Three Swing! 208–209u; picture 230ol; The Picture Art Collection 110ol; Enrico Della Pietra 18ol, 122–123; PjrTravel 179ol, 231o; PjrWindows 18ul, 136, 147ol; Portrait Essentials 143ol; Laurence Prax 113ol; Prisma by Dukas Presseagentur GmbH 55or, 155or; RealyEasyStar/Rodolfo Felici 133o; Richard Wareham Fotografie 40–41o; robertharding/Chris Mouyiaris 201or, /Adina Tovy 11mr, /Adam Woolfitt 77ur; Roger Cracknell 01/classic 238o, 240ul; Marcin Rogozinski 56–57o; Grant Rooney 41mru, 127mlu, 225ol; Amanda Rose 34mo; Peter Scholey 186u, 236ml; Scott Hortop Travel 101ur, 160ol; Adrian Seal 198–199o; Marco Secchi 90ul; Alex Segre 30ol, 43ml, 54–55u, 103ur, 291mro, 322ur, 325u; Ian Shaw 213o; Mick Sinclair 271um; Trevor Smithers ARPS 140–141ol; Kumar Sriskandan 96o, 157or; Robert Stainforth 98–99u; Stockimo/Neil Juggins 228–229u; Stockinasia 297ol; Adam Stoltman 65ur; Sunshine 320–321u; Homer Sykes 159ur, 294o; Erik Tham 8mlu, 108–109; Roger Tillberg 210mlu; Tim Gartside London 35mr; travelibUK 74ml; travelpix 246–247; Simon Turner 50ur; Pat Tuson 37mr, 241or, 269ul; V&A Images 330ul; Steve Vidler 49ol, 59ur, 183ur, 295ul; Monica Wells 169ol; Tim E. White 57ml; Mark Wiener 183mru; World History Archive 60–61mlo, 181ur; Gregory Wrona 17ol, 33ur, 86–87, 329or; Chris Yates 48ol; Marc Zakian 171mru; Zoonar/Michal Bednarek 132u; Zoonar GmbH 237or; Justin Kase zsixz 48u.

AWL Images: David Bank 66–67; Alan Copson 82ur; PhotoFVG 239mro; Alex Robinson 23mub, 272–273, 281o; Mark Sykes 254ol; Travel Pix Collection 16, 68–69.

Barbican Centre: Max Colson 184ur.

Mit freundlicher Genehmigung des BFI: 45ml.

Bridgeman Images: Christie's Images 315ul; Mirrorpix 77mro; Royal Academy of Arts, London/ Joshua Reynolds *Self portrait* (um 1779/1780), Öl auf Tafel 93ol, /Michelangelo Buonarroti *Tondo Taddei* (16. Jh.) 93or; Universal History Archive/ UIG 63ur.

Coca-Cola London Eye: Dave Bennet 229ml.

© DACS 2018: SUPERFLEX © DACS 2018, One Two Three Swing! Tate Modern, London 208–209u, 216ul.

Depositphotos Inc: georgios 64ul; jovannig 26mr; masterlu 51u; VictorHuang 32ur.

Dorling Kindersley: Max Alexander 52–53o.

Dreamstime.com: Igor Abramovych 227mru; Absente 155mro; Adeliepenguin 283ur; Andersastphoto 115ol, 154–155u; Anyaivanova

TM & © Warner Bros. Entertainment Inc. Harry Potter Publishing Rights © JKR.: Harry-Potter-Figuren, Namen und damit in Zusammenhang stehende Zeichen sind Schutzmarken und © Warner Bros. Entertainment Inc. Alle Rechte vorbehalten. 321mro.

Truman Markets: Haydon Perrior 199or.

ZSL London Zoo: 277or.

Fotografische Quelle The London Aerial Photo Library sowie P. and P. F. James

Umschlag Extrakarte
Alamy Stock Photo: *John Kellerman*.

Umschlag
Vorderseite und Buchrücken: **Alamy Stock Photo:** *John Kellerman.*
Rückseite: **4Corners:** *Alessandro Saffo ml;* **Alamy Stock Photo:** *John Kellerman u;* **AWL Images:** *Nadia Isakova m, Alex Robinson or.*

Alle anderen Bilder © Dorling Kindersley
Weitere Informationen: **www.dkimages.com**

Daten Kartografie Data ERA-Maptec Ltd (Dublin), adaptiert mit Genehmigung der ursprünglichen Karten von Shobunsha (Japan).

www.dk-verlag.de

DK London (aktualisierte Neuauflage)

Mitwirkender Darren Longley

Lektorat Georgina Dee, Nayan Keshan, Manjari Thakur, Avanika, Dipika Dasgupta, Lucy Sara-Kelly, Alison McGill, Beverly Smart, Shikha Kulkarni, Hollie Teague

Gestaltung und Bildredaktion Maxine Pedliham, Bess Daly, Priyanka Thakur, Stuti Tiwari Bhatia, Tania Da Silva Gomes, Laura O'Brien, Bandana Paul, Rohit Rojal, Sumita Khatwani, Vagisha Pushp

Umschlag Maxine Pedliham, Laura O'Brien, Bella Talbot

Herstellung Jason Little, Rebecca Parton

Kartografie Suresh Kumar, Mohammad Hassan

Illustrationen Brian Delf, Trevor Hill, Robbie Polley, Ann Child, Gary Cross, Tim Hayward, Arghya Jyoti Hore, Fiona M Macpherson, Janos Marffy, David More, Chris Orr, Richard Phipps, Rockit Design, Michelle Ross, John Woodcock

© 1993, 2022 Dorling Kindersley Ltd., London
A Penguin Random House Company

Zuerst erschienen 1993 in Großbritannien bei Dorling Kindersley Ltd., London

Für die deutsche Ausgabe © 1994, 2022 Dorling Kindersley Verlag GmbH, München
Ein Unternehmen der Penguin Random House Group

Aktualisierte Neuauflage 2022 / 2023

Verlagsleitung Monika Schlitzer, DK Verlag
Programmleitung Heike Faßbender, DK Verlag
Redaktionsleitung Stefanie Franz, DK Verlag
Herstellungskoordination Antonia Wiesmeier, DK Verlag
Übersetzung Barbara Rusch, München; Dr. Gabriele Rupp, Krailling
Redaktion Dr. Gabriele Rupp, Krailling
Schlussredaktion Philip Anton, Köln
Umschlaggestaltung Ute Berretz, München
Satz und Produktion DK Verlag, München
Druck Livonia Print SIA, Lettland

ISBN 978-3-7342-0678-8
25 26 27   25 24 23 22

MIX
Papier | Fördert gute Waldnutzung
FSC
www.fsc.org   **FSC® C018179**

Dieser Reiseführer wird regelmäßig aktualisiert. Angaben wie Telefonnummern, Öffnungszeiten, Adressen, Preise und Fahrpläne können sich jedoch ändern. Der Verlag kann für fehlerhafte oder veraltete Angaben nicht haftbar gemacht werden. Für Hinweise, Verbesserungsvorschläge und Korrekturen ist der Verlag dankbar. Bitte richten Sie Ihr Schreiben an:

Dorling Kindersley Verlag GmbH
Redaktion Reiseführer
Arnulfstraße 124 • 80636 München
reise@dk.com

DK Vis-à-Vis

Vis-à-Vis-Reiseführer

#dkvisavis

www.dk-verlag.de

   /dkverlag

Londoner U-Bahn-Netz

MAYOR OF LONDON

 tfl.gov.uk

 24 hour travel information
0343 222 1234*
*Service and network charges may apply. See tfl.gov.uk/terms for details.

 Sign up for email
tfl.gov.uk/

© Transport for London   Reg. user No. 20/S/3499/P   Version C 05.2020